该书出版得到萃英文化发展（天津）有限公司资助

孔子研究院文库

第一辑

明道问学集

向世陵 著

人民出版社

总　序

张立文

"沧海万仞，众流成也"。无边无际的大海，由众流汇聚而成。1955 年中国人民大学成立哲学史教研室（包括中国哲学与外国哲学），教研室教员来自五湖四海和各大学，既有中外哲学史的专家，也有新进者，他们会聚一起，互帮互学，切磋琢磨，切问近思，终日乾乾；他们都有一种"文江学海思济航"的理想，尽管中外哲学史资料浩如烟海，哲思深奥，但都思奋力航行，为发扬中外哲学精华，以登更高境界。

1956 年中国人民大学哲学系正式招收本科生，系主任是著名的何思敬教授。1960 年我提前毕业留校，分配到哲学史教研室，室主任是石峻副教授，党支部书记是尹明同志。他（她）们分配我重点研究宋元明清哲学思想，通讲中国哲学史。系主任吴江同志要求哲学史教研室全体教员编写《中国现代哲学史》，为了便于相互学习、交流、探讨，在中国人民大学附属中学借了一个教室，集体办公，分配我撰写"梁漱溟乡村建设理论"，各人写就草稿，互相传看，并进行讨论，提出修改意见。教研室资料员江涛则配合搜集现代哲学家的思想资料，分册印刷。1961 年开始教学检查运动（检查讲稿、文章、课堂笔记中是否有修正主义观点），《中国现代哲学史》的编写就停了下来，接着中宣部要编写社会科学各学科的教材，哲学史教研室按各教员的专业分别参加中国哲学史与外国哲学史的编写，再也无空顾及《中国现代哲学史》编写了。

1969 年中国人民大学全体教职工分批下放到"千村薜荔人遗失，万户萧疏鬼唱歌"的江西余江五七干校进行脱胎换骨的劳动改造，1972 年回到北京，中国人民大学解散，哲学系、经济系等分到北京师范大学，北师大成立哲学系和经济系。1977年恢复大学招生，哲学系招收本科生，1978年中国人民大学复校。中国哲学史教研室即开始编写《中国哲学通史》，原计划有先秦、汉唐、宋元明清、近代、现代五卷，并携程前四卷稿件，由杨宪邦、方立天、张立文各统先秦、汉唐和宋元明清卷出版。

当前，由中国哲学教研室主任罗安宪教授提议、组织为每位教研室教授出版专著，得到教授们的赞同和支持，以展示教授们中国哲学科学研究成果，并得到人民出版社哲学编辑室主任方国根编审帮助，而呈现于读者座前。

回顾中国哲学教研室经知天命之年而到耳顺之年的艰苦、曲折、奋斗、日新的历程，有诸多值得我们继续传承和发扬的精神。

一是自强自立精神。中国人民大学哲学系哲学教研室成立之初，除个别原从事中国哲学教学与研究的教师外，绝大部分教员都是新进的同志，对中国哲学均需重新学习研究，总体力量比之北京大学哲学系中国哲学教研室和中国科学院哲学研究所中国哲学教研室要薄弱。1952年院系调整，全国各个大学院校的哲学系统统合并到北京大学哲学系，中国哲学教研力量大大增强，如冯友兰、汤用彤、任继愈、张岱年、朱谦之等。中国科学院哲学所中国哲学史研究室集中了一批老专家如梁启雄、容肇祖、王维诚、王维庭、吴则虞、王范之、王明、陈孟麟等。这对于中国人民大学哲学系中国哲学教研室的教员来说是很大的压力，同时更激起了中国哲学史教员的"天行健，君子以自强不息"的热情和信心。他们一方面兼顾学习，积极求教，虚心吸收，努力参与；另一方面认真撰写论文，展开学术讨论，如1957年中国哲学史方法论、谭嗣同思想以及后来的老子思想、庄子哲学、孔子思想、《周易》思想等的学术讨论。在学术交流中开阔视域，在学术讨论中提升认知，他们深知"跬步而不休，跛鳖千里，累土而不辍，丘山崇成"。腿有毛病的鳖，不断地迈着半步也能至千里之遥的目的地；不停累土，便能使小丘陵终于变成高高的山岭。经此自强不息、自立不止的终日乾乾奋进，最终成长为与北京大学中国哲学教研室、中国社会科学院哲学研究所中国哲学教研室鼎足而三。

二是勤劳坚毅精神。知己知彼，既知自己之不足，补救之方就在于"人生在勤，勤则不匮"。因而中国哲学教研室的教员都有"千淘万漉虽辛苦，吹尽狂沙始见金"的自觉意识。他们一方面为夯实理论功底，认真领会马克思著作原著和外国哲学知识以及文字音韵训诂功底，如听魏建功教授的课和请吴则宾研究员讲文字训诂课，又派人到佛学院进修佛学；另一方面，他们以"人生世上，寸阴可惜，岂可晷刻偷安"的观念要求自己，无星期天、无日夜，不偷安一刻地刻苦钻研中国哲学，真可谓一寸光阴一寸金地珍惜时间。他们作卡片，记心得，撰文章。即使在三年困难时期、饥肠辘辘之际，或认真备课，挑灯著文；在劳动之息，会议之隙，或捧书以读，或思考问题。他们胸怀"天将降大任于斯人也，必先苦其心志，劳其筋骨，饿其体肤，空乏其身"的坚毅意志，顽强地克服种种困难，而无怨无悔地献身于中国哲学。即使遭受个人主义、名利思想、资产思想为改造好等等的批评，也无碍他们为弘扬中华哲学而努力的激情。特别在"文化大革命"以后，更加激起了中国哲学教研室教授们为传承与创新中国哲学的勤思考、勤著书、勤立言、勤交流的行动，即以学问思辨及笃行的实践，来实现宏愿，为中国人民大学中国哲学教研室的发展作出贡献。

三是诚实正直精神。荀子云："君子养心，莫善于诚。"思诚为修身之本，亦是为人之道。自教研室成立以降，经历不断的政治运动，由于个人认知的差分，不免产生意见、观点的分歧，但都能以坦诚的态度相待，而无害人之心，亦无为争自己的利益而斗争不止的行为。尽管 20 世纪 60 年代初曾被认为是全校 21 个"疙瘩"之一，但迅速化解，和好如初。教研室的教师都能以真诚的态度教书育人，为人师表，诲人不倦，而受到表彰；教师之间，直道而行，周而不比，互学互帮，和而不同。"文化大革命"以后，教研室的教授们以极高的热情投入中国哲学的教学和研究，撰写了一批高质量的论文和专著，获得众多各种奖赏，也获得国内外学界很高评价。其诚实正直为人，其严谨深思为学，成为教研室教授们自觉的行为准则。

四是包容谦虚精神。中国哲学教研室教授之所以能以诚实正直的精神待人、待学，以客观同情的态度待古人、待史事，就在于心存"君子以厚德载物"的意志，这样才能"志量恢弘纳百川"。自古以来，由于时势的变迁、观念的转换、体认的差分、道德的转变，对各个哲学家哲学思想的评价、理解、诠释各说齐陈，以至对经典著作中某句某字的解释亦针锋相对，此种情况，可谓屡见不鲜。如何能够获得一种比较贴近历史实际的理解，教研室教授们都有一种谦虚的学风，体会其为什么有如此不同的理解，其理论前提和根据是否有理；又以一种包容的态度，寻求其理论前提和根据有否可吸收之处？唯有如此，才能有一种"大海从鱼跃，长空任鸟飞"的学术诠释空间，做到"学古人在得其神理，不可袭其面目"；才能为文"有我"，提出自己独立见解，以供中国哲学史界参考。

五是无私奉献精神。做到诚实正直、包容谦虚，是由于心灵无私，无私而能公正，不存私人偏见，按实品评；无私而能虚怀若谷，不存个人成见、前见，而能包容吸收。荀子说："公道达而私门塞，公义明而私事息。"如此，为学，对中国哲学史上的人物、事件能作出比较公正的理解和评价，能控制自己对某一研究对象的偏好，而不有失公允；在学术互相探讨交流中，能无私奉献自己独到见解，使他人的观点得到完善，而绝不保守。为人，教研室教授们一致发挥正能量，2002 年中国人民大学孔子研究院率先成立，在国内外引起很大反响，社会上以此为风向标。孔子研究院在无钱无人的情况下，积极开展学术交流活动，每年召开 150 人左右的"国际儒学论坛"，在韩国高等教育财团及众多国内外专家的支持下，已成为国内外影响深远的儒学学术品牌，并在每年孔子诞生日 9 月 28 日至 10 月 28 日举办"孔子文化月"活动，举行系列学术报告、经典诵读及礼乐道德教育等。每次"孔子文化月"都有明确主题，如 2004 年是"尊吾师道，传吾文化"；2005 年为"明礼诚信，修身立德"；2006 年为"明德贵和，读经新民"；2007 年是"弘扬乐教，广博易良"；2008 年为"立足本义，和而不同"；2009 年是"志道据德，依人游艺"；2010 年是"明体达用，修身养性"；2011 年是"博学审问，慎思明辨"；2012 年为"博学于文，以友辅仁"等。这些都要付出中国哲学教研室教授们的大量精力和宝贵时间，而教授们在无任何报酬的情况下，无私奉献。

这种无私奉献的精神动力，来源于为道。中国人民大学孔子研究院的院训是"继承优秀传统文化，弘扬孔子思想精华，提高国民人文素质，建设人类美好未来。"这个院训既是中国哲学教研室教授们愿望的寄托，也是他们使命的实践。他们以无私崇敬的心情绍弘孔子思想和传统文化，以庄严弘道的精神传承道德精髓和振兴中华。为学、为人、为道，中国哲学教研室的教授们竭尽精力，尽职尽责。

六是开拓创新精神。为人、为学、为道落实到学术开拓创新上，中国哲学教研室的教授在中国哲学的多个领域都能与时因革，心随世转，新裁屡出。他们都胸怀"意匠如神变化生，笔端有力任纵横"的意向，精心思量"阐前人所已发，扩前人所未发"。无论在《周易》思想、先秦儒、道、墨、阴阳、名、法研究，魏晋玄学、隋唐佛学研究，还是在宋元明清理学、近现代新儒学研究中均提出了诸多创新的诠释和观点，在国内外学术界产生深刻影响。特别是儒教研究和《国际儒藏》的编纂，也在国内外产生很大反响。这都是由于"别出心裁，不依旧样"所获得的效果。即使由中国哲学教研室编著中国哲学众多教材，无论在编写的体例上、问题的概括上、观点的诠释上，还是言辞的叙述上、思想的发展上、逻辑的结构上，都与以往的教科书有所区别，并有所超越。这是教授们长期认真刻苦学习、体认的结晶。若统计一下教研室教授们的专著和在国内外发表的论文，乃是十分可观的、领先的。

中国哲学教研室成立 60 年来所塑造的精神，难能可贵，应为珍惜和发扬，以达更完美境界。

黾勉成此，是为序。

于中国人民大学哲学院

2014 年 8 月 28 日（甲午年）

目　录

经解篇（上）：易经

经解篇（下）：诸经

性理篇

修身治世篇

和合变通篇

经解篇（上）：
易经

《易》为群经之首，在中国整个文化系统中占据着最重要的地位。不论是传统经学，还是宋明理学，其理论创造都首先是依据《易经》的研究而生成。"《易》所以明道"，由《易经》诠释而形成的易学哲学，最集中地体现了中华文明生生不息和自我更新的内在动力。中国文化和学术所以能够历久弥新，在根本上有赖于易学哲学所提供的形而"上下"关联、太极阴阳互动、天地人相应、物极则反以及赞颂"革命"等思想资源上。

"函三为一"与三数的法则

自《周易·系辞上》提出"易有太极，是生两仪，两仪生四象，四象生八卦"的太极分化模式以来，"二"的倍数是一个基本的量，后来则被概括为"一分为二"或"加一倍法"。这应当是太极化生天地万物的主流。但是，主流并不能包揽全体，中国哲学还同时存在另一种天地万物的生成法则，即所谓"三生"之法，这也是需要认真对待的。

一

先秦时期，《春秋穀梁传·庄公三年》提出了"独阴不生，独阳不生，独天不生，三合然后生"的阴、阳、天"三合"而生天地万物之法。强调了无阳之阴、无阴之阳和无阴阳冲和之天三者中的任何一方都不可能单独产生万物。从《穀梁传》的注疏来看，学者是根据《老子》"道生一，一生二，二生三，三生万物，万物负阴而抱阳，冲气以为和"的观点进行推导的。东晋徐邈云：

> 古人称"万物负阴而抱阳，冲气以为和"。然则《传》所谓天，盖名其冲和之功，而神理所由也。会二气之和，极发挥之美者，不可以柔刚滞其用，不得以阴阳分其名，故归于冥极而谓之天。凡生类禀灵知于天，资形于二气，故又曰独天不生，必三合而形神生理具矣。[1]

---

[1] 《春秋穀梁传·庄公三年》注引徐邈语。见阮元校刻：《十三经注疏》，中华书局1980年版，第2381页。

《老子》之"三"为阴阳冲和之气，融合凝聚了阴阳双方的属性，所以具有充分的资格生成万物。徐邈将之释为天，不但突出了其统合阴阳、柔刚的特色，而且认为这种统合、兼通是不露形迹的冥然暗合，体现了东晋时期仍在流行的玄学思辨的影响。但天在这里又不能独占生生的源头，它只提供灵知的方面，人之形体的生成仍依赖于阴阳二气。就此而言，又显现出在当时已发生影响的佛教以心识与阴阳二气和合成人思想的浸润。

回到易学的术语，太极生生虽然表现为二、四、八的二分序列，但由于太极后来与道的统一，学者论说阴阳大都关联着《系辞上》"一阴一阳之谓道"的架构。这一架构，由于有阴、阳、道三方，即可以以道释阴阳，从而与太极生阴阳的一分为二相通，又可形成道高于阴阳、阴阳冥合于道的"三合一"模式——"虽资三合，然终推功冥极"。这便是唐代杨士勋疏解《穀梁传》时所秉持的主张。他曰：

> 然则阴能成物，阳能生物，天能养物，而总云生者，凡万物初生，必须三气合，四时和，然后得生，不是独阳能生也。但既生之后，始分系三气耳。注云"不可以刚柔滞其用，不得以阴阳分其名"者，《易·系辞》云"一阴一阳谓之道"，王弼云"一阴一阳者，或谓之阴，或谓之阳，不可定名也。夫为阴则不能为阳，为柔则不能为刚。唯不阴不阳，然后为阴阳之宗；不柔不刚，然后为刚柔之主，故无方无体，非阳非阴，始得谓之道，始得谓之神"是也。柔刚者，即阴阳之别名也。[1]

本来，阳生阴成是易学的传统观点，杨士勋这里也继承了前人，但他的重点在于，"生"其实是一个整体，即包括狭义的生、成、养三方面，这三方面或曰"三气"（连同四时）的和合才是万物生成的真正源头，那么，独阳也就不可能有生。万物既生之后，因其性质各别而被分判于阴阳天之一，从而

---

① 《春秋穀梁传·庄公三年》杨士勋疏。见阮元校刻：《十三经注疏》，中华书局 1980 年版，第 2381 页。

也才有对万物阴阳刚柔的不同性质判定。

那么，问题又要回溯到"一阴一阳之谓道"本身。对于这一架构当如何理解，王弼之说可作为借鉴。王弼的诠解，将"一阴一阳之谓道"之前的"神无方而易无体"一句纳入了进来并作为诠释之方。认为既然是无方无体，定名谁是阴、阳、刚、柔就都会有问题，唯一的出路，就是不柔不刚、非阴非阳，这才能是道，是神。不过，王弼并没有不柔不刚、非阴非阳的说法，这是佛教思维方式进入易学的结果。也正因为如此，原来的阴、阳、天的"三气"也就变形为阴、阳、道（非阴非阳）的兼通道、气的新的三数了。

从理论效用来说，讲阴、阳、和之"三"比讲阴阳之"二"有自己的优点，即在阴阳互补互含的量的纠缠中，产生了不完全同于阴、也不完全同于阳的新质。单纯的阴、阳只能是生成宇宙的元素、成分，有了"和"才真正构成为一个统一整体。这一整体所含有的信息量，显然大于部分原有量的简单相加，它是宇宙生成序列中最原始的系统。这一原始系统所以能发展为后来丰富多彩的宇宙，就在于它不仅能解释宇宙运动的原因——阴阳的对立，而且能解释宇宙运动的前景——新质的不断产生。正是如此，"生生之谓易"才不只是单纯的量的堆积和繁衍，而是质的不断更新和天地万物的变化无穷。

由《穀梁传》而来的对三数的探讨并不只在经学内部进行。战国中期，被放逐中的屈原，感慨楚国的山川神灵和古圣贤行事，抒发其愤懑愁思而作《天问》，提出了"阴阳三合，何本何化"的千古之问。从语词来说，"阴阳三合"即阴、阳、三之合，"三"从《老子》而来可理解为阴阳冲和之气，也可从《穀梁传》而来指作为第三者的天，但不论是气还是天，都不是最后的本源，所以屈原想要知道：谁在最后起作用并生成了宇宙。

到中唐时期，柳宗元对千年之前屈原的《天问》发生了兴趣，作《天对》以解答屈原的问题。他确认屈原之问是由《穀梁传》引起，遂以"合焉者三，一以统同；吁炎吹冷，交错而功"去应对"阴阳三合，何本何化"的疑问。[1] 从内容上说，柳宗元的"一"就是元气，阴、阳、天三者都以元气

① （唐）柳宗元：《柳河东全集》，中国书店 1991 年版，第 152 页。

为基础而统一了起来，元气世界冷热交替的运动推动着宇宙的生成和发展。表现在形式上，可以说是一以统三或三合一，凸显的是元气作为最终统一体的作用。

仅从数的角度看，历史上对三数的探讨并不限于《穀梁传》这一条道路。按班固《汉书》的记载，西汉末年，刘歆在研制他的"三统历"时，吸收了秦汉时期人们多以元气解释太极的思想，提出了"太极元气，函三为一"之说，而"极，中也。元，始也"①。那么，太极元气就是"太中""始气。太极是最纯正的初始之气，此气为一，但却包含有三，故其展开为数的变化，就是按"三"的倍数分裂增长。作为律历学家的刘歆，是从易数的变化来推导天地万物的生成的。即太极从子时启动，参之于十二辰而渐次三分，而得三、九、二十七、八十一、二百四十三、七百二十九、二千一百八十七、六千五百六十一、一万九千六百八十三、五万九千四十九、十七万七千一百四十七，"此阴阳合德，气钟于子，化生万物者也"②。数的规律并不排斥德性的内容，阴阳合德而气凝发于子时，"子"亦是极、是中，太极自此按"三"数的法则一步步展开，最终变化生成为世界万物。这应当是"一三"机制最重要的功能。

《汉书》的"太极元气，函三为一"之说，在汉唐时期流行的元气论的背景下很容易获得认同，以至皇宫殿堂修建的规制，都将其与《老子》的"一三"之说一起，作为基本的指导原则。③

二

北宋理学兴起，对于宇宙生成问题，从规范化和形式化的角度来说，一分为二说的影响较大，譬如以邵雍为代表的太极、两仪、四象、八卦到万物

① （汉）班固：《律历志》，《汉书》卷二十一上，中华书局1962年版，第964页。
② （汉）班固：《律历志》，《汉书》卷二十一上，中华书局1962年版，第964页。
③ 如《旧唐书·礼仪志二》论及殿堂修建规制的理论根据时云："按《道德经》：天得一以清，地得一以宁，侯王得一以为天下贞。又曰：道生一，一生二，二生三，三生万物。又按《汉书》太极元气，函三为一。"等等。

的序列。此种二分法的最大优点，就在于它能最恰当地解释宇宙间最一般的矛盾和运动状态。天地万物的生成都是相互对立和相互作用下的产物。但是，"三"生万物论也有自己的必要，即它更注重统一体的作用，强调阴阳、动静早已存在于太极之中，而非太极分裂之后才新产生了阴阳二仪。

当然，邵雍本人并非只讲一分为二，他其实并不忽视"三"的作用和意义，他在论《易》的时候便强调过"《易》有真数，三而已矣"。"真数"所以是三，是因为《说卦传》论及宇宙初始之数的"参天两地而依数"，都是依据三的数列繁衍倍增的。他称：

> 《易》有真数，三而已矣。参天者，三三而九；两地者，倍三而六。"参天两地而依数"，非天地之正数也。依者拟也，拟天地正数而生也。①

真数或曰正数，是原因之数，而参天两地之数则是被说明的，是模拟"三"的结果，它们分化和生成万物之数，只能是在以"三"之真数为内核的情况下才具有可能。

邵雍之后，张载提出了哲学史上有名的"一物两体"说。虽然这可以从一分为二的角度去分析，但由于它们均与太极联系为一个整体，故也可以从"函三为一"去解说，"一"与"两"实际上都统一于太极之中。究其然，在于张载是从天地人"三才"的角度去分析的。"三"与"两"在他这里都是"一物"的内涵。他说：

> 易一物而三才备：阴阳气也，而谓之天；刚柔质也，而谓之地；仁义德也，而谓之人。
> 一物而两体者，其太极之谓欤！阴阳天道，象之成也；刚柔地道，法之效也；仁义人道，性之立也；三才两之，莫不有乾坤之道也。易一物而合三才，天地人一，阴阳其气，刚柔其形，仁义其性。②

---

① （宋）邵雍：《邵雍集》，郭彧整理，中华书局 2010 年版，第 103 页。
② （宋）张载：《张载集》，中华书局 1978 年版，第 235 页。

张载这里，实际上是将一、二、三的方法整合了起来。"易一物而三才备"与"一物而两体"所构成的太极实质上是统一的，只是表达上各有其特点。"函三为一"化为了函"三才"为一，抽象的数变成了有具体内容的"才"。"一"与"三"各有其特定的效用："一物"是说明整体的太极，"三才"是说明天气、地形、人性的内容。而"二"在这里，是揭示每一才各自的内部结构。因而，与通常关联《易》与《老子》的"一三"之数不同，张载这里明确与老子的一生二生三的模式分家，突出了一与三各由"二"来构成的同时性机制的特点。"函三为一"也就不是函三个单数为一，而是"三才两之"的函三对双数为一，这就既能解释一二互补的对立统一机制，又能兼通一三和合的天地人构成法则，从而具有更大的适应性。

与张载有别，程颐仍然是采用老子的"三生万物"来发明他的"一三"之说的。他称：

> 有阴便有阳，有阳便有阴。有一便有二，才有一二，便有一二之间，便是三，已往更无穷。老子亦曰："三生万物。"此是生生之谓易，理自然如此。"维天之命，於穆不已"，自是理自相续不已，非是人为之。①

在程颐，"三"之数处于一二之间，实际将三作为了一与二的统一物，具有"万物负阴而抱阳，冲气以为和"的意义，所以这个"三"的和气就能够生成万物。当然，程颐毕竟不是气本论者，气化说在他这里被纳入到了理本论的"生理"框架，"一三"机制的成立和延续，是理自身的规定，就像"於穆不已"的天命流淌一样，属于客观的必然。

程颐融《易》与《老子》为一体解释"一三"机制的做法，到其再传的湖湘学者这里，并没有得到认同。胡宏以为，老子的"道生一，一生二，二生三，三生万物"之说并不能用来解释"函三为一"的太极。老子在他，是并不懂得"三"的真蕴，所谓"一阴一阳之谓道。有一则有三，自三而无

---

① （宋）程颢、程颐：《二程集》，王孝鱼点校，中华书局1981年版，第225—226页。

穷矣。老氏谓'一生二，二生三'，非知太极之蕴者也"①。"三"不是经由"一"即太极化生而来，而是太极本来就是由"三"所构成。正是因为太极由"三"构成的缘故，它才能够以"三"数倍增的方式生成万事万物。就是说，不是一生三（产生了新的三），而是一本含三又按三分的方式分化。作为理性抽象的产物，"三"不是三个彼此独立的个体，而是一个统一的整体。胡宏突出了太极这一宇宙本原所由以构成的阴、阳的内涵和阴阳冲和而相互作用的性质，强调的是太极本身是一种动态的整体性的结构，它存在于阴气、阳气和和气"三合一"的整体气化之中。

对于数的具体三分或按三数的倍增，胡宏依循的是刘歆的模式，但又有细微的差别。按他所说：

> 太极函三为一，始动于子，参之于丑，得三；又参之于寅，得九；又参之于卯，得二十七；历十二辰，得十七万七千一百四十七，而天地之数备。②

"太极之蕴"就在"函三为一"。作为一个既定的宇宙的开端，太极是在按顺时针方向运动的过程中逐步分化的，遵循的是按三之数倍增的规律。由最初的子时开始，经历十二时辰后结束。作为最后得数或曰太极裂变总数的"十一万七千一百四十七"到底意味着什么，刘歆以为是阴阳气化生成宇宙的德性（合目的性）的证明，胡宏则直接以此为"天地之数"（总数），它可以解释为天地运动的周期数，也代表着胡宏对于天地万物生成的总的数目的猜测。

同时，"三"之数在胡宏，又是从《河图》而来的。胡宏的《河图》数不是五十五而是四十五，即与后来流行的《洛书》相同。③这种四十五数的《河

---

① （宋）胡宏：《知言》，《胡宏著作两种》，王立新校点，岳麓书社 2008 年版，第 10 页。
② （宋）胡宏：《皇王大纪·黄帝轩辕氏》，文渊阁《四库全书》本，（台北）商务印书馆 1986 年版，第 313 册，第 22 页。
③ （宋）胡宏的《河图》、《洛书》数与后来以《易学启蒙》所载而流行的《河图》、《洛书》数正好相反，这很可能是受朱震的影响。朱震是胡宏父亲胡安国的密友，胡宏很可能经由朱震而得悉了由北宋刘牧那里传承下来的这另一套图式。

图》（九宫图），不论横看还是纵看，数均为三位，是一种"三三式"的结构。而且，三作为数之间的一种内在联系机制，表现为每一列的三位数之和均为十五，而十五便刚好是三的倍数。故他以为《河图》数的精髓即"真数"在三，所谓"《图》之真数，三而已"①。推而广之，"真数三"关联起了整个天地之数及其宇宙演化过程。从演易来看，太极分化而成的最初的阴阳爻之和、奇偶数之和等均为三，此乃宇宙之数最原始最基本的组合。在这最基本的组合中，包含了未来宇宙发展的全部信息和密码，所以他极为看重这个三。并认为这是儒家必须坚守的自《周易》以来探讨宇宙起源问题的基本阵地。依凭于它，最终建立起了一个一三合体、"函三为一"的宇宙本原模型。在这一模型中，"三"的结构和机制始终是一基本的制约因素和必须遵循的法则，故决不能以老氏的"道生一，一生二，二生三，三生万物"之说去混同之。

胡宏虽然接续了汉以来"函三为一"的太极图式，但这个图式的性质是什么，他并没有明白揭示。继续对此加以阐发的，是他的弟子张栻。张栻将其师的"函三为一"说与天地人"三才"说联系起来，而将重心归结到中道上。张栻曰：

> 易有太极者，函三为一，此中也。如立天之道曰阴与阳，而太极乃阴阳之中者乎！立地之道曰柔与刚，而太极乃刚柔之中者乎！立人之道曰仁与义，而太极乃仁义之中者乎！此太极函三为一，乃皇极之中道也。是以圣人作《易》，所谓六爻者，乃三极之道，故三才皆得其中，是乃顺性命之理也。②

"易有太极"历来是一分为二的源头，但张栻这里将其调换为函三为一的发端，随后"是生两仪"而来的阴阳、刚柔、仁义，则都是为了表明勾连起这每一对"二"的中道。"三"在张栻所以能被函为"一"，就在于体现天地人道实质的阴阳、刚柔、仁义"三才"的"性命"，都集中在同一个中道上。

① （宋）胡宏：《皇王大纪·炎帝神农氏》，文渊阁《四库全书》本，（台北）商务印书馆1986年版，第313册，第18页。
② （宋）张栻：《南轩易说》，《张栻集》，杨世文点校，中华书局2015年版，第18页。

太极"函三为一"的"皇极之中道"要说明的，是作为本原的太极通过自身的分化生成作用，使得原内涵于太极之中的"三才"得以展开，原来的一太极变形为三太极——阴阳、刚柔、仁义。那么，太极这一范畴就既是三又是一，因为它们是同一个中道在天地人的不同体现。所以，圣人作《易》的目的，在于通过六爻去发明三极（才），而三极又终归于一中，这便叫做顺性命之理。

那么，太极"函三为一"说的目的可以说就是两个：一是避免以对立作用之"二"的简单模式去解释世界，而要求注意贯穿于"二"的对待之中的"一三"机制。如他强调说：

> 爰自太极既判，乃生两仪者，在天为阴阳，在地为柔刚，在人为仁义。虽曰阴阳，不可指为阴阳；虽曰柔刚，不可指为柔刚；虽曰仁义，不可指为仁义。乃仪则具存而有对代者也。①

"太极既判"和"乃生两仪"都已是事实存在，关键的问题是如何看待"三才"各自配对之"二"。在"函三为一"的图式下，"二"只是标明了各自的性质，重要的是贯穿于"二"之间的中道或太极，正是由于这中道的作用，阴阳又是非阴非阳，所以你既不能将其归于阴也无法将其归于阳，柔刚与仁义的情况同样也是如此。从而，太极生两仪不是生成了简单的对待之"二"，而是借助于"二"来发明中道或太极的法则就在其中的道理。

另一则是强调"一"的最终归宿，并在形式上使一二关系与一多关系相协调。按张栻，阴阳、刚柔、仁义之"三"是天地人道之最大，但道不止于三而是散在万物，所以才有由一至万的生成序列。就是说，尽管"男女构精，万物化生"，出现了生生不息的气化世界，但哲学的目的不是安于杂多，而是要反本求一，所谓"道散而有一以至万，则万物皆出于一。人之所以至一者，顺性命之理，而不以妄易真，以复其本而已"②。张栻不是就易学说

---

① （宋）张栻：《南轩易说》，《张栻集》，杨世文点校，中华书局 2015 年版，第 18—19 页。
② （宋）张栻：《南轩易说》，《张栻集》，杨世文点校，中华书局 2015 年版，第 43 页。

易学，而是就易学说哲学，因而要求复本以顺性命之理。顺性命之理的"复本"，在新儒学具体就是复性，这对主张以性为本的湖湘学派就更是如此。张栻又说：

> 故太极一而已矣，散为人物而有万殊。就其万殊之中，而复有所不齐焉，而皆谓之性，性无乎不在也。然而在人有修道之教焉，可以化其气禀之偏而复全。夫尽己之性，尽人之性，尽物之性，其极与天地参。此人所以为人之道，而异乎庶物者也。①

湖湘学在本体论上的基本架构是性一分殊，在一三机制上表现为太极一而三才殊，在性物关系上则是性一而人物殊。客观层面的性本体或太极是一，但当它与气化结合而生成人物，便成为各色各等的人物之性。人不同于物，在于能自觉去偏复全，尽性合天。所以人不仅是三才之一，更是唯一能通过复全仁义本性而由三归一的主体。

三

在中国哲学，除了由易学和《老子》而来的三数之外，还有汉扬雄《太玄》模拟易数而创立的三的机制。扬雄说：

> 夫玄也者，天道也，地道也，人道也，兼三道而天名之，君臣父子夫妇之道。
> 玄有二道，一以三起，一以三生。以三起者，方州部家也。以三生者，参分阳气以为三重，极为九营，是为同本离末，天地之经也。②

这里的一切都是按三数往下分，"玄"从实物形态讲，分为"三才"的天地

---

① （宋）张栻：《孟子说》，《张栻集》，杨世文点校，中华书局 2015 年版，第 541 页。其中断句有改动。
② （宋）司马光：《太玄集注》，刘韶军点校，中华书局 1998 年版，第 212 页。

人道或君臣父子夫妇之道，与易的序列是一致的。但从数的繁衍来讲，则有了区分：玄者，一是"以三起"而有三方、九州、二十七部、八十一家；二是"以三生"而有思福祸三层、思福祸再各分三又有九赞之盛衰等，这都是同一根本而分生的不同末节，是所谓天地之常道。① 天道人事都是以三数的法则分化和生成的。

对扬雄揭示的天地之常道，朱熹颇不以为然。他对扬雄三数的评价，是将其《太玄》与《老子》关联起来，以为并无太大的意义。朱熹说：

> 扬子《太玄》，一玄、三方、九州、二十七部、八十一家，亦只是这个。他却识，只是他以三为数，皆无用了。他也只是见得一个粗底道理，后来便都无人识。老氏"道生一，一生二，二生三"，亦剩说了一个道。便如太极生阳，阳生阴，至二生三，又更都无道理。后来五峰又说一个云云，便是"太极函三为一"意思。②

在朱熹看来，《太玄》拟《易》而又不像《易》，扬雄的方、州、部、家皆自三数推之，显得"甚拙"。因为"岁是方底物，他以三数乘之，皆算不着"③。这大概也就是扬雄的三数太粗疏而"无用"的意思。老子的道生一二三的序列可以说也是讲三数，但较之扬雄多了个道的本原。将《易》、《太玄》与《老子》合起来，即形成太极由阴阳而生三的模式，这样的杂合在朱熹看来是毫无道理。不过，朱熹的批评也有些牵强。因为所谓"太极生阳，阳生阴"的模式，并不属于老子和扬雄的路数，而周敦颐的《太极图说》反倒有明确的表述。朱熹推崇周敦颐的《太极图说》并为之作《解》，但他的解说，阐释的是他自己的阴阳作为互相对待之物并不分先后的主张，

---

① 庞朴先生说："扬雄仿《周易》作《太玄》，主要动因便是要以三分来取代二分。可惜他也未能免俗，许多时候也以罗列三分结构为满足，对于何以三分的道理，探求仍嫌不足，而留给了后来者；看来历史也只能如此。"（见庞朴：《一分为三论》，上海古籍出版社2003年版，第104页。）

② （宋）黎靖德编：《朱子语类》，王星贤点校，中华书局1986年版，第2545页。

③ （宋）黎靖德编：《朱子语类》，王星贤点校，中华书局1986年版，第1674页。

把周敦颐带出的问题回避过去了，而将其不满嫁接到了扬雄等汉儒身上。不过，他将胡宏的"太极函三为一"放在了《太玄》和《老子》的后继者的位置上，倒是可以成立的。

从根本上说，朱熹不满于三数而只认二数，在他是二分法的坚定信仰者。在他这里，宇宙间只有二而没有三。他说：

> 扬子云为人深沉，会去思索。如阴阳消长之妙，他直是去推求。然而如《太玄》之类，亦是拙底工夫，道理不是如此。盖天地间只有个奇耦，奇是阳，耦是阴。春是少阳，夏是太阳，秋是少阴，冬是太阴。自二而四，自四而八，只恁推去，都走不得。而扬子却添两作三，谓之天地人，事事要分作三截。又且有气而无朔，有日星而无月，恐不是道理。亦如孟子既说"性善"，荀子既说"性恶"，他无可得说，只得说个"善恶混"。若有个三底道理，圣人想自说了，不待后人说矣。看他里面推得辛苦，却就上面说些道理，亦不透彻。看来其学似本於老氏。①

朱熹认为扬雄的目的在推求阴阳消长之妙，也承认扬雄思索的"深沉"。但出于对天地间只有阴阳奇偶的二分法的信仰，坚信太极、两仪、四象、八卦序列的推求，是圣人揭示的普遍性道理，"都走不得"。扬雄提出的三数，违背了宇宙间的普遍道理，所谓天地人乃是主观上的"添两作三"，而且在节气立法上也有问题。在这里，如果纯粹从自然科学的角度说亦可讨论，但朱熹的批评却又不是如此，他的立场是根本否定"三的道理"，甚至有些无理地认定扬雄的"善恶混"乃是基于"性善"、"性恶"都已提出，扬雄为逞强而故意糊弄的结果，故只能属于"拙底功夫"。最后则又归结到道统，即儒家圣人不说三而老子才说三，"子云所见处，多得之老氏"。从而，朱熹对三数似乎是深恶痛绝，声称："且如《太玄》就三数起，便不是"；"扬子云见一二四都被圣人说了，却杜撰，就三上起数"②。扬雄的三数由于被判定为背

---

① （宋）黎靖德编：《朱子语类》，王星贤点校，中华书局1986年版，第3261页。
② （宋）黎靖德编：《朱子语类》，王星贤点校，中华书局1986年版，第3261页。

离于圣人的老氏之说，其价值自然从根本上就被否定了。

相对于扬雄三数的明确被否定来说，胡宏"函三为一"的三数命运看来要好一些。朱熹去世以后，太极"函三为一"说仍然在流传，因为这毕竟还是属于易学自身的路数。如蜀人李杞（字子才）作《用易详解》，便继续采用"函三为一"的路径解说太极的化生。他说：

> 故六爻之动，即三极之道，三极者，天地人之谓也。极，太极也，太极未分，函三为一，既分，则天地人各一太极也。以六爻论之，初与二为地，三与四为人，五与六为天，六爻之中，变动不居，而三极之道存焉。①

李杞的生活时代与朱熹相同而略晚，没有史料说明他曾从朱熹问学，他对"三极"的言说与朱熹有相似也有不同。如朱熹云：

> 六爻，初二为地，三四为人，五上为天。动，即变化也。极，至也。三极，天地人之至理，三才各一太极也。②

以天地人"三才"为三太极，注重"三极"在六爻中变动，二人一致；但李杞坚守"函三为一"的架构，朱熹不言；朱熹强调太极就是至理，又为李杞所未道。在李杞，太极未分之时，三极合为一极；既分，则为天地人三太极。前面是三合一，后面是一分三，如此的一三关系，虽然从整体上说朱熹并不赞同，但李杞通过"函三"、"生三"的太极存在和分化的模型，揭示"示天下后世以道德性命之学"的圣人作易的目的，③却是为包括朱熹在内的理学家们可以认同的。

（原载于《周易研究》2013 年第 6 期）

---

① （宋）李杞：《用易详解》，文渊阁《四库全书》，（台北）商务印书馆 1986 年版，第 19 册，第 528 页。
② （宋）朱熹：《周易本义》，苏勇校注，北京大学出版社 1992 年版，第 139 页。
③ （宋）李杞：《用易详解》，文渊阁《四库全书》，（台北）商务印书馆 1986 年版，第 19 册，第 562 页。

张载"易之四象"说探讨

　　"四象"是易学史上的一个重要概念。它的地位，尽管远比不上在它之前的太极两仪和之后的八卦万物，但作为将前后双方联结起来的中介和过渡，也有着自身的不可替代性。在文本的层面，《周易·系辞上》有两处提到"四象"一词，既曰"两仪生四象"，又说"易有四象，所以示也"。这两处在经文中相隔不远，暂且称为"第一种四象"与"第二种四象"。对这两种"四象"的含义当如何理解，长期以来存在着不同的意见，张载则提出了自己的"易之四象"——第三种四象说。下面试对此作一番分析。

一、经典意义的"四象"说

　　从文本的层面说，孔颖达奉敕编撰的《周易正义》，为唐以后学者认知"四象"的概念提供了一个经典的依据。孔颖达疏解"两仪生四象"之意为：

> "两仪生四象"者，谓金木水火，禀天地而有，故云："两仪生四象。"土则分王四季，又地中之别，故唯云四象也。①

在孔颖达，两仪为天地，禀天地而生者为金木水火，这就是两仪生四象，四

---

① （唐）孔颖达：《周易正义》，（清）阮元校刻：《十三经注疏》，中华书局1980年版，第82页。

象即金木水火。鉴于木、火、金、水四象"各主一时"①,所以"四象"也就是春、夏、秋、冬四季。以木火金水四季为解,即五行去掉一土,所以如此,原因有二:一是土主四季,四季变化均显现于土,故土不单列;二是土生之万物,经四季之生、长、收、藏,样态正是四别,所以《系辞上》只言"四象"便已足够。

孔颖达的解释在后来颇具代表性,但这应当不是从无而生。李鼎祚的《周易集解》提供了先前汉易对"四象"的更多解释。就"两仪生四象"之第一种四象而言,李鼎祚引虞翻曰:"四象,四时也。"②虞翻之说可能为孔颖达注疏提供了基本的史料,所以二解的含义一致。

当然,以春夏秋冬四季之生长收藏解四象,也可以是广义的。例如,以生、长、收、藏为基准,关联到干支和方位等,可以进一步推广:一日之卯、一岁之春、方位之东,均属于万物的初生期一类;一日之午、一岁之夏、方位之南,均属于万物的长养期一类;一日之酉、一岁之秋、方位之西,均属于万物的收获期一类;一日之子、一岁之冬、方位之北,均属于万物的贮藏期一类,等等。这可以说是《周易》研究中最为常见的分类—归类的方法。依据于此,易学家们能够方便地将宇宙间的杂多的事物,按其同异不等的属性和不同的需要,集合为不同的物类,以便能够提纲挈领地认识和把握事物。事实上,一部《周易》,本身就是分类的产物。《周易》作者通过观象于天,观法于地,观鸟兽之义与地之宜,近取诸身,远取诸物,并通过对天与地、明与暗、牝与牡、男与女等事物的分析比较,认识到每一前者都具有刚健的属性,而每一后者则具有柔顺的属性,于是把前者归于阳,把后者归于阴,从而将宇宙万物最终区分为阳与阴两类事物和属性。最初的分类就是两类(两仪),两类属于质的划分,四象则是在阴阳之质的基础上代入量的因素而得出。

不过,不论在虞翻还是孔颖达以及到中唐时期李鼎祚呈上《周易集解》的时候,均未将"四象"的概念与其时已通用的少阳、老阳、少阴、老阴的

---

① (唐)孔颖达:《周易正义》,(清)阮元校刻:《十三经注疏》,中华书局1980年版,第82页。

② (清)李道平:《周易集解纂疏》,潘鱼廷点校,中华书局1994年版,第601页。

阴阳之量的增减及相关联的七八九六之数联系起来。① 这在一定程度上说明，将"阴阳老少"定义为"四象"，还是后来的事情。

《系辞上》在论及"两仪生四象"等语后，叙述了"天生神物，圣人则之；天地变化，圣人效之；天垂象，见吉凶，圣人象之；河出图，洛出书，圣人则之"之说，接着便提出了"易有四象，所以示也"的第二种四象之说。孔颖达对此有较长的引证和评说。他称：

> "易有四象，所以示"者，庄氏云：四象，谓六十四卦之中，有实象，有假象，有义象，有用象，为四象也。今于释卦之处，已破之矣。何氏以为四象，谓"天生神物，圣人则之"一也。"天地变化，圣人效之"，二也。"天垂象，见吉凶，圣人象之"，三也。"河出图，洛出书，圣人则之"，四也。今谓此等四事，乃是圣人易外别有其功，非专易内之物，何得称"易有四象"？且又云"易有四象，所以示也。系辞焉，所以告也"。然则象之与辞，相对之物。辞既爻卦之下辞，则象为爻卦之象也。则上两仪生四象，七八九六之谓也。故诸儒有为七八九六，今则从以为义。②

"庄氏"之四象说，历来不详，本文也因之不将此列入"四象"的一个种类来分析。③"何氏"即何妥，南北朝至隋时的知名学者，他所解释的四象，后来有一定的影响。孔颖达之"非专易内之物"的评论，说明何妥此解还是能够联系到四象的，但毕竟泛言与专言有别，不能径以此"四事"解"四象"。孔颖达不同意何氏四象的理由，主要是两点：一是《系辞上》所说，

---

① 如孔颖达多次引用的张氏（讥）语便有："张氏以为阳数有七有九，阴数有八有六，但七为少阳，八为少阴，质而不变，为爻之本体。九为老阳，六为老阴，文而从变，故为爻之别名。"虽有阴阳老少和七八九六，但却无"四象"的概括。［见（唐）孔颖达：《周易正义》，（清）阮元校刻：《十三经注疏》，中华书局 1980 年版，第 1 页。］
② （唐）孔颖达：《周易正义》，（清）阮元校刻：《十三经注疏》，中华书局 1980 年版，第 82 页。
③ 如果一定要谈，只能姑妄言之：庄氏之"实"象、"用"象的说法，当出于魏晋玄学之后，而"假象"的概念，明显是佛教发生影响之后的产物。故可能属于六朝及隋时期的易学。

均是突出圣人仿效天地的神奇，即所谓"易外别有其功"，而不是讲易"所有"的"易内"的四象，即需要区别"易外"之事与"易内"之象。二是本句之"象"与下句之"辞"是互发的关系，人们可以由含义确定的系于卦爻的"辞"去推论卦爻本身的"象"。辞既为卦爻之辞，象则必为卦爻之象，所以，圣人的四事就不可能是易之四象。

孔颖达自己的见解，是回到"两仪生四象"而再行发挥，故有以揲蓍成卦的七八九六这四个数为"四象"之说。他并以为这不是他的观点，而是先前诸儒已有此说，他只是承袭之而已。

前儒的七八九六之说，李道平认为这即是指郑玄之说，所谓："布六于北方以象水，布八于东方以象木，布九于西方以象金，布七于南方以象火"①。那么，七八九六之衍数成卦说与东南西北的春夏秋冬四季说，实际上又统一了起来。尽管七八九六这四个具体数构成的四象，要与由实际天象、物象构成的四象直接联系起来，在理论上明显有牵强之处。

二、张载的"四象"说

北宋以后，理学思潮兴起，对于《系辞上》之"易有太极，是生两仪，两仪生四象，四象生八卦"这一段话，人们的兴趣已转向宇宙生成论的角度去分析，"太极"的概念受到特别的注重，而"四象"则成为从太极本原到八卦（八物）和万物生成的中介环节。

不过，作为理学气学派奠基人的张载，却既不讲阴阳老少，也不谈七八九六，这在宋代的大哲学家和易学家中是比较少见的。张载解易的特点，是通过对前人诸说的折中，在气象理统一的基础上阐发自己的思想。

首先，对第一种四象，张载认同以乾之四德来解释。他说："四象即乾之四德，四时之象，故下文云'变通莫大乎四时'。"②"变通莫大乎四时"在张载的《易说》中，是已被他省略的经文，但却被用到这里以支持四象即四

---

① （清）李道平：《周易集解纂疏》，潘鱼廷点校，中华书局1994年版，第607页。
② （宋）张载：《张载集》，中华书局1978年版，第204页。

时之说。乾之四德即元亨利贞，这是从《易传》到汉易已有的观点，张载给予了继承。但继承中又有差异，汉易的系统以四时解四德，注重的是五行、卦气和生物的思想，并不注重从变化通达的角度进行解释。突出四时的运行和转换而贯彻变化通达的精神，是张载易学、也是他的气本论哲学的重要理论特色。

在这里，张载以"四时之象"限定"乾之四德"而说四象，可能还有一个考虑，那就是他不准备在"四象"的概念域中讨论乾之四德的仁义礼智属性，而是重在关注四德一理这一更为重要的内涵，所谓"天下之理得，元也；会而通，亨也；说诸心，利也；一天下之动，贞也"[1]。元亨利贞乃是一理通贯，元是得理，亨、利是会通和心悦理，而一天下之动的主体更是理，张载讲"四象"实质上是讲"理"，四时的气化流行，乃是理作用于其中，这可以说是理在气中的模式。如此的观点，在他后来的"象"论中得到了更进一步的阐发。

其次，对于第二种四象，张载在他的《易说》中，直接从"河出图，洛出书，圣人则之"跳到了"系辞焉，所以告也"，即整个地省略了"易有四象，所以示也"这一段经文。[2]事实上，张载著《易说》，本来不是全录经文，而是按照他之需要而有所选择。至于按什么标准取舍，尚需进一步的探讨，但至少说，他所不选者，应当是他认为并不重要或可以舍去的部分。由此推论，第二种四象说也就不为张载所欣赏。

再次，也是张载四象说的主要特征，是他提出了另一种或曰《系辞上》中的第三种四象说。结合《周易》的文本或资源，的确，在《系辞上》中，除了上面二处明确标示"四象"的概念外，还有其他讲到"四种"象的地方，这就给后人留下了更多想象的空间和解释的余地。例如，《系辞上》在"刚柔相推而生变化"之后，阐明：

> 是故吉凶者，失得之象也。悔吝者，忧虞之象也。变化者，进退之

① （宋）张载：《张载集》，中华书局 1978 年版，第 50 页。
② 参见（宋）张载：《张载集》，中华书局 1978 年版，第 204 页。

象也。刚柔者，昼夜之象也。

"象"在这里既是象征，又预示事物活动实际或可能的结果，一共有四组。相对于前面的天象、物象和"数"象主要从静态的角度立言并陈述事实来说，象征或预示则力求揭示事物发展的原因、趋势及其所导致的结果。分开来说，吉凶与悔吝是表征失得与忧虞的事物活动所导致的结果，变化与刚柔则在披露人世进退和天道昼夜活动的原因。在这四组象中，每一前者作为相应后者之"象"，特别表明了人世的实践和天道的运行都必然会有自己的原因和表现于外的迹象，如此前因后果的关联，提醒人们为将来的类似事变提前作出预防。

不过，《系辞上》尽管表述了这四种"象"，却并未冠以"四象"的名号，将此概括为"四象"，是重视"象"范畴的张载提炼概括的结果。既然如此，要讨论张载的"四象"，就需要先分析一下在他更具有普遍意义的一般的"象"。

张载的"象"范畴是融入他的气本论哲学体系内去考虑的。气之象既包括对立运动又兼摄形而上下。即一方面，"象"可以概括太虚之气内含的对立运动；另一方面，正是由于有气"象"这种对立运动，无形的太虚才能够为人所知觉。他说：

> 所谓气也者，非待其蒸郁凝聚、接于目而后知之。苟健顺、动止、浩然湛然之得言，皆可名之象尔。然则象若非气，指何为象？①

气在张载并不限于一般实际感知之气，也包括健顺、动止、浩然湛然之"象"。健顺动止的"两体"之象，作为矛盾的对立统一，属于气体之属性的范畴。就是说，气是体，而象则气之性也，因而具有形而上的性质。他又说：

---

① （宋）张载：《张载集》，中华书局 1978 年版，第 16 页。

故形而上者，得辞斯得象，但于不形中得以措辞者，已是得象可状也。今雷风有动之象，须得天为健，虽未尝见，然而成象，故以天道言；……若以耳目所及求理，则安得尽！如言寂然、湛然亦须有此象。有气方有象，虽未形，不害象在其中。①

就《周易》本来的辞、象关系来说，"象"是通过"辞"而为人所了解的；但人所以能够措"辞"，又需要通过对"象"状的揣摩。所以，辞与象是共同说明无形不可见的卦意的。譬如，雷风所以是动象，乃是因为天性为健的缘故；人虽不能直接见天性，但却可以通过雷风的成象去推知天性为健，可以据雷风动象去阐释天道。如此的理论推导，依据的是气、象、理（性）的统一，性、理在这里是同一的范畴。因为天地间只会有无形之气，而不可能有无象之气，从而，包括寂然、湛然的清虚变化在内，只要有气，就一定会生成相应之象，人们也就可以由象求理。但另一方面，张载强调，限于耳目所及去穷究天道运行之理这条路又是不可能走通的。因为"气之苍苍，目之所止也；日月星辰，象之著也；当以心求天之虚"②。耳目与心思各有分工，以耳目识天，只能止于苍苍之色和日月星辰这些"象之著"的领域。对属于天之虚的理来说，则是心思所应承担的任务。这也是他一贯倡导的不能以闻见桎梏其心的"大心"之方。③依据于此，人对于穷究天理又有充分的信心。

理与象、气的统一作为张载气学的重要内容，与他主张的"一物两体"的思维方法是密切相关的。他说：

太虚之气，阴阳一物也，然而有两体，健顺而已。亦不可谓天无意，阳之意健，不尔何以发散和一？阴之性常顺，然而地体重浊，不能随则不能顺，少不顺即有变矣。有变则有象，如乾健坤顺，有此气则有此象可得而言；若无则直无而已，谓之何而可？是无可得名。④

---

① （宋）张载：《张载集》，中华书局 1978 年版，第 231 页。
② （宋）张载：《张载集》，中华书局 1978 年版，第 326 页。
③ 参见张载《正蒙·大心篇》中的相关论述，见《张载集》，中华书局 1978 年版，第 24 页。
④ （宋）张载：《张载集》，中华书局 1978 年版，第 231 页。

太虚之气是阴阳合一的存在，"一物两体"的方法则具有普遍适用的性质。虽然起初是阴阳尚未分化的太虚整体，但内含的健顺两体必然要作用表现，这便是所谓天意。以健顺为天意，重在说明由阴阳的对立性质和作用决定的天地变化的生成，而变化就意味着象的成立。所以，有阴阳之气就有乾坤健顺之象；而正是有乾坤健顺之象，阴阳合一的太虚之气的本体就可以被表征，被认识，而绝不是无。象的存在成为张载否定绝对虚无的最重要的根据。①

在张载的气本论哲学体系中，"象"的范畴不仅可以从关联形而上下的角度为人们认识太虚本体提供必要的路径，而且由于它存在和变化形式的多样性，充分扩展了人们对于阴阳健顺的对立变化丰富性的了解。在这两方面的意义中，前者可以说是讲本体，后者则明显是讲变化。变化有狭义也有广义，狭义的即前面"变化者，进退之象也"的变化，而广义的则是将吉凶、悔吝、变化和刚柔都视作为变化，因为它们所表征的失得、忧虞、进退、昼夜之象本来都是变化中事。因而，可以用变化的观念和"一物两体"的方法论原则将前述各种"四象"的解释统一起来。当然，变化与本体又不是截然分割的，外象必有内理，性理作为四象变化的原因又依存于象气之中。这实际上也就是张载的"太和"范畴。

张载阐发说：

> 吉凶，变化，悔吝，刚柔，易之四象与！悔吝由羸不足而生，亦两而已。②

张载这里的四象，去掉了失得、忧虞、进退、昼夜的人世实践和天道运行的

---

① 朱伯崑先生说："张载所谓的象，是一种比形体更为广泛的关于事物存在的概念，这种概念是从易学中的卦象和物象中概括出来的。他辨别形和象，提出无形而有象，其目的在于说明无形的东西不能归之于虚无。在他看来，王弼派的错误之一，是把形和象混同起来，由于追求无形，进而排斥象，走上'忘象以求义'和'天地万物以无为本'的玄学道路。"（朱伯崑：《易学哲学史》中册，北京大学出版社1988年版，第287页。）

② （宋）张载：《张载集》，中华书局1978年版，第49页。

过程本身，直接从活动结果和事物表现的层面去进行认定。但是，张载四象说的特点，不是就四象论四象，而是贯彻他的"一物两体"的思维方法，将四象按两两相对的模式都归结为两体。悔与吝属于同一性质的价值判定，但仍可以从赢（过）与不足的层面析分为两体。那么，四象在张载，表现的就是四组相对关联的矛盾，即四对"两"象也。

"四"与"两"的统一，除了"一物两体"的方法贯彻外，在实体的层面还可以归结到阴阳气化的互含模式上。所谓"阴阳之精互藏其宅，则各得其所安，故日月之形，万古不变"①。日月之形万古不变，乃是由于作为其内容的阴阳精微之气互以对方为自己的存在场所，所谓阳中有阴、阴中有阳也。阴阳互含的"两"的机制可以说造就了世间的一切现象态，从而也保持了日月之形的统一体的稳定。他于是又说：

> 吉凶者，失得之著也；变化者，进退之著也；设卦系辞，所以示其著也。②

张载此处将失得、进退之"象"改为"著"，重在强调"象"所具有的"显著"的特色，以便把内在的形上本体"著"出来。

正是因为"象"在张载有形而上的意义，所以一般地讲象，难以揭示象的"著"的特点，也难与其所内含的隐微之理进行区分。圣人设卦系辞的目的，就在于揭示这种"显著"化的象的存在与活动。那么，张载归纳的"四象"的意义，也就超出了这四组象本身，而是以此四象为代表的一切表现内含之理的气化现象。譬如，"若阴阳之气，则循环迭至，聚散相荡，升降相求，绑缊相揉，盖相兼相制，欲一之而不能，此其所以屈伸无方，运行不息，莫或使之，不曰性命之理，谓之何哉？"③阴阳、聚散、升降、屈伸等等，都可以归到"两"、归到"象"上，而决定这诸多"象"的运动变化的原因，就是内含的性命之理。

---

① （宋）张载：《张载集》，中华书局 1978 年版，第 12 页。
② （宋）张载：《张载集》，中华书局 1978 年版，第 179 页。
③ （宋）张载：《张载集》，中华书局 1978 年版，第 12 页。

　　张载在本体论上虽然主张以气为本，但并不因此而忽视性理的作用。从形式的层面说，性理与气化的关系，在易学的语境中，就是显著与隐微的关系，故可以说吉凶为著而失得为微，变化为著而进退为微，等等。显著与隐微，在张载不是只从客观的外化和表现去看，更要立足于主体的角度去考虑。因为失得、进退本身只是客观的事实，人们能否由此中警醒而获得教益，取决于这些活动带来的吉凶的后果或情势的明显变化。正是因为如此，圣人才需要设卦系辞来彰显"象"——集中概括为四象，以使认识不再停留于客观事象自身，而是要察知和总结因为失得、进退而给人世带来的吉庆、凶灾和变化，从而也昭示出圣人立象的目的。

　　从而，象或四象的意义，就不能停留于它们自身去分析，而是要看到由它们而彰显的内含之理。张载称：

　　　　"变化，进退之象"云者，进退之动也微，必验之于变化之著，故察进退之理为难，察变化之象为易。①

理作为形而上的存在，在认识上无疑有困难的一面。圣人所以要突出变化是进退之象，为的就是引导认识进退之动这一理。譬如日月之动十分隐微，很难直接得知其进退的道理，但如果通过观察周围天象的坐标、日月在大地的投影这些显著的"象"的变化，就能够准确把握日月进退之理，即由象而得理。进一步，"动也微"既然可以通过变化之著而得以认识，把握进退之理的难也就转化为易了。正是因为如此，"天垂象，见吉凶"在圣人的心中，就是要昭示天道变化之理，所以需要模拟摹写而表现为易象与辞，所谓"作易以示人，犹天垂象见吉凶"②也。

　　归结起来，不论是第一种还是第三种四象，在张载看来都是一个相互关联的整体，它们贯穿的是同一个变化通达的原则，这不论在朱熹还是王夫之这些后来的理学大家，可以说都得到了继承。但是，张载不用阴阳老少解

---

① （宋）张载：《张载集》，中华书局 1978 年版，第 180 页。
② （宋）张载：《张载集》，中华书局 1978 年版，第 204 页。

四象的做法，却被后来者所抛弃。朱熹明确肯定《系辞上》所述第一、二种四象都是指阴阳老（太）少。其曰："四象者，次为二画以分太少"；"四象，谓阴阳老少。"[1] 王夫之在注解张载的"四象"说时亦称："在天有阴阳，在阳有老少，在数有九七；在地有刚柔，在阴有老少，在数有六八；于是而四象成。故阳一爻之中，有阴有阳，有老有少，而四象备焉。"[2] 应当说，以阴阳老少解四象，在宋以后已经是普遍化的趋势，张载不取可能与他弃绝象数、以突出他的一物两体和气象理一贯说有关。同时，阴阳老少的四象说在后来的流行，与二程概括邵雍的"加一倍法"为世所普遍认知亦有关系，而这些都已经与张载无关了。

（原载于《周易研究》2012 年第 5 期）

---

① （宋）朱熹：《周易本义》，苏勇校注，北京大学出版社 1992 年版，第 149 页。

② （清）王夫之：《船山全书》，岳麓书社 1996 年版，第 12 册，第 279 页。

陈献章哲学的"变易"论说

明代哲学的兴起，有元时"和会朱陆"学术风气蔓延带来的鲜明的烙印。哲学家们立足于朱学的框架又认同和吸收陆学，故与自元以来朱学地位不断上升的势头相伴随的，是对朱学"体认"的多样化和心学、气学等因素对宋元"道学"体系的渗透和改造。从宋濂、刘基到曹端、薛瑄和吴与弼，对这些明初的学者来说，学派间的界限实际上比较模糊，从其习用的概念和表述的内容上已不容易严格地归类所属的派别，各学派之间表现出一种调和的倾向。如此的现象使得在程朱道学上升为国家统治思想的同时，其他学派的思想仍可以保持相对自由的发展，从而亦有被黄宗羲以为"始入精微"的陈献章哲学的产生。

一

陈献章哲学的性质，后来通常被冠以"白沙心学"（或"江门心学"）的标识。但是，突出他哲学的以心为本，并不妨碍他对气的注重，细读陈献章留下的语言文字，从中可以感受到明中期兴盛起来的心学和气学的双重蕴含。

陈献章哲学的一个著名观点，是天地之间，一气而已。陈献章注重的，不仅是气的实体，更是气赖以存在的运动变化。在这方面，"变易"的观点是他解释宇宙现象的一个基本立场。他说：

> 天地间一气而已，屈信相感，其变无穷，人自少而壮，自壮而老，

其欢悲、得丧、出处、语默之变，亦若是而已，孰能久而不变哉？①

天地间的自然事物都是一气之变，屈伸往来，变化无穷。人于天地中，其长养、悲欢和行止也无不是变，自始至终都是在变化中生存，"久而不变"之物是不存在的。他有诗云：

> 圣愚各有尽，观化一遭走。……死生若昼夜，当速何必久？即死无所怜，乾坤一刍狗。②

这首诗的全称是《梦观化，书六字壁间曰：造物一场变化》，其名称及内容都说明，天地之间，谁也不能逃脱死亡的命运，"变化"是普遍必然的存在。圣人愚人虽然智慧有高低，但都是造物之一场。昼夜转换，阴阳交替，天地间的一切人物，说到底不过如同祭祀活动中的刍狗一样，随生随灭，无须怜惜。

从"一气"与"变化"之双方来说，"一气"突出了气的唯一性和天地间气化的统一性；"变化"则说明气有不同的存在形式，它表现为气这一实体存在的过程和状态。气范畴的价值，是通过变这一特性和状态，去生成和造就丰富多彩的世界的。通常所谓"气化"云云，正说明气与化（变化）是不可分割地联系在一起。

气在陈献章又称作元气，以"元"修饰气，是汉唐时期的通例，突出了气作为万物生发始基的意义。但在理学肇兴的宋代，"元气"之称反倒少见，譬如以气为本的张载哲学——气本论哲学，便不用元气的概念。因为张载之气是从存在本身论，有聚散无生灭，他注重的是气的交相包孕和对立作用，所谓"太和缊缊"也。

张载论太和之道的缊缊聚散，其特点在他从庄子继承而来如野马、缊缊般的气化流行状态。庄子以"野马也，尘埃也，生物之以息相吹也"（见

---

① （明）陈献章：《陈献章集》，孙通海点校，中华书局1987年版，第41页。
② （明）陈献章：《陈献章集》，孙通海点校，中华书局1987年版，第720页。

《庄子·逍遥游》）形容湖泊间奔腾不停的游气，张载借用此表示太和变化之气的无所不在。抓住了气化的这一特点，就从根本上理解了《周易》的实质，所以张载以易道为归结。① 因为"易"的核心和基本性质就在"变易"，变易才有生生的世界。

陈献章接过了张载的气化絪缊说，但元气与气在他却是同一的概念。天地人物都为元气所充盈。故又称：

> 元气之在天地，犹其在人之身，盛则耳目聪明，四体长春。其在天地，则庶物咸亨，太和絪缊。②

元气是贯穿天地人物的实体，天地由于元气充实而生生不息，万物亨通；人则因元气饱满而体态康健，耳目聪明。太和絪缊在张载，突出的是气化内部虚实动静的相互作用，陈献章也因此有同样的思考，他将野马、絪缊等元气流贯的不同状态整合起来，并借助于动静、体用等范畴思维形式，将眼光转向了与云气相关联的气之功用上。他说：

> 野马也，尘埃也，云也，是气也，而云以苏枯泽物为功。《易》曰"密云不雨，自我西郊"是也。水以动为体，而潭以静为用。物之至者，妍亦妍，媸亦媸，因物赋形，潭何容心焉？是之取尔。③

变易是元气的普遍存在形式，从此出发看待周围的世界实际已成为学者们的共识。陈献章的亡友曾将一清澈的水潭取名为"云潭"，其意为："夫潭取其洁也，云取其变也，洁者其本乎？变者其用乎？"④ 亡友以洁、静为本，以云、变为用，是立足动静关系论本末体用，这一方法虽同样为陈献章所采取，但亡友的结论他并不认同。在他看来，其说与云气存在和变动的特性是

---

① （宋）张载：《张载集》，中华书局 1978 年版，第 7 页。

② （明）陈献章：《陈献章集》，孙通海点校，中华书局 1987 年版，第 107 页。

③ （明）陈献章：《陈献章集》，孙通海点校，中华书局 1987 年版，第 41 页。

④ 参见《云潭记》中陈献章的转述，《陈献章集》，中华书局 1987 年版，第 41 页。

不相符的。在他这里,不应当是静体而动用,而是正相反,是动体而静用。

在云气与野马、尘埃三者之间,相通是在气的实体上,而相别则是在气的存在形态和功用上,即云彩所表现的是水所具有的润泽复苏万物之功。至于陈献章引《周易·小畜》卦"密云不雨,自我西郊"的卦辞来解说,则需稍作分析。《小畜》卦☰是乾下巽上之卦,乾为天,为健;巽为木,为风。基本卦象是风行天上,通达顺畅。本卦九五爻得位得中,志向刚健而行,结果自然亨通。"密云不雨"是因为从西郊飘浮过来的云气还在积蓄之中,故未来得及降下。在陈献章,他的目的是想借以说明,从云到雨都属于气的范畴,云气又在运动行进当中,其价值体现在苏枯泽物的功用,而不在所化之水的洁静上。云雨与潭水之间,"不雨"时在天为云,云的运动行进为体;既雨后在潭为水,潭水的静而不动为用。此用的表现,是物临潭水,美者自美,丑者自丑,形貌自现,潭并不施心于其中。那么,一方面,潭不"容心",本来无洁,洁或美丑都是用的自然效果;另一方面,潭正是通过静的性质才发挥出自己的功用的。他以为,这才是取名为"云潭"所应当保有之意。

陈献章这里虽然是就特定的"云潭"发论,但也具有一般的动静体用之义。以静为体而以动为用,可以说是王弼以来易学的代表性观点,故对于《周易·复卦》及其《象辞》的"一阳复于下"和"复其见天地之心",王弼是以"寂然至无"、"动息地中"为解,这也就是程颐概括的"以静为见天地之心"。在程颐自己,则将这一观点从根本上颠倒了过来,提出天地之心不应当以静、而应当以动来揭示。到朱熹,则将程颐的"主动说"与周敦颐、邵雍的"主静说"整合了起来。他以为:

> 积阴之下,一阳复生。天地生物之心几于灭息,而至此乃复可见。在人则为静极而动,恶极而善,本性几息而复见之端也。程子论之详矣。而邵子之诗亦曰:"冬至子之半,天心无改移。一阳初动处,万物未生时。玄酒味方淡,大音声正希。此言如不信,更请问包牺。"至哉,言也。学者宜尽心焉。①

---

① (宋)朱熹:《周易本义》,苏勇校注,北京大学出版社1992年版,第95页。

天地以生物为心，但此心在积阴之下却几乎灭息，直至一阳复生，静极而动。朱熹的"静极而动"，应当是借用了周敦颐《太极图说》论动静阴阳互生互变的手法，但他自以为是依照程颐的"动之端"说而得出"本性几息而复见之端也"的结论的。就程颐而论，他之言动之端，意在否定宇宙生成上静的地位，而朱熹从正面论证天地之心几于灭息并在此基础上讲静极而动，对静的价值却相对给予了肯定，在一定程度上吸收了作为程颐对立面的王弼的"故动息地中，乃天地之心见也"的思想成分。

朱熹又引邵雍诗为说，强调在一阳初动的基础上，天心无改，大音正希，注意到《复卦》动静交融对于生生的根本价值。这说明朱熹在直接意义上对程颐主动的思想的继承，与他对从王弼以来到周敦颐、邵雍重视动静交融的价值这一思维发展脉络的关注是互相补充的。他要求学者的尽心，便是要求于静中去体验动，使静与动相互发明，才能更有效地认识天地的本性。

陈献章论水潭关系的动体静用说，应当是注意到了朱熹统合动静的思维，但明确讲动体而静用、因循自然而不容心，仍表现出自身的特色。明清之际，黄宗羲采集"师说"，有所谓"盖先生识趣近濂溪，而穷理不逮；学术类康节，而受用太早"①之评说。尽管在刘、黄师徒眼中，陈献章的学术素养缺乏厚重，但以为其学与周敦颐、邵雍相关联，还是道出了问题的实质的。当然，这里又是经过了朱熹的中介。

在陈献章，亦动亦静的功夫也吸取了陆九渊心学的因素，故有所谓"心学法门"之说，如曰：

> 所谓虚明静一者为之主，徐取古人紧要文字读之，庶能有所契合，不为影响依附，以限于循外自欺之弊，此心学法门也。……《易》所谓"复其见天地之心乎"？此理洞如，然非涵养至极，胸次澄澈，则必不能有见于一动一静之间。②

---

① 见（清）黄宗羲：《明儒学案》，沈芝盈点校，中华书局 2008 年版，第 5 页。
② （明）陈献章：《陈献章集》，孙通海点校，中华书局 1987 年版，第 68—69 页。

　　为学当求诸心而以"虚明静一"者为主,最早可以追溯到先秦诸子,荀子又谓之以"大清明"的境界,这在后来的学者又大都是赞同的。入宋以后,朱熹强调读书,陆九渊主张发明本心,但双方又并未走极端,实际都看到了涵养功夫与读书的必要,只是各自的先后轻重有别。陈献章注意吸取二者之长,但重心还是落在心学一方。即在"求诸心"的基础上再慎取古人紧要文字读之,便能内外心理契合,而不会被外物所牵引,以至陷溺无归。至于他所说的涵养至极、胸次澄澈,可以说是动中求静的路向,而他以《易》之"复其见天地之心"为解说,并以为其目的是见"此理"于一动一静的天地之间,亦表明他是十分看重动静交融作为气化世界生成变化的原因的。

　　动静交融,自周敦颐以来也理解为阴阳互动,这是陈献章看待万物变化的一个基本立场。他有以腊梅月相为题之诗,其称"雷在地中阴独伏,风来天下九包鱼"[1]。前者即《复卦》䷗,后者即《姤卦》,䷫二卦阴阳运动的方向相反,但相反相成以发明阴阳的互含互动,互为消长。《复卦》雷动于地中而阴渐消退,天地生生之心展现,万物由剥落而复生;《姤卦》天下有风而阴长阳消,但爻辞有阳九包阴六之鱼说,阴阳仍是互动的。陈献章所谓"风来天下",按《象辞》——"天下有风,姤,后以施命诰四方",意为君王教令施于四方,风行天下,呈现的是整个天下的运动流行之貌。

　　联系到前面的云潭动静之说,以动为体可以说是他以自然为宗的学术立场的真实反映,这与《明儒学案·师说》揭示的"先生学宗自然,而要归于自得。自得故资深逢源,与鸢鱼同一活泼,而还以握造化之枢机"[2]的学术特色是相符的。

　　不过,造化之枢机为何,陈献章自己却语焉未详。从渊源来追溯,宋儒自周敦颐、邵雍以来,提供的最高范畴是太极。太极在陈献章也有使用,但其规定与他的诗人气质相呼应,亦是含蓄而不具体。他有《太极涵虚》诗称:

---

① (明)陈献章:《陈献章集》,孙通海点校,中华书局1987年版,第660页。
② (清)黄宗羲:《明儒学案》,沈芝盈点校,中华书局2008年第2版,第5页。

混沌固有初，浑沦本无物。万化自流形，何处寻吾一？①

"太极"之名在诗中并未再现，按湛若水的解释，其"初"即太极，而"混沦"即阴阳两仪，如此，则一太极两仪之说系从张载而来。在张载，"一太极两仪"就是"一物两体"之气。② 两仪未分，虚空即气，万物尚处于"中涵"浑沦的阶段，故可云之"无物"。从"无物"往下，"万化自流形"，生成为丰富多彩的现象世界，但世界既已在多中，又如何能追寻到最初之一呢？陈献章留下了疑问，湛若水则有回答，尽管其答案是依于朱熹解《中庸》的"大德敦化，小德川流"的思路，说明的是一本万殊的主题，③ 但解答本身应当是符合陈献章的意旨的，此"一本"也就是造化之枢机。

从万化有初而自流行的模式看，陈献章注重的是以动为体，他看到天地万物无不是在变化中生存。然而，人们由于拘泥于既存的事物状态，往往不能感知变化的普遍性。他说：

> 变之未形也，以为不变；既形也，而谓之变，非知变者也。夫变也者，日夜相待乎前，虽一息，变也；况于冬夏乎？生于一息，成于冬夏者也。④

人们所以崇尚静而忽略动的价值，原因就是从有形去判定变，以未形为不变，从而将未形者与变分割开来了。变决不仅仅是指形变，未形之物同样在变。小至一息，大至冬夏，无不如此。但人们只见冬夏寒热的大变，而不见一呼一息的小变，结果，日夜相待乎前，却都熟视而无睹。其实，冬夏正是由无数一息积累而成，变是无处无时不在的。

结合云潭之例来看：

---

① （明）陈献章：《陈献章集》，孙通海点校，中华书局1987年版，第792页。
② 参见（宋）张载：《正蒙·大易》，《张载集》，中华书局1978年版，第233、48页。
③ 参见《陈献章集》附：（明）湛若水《白沙子古诗教解·太极涵虚》，孙通海点校，中华书局1987年版，第792—793页。
④ （明）陈献章：《陈献章集》，孙通海点校，中华书局1987年版，第41—42页。

夫气上蒸为水，下注为潭。气，水之未变者也。一为云，一为潭，变之不一而成形也。其必有将然而未形者乎！默而识之，可与论《易》矣。①

云、潭、雨、水本来都统一于气的范畴，其具体表现，气上蒸为云雨，下注为潭水，这都是明显的变。气作为水之未变或未形，是水之本然态；云、潭作为水之已变或成形，是水之现实态。由于变化的普遍性，变之不一不仅有空间的意义，也有时间的意义。从空间看，水由未变未形到已变有形，表现为由一而多的过程，或曰根源为一而所变成形不一；在时间，现在有形源于过去未形，推论下去，其将然而未形者的存在也就可以推知，并会是一个永远无穷尽的序列。

可以说，未形和已形不仅是"在"变，而且表明世界正是不断地由未形走向已形，由单调走向丰富多彩，变是宇宙生存的基本手段。陈献章强调，如果懂得了这一未形已形、一本殊形的变化规律，也就从根本上融通了易道，因为"易"本来就是"变"易也。

二

变易作为世界的普遍现象，不只通行于天地，也流贯于人生，人们也就应当自觉地以变化的普遍性来指导人世的活动。陈献章说：

《易》曰："初噬告，再三渎，渎则不告。"此教者之事，夫岂有所隐哉？承示教，近作颇见意思，然不欲多作，恐其滞也。人与天地同体，四时以行，百物以生，若滞在一处，安能为造化之主耶？古之善学者，常令此心在无物处，便运用得转耳。学者以自然为宗，不可不着意理会。②

① （明）陈献章：《陈献章集》，孙通海点校，中华书局1987年版，第41页。
② （明）陈献章：《陈献章集》，孙通海点校，中华书局1987年版，第192页。

《蒙卦》☶☵卦辞的"初筮告，再三渎，渎则不告"，陈献章以为为师者是应当明晓的。人与天地同体，故应以天地变化为范本指导人生，但须注意的是"以自然为宗"而非恣意作为。"再三渎"之不恰当而导致"渎则不告"，就在于把主观意志强加给对象，所以不应当予以牵就。在这里，以变而非滞作为思想指导是十分必要的，若滞在一处，即便上天亦不能作为世界万物的主宰。

当然，所谓"四时以行，百物以生"，暗含着一个自孔子以来对天道客观流行价值的认定，朱熹发挥此乃"不待言而著"的"天理流行之实"①，陈献章自己亦要求体验"宣尼何事欲无言"②的境界。他虽未点明其境界到底如何，但"常令此心在无物处，便运用得转耳"，也大致道出了自无而有去体验道体运行的心声。

如此的路径，与道体自身的存在特性相关："夫道至无而动，至静而神，故藏而后发，形而斯存。"③道是至无至静，却又神妙不测，非动而动，其趋向是藏而后发，人于是由几微而察知显著，道之一切形变便不出我心。从道的存在状态看，不论是动静、虚实还是未形已形，其实都是相互关联的："夫动，已形者也，形斯实矣。其未形者，虚而已。虚其本也，致虚之所以立本也。"④从经验感知来说，凡"动"者都是有形的实在，虚本是未形，故无法感知，但智者却"能知至无于至静"，能体验到虚而确立其本，所谓"善求道者求之易也"。就是说，人需要从静、虚或"无物处"入手，在未变未形时下功夫，便能有所收获，事半而功倍。

回到《蒙卦》看，对童蒙之"再三渎"而"不告"，都是为培养其作圣人的功夫，即《象辞》所谓"蒙以养正，圣功也"。程颐当年认为："未发之为蒙，以纯一未发之蒙而养其正，乃作圣之功也。发而后禁，则扞格而难胜。"⑤未发在陈献章就是未变未形，使心在此时用功，便是因循自然而掌握

① 参见（宋）朱熹：《四书章句集注》，中华书局 1983 年版，第 180 页。
② （明）陈献章：《陈献章集》，孙通海点校，中华书局 1987 年版，第 660 页。
③ （明）陈献章：《陈献章集》，孙通海点校，中华书局 1987 年版，第 131 页。
④ （明）陈献章：《陈献章集》，孙通海点校，中华书局 1987 年版，第 131 页。
⑤ （宋）程颢、程颐：《二程集》，王孝鱼点校，中华书局 1981 年版，第 720 页。

主动，不会出现已发已形之后扞格难胜的情形。

那么，陈献章之"以自然为宗"，也就可以解释为紧随道体变化去认识世界："《易》曰：'天地变化草木蕃'，时也。随时曲信，与道翱翔，固吾儒事也。"① 天地草木随时变化，缘于道自身的活动变化，吾儒就也应当与时偕行，才可能与周围世界保持协调。从此出发，君子就应当积极作为，刚健有为的修养自然成为必须。他称：

> 《乾》之《象》曰："天行健。"天之循环不已者，健而已。君子执虚如执盈，入虚如有人，未尝稍懈者，刚而已。天岂劳哉？君子何为不暇乎？②

天性"健"而循环不已，君子之心常在无物处，便能"执虚如执盈，入虚如有人"，这亦是陈献章的慎独说。慎独不是一时一事，而是处处事事，"终日乾乾"，是谓之"刚"也。从天性健到君子性刚，陈献章强调了君子积极的道德修养的必要。所谓"劳"与安泰，陈献章引《泰卦》九二、九三爻的"包荒，用冯河"和"艰贞无咎"为据，阐明"君子之安于其所，岂直泰然而无所事哉？盖将兢兢业业，唯恐一息之或间，一念之或差，而不敢以自暇矣"③。君子的安泰是积极而非消极的，因为天道本来如此。天人在这里是一致的，天依其本性而运行，并非所谓烦劳；人以天为宗而谨慎戒惧，也就会积极修持以用其心。

就此而言，陈献章主张以动为体，留意变化流行，必然引向的就是修养活动的不息。《乾卦》九三爻辞的"终日乾乾"，正是表明了这样一种心态。君子的昼夜警惕忧惧，注重的是不断地进取。宋儒无所不在的"理"在这里得到了强化，但此理又与"我"不可分。他曰：

> "终日乾乾"，只是收拾此而已。此理干涉至大，无内外，无终始，

---

① （明）陈献章：《陈献章集》，孙通海点校，中华书局 1987 年版，第 71 页。
② （明）陈献章：《陈献章集》，孙通海点校，中华书局 1987 年版，第 57 页。
③ （明）陈献章：《陈献章集》，孙通海点校，中华书局 1987 年版，第 57 页。

> 无一处不到，无一息不运。会此则天地我立，万化我出，而宇宙在我矣。得此霸柄入手，更有何事？往古今来，四方上下，都一齐穿纽，一齐收拾，随时随处，无不是这个充塞。①

理无一处不到，变化也无处不在，但最突出的变化是"天地我立，万化我出，而宇宙在我"，这可以联系到陆九渊、杨简师徒挺立吾心的心本论哲学。但其间也有一定的区分，那就是陈献章的"我"是需要把握"霸柄"——理才能有自己的力量的，充塞于天地四方的核心是理而不是心。

当然，理又离不开心去"收拾"，心"会"理而有心理同一。至于"往古今来，四方上下"云云，显然是从陆九渊的"四方上下曰宇，往古今来曰宙，宇宙便是吾心，吾心即是宇宙"化来的，引向的是东西南北圣人的同心同理，② 这是从存在的意义讲心理的实体；不过，它也可从朱熹的心包万理、万理具于一心来解释，这是讲心作为主体的认识功能。陈献章的心学，对"气"学和"理"学更多地是包容而非拒斥的立场。换言之，如果只论天地万化，可以元气变化的普遍性和客观性来解释；但同时又讲万化我出，则将气变的根本放在了我心之理上。那么，在心、理与气之间，就需要统筹起来进行考量。

<h2 style="text-align:center">三</h2>

在陈献章，他对心的强调，有不少是与气化相关联的。以此为前提去看待天道与我心的关系，就是一种相互关联又各有特点的架构。如他称：

> 天道至无心，比其著于两间者，千怪万状，不复有可及。至巧矣，然皆一元之所为。圣道至无意，比其形于功业者，神妙莫测，不复有可加。亦至巧矣，然皆一心之所致。心乎，其此一元之所舍乎！③

---

① （明）陈献章：《陈献章集》，孙通海点校，中华书局 1987 年版，第 217 页。
② 参见（宋）陆九渊：《陆九渊集》，钟哲点校，中华书局 1980 年版，第 273 页。
③ （明）陈献章：《陈献章集》，孙通海点校，中华书局 1987 年版，第 57 页。

气化流行与心之活动，在这里实际分出了三个层次：一是现象界的具体变化，这包括天地间万事万物的生长变化和人世间纷繁复杂的事物活动。天人双方的活动变化丰富多彩，但毕竟只是有限的具体形变和功德事业。二是"至"无心、无意的天道与圣道。加上"至"字又以"道"来称谓，突出了其"至巧"而超越日常形变的至高无上的特点。三是尽管变化有著形和未形的不同存在形式，但在天者统属于同一的元气，在人者归结于一心的活动，一元之气与一心相互映衬。不过，这个相互映衬并不是最后的结果，到最后，一元气化作为整体又是被一心所包容和收拾的。

在这里，陈献章的"一心"虽有根本之义，但又不是"唯心"，因为他将心与意进行了区分。对于所谓圣道无意却又至巧之说，他又有论说曰：

> 圣人未尝巧也，此心之仁自巧也，而圣人用之。故天下有意于巧者，皆不得厕其间矣。周公一《金縢》，大发窬时主。以后世事观，至巧矣。周公岂有意耶？亦任心耳。①

圣人如文、武、周公，革故鼎新，身致太平，并非是人为取巧，而是仁心自巧。周公作《金縢》并封藏于柜，本出以公心，目的在为武王的康复和周之天下的稳定，并非是为后来自己可能受到的委屈预备辩辞。之后，成王遇天灾而开柜，证明周公想取代成王的流言纯粹是诬蔑诽谤，从而证明周公的开悟成王及公卿，并不是有意巧为，而是其仁心的自然流淌。

陈献章的归结，是心仁自巧为因，世事至巧是果，其间的关联是周公无意而任心。圣人的治国平天下，也就不是有意为巧。由此推开，所谓"学宗自然，而要归于自得"，便可以无意而任心去解之。"无意"是他由"梦观化"而来的"造物一场变化"对他的深刻影响，人力只能因循而不可悖逆造化；"任心"则基于天心与我心的一致。他曾以"诚"为天地运化之因，而此诚又内在于君子之心。"诚"意为何他没有解释，参考他前面的理无一处不到来说，可以归结为理，如此，"心之所有者此诚，而为天地者

---

① （明）陈献章：《陈献章集》，孙通海点校，中华书局1987年版，第58页。

此诚也。天地之大，此诚且可为，而君子存之，则何万世之不足开哉"①！那么，周公任心，实乃存诚所致，存诚既与天为一，又循理动而无意，开万世之盛业也就在不言之中了。或许，这才是陈献章心中最为真实的心学法门。

（原载于《江南大学学报》2014 年第 1 期）

---

① （明）陈献章：《陈献章集》，孙通海点校，中华书局 1987 年版，第 57 页。

略析韩邦奇的《启蒙意见》

韩邦奇（1479—1556 年），字汝节，号苑洛，生活于明代中期，《启蒙意见》是他青年时期的作品，主旨在"因朱子《易学启蒙》而阐明其说"①。因而，该书在结构上，是因循朱熹《易学启蒙》的路径即"本图书第一"、"原卦画第二"、"明蓍策第三"、"考占变第四"②去推演其说的。但实际上，按韩邦奇自己所说，他是于《启蒙》"有弗悟"而"自为之说将以就有道焉"，故又不完全同于朱熹。最后，他又将所谓"七占"古法单列一卷，对朱熹"以事理推之"的筮法有所更定。

一

韩邦奇《启蒙意见》在形式上的一大特点是图多。之所以如此，是在他看来，图是《易》之成立的关键。而在各类图式之中，河图、洛书又最为要紧。他说：

> 夫《易》，理、数、辞、象而已矣。理者主乎此者也，数者计乎此者也，辞者述乎此者也，象者状乎此者也。"图书"者，理之舆也，辞之方也，数之备也，象之显也。是故圣人观象以画卦，因数以命爻，修

① （清）纪昀等：《启蒙意见·提要》，文渊阁《四库全书》，（台北）商务印书馆 1986 年版，第 30 册，第 96 页。
② 韩邦奇根据自己认定的占筮的重心在"占变"的原则，将朱熹《启蒙》第四的《考变占》径自改作了《考占变》。

辞以达义，极深以穷理，《易》以立焉。①

《易》的内容包括理、数、辞、象四个方面。理作为《易》之主，乃是《易》之灵魂，这在理学流行的时代很容易理解。事实上，注重理可以说是明代易学的共性。但理又不是独立作用，数、辞、象的辅助必不可少，四者共存于"图书"之中。圣人的观象画卦、因数命爻、修辞达义、极深穷理实际都是面对"图书"进行的。如果做一分解，观象画卦、因数命爻、修辞达义属于实，极深以穷理则为虚，虚实互发，《易》正是基于此而得以成立。

那么，虚实问题就是理解图书系统的关键。它最典型的表现，就是太极和阴阳老少之象与相应的数的关系。韩氏言：

> 朱子曰："太极者，象数未形，而其理已具之称；形器具含，而其理无朕兆之目。在图书皆虚中之象也。两仪，阳一而阴二，在图书则奇偶是也。"《意见》曰：四象在图书，一九为太阳，二八为少阴，三七为少阳，四六为太阴。八卦在图书，一为乾，九为兑，二为离，八为震，三为巽，七为坎，四为艮，六为坤，详见《本图书》。成卦之次，伏羲与邵子同加一倍也，孔子则相荡也。其本同，其末异，其生异，其成同。孔子称相荡者，伏羲加一成卦时皆知之，画止于六盖不知也。使知八八相乘为三才者，两阴阳刚柔仁义，三才具矣。否则，七、八、九、十何所极邪？②

按朱熹，无论在象数未形之前，还是形器具备之后，太极都是始终存在的，作为无形无象的理，它决定着由未形到已形的两仪、四象、八卦的生成，在图书中则表现为中五与十的虚掉不计。太极之后的两仪，就是阴阳的爻画符号和表现为黑白点的奇偶之数。韩邦奇接着推演说，四象就是一九太阳、

① （明）韩邦奇：《启蒙意见原序》，文渊阁《四库全书》，（台北）商务印书馆1986年版，第30册，第96页。
② （明）韩邦奇：《启蒙意见·原卦画第二》，文渊阁《四库全书》，（台北）商务印书馆1986年版，第30册，第115页。

二八少阴、三七少阳、四六太阴的四对数，八卦则是不计中五的自一至八的八个自然数，但作为每卦指代的数，韩氏的解释与朱熹之意并不完全相同。

在这里，由无形到两仪、四象、八卦，遵循的是伏羲到邵雍加一奇一偶的"加一倍法"。而六十四卦的生成，情况有所不同，即《系辞上》所云的"八卦相荡"。八卦相荡或八八相乘而为三才，即阴阳、刚柔、仁义各两画，是为六十四卦："夫相荡者，自八而六十四者也。先天者，加一倍者也。"① 六画或三才备，天地人物生成便告完成，不然，无休止继续下去，七、八、九、十，又何有一个终结呢？韩邦奇以为，孔子（《系辞上》）所说的相荡之法，伏羲时便已知晓，只是不知道止于六画即六十四卦。尽管加一倍法与八卦相荡明显区别，但都是本于太极。换句话说，生成六十四卦的方式有异，但成就六十四卦的目的相同。这便是所谓的"其本同，其末异；其生异。其成同"。

"八卦相荡"而有六十四卦，《说卦传》的"八卦相错"同样也是如此，这在《周易本义》中朱熹已有明言，并认为后者就是先天之学。韩邦奇以为，如此的"先天之义"，后儒并不能把握，不能在加一倍法与八卦相荡之间进行协调，"汉以下莫能一焉"，只是到了"宋邵康节氏自八而十六，自十六而三十二，自三十二而六十四；朱晦庵氏为之《本图书》，为之《原卦画》，为之《明蓍策》，为之《考占变》，于是乎《易》之先后始有其序，而理、数、辞、象之功懋矣"② 。邵雍和朱熹的功劳也就尤其为大，《易学启蒙》的意义也就凸显了出来。不过，韩邦奇的议论却又不止此，他还要考虑"八卦相错"之后的问题。这即"数往者顺，知来者逆，是故易逆数也"那一段文字。韩邦奇认为，这里还有着丰富的蕴涵。他称：

> 八卦相错，数往者顺，知来者逆，是故易逆数也。数往知来，明伏羲六十四卦圆图之运行也。易逆数，明六十四卦横图之生序也。何以知之？以其列于八卦相错之后也。自复一阴［阳］，历临二阳，泰三阳，

---

① （明）韩邦奇：《启蒙意见原序》，文渊阁《四库全书》，（台北）商务印书馆1986年版，第30册，第96页。
② （明）韩邦奇：《启蒙意见原序》，文渊阁《四库全书》，（台北）商务印书馆1986年版，第30册，第96页。

（大）壮四阳，夬五阳，至于六阳，皆得其已生之卦，犹自今日追数昨日也；自姤一阴，历遁二阴，否三阴，观四阴，剥五阴，至坤六阴，皆得其未生之卦，犹自今日逆数来日也。横图则自乾而夬，历剥至坤，生数之自然，皆逆数也。六阳六阴尽而一岁周，此画所以止于六也。①

韩邦奇将"数往知来"与"易逆数"，分别视作为发明伏羲六十四卦圆图运行与横图生生的序列，因为它们都列于"八卦相错"即六十四卦生成之后。可能因为如此，韩氏不是从经典的八卦看顺逆运行和已生未生，而是从十二消息卦立论，由复一阳到乾六阳是阳升阴退为顺，属已生之卦；自姤一阴到坤六阴是阴升阳退为逆，属未生之卦。横图由于是从右往左数，阳退而阴升，所以都属于逆数。六阳六阴尽便是一周年，所以卦画就只能止于六即六十四卦。

那么，韩邦奇虽然推崇《易学启蒙》，但他的《易学意见》与《易学启蒙》在不少地方是有差异的，的的确确有他的"意见"在内。又如图之中数五与十，朱熹认为："河图之虚五与十者，太极也；奇数二十，偶数二十者，两仪也。"②河图总数（天地之数）的五十五，实际用于计算的是四十，中数的五与十虚掉不计，象征太极；余下之数，一三七九的天数二十，二四六八的地数二十，这便是两仪。可在韩邦奇的图说中，却有了明显的变化。他言道：

即其图而观之，冲漠无朕之际，五十有五之数，已具于十、五之中矣。……是所谓太极也。及其五十有五之数，形布互错于十、五之外，于是阴阳之象，灿然黑白之分明，一三七九为阳，二四六八为阴，所谓两仪也。③

① （明）韩邦奇：《启蒙意见·原卦画第二》，文渊阁《四库全书》，（台北）商务印书馆 1986 年版，第 30 册，第 118 页。

② （宋）朱熹：《易学启蒙·本图书第一》，《周易本义》附，苏勇校注，北京大学出版社 1992 年版，第 210 页。

③ （明）韩邦奇：《启蒙意见·本图书第一》，文渊阁《四库全书》，（台北）商务印书馆 1986 年版，第 30 册，第 106 页。

韩邦奇对由太极到两仪的大格局予以了继承，但是，不再是朱熹明言的虚五与十为太极，而是具于十、五之中的五十五的总数为太极。而且，河图的十、五之数与一三七九、二四六八之数分为内外并共组为五十五数，十与五就变成了实数而非虚数，虽然仍保持了一三七九与二四六八的天地阴阳之数为两仪的说法。

二

与韩邦奇大致同时而稍晚，远在朝鲜的李退溪①也见到了韩邦奇的《启蒙意见》，并对不少观点予以了认可，可见韩氏的影响颇为远播。不过，退溪多维护朱子的观点，又并不都赞同韩氏之说。例如，退溪在《启蒙传疑》中言：

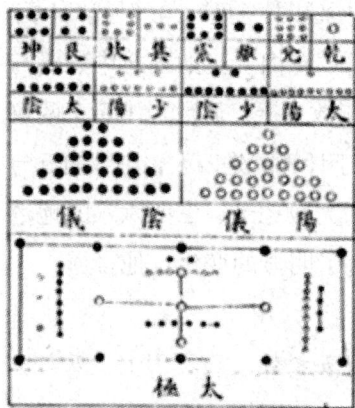

韩氏《意见》，多与朱子异同。此图分卦，惟坤、艮、坎、巽四卦同朱子，余四卦率与之相反。非但此也。其曰："五十有五之数，已具于十、五之中，是所谓太极者。"若以是为太极之象则犹之可也，直谓之太极则非。朱子不可以五十著为太极之意矣，又况虚其中五与十，以象太极，最是则图作《易》之妙处。今乃并五与十数，以为两仪之分，则已失义。易之本意，奚惟乎二分四、四分八之多舛哉？又图中内成数而外生数，亦不可晓。大抵韩氏意，本以攻玉斋②设，而更不惮立异于朱子。如此，览者详之。③

①　李退溪（李滉）的生卒年是1502—1571年，比韩邦奇（1479—1556年）略晚。

②　玉斋：胡玉斋，名方平，婺源人。早年受《易》于黄榦门人董介轩，著作有《易学启蒙通释》等。《宋元学案·介轩学案》称他"精研《易》旨，沈潜反复二十余年，而后著书发明朱子之意"（见《宋元学案》第2973页。）。

③　[韩] 李滉：《启蒙传疑·本图书第一》，《增补退溪全书》，韩国成均馆大学大东文化研究院1985年版，第219—220页。

退溪之说，首先，所谓"此图分卦"的坤、艮、坎、巽四卦同朱子，即同于朱子坤六、艮四、坎七、巽三这四卦之数；而"余四卦率与之相反"，则是说与朱子的震二、离八、兑一、乾九不同，韩邦奇是震八、离二、兑九、乾一，即震二与离八对调，兑一与乾九对调。其实，朱熹对于分卦或成卦的数、位等的解释，已经包含了变化在内，并不是固定不变的。退溪在评说朱子和玉斋两说的异同时本身也有发明，故不可一概而论。①

其次，五十五的总数作为太极的表象是可以的，但决不直接等于太极。同理，五十著也不可能作为太极。关键就在于朱子的虚五与十以象太极，是朱熹整个河洛之学的精髓，全部天地之数及其卦图的演变都离不开这一基石。韩邦奇以五与十为实数而参与到两仪的划分，就已经偏离了朱熹的路径。由此去理解易之本意，就不用奇怪一分为二模式在韩邦奇的不顺了。

再次，所谓"图中内成数而外生数"，指韩邦奇河图中的生成之数，其位置排列与通常的生数（一二三四五）在内圈、成数（六七八九十）在外圈不同，它是刚好倒过来，其道理确如退溪所说不可晓。退溪以为，韩氏观点本为攻玉斋而来，②但其结果却与朱子差别更大，这是需要后人特别留意的。其实，包括退溪在内，元明时期的学者都认为自己传扬了朱子的《易学启蒙》，但实际上都是在各自理解的基础上去阐释和推进朱子的学说，故又都有异于朱子之处。

回到韩邦奇，他之论数，总体上仍依循朱熹的路径，认为河图的一与六、二与七、三与八、四与九、五与十这五对数，不论是共宗、为友还是相守，"盖其所以为数者，不过一阴一阳、一奇一偶，以两其五行而已"③，均可以归结为天数与地数之两。两中之天，就是清轻而位乎上之阳，地则是重浊而位乎下之阴，所以五行万物都统一于阴阳。不过同中又有差异，韩邦奇

---

① 参见 [韩] 李滉：《启蒙传疑·本图书第一》，《增补退溪全书》，韩国成均馆大学大东文化研究院 1985 年版，第 215—216 页。

② 李退溪《启蒙传疑》亦多引玉斋之说并加评论，参见《启蒙传疑·本图书第一》自"河图行合"至"析合补空"章引注及评论。（[韩] 李滉：《增补退溪全书》，韩国成均馆大学大东文化研究院 1985 年版，第 212—216 页。）

③ （明）韩邦奇：《启蒙意见·本图书第一》，文渊阁《四库全书》，（台北）商务印书馆 1986 年版，第 30 册，第 97 页。

这里的阴阳直接就是阴阳之气，故"天地之间，一气而已，分而为二，则为阴阳。而五行造化万物，始终无不管于是焉"①。五行的造化万物都在天地或阴阳之气的范围之下。但是，不论是"一气"还是阴阳二气，都不具有最终的意义，因为"厥初太极判而阴阳立"②，然后才有五行和天地阴阳，太极仍是最后的根据。

韩邦奇以五十五数为太极，与他的"理一分殊"构架有一定关联。在他眼中，"昔者圣人观象以立卦，见天地之间，一本万殊。虽昆虫草木之微，自身而肢，自本而枝，莫不皆然。是太极两仪，四象八卦，未登方册之先，已布于万物之上矣。然呈象之显者，莫过于河图之数"③。自"易有太极"到万物万象，是一本万殊的关系，太极之"一本"，在圣人画卦之前就已遍布于万物万象即"殊"之中，但就其象征来说，河图的五十五数揭示得最为清楚，这本身便是太极的显现。

联系演算成卦看，五十五的天地之数必须转化成大衍之数，中数五于此又变成了虚数。但大衍之数的整体并不能全入于演算，而必须留置其一象征太极，对于当用之策的四十九来说，它自身以及实际推演的四十八之数的意义，韩邦奇从体用关系解释说：

　　　　夫造化者，数而已矣。五十者，造化之体也，四十有九者，造化之用也。四十九者，万物之体也，四十有八者，万物之用也。是故五十而去一，维天之命於穆不已者也。四十九而去一，万物各正性命者也。用九用八之不同，其神化之谓乎（造化为神，生万物为化）！

　　　　此节何以不用濂溪之图？夫为图所以立象也。阴阳、五行、万物不在天地之外，阴阳有渐，无遽寒遽热之理。知觉运动，荣瘁开落，卵菱

---

①　（明）韩邦奇：《启蒙意见·本图书第一》，文渊阁《四库全书》，（台北）商务印书馆1986年版，第30册，第97页。

②　（明）韩邦奇：《启蒙意见·本图书第一》，文渊阁《四库全书》，（台北）商务印书馆1986年版，第30册，第100页。

③　（明）韩邦奇：《启蒙意见·本图书第一》，文渊阁《四库全书》，（台北）商务印书馆1986年版，第30册，第106页。

之化也。①

不论是象的显著还是数的推衍，目的都在于解释万物造化。韩邦奇利用体用的构架逐次进行分析：就万物生化的性质说，是五十的基数为体，去其一之后的四十九为用；就万物的实际生成说，又是四十九的基数为体，四十八的实际衍变为用。之所以是如此，在于天命流淌"於穆不已"，故必须留下其一，不能用尽即意味生生不息；但天道变化的目的在"万物各正性命"，所以四十九之变还需再去其一，以象征性命的具体落实。那么，四十九与四十八虽然都可从用的角度理解，但前者是指天地造作变化的本身，提示神的作用；后者则专指万物生成而各正性命的过程，意味化的意义。韩邦奇的这一讲法是有他的新意的。

他申明，在这里不适用周敦颐的《太极图》。因为制图的目的在立象，但阴阳、五行、万物之象都在天地流行变化的混沌总体之中，不应当独立单列，而且，变化是渐变而不是骤变。同时，周敦颐的图式到"乾道成男，坤道成女，万物化生"便结束，只有天道系统而无人道系统，也亟需要补充，他因而自创一对环状流行的天命人心图来予以揭示（见下图）。

在这里，周敦颐自上而下分五层演变的《太极图》，变成了左右并列的两个圆图，不再有"无极而太极"的宇宙创始，也没有阳动阴静互为其根的生成需要，而是直接以五行乾坤言天命和在此之下的生命的繁荣延续。

从图中可见，"维天之命於穆不已"（右图），是浑然一体的乾坤五行生

---

① （明）韩邦奇：《启蒙意见·明著策第三》，文渊阁《四库全书》，（台北）商务印书馆 1986年版，第 30 册，第 139 页。

成图，重在阐明天地变化的生生不已和融合如一；"圣人之心浑然天理"，（左图），则意味着生化不息的胎卵动植、人物知觉都是天理（生理）流行；而又昭示于圣人之心。① 如此流行不已的天命与浑然天成的圣人之心相互映照，可以说是理学繁荣背景下，儒家"天地之性人为贵"的理论再造，也为圣人"与天地合其德"作了新的发明。

三

韩邦奇《启蒙意见》的最后，是关于所谓"七占"古法的问题。他在引述和解释了朱熹归纳的"变占"规则之后，提出了自己的质疑和解答：

> 如一二爻主变爻，四五爻变主不变爻，三爻变主本之象辞。且占主乎变，一爻二爻变占变爻是矣，至于四爻五爻变而占不变爻辞，变爻反无所为，不唯不见用九、用六之意，以七阳之爻而附潜龙之九，八阴之爻而附履霜之六，切恐吉凶之应，自不孚矣。又五爻之变，所争者上一爻耳，尚不许以象辞，至于三爻之变，反用象辞。夫象辞，断一卦之吉凶者也，三爻才小成耳，岂可遽以象辞当之哉？……余意除六爻变者用象辞，馀皆用爻；除六爻不变者占乎象，馀皆占变。庶九六之占各以类附，不违占变之说矣。②

韩邦奇认为，一爻和二爻变主变爻是对的，但四爻和五爻却变占不变爻辞，变爻没有任何作用，这从根本上违背了朱熹自己规定的用九、用六乃变卦之凡例的要求。③ 而且，潜龙之九与履霜之六如以七八之不变爻当之，也

---

① （明）韩邦奇：《启蒙意见·明蓍策第三》，文渊阁《四库全书》，（台北）商务印书馆 1986 年版，第 30 册，第 140 页。

② （明）韩邦奇：《启蒙意见·七占》，文渊阁《四库全书》，文渊阁《四库全书》，（台北）商务印书馆 1986 年版，第 30 册，第 171—172 页。

③ 朱熹云："用九、用六者，变卦之凡例也。"［（宋）朱熹：《易学启蒙·考变占第四》，《周易本义》附，苏勇校注，北京大学出版社 1992 年版，第 234 页。］

不符合吉凶应变之情。① 更大的问题是，五爻变只差一爻而不能用"断一卦之吉凶"的象辞，三爻变只全卦一半却要用象辞占，尤其不合理。因此，韩邦奇提出了自己将九六之占贯彻到底的占变原则和占用象辞应当遵循的规矩。②

应当说，韩邦奇的质疑是有道理的。譬如四爻和五爻变占不变爻辞，变爻不起任何作用，确实有些说不通。退溪在看到韩邦奇《启蒙意见》前，自己对此也有疑惑。但与韩邦奇不同，他认为朱子归纳出的变占规则应当是有专门的考虑和理由的，只是当时没有相应的问辩而后人不知，所以，不能说自己的怀疑就一定是对的，应当报有一种平和宽容的态度，"未敢强其所疑以为是，故且引苑洛之说以广异闻，以俟后日之参订尔"③。也正是基于如此的态度，他对韩邦奇认为问题大的三爻变以象辞当之，作出了自己的解释，维护了朱熹之说的权威。他说：

> 夫三爻之变不必在下卦，三爻或参互于上下卦，或皆在于上卦。假使纯在于下卦，亦须六爻皆毕，然后可知为三爻之变，而定所占耳。岂只得三爻小成而遽定所占之象哉？六爻既毕而观所变，只三爻则不论其上下所在，而与本卦之不变爻分数均敌，莫适为主，故只得占两卦象辞，是为不易之义也。④

就是说，三爻变之卦，变爻本分散于上下卦各爻之位，即便变爻都在下卦，也要等六爻运算完毕才能占筮，故绝不意味"三爻小成而遽定所占之象"。既然三爻变的变与不变爻数相等，没有任何爻、包括变爻与不变爻为主，从而占两卦象辞就是最合理的。韩邦奇的自以为是反而站不住脚。可以说，退

① 韩邦奇此语，其意不详，退溪亦引而未释，这里为保持上下文连贯而姑且解之。
② 韩邦奇归纳的依变爻占筮所应遵循的原则，参见 [（宋）朱熹：《启蒙意见·七占》，文渊阁《四库全书》，（台北）商务印书馆 1986 年版，第 30 册，第 172 页。]
③ 参见 [韩] 李滉：《启蒙传疑·考变占第四》，《增补退溪全书》，韩国成均馆大学大东文化研究院 1985 年版，第 244 页。
④ [韩] 李滉：《启蒙传疑·考变占第四》，《增补退溪全书》，韩国成均馆大学大东文化研究院 1985 年版，第 244 页。

溪与韩氏见解的不同在义理的深度。韩邦奇认为三爻变只全卦一半却要用范围全卦的象辞占，只是在量上看问题；退溪则解释三爻变需以象辞占，乃是变与不变势均力敌，用任何爻辞占均不恰当，而只能用象辞，这是从质上去解释。退溪作为理学大家，他的义理思辨比韩邦奇要擅长，其解说较韩氏也更有道理，或许真正能接朱子之心脉亦未可知。

（原载于《周易研究》2015 年第 6 期）

黎㪍理学易学研究

理学曾是中国古代社会后期占主导地位的哲学思维形态，但在清代中期以后，逐步走向衰微。到 19 世纪中叶以后，本已边缘化的理学更是成为了中国近代"新学"的对立物而遭到多方面的批判。然而，在中国的近邻越南，却有学者仍然以理学为学术真谛，并以弘扬理学去对抗西方的船坚炮利。黎㪍① 就是其中的代表之一。

黎㪍所说的理学实质上就是易学："理学者，易学也。是以义理明而文明始进；文明愈进而易学愈明。"② 的确，按照《周易·系辞下》的说法，文明是由伏羲仰观俯察而画八卦开始的，并经神农、黄帝和尧、舜等人进一步发扬推进。所以，文明与易学之间就是一体而互发的关系。

一

理学在中国的出现有一个显著的标志，这就是理学道统论的成立。理学

---

① 黎㪍（1859—?），字应和，越南南定省长天府万禄社人，自称为"越南国春长府万禄社狂士"，系 19 世纪后期至 20 世纪初越南知名学者。据何成轩先生提供的资料，黎㪍著作主要有：《周易究原》（1916 年）、《礼经》（1928 年）、《大学晰义》（1927 年）、《中庸说约》（约 1927 年）、《论语节要》（1927 年）、《附楂小说》（1900 年）等，并序佚名所撰的《医学节要》（1923 年）一书。今越南儒学文献编号"A.2592/1"（上册）、"A.2592/2"（下册）书名和作者均未明确署明。但该上册页六右至页七右有黎㪍作于启定元年丙辰（1916 年）十月上旬的《周易究原序》；又全书主体部分为黎㪍所著的《周易究原》，故暂定以《周易究原》为全书书名。

② ［越］黎㪍：《存疑并序》，《周易究原》上册，页四一右。

家认为，儒家的道统自尧舜禹往后圣圣相传，其依据即在《论语》和《尚书》都有的"允执厥（其）中"一句。然而，与中国理学家如朱熹等信守的四句十六字"心传"①重点在道心人心说不同，黎敱完全不提在"允执厥中"之外的其他三句十二字，而将注意力集中在了"易道"的"时中"上。因为，"圣虽继圣，心犹传心，至尧舜禹三圣授受，始曰'允执厥中'，然则中之为道，实自尧舜发之；惟中之本于易道之时中，又未见尧舜明之"②。

显然，这与程朱以后在中国流行的传道传心之说有很大的差别。这里，从伏羲至尧舜禹传承而下的"中"，其经典依据并不在《论语》和《尚书》，而是在《周易》，在易道的"时中"——道之实质就在时中。所谓"道也者，随时以取中也。道也，易也，远取而近求之，岂非万殊而理一也！"③同理，中国理学的"理一分殊"方法被黎敱所采撷，但这"理一"也不是实体的天理，而是作为方法的"时中"。正是这一时中，实际成为了黎敱易学理学的中心观念。然而，如此重要的中心观念，却是尧舜所未暇顾及的。发掘它的重任，自然就留给了后来的继承者。

在黎敱，尧舜禹固然发明了"中"之为道，但由于未能明确此"中"本于易道之"时中"，所以并不列入易学史的传承序列。易道的真正传承者，也就是在理学流行的伏羲、周文王、周公和孔子前后接力完成《周易》的"人更四圣"说。但是，黎敱的解说又与中国学者的流行见解有别。在他是伏羲画卦，文王作卦辞，周公作《象辞（大象）》和爻辞，而孔子则作《彖辞》、《象辞（小象）》和《文言》④。就是说，他并不同意朱熹肯定孔子作《易传》十篇的观点，认为孔子只是作了"释演"文王卦德的《彖》文和"演释"周公爻辞的"小象"，以及从爻象中"揭出"的《文言》⑤，而并未作

---

① 参见《尚书·大禹谟》："人心惟危，道心惟微，惟精惟一，允执厥中。"
② ［越］黎敱：《易道合论》，《周易究原》上册，页十四左至十五右。
③ ［越］黎敱：《易道合论》，《周易究原》上册，页十四左。
④ 参见黎敱：《易道合论》，《周易究原》上册，页十五右。其中，周公作《象辞（大象）》系根据"周公得之家学又释卦象；而推卦德以释卦爻"和明言孔子"系小象以演释周公之爻辞"语推断。
⑤ 参见黎敱："又如《文言》，孔圣亦因爻象中而揭出一段天然文字，以启发后人。故与爻象似同非同、而似异亦有非异。"见《存疑并序》，《周易究原》上册，页四十右至左。

《系辞》、《说卦》、《序卦》。至于《杂卦》他则根本没有提及。当然，《系辞》以下各篇虽然是后人"揣其意以假借圣人以名作《易》之由"①而成，亦有它们自身的价值，不必废弃。"择善而从，学者亦节取焉可也"②。

在黎敦，孔子因时制宜、随时取中而"删书"、"赞易"，后之学者才得以知道自伏羲而下历代圣人的心传。在文本上，"（孔子）辞虽繁简不一，而一以明易道之时中，此所以继羲、文、周三圣而为四，而今之学者亦可以知尧舜禹三圣心传之一中，盖本于易道之时中者也"③。孔子最恰当地将上古圣人传承而下的基本精神予以了集中的揭示，传心就是传中，而此中就是易道之时中。孔子也正是因为如此而与其他三圣相并列。

所谓孔子文辞的"繁简不一"问题，其实不只是孔子，在其他圣人其实也存在，而且事实上是必要的。黎敦说：

> 伏羲卦名是先天，文王象、周公象是后天。然则象、象是卦德，乃吾人心身性命之不可无。随时之学，学此者也。是以象文不厌辞繁，必求其义明理合而后已。若爻辞，虽临事随机之不可缺，然以吉凶会意，约辞见象方好。所以周公辞繁，而吾夫子辞约者也。虽然，辞约而意已该。④

伏羲与后来的三圣，在先天与后天的大背景下被区分了开来。后来三圣之作，"文王象"是指卦辞，"周公象"则包括系于卦辞之象——"大象"和系于六爻之辞——爻辞⑤。文王卦辞和周公象、爻辞作为儒者心身性命不可或缺的卦德，是"随时之学"的核心。而"随时"者，"随时以取中"也。正是因为如此，繁之与简就不能执著。在各位圣人之间，卦辞的目的在发明该卦的义理，所以较之伏羲所定卦名只有一二字来说，当然就是"辞繁"了。

---

① [越] 黎敦：《解疑略论》，《周易究原》上册，页四十一左。
② [越] 黎敦：《解疑略论》，《周易究原》上册，页四十二右。
③ [越] 黎敦：《易道合论》，《周易究原》上册，页十五右。
④ [越] 黎敦：《存疑并序》，《周易究原》上册，页三六右至左。
⑤ 此解可参考朱熹注《周易象上传》言："象者，卦之上下两象及两象之六爻，周公所系之辞也。"[（宋）朱熹：《周易本义》，苏勇校注，第 109 页，北京大学出版社 1992 年版。]当然二者间也有差别。

爻辞的目的虽然在随机应事，必须要讲清楚；但理会吉凶在于会意，简约而
又能揭示爻象之意是为最佳。所以相对于周公爻辞来说，孔子象辞（小象）
往往显得较为简约。

黎敬为说明自己的观点，在这里举了一例，即坎卦上六爻。他说：

> 兹姑以坎一爻言之："上六：系用徽纆，置于丛棘，三岁不得，凶。
> 象曰：上六失道，凶三岁也。"玩其意，则坎至上出险无援，虽爻离有
> 系用徽纆之象，惟非可走之丛棘而亦走之，夫亦何往而非凶？故以失道
> 象之。而必并以上六存之，盖无上字，不见出险水溢之意。其辞约意该
> 如此。而人之出险自负，肆意妄行，亦已足为鉴戒，何必多言？
>
> 倘就文辞上论，则坎无丛棘之象，纵然援引成章，想亦文章无用，
> 学者玩而味之，勿谓周非孔思，孔异周情，方为会读。①

《坎》卦上六爻辞之意，结合象辞的论断，是《坎》卦发展到上爻，身临险
境且无人援助，处于一种向离卦转化但又"系用徽纆"的被绳索捆绑的困
境中（到此还不知谨慎）。非要从无路可走的荆棘丛穿行，这样做怎么不会
是凶的结果呢！所以其象征是"失道"。孔子作象辞，所以要加入"上六"
二字，是因为如果没有"上"字，临险水溢的凶意就显现不出来。可见，孔
子决不多用一字，言简意赅已趋完善。至于人涉险又自负自傲，肆意妄行，
本身就成为后人的鉴戒，又何必多言呢？

就象辞文字而论，孔子于《坎》卦未提丛棘之象，其原因，想来是即便
援引爻辞而论及丛棘，于文章并没有实际的用处，所以未及。学者于此要
细加领会，而不能得出孔子象辞与周公爻辞冲突不和的结论："一周、孔二
圣爻象，皆先意会然后言传，惟周以意形言，孔又以言会意，辞虽繁简不
同，而悔吝吉凶无不若合符契。"②周公观爻意而有辞，孔子则以象言发周公
之意，二圣各自侧重和言辞繁简有不同，但指向和归结处却若合符契。

---

① ［越］黎敬：《存疑并序》，《周易究原》上册，页三六左至三七右。
② ［越］黎敬：《存疑并序》，《周易究原》上册，页三七右。

当然，孔子"辞约而意已该"并不意味着就不能再完善。事实上，辞约也有辞约的问题，所以后来会有程颐、朱熹等人的发展。所谓"但文辞过约，玩意虽该，形言未尽，学者未易晓得，是以程颐、朱熹分为传义释之"①。毕竟众人的智慧有限，圣人之简约未必能为众人所明白，所以又有程颐、朱熹的《易传》和《本义》再加具体的阐释。

但是，朱熹对不同圣人共同完成的《周易》所作的绝对性评价——"伏羲易自是伏羲易，文王易自是文王易，孔子易自是孔子易"；"孔子之易非文王之易，文王之易非伏羲之易"等②，却是黎敦所绝不同意的。黎敦说："惟谓孔子之易非周文之易，而'周易'亦非伏羲之易，而别释之，是又最为杜撰之处。"③在黎敦，四圣之间尽管有若干的差别，但前后相承，义明理合，在共尊易道之时中的原则上是完全一致的。更重要的是，后圣对于前圣，其学说往往是一种扩充推进的关系。例如：

> 一象文乃卦德也。圣人原体天时而推出人事以名状之，故凡一句一字，无非至理之所存。惟孔圣象文，又因文圣象文，而包括人情物理以扩充之，初非可以异同言也。④

不论是文王卦辞还是孔子象辞，体现的都是卦之精蕴，都是圣人以人事昭示天时的作品。按理学"理一分殊"的构架，字字句句可以说都是天理之所在，所以需要认真领会。二者间的关系，孔子的"象文"是以文王的"象文"为基础，再通过对人情物理的概括予以扩充阐发。所以，黎敦作《周易究原》，其中仅有的包括卦辞和象辞在内的《乾》、《坤》两卦，都是象辞紧接卦辞，注解统一放在象辞之后，将卦辞与象辞作为一个整体进行阐释。那么，"孔象"对"文象"就是丰富和推进的关系，而绝不应停留在简单的异同对比上。

_____

① ［越］黎敦：《存疑并序》，《周易究原》上册，页三七右。
② 见（宋）黎靖德编：《朱子语类》，王星贤点校，中华书局1986年版，第1645、1648页。
③ ［越］黎敦：《存疑并序》，《周易究原》上册，页三七右至左。
④ ［越］黎敦：《存疑并序》，《周易究原》上册，页四十右。

二

由于前圣后圣文辞繁简的不同，后人的注解能否准确理解和阐扬圣人卦爻辞的辞义，就是需要认真对待的问题。黎敦以为，后人在"体格"上可以仿效《文言》的方式去做，并且，在借用已有的研究成果的基础上再附上自己的见解。他说：

> 后人如欲明晰字义，令人一览便知，则其体格亦从乾坤二卦《文言》，而以《程传》厘正之。束结要明，系于爻辞之下，而约之曰：故象曰云云。如此，则爻象辞意自然见得分明。①

一方面，体例格式按照《文言》，《文言》不但是孔子对《乾》、《坤》二卦卦爻辞辞义的引申阐释，而且还采用问答体和其他说明句式有针对性地进行发明，使人容易明白；另一方面，辞意概括须以程颐《易传》去"厘正"。这说明仅仅明白字义即止步于训诂的层面是不够的，还必须要讲明义理，这就应当自觉以作为理学经典的程颐《易传》为依归。在字义和义理都得以阐明的前提下，注释者应将自己的理解简洁归纳并系属于相应爻辞之后，再引象辞作为证明。由此，则《周易》爻辞、象辞的辞意也就都能明白了。

在这里，黎敦信守的实际上是两个原则，一是《程传》对《周易》辞意和思想阐释的经典指导；二是《象辞》（小象）乃是卦爻意旨的简约概括，因而可直接引用，不需要再解释。所谓"一爻辞中亦从《程传》厘正，而以'小象'约之，无须复释象文"②。事实上，他自己著《周易究原》，就可以衡量的《乾》、《坤》两卦注解来说，正是按照这一原则来实践的。

黎敦注解《乾》、《坤》，将两卦的爻辞和象辞合为一组，统一进行阐释，这在体例上与《程传》、实际上也就是王弼《周易注》所创造的体例并不相

---

① ［越］黎敦：《存疑并序》，《周易究原》上册，页三七左。
② ［越］黎敦：《存疑并序》，《周易究原》上册，页三七左。

同。后者是爻辞与象辞分别独立注解的。从各爻看,《乾》、《坤》两卦从第二爻到第六爻(上爻),遵循的是严格的"以'小象'约之,无须复释象文"的原则。① 即在注解的最后,引证"象曰云云"作为全爻辞意阐释的归结。

然而,在《乾》、《坤》二卦之初爻,情况却有不同,即黎敩在"象曰云云"之后又作了解释。下面分别作一考察:

《乾》卦初九:"潜龙勿用。象曰:潜龙勿用,阳在下也。"黎敩解释说:

> 乾,阳道君道也。初阳犹微,体乾者凡事坚忍不敢轻动,如阳气之待时未进,以左右民,故象曰:"阳在下也。"何则?君初即位,其阳之始生乎!②

乾道作为阳道也就是君道。但君主权威的树立必然有一个过程。一阳初始,势力尚微小,能深谙乾道(君道)者就当坚忍沉着,不能轻举妄动。如同阳气未到时节还不能长进以助养民众。解释到此,辞意已经发明,在一般情况下,以《象辞》"阳在下也"一句归结潜龙(君主)的不动就可以了。但在这里,黎敩却认为还未完。"阳在下也"如果不加说明,容易被理解为一种消极的无可奈何的情势,所以还需要再加阐释,意味君主初即位的不宜动作不是消极的无奈,而是审时度势、自觉选择的结果,如同阳气始生而不可遏一样,韬晦是为待时而动。那么,象文如果不假"复释",过分简约,就确有"形言未尽"而学者未易晓的缺陷。

然而,这是否遵循了以《程传》去"厘正"的原则呢?参考一下程颐的相应解释:"初九阳之微,龙德之潜隐,乃圣贤之在侧陋也。守其道,不随世而变;晦其行,不求知于时;自信自乐,见可而动,知难而避,其守坚不可夺,潜龙之德也。"③ 可见,黎敩的注解与程颐之说在根本上是一致的。

---

① 其实,黎敩这一原则并不限于爻辞和"小象",他对卦辞和"大象"的注解同样也是如此。参见本节稍后部分相关论述。
② [越] 黎敩:《周易究原上经·乾》,《周易究原》上册,页五六右。
③ (宋) 程颢、程颐:《周易程氏传·乾》,《二程集》,王孝鱼点校,中华书局1981年版,第700页。

再看《坤》卦初六："履霜坚冰至。象曰：履霜坚冰，阴始凝也。驯致其道，至坚冰也。"黎敬解释说：

> 坤，阴道臣道也。初阴尚微，体坤者凡事战兢不违礼度，如阴气之严寒必来，以慎辟难，故象曰："驯致道也。"何则？臣初试政，其阴之始凝乎！①

坤道作为阴道也就是臣道，但臣道的确立（建功立业）必然受到限制。一阴初现，能深谙坤道（臣道）者必须谨微小心，严守礼法。如同阴气必然走向严寒，谨慎收敛才能避免灾难。②解释到此，辞意已经发明，在一般情况下，以《象辞》"驯致道也"一句归结由初霜到坚冰的走向就可以了。不过，《坤》卦只训释到此，黎敬仍有意犹未尽之憾。因为"驯致道也"所说顺习严寒的必将到来，并不能直接揭示臣道的作为。所以还必须再加发明，说明为臣者刚步入仕途承担朝政，就要像阴气始凝须注意预防寒冰一样，无时不提醒自己，万不可大意。这样的释义才更为完整。

但由此一来，黎敬就不是简单衡之以《程传》，因为《程传》对《坤》卦初六的注解是以小人、小恶喻阴生，因而应当防微杜渐而戒于初。故他"从《程传》厘正"的原则又不具有绝对的意义。

黎敬在《周易究原序》文中曾说，程朱所作《易传》、《本义》对《周易》之"原"的探究"一切指为自然，而未尝推出其所以然"，"遂使传心之要典，几成口授之虚文，湮晦至今"③。所以，他要"继往开来"，求理学家未尽之所以然。"凡先儒之未发者发之，已发而未明者明之，已明而未约者又约之"④，使易道经由他之手而得以发扬光大。事实上，黎敬始终坚持的随

---

① ［越］黎敬：《周易究原上经·坤》，《周易究原》上册，页五九右至左。
② "以慎辟难"语出否卦"大象"："君子以俭德辟难。"这里并无"慎"字。黎敬新加此字显然有他自己的考虑。故在后解否卦之"大象"时，所用仍是"君子以慎俭德辟难"。(参见《周易究原下经·否》，《周易究原》下册，页三左。)
③ ［越］黎敬：《周易究原序》，《周易究原》上册，页六右。
④ ［越］黎敬：《周易究原序》，《周易究原》上册，页六右至左。

时取中之方，是易学也是理学的基本精神。它本来就不认同僵化不变的原则，一切以义理的简洁明白为基准。

三

《周易究原》是黎敨的主要易学著作。他曾说自己是因不满于当时"旧书过繁而新书过简"的《周易》研究现状而"重修《周易》"的。时势的需要成为他著述的重要考虑。他说：

> 亦欲兼释象爻以供学科，惟究之义理渊微，又非旦夕之可能完毕，仍姑释文王象文与乾坤二卦爻象以辅翼之。笔仍未完，又恐学不及时，为此谨奉誊写递呈。幸蒙俯采，早定学规，使之家弦而户诵，则去繁就简，虽未能穷神以知化，而研精殚思，亦可精义以入神。余俟另续。①

从"学科"本来的需要说，注释《周易》应当是全书。但出于"非旦夕之可能完毕"和"恐学不及时"的考虑，加之理学的"义理渊微"而一时也难以弘扬光大，所以他"去繁就简"而暂且先从文字上阐释文王象文和乾坤二卦爻象辞意。虽然此篇文字是在《续释文王象文序》而非《周易究原序》中，但由于后者并未言及其撰著体例，加之前者在全书编排中正好就放于《周易究原》前（其间附有《上下经卦名诗》），说明作者的体例安排可能也是联系《周易究原》说的。所以不妨以此作为参考。

在《周易究原》中，黎敨对《乾》、《坤》二卦的注解相对完备，所解包括卦名、卦辞（文王象）、彖辞（孔子象）、爻辞、大象（周公爻、象）、小象（孔子象）。《易传》余下部分，《系辞》以下各篇因被认为非圣人所作而排除在外；《文言》则系孔子从爻象中"揭出"而来，故也可以省略。在《乾》、《坤》之后的其他六十二卦，黎敨则只阐释了卦名、文王象文和周公大象三类；其余再省略的部分——周公爻辞、孔子象辞和象辞，参照他上面

---

① ［越］黎敨：《附录·续释文王象文序》，《周易究原》上册，页五三左。

所说，时间和精力不济可能是一个原因；但从积极的层面说，乾元坤元作为天地阴阳生成的基础，注解本来应当周到细密；而其他众卦，就可以遵循他一直倡导的简约的原则。

具体而论，黎敔所以略去周公爻辞、孔子彖辞和象辞这些部分，还有他自己特定的考虑。他在接下来论及文王、周公和孔子三者撰著的一致性时，曾解释说：

> 至如孔彖与周爻、孔象，皆临事随机之不可缺。但究之孔象，乃合文王彖文，与周公六爻应援，而别设随时之义。如文言之教人，以格致诚正修齐治平之大道也，岂释文王之象哉！宜乎孔易非文，前人有是论也。①

黎敔首先提及的孔彖（彖辞）、周爻（爻辞）、孔象（小象），正好是他注解《屯》、《蒙》等其他六十二卦所省略者。这三者虽说都是"临事随机之不可缺"，但从其产生来说，都是在文王彖文的基础上生长起来的。一卦的卦辞事实上也可以被看作全卦辞意的基点。从此基点出发，"孔彖"既用于解释文王卦辞，与卦辞就是相合的关系；同时，"孔彖"也与"周爻"形成前后的接应援助关系。所以，三者构成的是一个统一整体。至于其他部分如《文言》，因系出于随时教人的需要而撰，其所关注的是从个人修身推广到天下国家的平治，并不直接是对卦爻辞本身的阐释。

其实，《文言》中并没有阐发格致诚正修齐治平的"大道"，将二者联系起来，只能是按理学的思辨予以引申发挥的结果。但在黎敔，却正是要认定这是孔子从时势需要出发，在《周易》之外"别设"的教人之义，它本来就无关乎卦辞。如果弄不清这一点，就很容易像前人如朱熹等一样，得出孔易非文王易之类的怪论了。

当然，黎敔这里也有因不赞同郑玄、王弼以来的经传编排体例，而对《易传》篇目间的关系所作出的某种自觉的思考。事实上，朱熹的《周易本

---

① ［越］黎敔：《附录·续释文王彖文序》，《周易究原》上册，页五三左至五四右。

义》就已经是将经与传分开来编排的。其道理，用朱熹的话，是"学者且依古《易》次第，先读本爻，则自见本旨矣"①。后人的传注虽然有容易阅读之处，但也容易由此而偏离本旨，所以首先阅读和弄懂经文自身的含义就最为关键。尽管黎敬对朱熹将前圣后圣之易分割开来的做法提出了批评，但对朱熹采用"古易"即将经与传分开编排的做法，黎敬却予以了继承。他曰：

> （文言）仍拟亦从古《易》各自为卷，而分附于上下二经之后，以别于经。倘若又从王弼、郑玄旧套，而原增入乾坤，则爻象自爻象，而文言更自文言焉耳。谁则于众言殽乱之中，而唾骂成章，以破却孔易非周之妄议。至如爻象，则辞简易该，毫发不爽，诚所谓前圣后圣一揆者也！②

《文言》在王弼已增入《乾》、《坤》二卦之中，排列于周爻、孔象之后。但在黎敬看来，这会导致"爻象自爻象，而文言更自文言"的问题，即不能明白《文言》本是孔子从爻象中"揭出"来的"一段天然文字"，《文言》与爻象之间，是"似同非同、而似异亦有非异"的关系。即在黎敬，《文言》的作用是启发后人认识爻象辞义的入门文字，所以不应与经文混淆。否则，便难以真正破除孔易非周易的"妄议"。至于周爻与孔象之间，言简意赅，可以清楚地看出前圣后圣之言如合符契的特性。

当然，黎敬也不是一概否定王弼，对于王弼扫象数而开创的以义理解易的新风，黎敬是完全赞同的。他称赞说：

> 王弼曰："义苟应健，何必乾乃为马？爻苟合顺，何必坤乃为牛？"此说最好！学者果能参考而沈思之，则三百八十四爻，无不迎刃而解。③

---

① （宋）黎靖德编：《朱子语类》，王星贤点校，中华书局1986年版，第1648页。
② ［越］黎敬：《存疑并序》，《周易究原》上册，页四十左。
③ ［越］黎敬：《存疑并序》，《周易究原》上册，页三九左至四十右。

从一般道理说，玄学是义理易学，理学也是义理易学，承接理学的黎敕肯定王弼之说，本来就是题中应有之义。或许正是从义理考虑，将《易传》各篇分拆而将《彖》、《象》、《文言》"增入"六十四卦之中，就既会影响到人们对上下二经文本自身的理解，也不易看清羲、文、周、孔尤其是文、周、孔前圣后圣相传的思想脉络，所以他要尽力纠偏，以澄清和发掘圣人之学的真实蕴奥。

黎敕的纠偏在他的时代有非常现实的考虑。在西学借船坚炮利进入东方之后，东方的传统学术已被排挤到边缘："继以泰西航海东来，而奇迹淫巧日新月盛，人皆眼花而心醉，群而趋之于名利之场，流弊至今，而《易经》视为废纸。"① 所以他要潜心研究《周易》，"以为性命心身之龟鉴，无如命途舛籍，瓢巷空颜，永言道统之传"②。黎敕所论，虽已有百年之远，但今天读来仍有振聋发聩之感，弘扬光大东方文化的"性命心身"之学，仍是今日学者义不容辞的职责和使命。

（原载于《学术月刊》2008 年第 8 期）

---

① [越] 黎敕：《存疑并序》，《周易究原》上册，页三五右。
② [越] 黎敕：《存疑并序》，《周易究原》上册，页三五左。

易之"生"意与理学的生生之学

易学哲学可以用不同的语言来概括,"生生之谓易"便是《易传》对"易"之性质的一个基本定位。这一定位在今天可以说比以往更多地得到人们的认同,它的意义在于揭示了易学哲学乃至整个中国哲学看待人和周围世界的最根本的观点——大化宇宙生生不息。

一

《易传》论"生"无处不在,但主要体现在《系辞传》中。其中惯常为人们所引述的,除"生生之谓易"之外,便是"天地之大德曰生"了。《易传》以"德"论生,强化了"生"之普遍实在的善的价值,这是从质上概括的乾之"大生";而从量上看,"大生"推进为"广生",万物生生,气化流行,无处不是坤的成就著现。这就是所谓"夫乾,其静也专,其动也直,是以大生焉。夫坤,其静也翕,其动也辟,是以广生焉。广大配天地,变通配四时,阴阳之义配日月,易简之善配至德。"(《周易·系辞上》)"大生"、"广生"论生都是由静到动,双方虽性质相对而各有体(静)用(动),却又能总和为一体,共同揭示和表现天地四时阴阳的存在价值。可是,对于如此伟大的生生之善,作者最后的归宗,却只用了"易简"两个字:乾坤"易简之善"可以配"至德"。

何为"易简"?《易传》并没有明确的解释,只是笼统地通过"乾知大始,坤作成物;乾以易知,坤以简能,……易简而天下之理得矣"(《周易·系辞上》)等模糊性的语言而予以揭示。其中突出的是乾坤二卦生成天地万物的不同性质和功能。即乾的特性是创始，坤的特性在顺成，乾坤相结合，宇宙便生生不息。由此，"易简"之易是为平易，乾以平易而主天地万物之创生；简即是简直，坤顺天而简直，使万物各得以繁育养成。既然"易简"体现了天地间最大的善——宇宙万物的生成繁衍，也就完全配得上"至德"。

但是，作为"至德"的"易简"之善，长期以来似乎并未受到人们的特别关注。王弼《周易注》不注《系辞》以下，韩康伯续王弼注《周易》，亦只是简单按道家无为而无不为的思想一笔带过，释之曰："天地之道，不为而善始，不劳而善成，故曰'易简'。"① 不过，韩康伯注虽然简单，但他按无为无不为的思想框架诠解"易简"，对后来者也产生了一定影响。

到唐初，孔颖达作《周易正义》，对乾坤易简的思想第一次作了较为详细的阐释。他认为：

> "乾知大始"者，以乾是天阳之气，万物皆始在于气，故云知其大始也；"坤作成物"者，坤是地阴之形，坤能造作以成物也。初始无形，未有营作，故但云"知"也；已成之物，事可营为，故云"作"也。
>
> "乾以易知"者，易为易略，无所造为，以此为知，故曰"乾以易知"也；"坤以简能"者，简谓简省，凝静不须繁劳，以此为能，故曰"坤以简能"也。若于物艰难则不可以知，故以易而得知也；若于事繁劳则不可能也，必简省而后可能也。②

孔颖达将乾始坤成之意，解释为始于气（阳）成于物（阴），阳生而阴成，这是从二气生生的角度来立论的，但孔氏却并未将乾坤生生与易简的特性结合起来。乾坤阴阳的生成是生成，易简是易简，二者处于分离的状态。就后者说，从韩康伯到孔颖达，都是立足玄学的无为虚静，按照无有、简繁的相对关系去解释易与简的字义，没有能够将易简特性与气或道等实体概念、这也是与哲学理论的基础结合起来。后来者要想超越玄学而向前推进，就必须

---

① 楼宇烈：《王弼集校释》，中华书局 1980 年版，第 536 页。

② （唐）孔颖达《周易正义》，（清）阮元校刻：《十三经注疏》，中华书局 1980 年版，第64 页。

要引入实体的概念，从气、道等实体出发去讲生生。这也正是历史留给宋代新儒学的任务。

二

位列宋初"三先生"之首的胡瑗，在对乾坤"易简"特性的思考和阐释中，一方面延续了魏晋以来以"无为"作指导的思想脉络，另一方面则开始有了联系实体的新的思考。他认为，"乾知大始"是说阴阳始判而万物未生之时，万物承乾阳之气而生，是"起于无形而入于有形"；"坤作成物"则是指坤阴之气承乾阳而成形万物，载育营为。"然乾言知，坤言作者，盖乾之生物起于无形，未有营作；坤能承于天气已成之物，事可营为，故乾言知，而坤言作也"①。那么，这里的生生运动就表现为由乾到坤、由无形到有形、由无营作到有营为的顺序推演变化。由于乾无为而坤有为，所以乾只能说"知"而坤才能言"作"。如此的阴阳气生生过程与易简特性是什么关系呢？胡瑗说：

> "乾以易知，坤以简能"。义曰，夫乾之生物，本于一气，其道简略不言而四时自行，不劳而万物自遂，是自然而然者也。坤以简能者，夫坤之生物，假天之气，其道亦简略，其用省默而已，不假烦劳而物自生，不假施为而物自遂，是自然而然者也。②

胡瑗已经明确地将"一气"之本补入到易简的思维框架之中，既讲无为又强调气本，表现出新的思想倾向。而且，胡瑗以"道"的"简略"来解释易简，无为而无不为，明显是儒道和合的结果：论道不劳而万物自遂自生，出于老子；论道（天）不言而四时行百物生，则又联系到孔子。虽说儒道兼综

① （宋）胡瑗：《周易口义》，文渊阁《四库全书》，（台北）商务印书馆 1986 年版，第 8 册，第 453 页。
② （宋）胡瑗：《周易口义》，文渊阁《四库全书》，（台北）商务印书馆 1986 年版，第 8 册，第 453 页。

早在魏晋时就已风行，但玄学却是不注重乾坤易简的问题的。

不过，胡瑗对于孔颖达的继承也是很明显的，尤其是在以静和简为指导上。譬如他称："然则乾言易知，坤言简能者，何也？盖乾体在上，坤道在下，万物始于无形而乾能知，其时下降而生之。坤道在于下，而能承阳之气，以作成万物之形状，其道凝静，不须烦劳，故乾言易知，坤言简能也。若夫生成之道，于物艰难则不为易知，若于事烦劳，则不为简能也。"① 如果将气化之道的基础去掉，则与前述孔颖达语便没有了区别。但也正因为如此，气化的基础就显得尤为重要。胡瑗多次提及的"生成之道"的概念，说到底就是阴阳互生互变；正是阴阳互生互变，才有"生生之谓易"，才有"生生相续而不绝"②。

当然，只是从"易简"或"生成之道"进行阐释，并不能包含易道生生的全部内容。事实上，生生"至德"在《周易》更具特色也更有深刻的蕴涵，乃是通过《周易》复卦《象辞》的"复其见天地之心"而得以揭示的。然而，如何恰当解释"复其见天地之心"一句，在历史上却存在着争议。王弼的《周易注》历来影响很大。他在这里提出了天地以何为心的问题，而以"反本"为解答。这个"本"，就是无，是静。王弼说：

> 复者，反本之谓也。天地以本为心者也。……然则天地虽大，富有万物，雷动风行，运行万变，寂然至无，是其本矣。故动息地中，乃天地之心见也。若其以有为心，则异类未获具存矣。③

王弼以为，天地虽富有万物，运动不停，但这只是属于末节的现象存在，它们都不可能离开"寂然至无"的根本。通过一阳位于五阴之下的复卦卦象，动息于地中的寓意就可以为人们所明白：以息而静的"无"为标识的

---

① （宋）胡瑗：《周易口义》，文渊阁《四库全书》，（台北）商务印书馆 1986 年版，第 8 册，第 453—454 页。
② （宋）胡瑗：《周易口义》，文渊阁《四库全书》，（台北）商务印书馆 1986 年版，第 8 册，第 469 页。
③ 楼宇烈：《王弼集校释》，中华书局 1980 年版，第 336—337 页。

天地之心，正是运动万变的天地万物之本也。如果不是这样，以动以有为心，则物各为我而不能相容，也就无法得到完全的保存。一句话，以动为本不能说明万物生生的秩序和稳定。

王弼的动静观是以无为本的玄学思辨的产物，其价值虽然也在相当层面得到后来者的承认，但总体上是不适合宋以后新儒学的义理间架的，所以后者必须要对其进行改造。以动而非以静去看待天地之心的概念，逐渐成为了时代的主流。

胡瑗其时还未直接以动的机制去解释天地之心，但从其强调阳气生物的作用看，重心显然已倾向动的一边。他说：

> "复其见天地之心乎"者，夫天地所以肃杀万物者，阴也；生成万物者，阳也。天地以生成为心，故常任阳以生成万物。今复卦一阳之生，潜于地中，虽未发见，然生物之心于此可得而见也。故董仲舒曰，阳常居大夏以生育长养，为事以此，见天地之心在于生成而已。犹圣贤之心以生成天下，为心虽始复其位，其事业未大被于天下，而行道之初已有生育之心也。……言天地之气，始虽幽晦而不可见，然生物之心可得而推矣。①

阴杀物而阳生物，天地既以万物生成为心、为自己的本性，所以常任者是阳而非阴。当然，一阳初复时，尚为潜晦状态，但即便此时，其生物之心亦有迹可寻。所引董仲舒的"阳常居大夏"，可以解释为阳气常在阳动状态以长养生物为事。而且，如此的天地生成与圣人教化天下属于同一的性质，始复时事业虽未光明于天下，但这并不抹杀生育之心自初便有的事实。简言之，气化生成虽有幽显晦明等区别，但从天地常任阳可以推定生物之心的不灭。

胡瑗的"天地以生成为心"，在后来者欧阳修这里，已重新表述为"天地以生物为心"。欧阳修敬重胡瑗，其所撰《胡先生墓表》对胡瑗在宋初的

---

① （宋）胡瑗：《周易口义》，文渊阁《四库全书》，（台北）商务印书馆1986年版，第8册，第290页。

学术地位给予了充分的肯定。欧氏叙述胡瑗生平的主旨后被《宋史》胡瑗本
传所采,说明宋元人士是认同欧阳修对胡瑗其人其学的评价的。从思想的传
承说,自"天地以生成为心"到"天地以生物为心",可以明显看出宋儒主
"动"思想的发展脉络。事实上,在易学史上引起轩然大波的欧阳修的《易
童子问》,便正是以动而非静去解释天地之心的。他说:

> 童子问曰:"'复其见天地之心乎'者,何谓也?"曰:"天地之心见
> 乎动,复也。一阳初动于下矣。天地所以生育万物者本于此,故曰'天
> 地之心'也。天地以生物为心者也。其《象》曰:'刚反,动而以顺行'
> 是矣。童子曰:"然则《象》曰'先王以至日闭关,商旅不行,后不省
> 方',岂非静乎?"曰:"至日者,阴阳初复之际也。其来甚微,圣人安
> 静以顺其微,至其盛然后有所为也,不亦宜哉!"①

欧阳修的解释是以阳动于下释复,而天地之心正是由此动来体现的,动者,
生物也,所以说是天地以生物为心。这也就是复卦《象辞》所说"刚反,动
而以顺行"的阳气复生顺布之意。至于《象辞》说至日闭关、不行、不省
方,并非意味着一切静止不动,而是因为此时一阳初复,气息尚微,人故不
可贸然动作,而是当静下心来,以自然平和的心态顺从阳气由微而盛的生
长,直至阳气繁盛之时才当有所作为。

当然,欧阳修并不一概否认静的存在价值,但他将"静"的地盘从天地
的本性压缩到了个人的心态和修养水准上。"动"自身当然也有或微或盛的
差别,但从质上讲却并无不同,天地生物则都是以动为标志的。即凡生物,
则不能不动也。在这里,由于欧阳修认为《系辞》非圣人所作,连带影响到
对《系辞》中生生思想的采撷。故他虽亦论及"易简",但这是为他将《系
辞》的论述贬称为"繁衍丛脞"服务的,所谓"孔子之文章,《易》、《春秋》
是已,其言愈简,其义愈深。吾不知圣人之作,繁衍丛脞之如此也"②。

---

① (宋) 欧阳修:《欧阳修全集》,李逸安点校,中华书局 2001 年版,第 1110 页。
② (宋) 欧阳修:《欧阳修全集》,李逸安点校,中华书局 2001 年版,第 1120 页。

欧阳修的生生之论虽然简单，但他率先提出的"天地以生物为心"的命题和"动"不绝对排斥"静"，而需要"静"中看"动"的观点，却在相当层面影响到宋代易学哲学的发展。作为北宋理学也是义理派易学最重要的代表的张载和二程，在一定意义上都是欧阳修事业的继承者。

三

张载以"太和"之道的生生之功诠释乾坤"易简"，将"易简"之德与气化生生重新联系了起来。张载云：

> 太和所谓道，中涵浮沉、升降、动静、相感之性，是生细缊、相荡、胜负、屈伸之始。其来也几微易简，其究也广大坚固。起知于易者乾乎！效法于简者坤乎！散殊而可象为气，清通而不可象为神，不如野马、细缊，不足谓之太和。语道者知此，谓之知道。学易者见此，谓之见易。不如是，虽周公才美，其智不足称也已。①

张载说明，像细缊、相荡、胜负、屈伸这些从宇宙初始便生成的气化运动，是由"太和"本来内涵的对立作用的性质所决定的。此处之"生"，虽不直接意味着现象世界的生成，但却明确了内在本性的生生性质。正因为气化不停息的相互作用，宇宙也就由此而孕育生成。如此之宇宙生成在性质上是由隐微而显著、柔弱而刚强的过程。易道生生在这里体现为乾坤阴阳各自发挥自己特殊的功能——乾以平易而生起，坤以简直而效法，"易简"而生生成就不息。

可以说，"太和"概念在《易传》还只是作为宾词表示被动的和谐，在张载却变形为蕴含和生成天地万物的主词，可象形气与不可象的神妙本性共同作用，形成为天地间生生不已的气化运动。内涵动静相感之性的太和，不是寂静的结局，而是生生的源头。这是道之本来，也是易之实质。如果不能

---

① （宋）张载：《张载集》，中华书局 1978 年版，第 7 页。

理解这一点，即便是系了爻辞的周公，其智慧也不值得称道。

同时，可以看出，太和、易、道在张载其实都是同等程度的概念，它们从不同方面揭示气化生生的神妙不测。推而广之，不论是生死、阴阳、阖辟、昼夜，"语其推行，故曰'道'；语其不测，故曰'神'；语其生生，故曰'易'；其实一物，指事而异名尔。"① 太和作为道，表现为推荡流行；而变化不测、生生不息，体现则是"易"之神妙。简言之，易道在张载，就是对立互动、生生流行之道。这不仅体现在宇宙，也存在于人生，实际表现的就是日新"进进"的自强不息精神。他说："'日新之谓盛德'，过而不有，凝滞于心，知之细也，非盛德日新。惟日新，是谓盛德。义理一贯，然后日新。'生生之谓易'。生生，犹言进进也。"② "日新"是宇宙生生不息最突出的特色，也是人自觉做道德修养的最根本的要求，所以说日新就是生生，就是进而又进。

联系到"天地之心"的概念，张载的基本思路是按照静中有动的模式去进行阐释的。他说：

> 大抵言"天地之心"者，天地之大德曰生，则以生物为本者，乃天地之心也。地雷见天地之心者，天地之心惟是生物，天地之大德曰生也。雷复于地中，却是生物。《象》曰："终则有始，天行也。"天行何尝有息？正以静，有何期程？此动是静中之动，静中之动，动而不穷，又有甚首尾起灭？自有天地以来以迄于今，盖为静而动。天则无心无为，无所主宰，恒然如此，有何休歇？③

张载肯定"天地之大德曰生"的前提，又接过了天地以生物为心的思想，以"生物"为本去诠释"天地之心"。"本"之意义在他就是生物。作为天地间最根本的德性，雷复于地中或一阳在五阴之下，就不是如王弼所说的那样是指静以无为本，而是重在突出静中之动。当然，张载也有选择地继承了王弼

---

① （宋）张载：《张载集》，中华书局 1978 年版，第 184 页。
② （宋）张载：《张载集》，中华书局 1978 年版，第 190 页。
③ （宋）张载：《张载集》，中华书局 1978 年版，第 113 页。

之静和无为的概念。因为静有自己的长处，那就是它没有动所必需的时间和过程的限制，具有永恒的价值。从而，张载需要对双方进行折中，需要将动置于静中来调和二者的矛盾。认为不是静自身、而是静中之动才是天地生化的根本。生生不息表现为动而不穷，从而不存在所谓首尾生灭的问题。不过，论动也应当小心，即这里的动不是谁有意为之，作为"静而动"的存在，它是自然无为，无所主宰，也正因为这样，天地的生生不息过程才能长久。

与张载不同，程颐作《易传》，在动与静谁为天地之心的问题上不再调和，而是直接以"动"、以"动之端"为标识而对王弼尚静的思想进行了批判。程颐说：

> 一阳复于下，乃天地生物之心也。先儒皆以静为见天地之心，盖不知动之端乃天地之心也。非知道者，孰能识之？①

自王弼至程颐面对的是"一阳复于下"同样的卦象，然而王弼以"寂然至无"、"动息地中"为解，实际也就是程颐概括的"以静为见天地之心"。程颐则将这一观点从根本上颠倒了过来，提出天地之心不应当以静、而应当以动来揭示，正是"动"才生成了宇宙的秩序。他强调说："'复其见天地之心。'一言以蔽之，天地以生物为心。"②"天地之心"的意义就在于"生物"，若不生物则无"心"。当然，"生物"不是一次完成的过程，它自身就是相续不息的。即他所说："'富有'，溥博也。'日新'，无穷也。生生相续，变易而不穷也。乾始物而有象，坤成物而体备。"③"富有"、"日新"在程颐可以说都在于发明生生不穷的道理。"富有"说空间扩展，"日新"讲时间更替，"生生之谓易"重在阐明生生相续是一个时空纵横都无穷无止的过程。乾始物坤成物，最终世界万象齐备。

通过"乾始"、"坤成"来描述的生生之道，在程颐就是"易简"之功。

---

① （宋）程颢、程颐：《二程集》，王孝鱼点校，中华书局1981年版，第819页。
② （宋）程颢、程颐：《二程集》，王孝鱼点校，中华书局1981年版，第366页。
③ （宋）程颢、程颐：《二程集》，王孝鱼点校，中华书局1981年版，第1029页。

所谓"乾当始物,坤当成物。乾坤之道,易简而已"①。"易简"对于生生,突出的是乾坤双方的合力。但就二程来说,其论生生并不都是从乾坤的合力出发,很多时候他们强调的,是天道乾元的一方,乾元之德更具有决定性的意义。究其缘由,一方面是乾本来意味着天道的创始,另一方面也在于与仁为五常之首的人间价值相协调。天道生育万物可以为仁德展开为义礼智信提供支持,所以乾元一方就更为重要。程颐说:

> 四德之元,犹五常之仁,偏言则一事,专言则包四者。万物资始乃统天,言元也。乾元统言天之道也,天道始万物,物资始于天也。云行雨施,品物流行,言亨也。天道运行,生育万物也。②

天之乾元就是人之仁德,天道生生流行,仁德发育彰显,都是一个一体融贯的过程。故分而言之有四德五常,贯而统之则一元一仁流行。所以天道生育万物,就如同仁德贯通四德而普施人世一样。

从天道生生到四德彰显,实现的是从天德到人性的转换。从而,生生不只是自然的过程,也是意志的品格。故曰:"'成性存存,道义之门',亦是万物各有成性存存,亦是生生不已之意。天只是以生为道。"③二程的"成性存存"与张载的"进进"不息较为相似,但张载的重点在人之道德创造的"日新"之功,二程则更关注天道生生不息的客观必然基础。成性之"存存"所强调的,是人物各自顺循天性。天命不息,在人世必然就应"存存"不止。

那么,从乾元来说的生生之道,重点就在天生而人顺,"生意"流贯于天人之间。程颢说:

> "天地之大德曰生","天地细缊,万物化醇","生之谓性",万物之生意最可观,此元者善之长也,斯所谓仁也。人与天地一物也,而人特

---

① （宋）程颢、程颐:《二程集》,王孝鱼点校,中华书局1981年版,第1027页。
② （宋）程颢、程颐:《二程集》,王孝鱼点校,中华书局1981年版,第697页。
③ （宋）程颢、程颐:《二程集》,王孝鱼点校,中华书局1981年版,第697页。

自小之，何耶？①

"天地之大德曰生"，也就是"天只是以生为道"；而"天地细缊，万物化醇"，则由普遍之生理进到了个体之生成，即万物由天地气运交感而凝聚成各自的形体性命；于是又有"生之谓性"之说。从而，由天地之大德经细缊化醇再到生之谓性，"生"意在这里，表现为一种"生"之善道经由一般本体而到具体人物之性的生成过程。"元者善之长"就成为对乾元生生这一高之善的恰当揭示。所以，人不应当自我矮化，使自己与天地生生之理相悬隔。

四

朱熹是二程思想的继承者和弘扬者，但朱熹又不只是接纳二程，而是对前人以动静言生生思想的一个综合集成，突出"生"意的四季贯通。朱熹说：

> 积阴之下，一阳复生。天地生物之心几于灭息，而至此乃复可见。在人则为静极而动，恶极而善，本性几息而复见之端也。程子论之详矣。而邵子之诗亦曰："冬至子之半，天心无改移。一阳初动处，万物未生时。玄酒味方淡，大音声正希。此言如不信，更请问包羲。"至哉，言也。学者宜尽心焉。②

天地以生物为心，但此心在积阴之下却几乎灭息，直至一阳复生，静极而动，才又重新显发。朱熹的"静极而动"，应当是借用了周敦颐《太极图说》论动静阴阳互生互变的手法，但他自己以为是依照程颐的"动之端"说而得出"本性几息而复见之端也"结论的。其实，程颐言动之端，意在否定宇宙生成上静的价值，而朱熹从正面论证天地之心几于灭息并在此基础上讲静极

---

① （宋）程颢、程颐：《二程集》，王孝鱼点校，中华书局1981年版，第120页。
② （宋）朱熹：《周易本义》，苏勇校注，北京大学出版社1992年版，第95页。

而动,对静的价值却相对给予了肯定,在一定程度上吸收了作为程颐理论之对立面的王弼"故动息地中,乃天地之心见也"的思想。

朱熹又引邵雍诗为说,强调天心无改,万物未生,玄酒方淡,大音正希,也都突出了静的价值。这说明朱熹在直接意义上对程颐主动思想的继承,与他对从王弼以来到周敦颐、邵雍对静的价值的重视这一思维发展脉络是互相补充的。他要求学者的尽心,便是要求于静中去体验动,使静与动相互发明,才能更有效地认识天地的本性。

放眼于宇宙的生成过程,从隐微虚静中去体会动,从死中去体会生是认识生生的更为重要的方面。死寂一般的严寒岁月,终究是世界的真实存在。朱熹对"生"意的认识,贵在看到了秋冬雪霜亦是生生不息,亦是"生"意贯通。他说:

> 天之春夏秋冬最分晓:春生,夏长,秋收,冬藏。虽分四时,然生意未尝不贯;纵雪霜之惨,亦是生意。①

从自然现象看是春生秋杀,但在"理"世界中却是秋冬亦生。不论是春夏秋冬还是屈伸往来,可以说都是一个生意贯穿。正是这"生"体现了宇宙间最大的善的价值。个别事物在现象层面的毁灭,换来的是以此为条件的他物的新生,从而构成层层累进的进化发展的生物链。如虎食羊而得生(善)是以羊死(恶)为代价,这种虎生羊死的现象冲突似乎违背了"生生"的普遍价值,但若换一个角度,"生生"之善可以从羊在虎体得生之"理"上去理解,"生意未尝不贯"。事实上,整个世界的食物链、生物圈就是这样建立起来的,这可以说是最大限度地体现了完满普遍的"善"的价值。

可以说,从《易传》开始的"天地之大德曰生"和"生生之谓易",只有到了朱熹这里,才真正从理论上将"生"意贯彻到底。四季之间当然也有区别,但这只在于春夏是"行进去",秋冬是"退后去"而已。"生"的形式的不同,并不影响生生不息的实质内容。

---

① (宋)黎靖德编:《朱子语类》,王星贤点校,中华书局1986年版,第115页。

朱熹论"生"意的普遍性是与其深刻性相互呼应的。他注意到程颐采用的是"动之端"的说法而不是简单的说动，故认为有必要对动与动之端的关系作一些具体的思考。其曰：

> 十月纯坤，当贞之时，万物收敛，寂无综迹，到此一阳复生便是动。然不直下"动"字，却云"动之端"，端又从此起。虽动而物未生，未到大段动处。凡发生万物，都从这里起，岂不是天地之心！①

"贞"虽是四季运行一个周期的结束，但贞必开启元，一阳动而复生。程颐所以不直接说"动"而只云"动之端"，就在于说动不限于万物生生的本身，而在于强化天地之心作为万物发端处的根源的意义。

朱熹强调，以"一阳动于下"为生，并不意味否认其他卦爻的"生"意。生生的普遍性是无处不在的："十月纯阴为坤卦，而阳未尝无也。以阴阳之气言之，则有消有息；以阴阳之理言之，则无消息之间。"②气有消息而理恒生，一年四季十二月都是在"生"。人所以会感觉不到生意，是因为阴盛之时，阳气收敛关闭而无端倪可见；阳盛之时，万物翻新，天地之心布散丛杂，亦容易为人所忽。所以，当"一阳方生于群阴之下，如幽暗中一点白"时，此心在显著对比之下反倒易为人所察觉。故谓"天地此心常在。只是人看不见，故必到'复'而后始可见"③。

在这里，朱熹并不仅仅是从生成论的角度对四季贯通的"生"意进行阐释，而是进一步将其联系到未发已发的本体论上。他称：

> 但其静而复，乃未发之体；动而通焉，则已发之用。一阳未复，其始生甚微，固其静矣，然其实动之机，其势日长，而万物莫不资始焉。④

---

① （宋）黎靖德编：《朱子语类》，王星贤点校，中华书局1986年版，第1793页。
② （宋）黎靖德编：《朱子语类》，王星贤点校，中华书局1986年版，第1791页。
③ （宋）黎靖德编：《朱子语类》，王星贤点校，中华书局1986年版，第1791页。
④ （宋）黎靖德编：《朱子语类》，王星贤点校，中华书局1986年版，第1791—1792页。

王弼以静说天地之心，朱熹在一定程度上予以了认可，即利用王弼动静观上的以本（静）统末（动）说修补程颐之论。因为程颐的"天道始万物，物资始于天也"并未说明万物的"资始"是如何作用的。但是，王弼以静为无来规定天地之心，则是朱熹绝不能同意的。所谓"他说'无'，是胡说！若静处说无，不知下面一画作什么"①？静在朱熹作为未发之体，虽然尚无端倪可见，但天地之心的生机却从未止息。"下面一画"的存在本身，就是对无的否定。

进一步，朱熹又将程颐的"动之端"深化为"动之机"。因为既然有"动之端"，也就可以由此推出"动之端"之前即静，故静而未发的状态是不能否认的。静时生意隐微难现，故谓之静，但这并不妨碍隐藏于其中的"动之机"。正是因为有这动之机，未发才可能走向已发，万物亦凭此"动机"而生。那么，王弼的由静动而分体用与程颐的以动之端为天地之心的观点就应当也必须统一起来。当然，这种动静之间的统一不是机械性的静止和动作的彼此交替，而是静内涵的潜能的自然孕育生长，静与动的融合贯通没有任何截然分明的界限。"动之端"的意义，就在于引导人由此端绪入手，去贯通天地之心的体用全体。故又说：

> 此天命流行之初，造化发育之始，天地生生不已之心于是而可见也。若其静而未发，则此心体虽无所不在，然却有未发见处。此程子所以以"动之端"为天地之心，亦举用以该其体尔。②

"无所不在"不等于无所不现，但天命既然流行不已，静体也就不能不发用，从这发用处便可窥知未发静体的存在。这是当时流行的从已发中体验未发的本体论思辨在易学中的继续。同时，理学的本体论思辨不仅要探讨存在，也要兼摄生成，在生成流行意义上的天命造化之初始，与在存在作用意义上的"动之端"正好是相互发明。可见，朱熹是将生成论与本体论打并为一来进

---

① （宋）黎靖德编：《朱子语类》，王星贤点校，中华书局 1986 年版，第 1792 页。

② （宋）黎靖德编：《朱子语类》，王星贤点校，中华书局 1986 年版，第 1792 页。

行论述的。

同时,朱熹继承程颐,还在于将天地生物与仁德恻隐联系在一起。认为"天地生物之心是仁。人之禀赋,接得此天地之心,方能有生。故恻隐之心在人,亦为生道也"①。人本身就是天地生物之心发用的产物,所以天之生生自然地表现为人之仁德,恻隐之心就是人之生道。从孟子以来,恻隐之心是指人因"不忍"而不得不发的天然的善心(良心),如此的善心发现,就如同天道的生生一样是自然的过程。但是,由于天道或仁德的生生是由生物流行的现实过程即已发来表现的,故当其未发时,便可能被人视之为空虚,所以朱熹还要多加解释。他说:

> 今人说仁,多是把做空洞底物看,却不得。当此之时,仁义礼智之苗脉已在里许,只是未发动。及有个合亲爱底事来。便发出恻隐之心;有个可厌恶底事来,便发出羞恶之心。礼本是文明之理,其发便知有辞逊;智本是明辨之理,其发便知有是非。②

仁德未发动时具有空虚的特点,但如果将此空虚视为"空洞",就根本不懂得仁。因为仁义礼智之"苗脉"此时正存在于其中,只不过尚未发动而已。否则,恻隐、羞恶、辞逊、是非之心的生成发现便成为无源之水而根本不可能。"苗脉"要揭示的,就是生之本性或前面所说的静体。天地生物和仁德流行的问题要阐释清楚,除了天地以生物为本的必然性外,还有天地何以能生的可能性问题,后者便是从程颐到朱熹着重发明的"谷种"的比喻。

程颐当年曾提出心种仁性说来譬喻解释,所谓"心譬如谷种,生之性便是仁也"③。朱熹于此极为称赞,以为"伊川谷种之说最好"④。所以是"最好",在于程颐不是止步于生物之心的现象描述,而是深入到内在的本性,突出了"毕竟里面是个甚物事"的问题:"若以谷喻之,谷便是心,那为粟,

① (宋)黎靖德编:《朱子语类》,王星贤点校,中华书局1986年版,第2440页。
② (宋)黎靖德编:《朱子语类》,王星贤点校,中华书局1986年版,第1411页。
③ (宋)程颢、程颐:《二程集》,王孝鱼点校,中华书局1981年版,第184页。
④ (宋)黎靖德编:《朱子语类》,王星贤点校,中华书局1986年版,第109页。

为菽，为禾，为稻底，便是性。"① 内有粟菽之性，便发为粟菽之苗、结粟菽之实。这个"里面"的物事，就是存在于谷（心）中并决定此谷按照什么趋向生发的内在本性。也正因为如此，天地间生生不息的秩序性才能够得以实现。显然，这是程朱将理本论贯彻于生生论中的产物。所谓"程子'谷种'之喻甚善。若有这种种在这里，何患生理不存"②！谷种之仁是一切生之可能的最后的保障，生理依赖于仁性，而仁性就是天理。所以生意也就无物不贯。

归结起来，生意或仁德流行，是一个随其发用而相应彰显的过程。在这一过程中，仁德生生的意义主要集中在两个方面：一是生生流行的必然过程，一是人伦规范的具体实现。朱熹说：

> 仁流到那田地时，义处便成义，礼、智处便成礼、智。且如万物收藏，何尝休了，都有生意在里面。如谷种、桃仁、李仁之类，种着便生，不是死物，所以名之曰仁，见得都是生意。③

仁德流行到相应处所，义便成义，礼便成礼，由未发到已发，"见得都是生意"。人世的道德规范缘起于仁德的流行浸润。在这里，桃仁、李仁等等所以称为"仁"，与谷之"种"一样，共同表达的都是"种着便生"的天地间生生不息的必然性质。朱熹将四德或五常的生成，植根在了天地生物的坚实基础之上。那么，从"天地之大德曰生"往下，就是"人受天地之气而生，故此心必仁，仁则生矣"④。人心源于天心，天仁则人当仁，而有仁就有生。借助于宇宙生成论的基础，成人与生仁便成为一体不二的过程。

可以说，一个"生"意将天人之际贯穿了起来。"故圣人说'复见天地之心'，可见生气之不息也。所以仁贯四端，只如此看便见。"⑤ 由复卦天地

---

① （宋）黎靖德编：《朱子语类》，王星贤点校，中华书局1986年版，第91页。
② （宋）黎靖德编：《朱子语类》，王星贤点校，中华书局1986年版，第1406页。
③ （宋）黎靖德编：《朱子语类》，王星贤点校，中华书局1986年版，第113页。
④ （宋）黎靖德编：《朱子语类》，王星贤点校，中华书局1986年版，第85页。
⑤ （宋）黎靖德编：《朱子语类》，王星贤点校，中华书局1986年版，第468页。

之心的概念而引出的，既是生气不息，又是仁贯四端，总起来都是一个生生不息的过程。如此的生生不息当然不只是天地的本性，也是人世间的自觉作为。如果分开说，生生不息是宇宙的本性，自强不息则是人生的根本，而当然又是以前者为支撑的。其实，《周易》乾卦《象辞》所说的"天行健，君子以自强不息"，本来就是将天道运行的恒进不止与君子法天的自强不息联系在一起的。

（原载于《周易研究》2007 年第 4 期）

生与生态——从屈伸相感看生生与平衡

　　"生态"一词据说源于古希腊文，有悠久的历史，但"生态学"的出现则不过近一百多年。[①] 在中国本土，没有产生生态学的概念，但对"生"的注重和对"生意"的思考却已发展了数千年。《周易》所讲"生生之谓易"和"天地之大德曰生"就是典型的代表。本文也正是在此意义上来讨论儒家考量生态问题的基本哲学依据——生生与平衡之学。

　　"生生"具有多样性的内容，从宇宙论的角度看，包括从无到有的创生和有自身延续的化生。联系到它的物质存在，"生"表现为气化流行永恒常在的过程。但这一过程的表现形式，到底是生灭交替型还是有聚散无灭息型，在后来却成为一个问题。在传统经学的语境中，"生"只是现存气化世界的周流变化、屈伸往复，亦即所谓"化生"。所以，韩康伯注"生生之谓易"为"阴阳转易，以成化生"；孔颖达发挥说："阴阳变转，后生次于前生，是万物恒生，谓之易也。"[②] 从阴与阳的相互变易、转向和前后接替，提炼出

---

① 百度百科"生态"辞条解释说：生态（Eco-）一词源于古希腊字，意思是指家（house）或者我们的环境。简单地说，生态就是指一切生物的生存状态，以及它们之间和它与环境之间环环相扣的关系。生态学（Ecology）的产生最早也是从研究生物个体而开始的。1869 年，德国生物学家 E. 海克尔（Ernst Haeckel）最早提出生态学的概念，它是研究动植物及其环境间、动物与植物之间及其对生态系统的影响的一门学科。如今，生态学已经渗透到各个领域，"生态"一词涉及的范畴也越来越广，人们常常用"生态"来定义许多美好的事物，如健康的、美的、和谐的等事物均可冠以"生态"修饰。见 http://baike.baidu.com/view/10382.htm。

② （唐）孔颖达：《系辞上》，《周易正义》卷七，（清）阮元校刻：《十三经注疏》，中华书局1980 年版，第 78 页。

了万物恒生的结论。恒生又叫常生，韩康伯和孔颖达都认为只有"常生"，才能谓之"大德"，故"若不常生，则德之不大。以其常生万物，故云大德也"①。阴阳变转而气化常在不息，作为天地最根本的德性，生生体现了宇宙最高的价值，因为它从根本上保证了包括人类在内的一切生命系统的产生和延续。②

一

易学通过"转易"或"变转"来发明的恒生或常生，说明"生"不是单向性的，而是循环往复，即《周易·系辞上》所揭示的"原始反终，故知死生之说"。但是，"原始反终"之可能，不仅涉及质的变异即有屈必有伸，还需要有量的准备即生死双方各自的平衡，质量的互相扶持，合力造就和维持着我们生活的世界。《周易·系辞下》云："日往则月来，月往则日来，日月相推而明生焉。寒往则暑来，暑往则寒来，寒暑相推而岁成焉。往者屈也，来者信也，屈信相感而利生焉。"日月、寒暑、往来的不息不止，实现了光明、年岁的生成和利用的不绝。易学系统的生态特点，可以借用《庄子》书中的一则寓言故事来加强认识。

《庄子·秋水》言：

> 天下之水，莫大于海：万川归之，不知何时止而不盈；尾闾泄之，不知何时已而不虚；春秋不变，水旱不知。

北海若教训河伯的这段话，实际道出了中国古人的一个基本信仰，就是进出口平衡。我们今天一般认为海水的不盈不虚是由其蒸发量来调节的，但北

---

① （唐）孔颖达：《系辞下》，《周易正义》卷八，（清）阮元校刻：《十三经注疏》，中华书局1980年版，第86页。

② 张立文先生说："变易以存在为承担者或载体，而变易所追求或所要达到的是生生，故曰'生生之谓易'。生生是阴阳的转变，新生命的出现，以及对天地间生命的关怀。"（张立文：《和合学概论》，首都师范大学出版社1996年版，第447页。）

海若的话在原则上不错，就是进出水量的平衡保证了海水生态系统的良性循环。

如此万川归之与尾闾泄之双方的互补平衡，十分形象地体现了"生生不息"的价值，也才有《系辞下》所说的屈伸相感而"利"生焉，"利"就在大海亦即整个气化世界的常在不灭，从而带来天地间生命系统的繁荣昌盛。几百年后，王充论证人死不为鬼，事实上采用了同样的逻辑。这就是：

> 天地开辟，人皇以来，随寿而死，若中年夭亡，以亿万数；计今人之数，不若死者多。如人死辄为鬼，则道路之上，一步一鬼也；人且死见鬼，宜见数百千万，满堂盈廷，填塞巷路，不宜徒见一两人也。①

人死如果变鬼，就必须遵循进出口平衡的一般生态规律，即鬼的数量必须要与已经死去的千千万万人相适应。因而，只有一两人之死变鬼与死去的千千万万人在数量上的巨大不平衡，只能否定人死为鬼的论题。②王充有理由和勇气反驳人死为鬼，在于他所坚持的正是屈伸凝释互补的一般变化的规律。他说：

> 人用神气生，其死复归神气。阴阳称鬼神，人死亦称鬼神。气之生人，犹水之为冰也。水凝为冰，气凝为人；冰释为水，人死复神。其名为神也，犹冰释更名水也。③
>
> 人未生，在元气之中；既死，复归元气。元气荒忽，人气在其中。④

鬼神其实就是阴阳、屈伸二气，王充以水凝结为冰、冰释复为水的循环变

---

① （汉）王充：《论死篇》，《论衡》，上海人民出版社1974年版，第316页。

② 王充对人死为鬼的否证，虽然后来有佛教界（如宗密）从六道轮回的角度对此进行的答辩和驳难，但若不从信仰而从实证的角度说，王充对"人死为鬼"的反驳仍然是有说服力的。

③ （汉）王充：《论死篇》，《论衡》，上海人民出版社1974年版，第315—316页。

④ （汉）王充：《论死篇》，《论衡》，上海人民出版社1974年版，第317页。

化，解释气凝结生人、人死又复归气的生生过程。人的前生后世，变化形态不同，名称有异，但不妨碍它们都是气的存在。从庄子到王充，不论是天道还是人道（含鬼神），所遵循的都是屈伸往来的平衡，因为生命赖以存在的一个基本条件，参照现代天文学的研究成果，就是所在行星气候变化的平衡。

二

王充提供的冰凝释于水和人从气中来又回归于气的动态平衡机制，在宋明以后为气学一派思想家所继承。张载以气化在太虚中往返的格局解释气的生存和运行，太虚在这里是气化生聚的基础和消散的归宿，而作为其理论对立面的，是老子的有生于无说。张载说：

> 若谓虚能生气，则虚无穷，气有限，体用殊绝，入老氏"有生于无"之论，不识所谓有无混一之常。①

太虚是散而未聚之气，待其聚，则为现实的气化世界，不能将太虚与聚散的关系理解为太虚生气的关系。张载这里固然是讲他的本体论，但也具有生态学上的意义。在前者即从体用关系看，如果虚能生气，那必然的情景就是虚（体）尤穷而气（用）有限，因为气既是被生，则只能遵循万物生成的一般规律——由小到大、由微见著，而体却是一个完全，体用双方被割裂开来，这就在根本上破坏了体用一源、显微无间的体用范畴的规定性。张载坚持的是，有与无从来都是一个整体，是相互发明的关系。就后者即生态层面看，"有无混一"是一个可持续的常态，而"有生于无"则是一个有之末与无之本不平衡的偶然病态，因为在质上一是无、一是有，在量上一是无穷、一是有限，如此在质和量上都不平衡，就不可能维持宇宙的生态。

那么，恰当的办法就是把太虚放到气的原始状态位置上，无论是太虚还是万物，都是气的不同表现形式：太虚是气之"隐"或"幽"，万物则是气

---

① （宋）张载：《正蒙·太和》，《张载集》，中华书局 1978 年版，第 8 页。

之"显"或"明"。张载思想的主旨，是以隐显而不是有无的模式去认识世界。结合生生的过程，便是"太虚不能无气，气不能不聚而为万物，万物不能不散而为太虚，循是出入，是皆不得已而然也"①。气化世界或曰宇宙的平衡态，是在太虚—气化—万物—太虚的循环生聚与消散运动中实现的。

如此的运动平衡，从其终始两端来看，可谓虚空含融万有的模式，然这一模式正是被张载批判的佛教本身所带来。如慧能释心性之空曰：

> 心量广大，犹如虚空，若空心坐，即落无记空。虚空能含日月星辰、大地山河，一切草木、恶人善人、恶法善法、天堂地狱，尽在空中；世人性空，亦复如是。②

以虚空来描述的心量广大，意味着包容了气化世界的一切，虚空（或曰性空）在这里不是否定性的，而是肯定性的，慧能自己就明确否定了"无记空"。气化的世界在空中流行，善恶在空中碰撞转化，从有至无又由无返有，从而实现着空与有之间的相互渗透、转化和平衡。事实上，张载的太虚本也称虚空，所谓"虚空即（不离）气"，他的批判佛学，正是建立在吸取佛学营养的基础之上的，故而能把"体虚空为性"与"本天道为用"结合起来，恰当地阐述虚与气、无与有之间的互动平衡。③

接下来，由佛老而来的虚空无有概念，在张载的思想中，不过就是气化的消散而回归本原的变化形式，即气之空也。④ 宇宙的生态要良好地维持，

① （宋）张载：《正蒙·太和》，《张载集》，中华书局 1978 年版，第 7 页。
② （唐）慧能：《坛经·二四》，郭朋：《坛经校释》，中华书局 1983 年版，第 49 页。
③ （宋）张载：《正蒙·太和》，《张载集》，中华书局 1978 年版，第 8 页。
④ 关于气之"空"的生态效用，塔克尔（M. E. Tucker）云："张载有关'太虚'的学说为解释事物的统一、不断互动以及相互渗透提供了一种形上学的基础。……通过自然秩序中的丰饶和人类秩序中的道德行动，变化才能够由于空间和空成为可能。正如陈荣捷指出的，恰恰是这种条件，允许万物实现自身的真实性和完全的存在。因为'只有当实在是空的时候，气才能运转，而只有气运转起来，万物才能相互影响，相互渗透，相互认同'。正是由于'气'的'空'，人与自然以及人类彼此之间的认同和交流才成为可能。"（塔克尔：《气的哲学：一种生态宇宙论》，《儒学与生态》，彭国翔、张容难译，江苏教育出版社 2008 年版，第 169 页。）

就必须关注生聚与消散双方往复运动的平衡。张载说：

> 太虚者，气之体。气有阴阳，屈伸相感之无穷，故神之应也无穷；其散无数，故神之应也无数。虽无穷，其实湛然；虽无数，其实一而已。阴阳之气，散则万殊，人莫知其一也；合则混然，人不见其殊也。形聚为物，形溃反原，反原者，其游魂为变与！所谓变者，对聚散存亡为文，非如萤雀之化，指前后身而为说也。①

《周易》言"屈信相感而利生焉"，在张载还只说了问题的一半即生的方面，散的方面的另一半必须要补充进来，才能使生的世界能够持续。从而，感无穷则应无穷，散无数则应也无数，才能真正保持生态的平衡。对这样的聚散变化，人们所以不能恰当认识，就在于看见散则不知终归为一，看见合则不知变化分殊，将原本统一的过程割裂开来了，从而破坏了气化世界的整体平衡。

"形聚为物，形溃反原"，是张载以"形"为坐标去看待形气之伸（聚）与屈（散）的结果。至于游魂或反原之变，指精气的自有（神）而无（鬼）的回归太虚本原的变化过程。张载强调，此种变化是太虚与气化之间的聚散存亡变迁："显而为物者，神之状也；隐而为变者，鬼之状也。大意不越有无而已。"② 有无显隐的变化不同于"腐草为萤"、"爵（雀）入大水为蛤"（见《礼记·月令》）的生物个体的前身后身之变，后者虽然也具有生态平衡的意义，但毕竟不同于一般气物之间的变化。

正因为平衡或生态的保持是在持续常在的变化之中，所以截取张载思想的一个片面并执著为变化的终结，便是不恰当的。包括"仇必和而解"在内，对立面的融合消解只是形溃反原的一方，如果以此来终结变化，则意味着宇宙的毁灭而非生生不息的和谐，故它必须要补充以"不容有毫发之间"的候生忽成相互发明的循环往返，才是张载心中所期待的神妙不测的生态

① （宋）张载：《正蒙·乾称》，《张载集》，中华书局1978年版，第66页。
② （宋）张载：《横渠易说·系辞上》，《张载集》，中华书局1978年版，第183页。

观。① 这不仅为他"一物两体"的方法论原则所要求，而且本来也是《周易》以来，儒家以屈伸相感的和谐变化解释自然演变、生命流行甚至道德进化的一贯传统。② 他又说：

> 物无孤立之理，非同异、屈信、终始以发明之，则虽物非物也。事有始卒乃成，非同异、有无相感则不见其成，不见其成，则虽物非物。故一屈一伸相感而利生焉。③

一切只可能在屈伸相感的基础上才能得以发明。既然是如此，气、形、物的变化都不可能是一次性的，终始循环才有生态平衡，天地万物的大"利"，正是凭借此而生。

比之张载，主张以理为本的二程，对气仍然给予了相当的关注。但不同的是，二程更强调生生不息的"生生"特性，不赞同张载以复返方生模式解释气化。程颐说：

> 若谓既返之气复将为方伸之气，必资于此，则殊与天地之化不相似。天地之化，自然生生不穷，更何复资于既毙之形，既返之气，以为造化？近取诸身，其开阖往来，见之鼻息，然不必须。假吸复入以为呼。气则自然生。人气之生，生于真元。天之气，亦自然生生不穷。至如海水，因阳盛而涸，及阴盛而生，亦不是将已涸之气却生水。自然能生，往来屈伸只是理也。盛则便有衰，昼则便有夜，往则便有来。天地中如烘炉，何物不销铄了？④

---

① 见（宋）张载：《正蒙·太和》，《张载集》，中华书局 1978 年版，第 10 页。
② 蒙培元先生说："我们不能将《易传》所说的'变化'简单地理解为机械的物理变化（尽管它是最基本的），也不能仅仅理解为生物学的自然进化，而应当理解为与人类活动密切相连的生命流行，其中便有目的性和道德进化论的意义。"（蒙培元：《天·地·人——谈〈易传〉的生态哲学》，《周易研究》2000 年第 1 期。）
③ （宋）张载：《正蒙·动物》，《张载集》，中华书局 1978 年版，第 19 页。
④ （宋）程颐：《遗书》卷十五，《二程集》，王孝鱼点校，中华书局 1981 年版，第 148 页。

"天地之化"在程颐的框架中，是"自然"生生不穷，对这一自然，程颐更多依赖的是人的感知和经验。在经验的视野下，既毙、既返之气已经如像在烘炉中物一样消亡殆尽，怎么能够再重新聚集生长？程颐固然也赞同屈伸往来的解释机制，但认为这只是从理上说是如此，并不等于已经销铄、干涸之形气还能有新的生命。

所以，气生于真元，不能是旧气的新生，只能是从无中创有。这在张载的论域中是不可能的——气灭则无气，无气，世界也就从根本上销毁了；但在程颐的论域中却可能——因为他是以理（或道）为本，气可以由道、理源源不绝地生成，所谓"道则自然生万物。今夫春生夏长了一番，皆是道之生，后来生长，不可道却将既生之气，后来却要生长。道则自然生生不息"①。"生生"都是严格意义的新生，理生气的本体论模式运用到生态学上，就是以理不断地生成新气替换旧气来保持平衡的。联系庄子的海水之喻，庄子的海水能够始终保持平衡，在于他没有加入阴阳盛衰的考量；程颐将阴阳盛衰补进入海水的运动，就有了海水盛衰盈涸的问题，即阳气盛（白昼）而海水枯，阴气盛（黑夜）而海水生，日日新生的阳气和阴气造就了海水的生灭运动。

程颐的思辨在朱熹得到了继续。朱熹认定气之消散便是无。对于学生认为《礼记》中所说的"魂气升于天"不过是比喻，"莫只是消散，其实无物归於天上否"的疑问，朱熹明确回答说："也是气散，只是才散便无。如火将灭，也有烟上，只是便散。盖缘木之性已尽，无以继之。"② 木生火，火燃而有烟气，然而烟气最终必将消散无余，原因就在作为生火的木之性已经销尽，因而不可能再留下什么。至于张载所说的"形溃反原"之言，朱熹在原则上就不予认同。当然，他也承认有一些不伏其死、冤恨未散之人，他们死后之气确有未散者，但这本来就不是正常的情况，不能用以概括一般，例如圣贤安于死，其气便自然消散。③

---

① （宋）程颐：《遗书》卷十五，《二程集》，中华书局 1981 年版，第 149 页。
② （宋）黎靖德编：《朱子语类》卷三，王星贤点校，中华书局 1986 年版，第 43 页。
③ 参见（宋）黎靖德编：《朱子语类》卷三，第 39 页；卷八十七，第 2245 页。

气之消散在朱熹就是无，不过，这在他又有明确的限定，即只限于人鬼之气，而不适用于天地（神祇）之气，所谓"神祇之气常屈伸而不已，人鬼之气则消散而无余矣"①。因而，如果单论天地鬼神的变化，朱熹是肯定张载的气息往返屈伸之说的。他称：

> 横渠曰："物之初生，气日至而滋息；物生既盈，气日反而游散。至之谓神，以其伸也；反之谓鬼，以其归也。"天下万物万事自古及今，只是个阴阳消息屈伸。横渠将屈伸说得贯通。上蔡说，却似不说得循环意思。②

如果跳出人鬼之气即人类的生死循环去看，天地万物或整个的气化世界，又是按聚散往复、屈伸不已的规律运行的。气运行的滋息和游散永远保持平衡，从而在根本上维持着宇宙的生态。至于谢良佐所论鬼神，虽也有往来不息之义，但说得较为含混，所以朱熹说他不能很好明白气化循环的意义。③

从科学的层面说，程颐之论，尽管可以从理决定气和水再生的立场出发，去解释气化世界屈伸往来、昼夜盛衰的生灭平衡，但如此从无中创有的生成模式，不如张载的气自身的聚散模式在逻辑上更站得住脚。事实上，即便是在经验世界，一物的消亡本来也意味着另一物的产生，烘炉中销尽者亦有渣滓等存留，并不是绝对的无。据此类推，要证明一般气物的销尽，就必须提供一个物销尽之后的贮存场所，亦即王充反驳有鬼论的理论逻辑，才能以真正的有无平衡的常态来证实自己的理论。

---

① （宋）黎靖德编：《朱子语类》卷三，王星贤点校，中华书局 1986 年版，第 39 页。
② （宋）黎靖德编：《朱子语类》卷三，王星贤点校，中华书局 1986 年版，第 45 页。
③ 朱熹针对的是谢良佐的何种说法不详。今《上蔡语录》卷一有一相关语可供参考，即："动而不已，其神乎！滞而有迹，其鬼乎！往来不息，神也；摧仆归根。鬼也。致生之，故其鬼神；致死之，故其鬼不神。何也？人以为神则神，以为不神则不神矣。知死而致生之，不智；知生而致死之，不仁。圣人所以神明之也。"[文渊阁《四库全书》，（台北）商务印书馆 1986 年（影印）版，第 698 册，第 576 页。]

三

程颐的气生灭说，较之于张载通过气之聚散循环和"形聚为物，形溃反原"去阐述的宇宙生态的平衡，不具有更多的理论效力，但他所提出的气化世界的生生不息是旧的灭了新的又生，不需要依赖什么"既毙之形，既返之气"作为基础的观点，却不是张载的理论直接可以否定的。后来的气本论者，如果想证明气自身能保持恒定不变的生态，有两条道路可以尝试：一是在理论上深化"造化自有入无，自无入有，此气常在，未尝渐灭"① 的论证，二是利用实践经验的支撑。王廷相、王夫之"二王"在这两方面都作出了自己的贡献。

王廷相通过对气之循环运动的观察，阐明了"气有聚散无灭息"的著名观点。他通过自己的考察说明，气凝成雨水降下，得火之炎又复蒸为气；气聚而生草木，草木焚又复化为烟。这都是可以验证的气自身形态的变化，故"以形观之，若有有无之分矣；而气之出入于太虚者，初未尝减也"②。据此，庄子设想的以尾闾泄水来保持生态的平衡，在王廷相不再有必要，多余之水可以通过蒸发进入新一轮"出入于太虚"的循环，从而使前后之气的总量始终保持着平衡的常态。又如，冰虽在大海中融结聚散，但海水的总量并无损益："其聚其散，冰固有有无也，而海之水无损焉。"③ 气化的平衡作为宇宙的基本生态，是自己决定自己，也就根本不需要由理来生成。

不论是云烟还是海水，王廷相都正面继承了张载的思辨并辅之以实践的验证，但王廷相的考察作为个人的经验总结，仍是局部的和有限的，如何使其理论具有普遍必然的性质，还需要在逻辑上作出更有力的论证。

就程朱道学论证的基点说，是通过气之销尽与新生相配合的逻辑保持宇宙的生态平衡的。要根本驳倒这一论点，可以设定儒家不承认绝对的无这样

---

① （明）王廷相：《太极辩》，《王廷相集》，中华书局1989年版，第596页。
② （明）王廷相：《慎言·道体篇》，《王廷相集》，中华书局1989年版，第753页。
③ （明）王廷相：《慎言·道体篇》，《王廷相集》，中华书局1989年版，第753页。

一个基本的公设，从此出发，程朱不考虑烘炉中销尽后的渣滓存留即人死形化之后的去处问题，其理论便是不周全的。那么，庄子和王充的智慧成果——只有为销尽之物提供满足其需要的足够场所，才能以有无平衡的常态来证实自己的理论，就仍然值得尊重。王廷相之后，同样继承张载思想的王夫之，便是在此逻辑上对程朱的气生灭说再次提出质疑的。他反问道：

> 倘如朱子散尽无余之说，则此太极浑沦之内，何处为其翕受消归之府乎？又云造化日新而不用其故，止此太虚之内，亦何从得此无尽之储，以终古趋于灭而不匮邪？[1]

朱熹即便认同天地气化循环的平衡，但终究否认人鬼之气是如此，后者在他是散尽无余的。可是，在王夫之，坚持气"散尽无余"之说必须满足两大条件，即为废物提供终极的消归之府和为新物提供无尽的储备，不然，其理论便是不能成立的。王夫之的反问是具有充分的逻辑力量的，因而具有普遍必然的性质。也正因为如此，儒家"故曰往来，曰屈伸，曰聚散，曰幽明，而不曰生灭。生灭者，释氏之陋说也"[2]。以气化常在对气有生灭来确立儒释之辨，在王夫之这里是有积极意义的。

当然，王夫之不仅是从逻辑上进行反驳，同样结合了他立足实践的考察："车薪之火，一烈已尽，而为焰，为烟，为烬，木者仍归木，水者仍归水，土者仍归土，特希微而人不见尔。……未尝有辛勤岁月之积一旦悉化为乌有，明矣。"[3]宇宙长期演化生成的天地人物，始终按照自身的规律循环往复，保持着平衡的生态，绝不可能化为绝对的虚无。

从而，王夫之的总结就是：

---

[1] （清）王夫之：《张子正蒙注·太和篇》，《船山全书》第 12 册，岳麓书社 1996 年版，第 22 页。

[2] （清）王夫之：《张子正蒙注·太和篇》，《船山全书》第 12 册，岳麓书社 1996 年版，第 22 页。

[3] （清）王夫之：《张子正蒙注·太和篇》，《船山全书》第 12 册，岳麓书社 1996 年版，第 21—22 页。

以此知人物之生，一原于二气自足之化；其死也，反于絪缊之和，以待时而复，特变不测而不仍其故尔。生非创有，而死非消灭，阴阳自然之理也。朱子讥张子为大轮回，而谓死则消散无有，何其与夫子之言异也！①

"夫子之言"即《系辞上》的"原始反终，故知死生之说"。王夫之一方面坚持张载以来气学一派的气自足变化的立场，肯定人物之生与复反双方是相互发明的关系；另一方面又注意到复反变化的一般趋势中会有个别表现的差异，即复反之物与先前旧物并不是完全等同的，这在一定程度上弥补了气化聚散模式可能存在的理论漏洞。所以，王夫之也就有充分的理由认定生非创有、死非消灭，这是阴阳气化构成的生态系统本来的规律。先前朱熹曾讥刺张载倡导的这一模式混同于佛教的轮回，而且不限于人物的轮回，是天地宇宙的轮回，所以是"大轮回"②。王夫之则强调朱熹所坚持的"死则消散无有"才是与孔子之道根本背离的。

在强调生非创有、死非消灭和否定了太虚之中有终极的消归之府和无尽的储备之后，王夫之对气化生态的永恒常在就抱有十足的信心。因为生前死后、消谢生耗都是"相值"、"相均"的。茫茫宇宙，"有所缺，则亦无有一物而不备矣。无物不备，亦无物而或盈。夫惟大盈者得大虚。今日之不盈，岂虑将来之或虚哉！"③气化世界的生态要能够保持，基本原则就是进出口平衡。有盈必有虚，不盈必不虚，这在逻辑上是站得住脚的。

总起来说，《周易》所阐述的"屈信相感而利生焉"和"原始反终，故知死生之说"等观点，是儒家生态世界观坚持的最基本的立场。生态问题说到底就是一个与生命系统关联的平衡和补偿的问题，不论是天道还是人道，

---

① （清）王夫之：《系辞上传第四章》，《周易内传》卷五上，《船山全书》，岳麓书社1996年版，第1册，第520页。

② 朱熹云："《正蒙》说道体处，如'太和'、'太虚'、'虚空'云者，止是说气。说聚散处，其流乃是个大轮回。盖其思虑考索所至，非性分自然之知。"（《朱熹语类》卷九十九，王星贤点校，中华书局1986年版，第2533页。）

③ （清）王夫之：《未济》，《周易外传》卷四，《船山全书》第1册，岳麓书社1996年版，第976—977页。

人类还是自然，它们的恒生和常在都是建立在气化生死相互否定又互为补偿的平衡机制基础上的，这可以说是天地间最大的生态。对于气化世界的平衡问题，过去人们多限于从质量守恒的物理角度去予以阐释，但在今天更应该发掘它们的生态意义。因为维持包括人类生存在内的宇宙生命系统这一最大的"利"和最高的价值，正是在气化屈伸相感的永恒流变中得以实现的。

（原载于《江汉论坛》2013 年第 3 期）

经解篇（下）：诸经

儒家经学的发展，自汉五经博士设立以来，围绕着经典注疏的论辩就始终没有止息。从经学大师到帝王权贵，都力求通过自己的思辨，去体贴圣人的心意和代圣人立言。同时，经学的研究既是理论的追求，也是现实的需要。经学哲学家们对儒家理想的维护和对社会正义的追求，也体现在经典的诠释和发挥上。

从曹髦问难看义理思辨在传统经学中的价值

陈寿《三国志》卷四载有魏高贵乡公曹髦与经学博士论辩五经（三经）之事，历来论者大都将其归为郑学与王学之争，并以为这是曹氏与司马氏争夺统治权力的斗争在学术上的反映。^① 其实可能并不必然。因为从曹髦的质疑中，看不出明显的推尊郑学的倾向，故还不如说他是通过问难来质疑流行的经学见解，以表明自己高明的解经见识。这不但可以树立自己解经的权威，也可以借此在知识阶层和上层社会赢得尊敬。本文的重点不在考虑政治角力和郑王之争，而是通过对曹髦问难的梳理分析，说明即便在传统经学中，义理的思辨也是推动经学前进重要的内在动力。

一、问《易》

《易》为六经之首。易学的发展，正是在汉魏之际开始了在经学史上影响深远的由汉代的象数易学向魏晋的义理易学的变革，而这对曹髦来说，不能不给他以深刻的触动。因为从义理的角度审视《易》之文本及其汉易的经学研究成果，事实上不难发现其中的扞格不通之处。故而曹髦问难，首发于《易》：

> 丙辰，帝（曹髦）幸太学，问诸儒曰："圣人幽赞神明，仰观俯察，始作八卦，后圣重之为六十四，立爻以极数，凡斯大义，罔有不备，而

① 有关这一方面的见解，可参见马宗霍：《中国经学史》，商务印书馆 1998 年版，第 63 页；范文澜：《经学史讲演录》，《范文澜全集》第十卷，河北教育出版社 2002 年版，第 478 页；吴雁南等主编：《中国经学史》，福建人民出版社 2001 年版，第 174—175 页。

夏有《连山》，殷有《归藏》，周曰《周易》，《易》之书，其故何也？"易博士淳于俊对曰："包羲因燧皇之图而制八卦，神农演之为六十四，黄帝、尧、舜通其变，三代随时，质文各繇其事。故《易》者，变易也，名曰《连山》，似山出内［云］气，连天地也；《归藏》者，万事莫不归藏于其中也。"帝又曰："若使包羲因燧皇而作《易》，孔子何以不云燧人氏没包羲氏作乎？"俊不能答。

帝又问曰："孔子作《彖》、《象》，郑玄作注，虽圣贤不同，其所释经义一也。今《彖》、《象》不与经文相连，而注连之，何也？"俊对曰："郑玄合《彖》、《象》于经者，欲使学者寻省易了也。"帝曰："若郑玄合之，于学诚便，则孔子曷为不合以了学者乎？"俊对曰："孔子恐其与文王相乱，是以不合，此圣人以不合为谦。"帝曰："若圣人以不合为谦，则郑玄何独不谦邪？"俊对曰："古义弘深，圣问奥远，非臣所能详尽。"①

帝又问曰："《系辞》云'黄帝、尧、舜垂衣裳而天下治'，此包羲、神农之世为无衣裳。但圣人化天下，何殊异尔邪？"俊对曰："三皇之时，人寡而禽兽众，故取其羽皮而天下用足，及至黄帝，人众而禽兽寡，是以作为衣裳以济时变也。"

帝又问："乾为天，而复为金，为玉，为老马，与细物并邪？"俊对曰："圣人取象，或远或近，近取诸物，远则天地。"②

在《高贵乡公纪》所载曹髦的全部质疑问难中，与相关经典联系，共分为三个部分。第一部分是问《易》。《易》作为圣人神奇智慧的产物，备载圣人通天道明人事之义，首先问《易》就是理所当然。但传说《易》有"三易"，为何会是如此呢？

---

① 曹髦与淳于俊的这段问答，在易学史上揭示了郑玄《注》合《彖》、《象》于经的史实。但所谓"合"是指将《彖》、《象》拆散而并入各相应卦之中，还是仅指将《彖》、《象》附在《经》后面而仍为各自独立成篇，在理解上存在着歧义。当代学者或认为是前者，见高亨：《周易大传今注》，齐鲁书社1979年版，第2页；或认为是后者。（见刘大钧：《周易概论》，齐鲁书社1988年第二版，第8—9页。）

② （晋）陈寿：《三国志》卷四《魏书·高贵乡公纪》，中华书局1982年版，第135—136页。

《易》博士淳于俊的答问，一是引入《易传·系辞下》的五帝传承之说以解释《易》的生成演变；二是根据《周礼·春官·太卜》（卷二十四）所言"三易"和郑玄注解，解释"三易"之说；三是新提出的伏羲氏是则燧人氏之"图"而创制出八卦。由于第一、二两点在经典中可以找到根据（《连山》、《归藏》之含义则为郑玄解释），所以曹髦并未发问，他所问的是第三点，即伏羲氏因燧人氏之图而作《易》。

曹髦的问难，是在孔子作为圣人的权威已经确立和其时学界已公认孔子作《易传》的前提下作出的。由此，假定伏羲氏是承接燧人氏而创作出《易》，按照《系辞下》的撰写和表述方式，孔子必然会以五帝传承的同样方式告知这一史实。然而实际的情形却并非如此。孔子明言《易》是在伏羲仰观俯察等经验归纳的实践中创制出来的。换句话说，伏羲氏因燧人氏之"图"而制作出八卦毫无根据。于此，淳于俊只能认输。

随后进行的三次反复辩难，曹髦和淳于俊互有胜负。但不论是后三次还是第一次，论辩双方虽讨论的是经学问题，但所用方法和所援用的根据，都不是从辞义训诂入手，而是据其义理以作出阐释。同时，为了讲清楚问题，他们并不限于儒家经学自有的知识范围，身为经学博士的淳于俊，甚至利用了法家的经济决定论和历史进化观，以阐释圣人前后的教化手段何以不同。当然，义理本身也不是万能的。比方对"郑玄合《彖》、《象》于经"的这一经学史上的重大问题，由于牵涉到孔子的意图和形象，淳于俊根本就不可能自圆其说，不得不以古义深奥来为自己开脱了。

在最后，对于曹髦"（乾）与细物并邪"的反问，淳于俊从取象作卦的角度作出回答，虽亦可以通，但实际上有意无意地掩盖了一个更为重要的问题：那就是乾道作为天道，本是为宇宙的创生提供基础的"乾元"、"大始"，这在除《说卦传》外的《易传》各篇中是通行的原则。《说卦传》为取象说易的方便，将天道下降为"细物"，实际上亵渎和动摇了乾元的神圣性和权威性①。"生生"的"大德"一旦失去源头，将会使《易传》以及利用《易

---

① 曹髦以为乾（天）道不当"与细物并"，是否反映了他不满于自身地位下降为"细物"而希求"乾纲独断"的心声，则是一个可以合理猜想却又不可能证实的问题。

传》的后儒解释宇宙的生生不息遭遇根本性的理论困难。尽管由于记载的缺乏，我们并不知道曹髦是否会有这样的自觉意识，但曹髦对其时"舍大称细"解经方式的质疑和批评，却具有一般性的方法论意义。

二、问《书》

《书》作为最古老的历史文件的汇编，在五经中遗留的问题也是最多的。这其中既有文本本身的问题，也有如何恰当理解文本即后人在经学研究中出现的问题。从教化的角度说，《书》教本在于"疏通知远"，但由于内容过于广远，所知若没有恰当的节制，其教自身就难免流于虚妄。① 所以，曹髦知远而颇生疑窦，故问难再起：

> 讲《易》毕，复命讲《尚书》。帝问曰："郑玄曰'稽古，同天，言尧同于天也。'王肃云'尧顺考古道而行之'。二义不同，何者为是？"博士庾峻对曰："先儒所执，各有乖异，臣不足以定之。然《洪范》称'三人占，从二人之言'。贾、马及肃皆以为'顺考古道'。以《洪范》言之，肃义为长。"
>
> 帝曰："仲尼言'唯天为大，唯尧则之'。尧之大美，在乎则天，顺考古道，非其至也。今发篇开义以明圣德，而舍其大，更称其细，其作者之意邪？"峻对曰："臣奉遵师说，未喻大义，至于折中，裁之圣思。"
>
> 次及四岳举鲧，帝又问曰："夫大人者，与天地合其德，与日月合其明，思无不周，明无不照，今王肃云'尧意不能明鲧，是以试用'。如此，圣人之明有所未尽邪？"峻对曰："虽圣人之弘，犹有所未尽，故禹曰'知人则哲，惟帝难之'，然卒能改授圣贤，缉熙庶绩，亦所以成圣也。"
>
> 帝曰："夫有始有卒，其唯圣人。若不能始，何以为圣？其言'惟帝难之'，然卒能改授，盖谓'知人'，圣人所难，非不尽之言也。《经》

---

① 参见《礼记·经解》孔子于六经功用及可能出现的问题的评论。

云：'知人则哲，能官人。'若尧疑鲧，试之九年，官人失叙，何得谓之圣哲？"峻对曰："臣窃观经传，圣人行事不能无失，是以尧失之四凶，周公失之二叔，仲尼失之宰予。"

帝曰："尧之任鲧，九载无成，汩陈五行，民用昏垫。至于仲尼失之宰予，言行之间，轻重不同也。至于周公，管、蔡之事，亦《尚书》所载，皆博士所当通也。"峻对曰："此皆先贤所疑，非臣寡见所能究论。"

次及"有鲧在下曰禹舜"，帝问曰："当尧之时，洪水为害，四凶在朝，宜速登贤圣济斯民之时也。舜年在既立，圣德光明，而久不进用，何也？"峻对曰："尧咨嗟求贤，欲逊己位，岳曰'否德忝帝位'。尧复使岳扬举仄陋，然后荐舜。荐舜之本，实由于尧，此盖圣人欲尽众心也。"

帝曰："尧既闻舜而不登用，又时忠臣亦不进达，乃使岳扬仄陋而后荐举，非急于用圣恤民之谓也。"峻对曰："非臣愚见所能逮及。"[1]

对于《尧典》开篇的"曰若稽古"之语，历来有郑玄的以"同天"释"稽古"和贾逵、马融到王肃的"顺考古道"说。[2] 这里不评论二说本身的优劣，只从各自理由的充分性与恰当性上看，一是郑玄的"同天"说有孔子的圣人"则天"[3] 作为根据；二是曹髦对王肃等注经为何要"舍大称细"提出的质疑体现了恰当的批判性思考精神。立足这两个基点，曹髦对庾峻根据《洪范》论占卜稽疑的"三人占，从二人之言"而得出王肃经解为上的结论的反驳，事实上是有说服力的。道理很简单，经学作为学术研究，如果以从众而不是求真的思维来解经，其后果将会是十分严重。

---

① （晋）陈寿：《三国志》卷四《魏书·高贵乡公纪》，中华书局 1982 年第 2 版，第 136—138 页。

② 后说在孔颖达《尚书正义》中，先为孔安国注文。但因论辩双方均未涉及，故略。章权才借此评论王肃经学的性质说："王肃的经学，实际上也就是'顺考古道'的法古型的经学，这也正是当时世家豪族意识形态的特色之一。"（章权才：《魏晋南北朝隋唐经学史》，广东人民出版社 1996 年版，第 69 页。）

③ 参见《论语·泰伯》："唯天为大，唯尧则之。"

同时，曹髦此问，不但使庾峻认输，而且庾峻的认输还在事实上认定了"奉遵师说"的家法传统，的确会造成"未喻大义"的经学弊病。由此推广，汉儒的家法传统之所以在魏晋以后遭遇到危机而走向衰亡，可能主要还不在于郑玄注经混今古文为一统而败坏家法，[①] 家法本身严尊师说而不务求大义的局限，事实上早就在内部埋下了衰微的祸根。所谓偶然之中有必然也。

曹髦又以《易传》对大人（圣人）天人合一境界的赞美为据，对王肃《尚书》注的圣人有失说提出责难。尽管圣人有失应当是一个事实判断，但曹髦的用意显然不在这里，他的问难贯穿着一个基本的精神，就是作为经典，在义理上不应自相矛盾。可是，现实中的经典，在义理上又确实存在着矛盾：曹髦用作为理论根据的圣人与天地日月"合其德"、"合其明"与"夫有始有卒者，其唯圣人"[②] 都是经典本有的思想，以此为据去检视《尚书》之语，便必然得出《尚书》中的尧还不够成为"知人则哲，能官人"的圣哲。那么，问题集中到一点就是：到底是王肃和庾峻的圣人一般都"明有所未尽"，还是曹髦的特定的尧不够作为圣哲的"格"？至于庾峻引来辅助发明的仲尼失之宰予、周公失之管蔡之例，曹髦以为前者属于言行一致否的小事，后者本来是作为《尚书》博士的庾峻自己要弄清楚的问题，即尧为什么不能知人和官人失叙？于此，庾峻只能将疑问推给先贤，承认自己不能"究论"。

最后，曹髦以尧"闻舜而不登用"为例再次质疑《尚书》陈述的尧的圣哲品格，庾峻同样无法对答，以为其中之曲折自己无法"逮及"[③]。

其实，庾峻的不能"究论"和无法"逮及"，暴露了经典作为历史文献本身的不完备和不周全性，然而后代儒生又力图要通过自己的诠解和努力使其完备和周全，这实际上是不可能完成的任务。当然此时的儒生还不至对经

---

① 参见皮锡瑞《经学历史》第五章《经学中衰时代》相关论述。

② 参见《周易·文言传》和《论语·子张》。

③ 章权才将此归结为魏晋之际的怀疑精神，并以为"魏晋之际怀疑精神的笼罩，是由最高统治者直接倡导的结果"；"当时的怀疑精神，集中到对传统诸经及其宣扬的古圣王的怀疑，也涉及对当时流行的某些经说的怀疑。"（章权才：《魏晋南北朝隋唐经学史》，广东人民出版社 1980 年版，第 63 页。）

典本身发生怀疑，后者只是经学发展到一定阶段的产物。而在曹髦一方，他之问难在方法上，是用《易传》、《论语》去驳难《尚书》。换句话说，也就是用相对切近的孔子师徒自己的思想去质疑上古流传下来的原始典籍，这体现了他义理思辨的机巧和作为帝王所具有的学术胆量，并为后来立足子学质疑经学的学术研究方式，开启了最初的法门。

三、问《礼》

孔子说："不知礼，无以立也。"① 礼本于天道而调治人情。自大道既隐、天下为家以来，儒家圣王前后相传，未有不谨于礼者。所以圣人教化尽管多方，然无不以礼为准绳："六经其教虽异，总以礼为本。"② 知礼也就为人立足社会所必需。正是看到了礼在维护和规范社会秩序中的重要作用，所以曹髦还需要问《礼》：

> 于是复命讲《礼》。帝问曰："'太上立德③，其次务施报'。为政何由而教化各异，皆修何政而能致于立德，施而不报乎？"博士马照④ 对曰："太上立德，谓三皇五帝之世以德化民，其次报施，谓三王之世以礼为治也。"帝曰："二者致化薄厚不同，将主有优劣邪？时使之然乎？"照对曰："诚由时有朴文，故化有薄厚也。"⑤

第三部分的问难虽然围绕《礼》进行，却只涉及《礼》中之一局部，即集中在如何看待三皇五帝的"以德化民"与三王的"以礼为治"亦即德化与礼治的相互关系上。从理想境界的层面说，"务施报"的"礼尚往来"，显然比

---

① 杨伯峻译注：《论语译注》，中华书局 1980 年版，第 211 页。

② （唐）孔颖达：《礼记正义》，（清）阮元校刻：《十三经注疏》，中华书局 1980 年版，第 1609 页。

③ 今《礼记》此句为"太上贵德"，见（唐）孔颖达：《礼记正义》，（清）阮元校刻：《十三经注疏》，中华书局 1980 年版，第 1231 页。

④ 马照，本名马昭，避司马昭讳改。

⑤ （晋）陈寿：《三国志》卷四《魏书·高贵乡公纪》，中华书局 1982 年版，第 138 页。

"立德"的"明德惟馨"①境界要低，历史在道德的层面实际是退化的。

然而，既然都是圣人之治，为何会有如此的分别呢？对于曹髦此问，马昭的对答以时代的变化为据，说明"主"并无优劣，但由质朴到文明，时代变了，圣人教化需要因时作出调整，从而有薄厚的不同。至于后世能否实现曹髦描绘的"至于立德，施而不报"的理想德政，马昭则没有回答，也无法作出回答。因为，这一问题追究到最后，按《礼记》的模式，已经由《曲礼》的"礼尚往来"，转到了《礼运》的"大同"、"小康"。"天下为公"之时，"立德"自然而然；一旦"天下为家"，则只能礼尚往来，"失之者死，得之者生"，"如此乎礼之急也"②！

综上可见，所有三部分质疑问难，重点可以说都在义理而不在辞训，即要求从道理而非文字上解决不同经注的矛盾并阐发其相应的思想。显然，这已经不是经学博士所能完成的任务了。

曹髦本是曹叡以后曹氏子孙中很有才学和抱负的一位，钟会曾称赞他"才同陈思，武类太祖"③。这从上述他对三博士的反问和追问中，可以看出并非为阿谀之言。既然如此，曹髦就完全可以讲一套自己的学说。而要讲自己，必然要破他人——不论这他人是属于郑学还是王学的阵营。

放之于当时的时代，正值玄学思辨浸润儒家经学的第一个高潮期，由何晏、王弼振起的"正始玄风"已结出《论语集解》和《周易注》的经学硕果。作为曹魏集团政治上的代表，曹髦受到同属一个集团的何、王的思想影响应当可以预料。在此前提下，也就不难想象曹髦何以会对流行已久、人们司空见惯的经学文本提出质疑和责难，而并不必然归结到通常所谓郑学与王学的斗争中去。

而且，更重要的是，《论语集解》和《周易注》这两部经注的文献资源，都直接联系到孔子；在上面曹髦引以为据的思想，也都直接间接与孔子相

---

① "明德惟馨"虽然出自周成王之口，但却是"所闻之古圣贤之言"。见（唐）孔颖达：《尚书正义》，（清）阮元校刻：《十三经注疏》，中华书局1980年版，第237页。

② （唐）孔颖达：《礼记正义》，（清）阮元校刻：《十三经注疏》，中华书局1980年版，第1414页。

③ 见《三国志》卷四《魏书·高贵乡公纪》注引《魏氏春秋》。

关。这一事实说明，以孔子为旗号表达对经典的质疑，早就是经学研究内在的思想动力。就此而言，经学的价值就主要体现在不断追问经注的合理性和可靠性的进程中展现出来的思想与方法，而不在于建立起完备周全的知识体系——这不但是因为经学的知识体系是在不断地层累中造就，而且从曹髦的问难中已可以看出所谓周全完备本身并无可能。

（原载于《船山学刊》2012 年第 2 期）

从《论语笔解》看唐儒对汉儒的超越与儒学的革新

从汉唐到宋明，哲学理论的发展是以其形态的多变为特色的。两汉经学、魏晋玄学、隋唐佛学和宋明理学，分别作为这不同时代哲学形态的标志。如此表述的哲学史的发展序列，简要地揭示了中国哲学史的主要代表形态，但是也有缺点，其中之一，就是从汉儒到唐儒的儒家自身哲学的发展和变革无形中被抹杀。

汉学曾有的辉煌成就，不能掩饰在汉以后儒家哲学长期的低迷和滞后的状态。儒学要想重新回到学术话语的中心地位，争回学术发展的主导权，就必须要总结历史的经验和传统儒学自身的缺陷，说明其为什么敌不过玄学和佛老哲学。这个经验或历史教训就是：儒家自己丢掉了在孔子时代已经萌发的"性与天道"的历史主题。后来的各家各派，谁掌握了这一资源并能予以恰当的发明，谁就主导着哲学的发展，玄学是如此，佛学更是如此。

因而，儒学要想复兴，关键就在于"复性"，这逐步形成为儒家学者的共识。面对佛老主要是佛教的挑战，儒学复兴的重要手段，就是重新解释先秦儒家的经典及儒家在与佛老的争辩中所应吸取的历史教益。这样的手段实际上包含了两方面的内容：一是由讲求"文者以明道"的古文运动所引起的对隐藏于文章"之上"、内涵于文章"之中"的道的注重；二是伴随着"原性"、"复性"的诉求而逐渐增强的对性命义理的兴趣和追寻。中唐儒家的代表人物韩愈、李翱、柳宗元、刘禹锡等便是其中的代表，他们为时代提供了十分宝贵的思想资源。但是，人们对其思想的关注了解，主要限于规范的和完整的著作，一些不成系统和相对零散的思想资料便被撇放在了一边。其实，正是这些不够系统完整的资料，更容易披露他们思想的进程和如何在否定汉儒旧注的基础上提出新说，由韩愈、李翱合作的成果——《论语笔解》，便具有这样的性质。因为它本来就是韩愈注《论语》时随时所记，并经过与李翱的相互研讨而留下来的文字。① 韩愈、李翱在《论语》文本本来含藏的极大的诠释空间下，围绕性与天道的主题，按照自身的需要对《论语》进行训释，其间充分体现出他们对汉儒的批判精神和新的思想的萌发。

一、"性与天道不可得而闻"

自子贡感言"夫子之言性与天道不可得而闻也"以来，什么是"性与天道"以及它究竟能否得闻就一直是一个问题。正是这一问题，为中国哲学提供了十分宝贵的心性论哲学资源，并在相当大的程度上左右着后来哲学的发展。韩愈、李翱对探寻这一问题已经有了相当自觉的意识。

《论语·公冶长》：

> 子贡曰："夫子之文章，可得而闻也；夫子之言性与天道，不可得而闻也。"

孔安国注：

> 性者，人所受以生也；天道者，元亨日新之道深微，故不可得而闻也。②

---

① 《论语笔解》，共上下两卷，韩愈、李翱同注《论语》的著作。其成书经过及与韩愈《论语注》（传为 10 卷，今不存）的关系，《四库提要》推论说："以意推之，疑愈注《论语》时，或先于简端有所记录，翱亦间相讨论，附书其间，迨书成之后，后人得其稿本，采注中所未载者，别录为二卷行之。……题曰《笔解》，明非所自编也。"（《论语笔解》卷首，《丛书集成初编》本，中华书局 1991 年版，第 1 页。）

② 见《论语注疏》该篇章。（清）阮元校刻：《十三经注疏》本，中华书局 1980 年版，第 2474 页。《论语》本文亦见《论语笔解》所引。以下各注经文同，不再指明。

从孔注来理解孔子之语，是在认可性与天道"不可得而闻"的前提下，去回答为什么不可得而闻的问题。但孔注的一个基本预设，是（人）性与天道为二，"性"是说明人之所以得生的缘由；"天道"表示日新不息之道深奥隐微，所以，人不可能闻知性与天道也。

孔注在韩愈、李翱，虽亦有所采撷，但从根本上说他们是不认同的。韩愈曰：

> 孔说粗矣，非其精蕴。吾谓性与天道一义也，若解二义，则人受以生，何者不可得闻乎哉？

李翱云：

> "天命之谓性。"是天人相与一也。天亦有性，春仁夏礼秋义冬智是也。人之率性，五常之道是也。盖门人只知仲尼文章，而尠克知仲尼之性与天道合也。非子贡之深蕴，其知天人之性乎？①

韩愈认为孔注根本未深入到问题的实质，至于将性与天道分割为二则更是错误。在韩愈，性与天道是同一的含义，可谓性即天道也。如果按孔安国将性与天道分割为二，则天道作为人性、人生的来源和认识的对象，为何不能够得闻呢？

韩愈的批驳，重点在强调性与天道是一义，以纠正孔安国的性与天道二义说。李翱接续韩愈又进了一步。在他这里，天道被直接替换为天命，由此，《中庸》的"天命之谓性"在经典的角度已确立了性与天道的统一。在此前提下来论性，就可发现无处不有性，天性是贯穿于春夏秋冬四时的仁义礼智，人循天性而有仁义礼智信"五常"，所以人性与天性本来是合一的。子贡之语的深刻性，正在于他能够超越孔子的日常"文章"而深入揭示天人

---

① 韩愈、李翱引文均来自《论语笔解》相应篇章，《丛书集成初编》，中华书局1991年版，第1—31页。下引该书不再注明。

之性的内在统一。李翱虽未言明"文章"与性与天道之间到底是何关系，但要求二者之间的过渡，还是可以推知的。

那么，孔注在韩愈、李翱的粗浅，就在于他不能明白人性与天道的内在统一，分隔天性与人性为二，从而止步于有形"文章"而不能上升到无形的性与天道。显然，韩愈、李翱的目的已不在孔子的本意如何，而在于如何超越外在文章而走向性与天道，并通过天人之性的统一为人性的修养提供天道的形而上的根据。

二、天无须言而不可名状

"天"之一词含义甚多，但"形而上"无疑是其基本含义之一。在孔子，形而上的天意或天命必然就体现在四时百物的生生流行之中。那么，人如何达天便是需要探讨的问题。

第一，《论语·阳货》：

> 子曰："予欲无言。"子贡曰："子如不言，则小子何述焉？"子曰："天何言哉？四时行焉，百物生焉，天何言哉？"

此章汉儒无注，不知是因为所注遗失还是无法领会孔子的意思而不注，传下来的只有魏何晏的一句不那么确切的话："言之为益少，故欲无言。"大意是说言说的好处不多，以至想不说话了。对于接下来师生的问答，则没有任何解说。但到韩愈和李翱，则大大发挥了一通。

韩愈云：

> 此义最深，先儒未之思也。吾谓仲尼非无言也，特设此以诱子贡，以明言语科，未能忘言至于默识。故云："天何言哉！"且激子贡使进于德行科也。

李翱说：

> 深乎，圣人之言！非子贡孰能言之，孰能默识之耶？吾观上篇，子贡曰："夫子之言性与天道，不可得而闻也。"又下一篇，陈子禽谓子贡贤于仲尼，子贡曰："君子一言以为不知，言不可不慎也。夫子犹天之不可阶而升也。"此是子贡已识仲尼"天何言哉"之意明矣。称"小子何述"者，所以探引圣人之言，诚深矣哉！

韩愈的解释，是在"言语"之上的"德行"，只能通过忘言和默识的方法才能够到达。因而孔子希望通过"不言"的教法激励子贡超越外在的语言而进达内在的德行。韩愈所说，形式上是由语言到德行的道德进步，实质上却是他"文以明道"① 的道高于文的思想在解读《论语》中的体现。

韩愈说："然愈之所志于古者，不惟其辞之好，好其道焉尔。"② 志古、好古其实只是形式，关键在于作文所要表达的思想内容，这在韩愈就是仁义之道。韩愈坚守仁义的内容，既是针对缺乏思想内容的空洞的骈文形式，也是为批驳佛老抛弃仁义而空言"道德"的言行，力求恢复儒家的道统。古文的倡导与儒学的复兴在韩愈是一身而二任。所以他说他"学古道则欲兼通其辞，通其辞者，本志乎古道者也"③。"古道"在韩愈就是先王之教、仁义之道，它是辞的内涵和核心。不论是韩愈以仁义为道，还是古文运动另一领袖柳宗元的从五经中取道，都说明古文运动的文以明道，目的并不仅仅在文体的革新，更重要的还在于以先秦儒家的思想充实文章的内容，通过文学形式的变革以实现复兴儒学的根本理论目的。

李翱在韩愈的基础上又继续前行。子贡在他是已经由言说进入到默识，并且是已经处在领悟不可得而闻的性与天道的论域之中。孔子本人实际上就是性与天道的人格化，这是不可能经由有形的阶梯而上达的。在性与天道的

---

① "文（者）以明道"虽由柳宗元提出，但其思想实质与韩愈是相通的，故用着指代他们思想的共同命题。见（唐）《柳河东全集》，中国书店 1991 年版，第 359 页。

② （唐）韩愈：《韩昌黎全集》，中国书店 1991 年版，第 248 页。

③ （唐）韩愈：《韩昌黎全集》，中国书店 1991 年版，第 311 页。

层面，本来不可能有任何言说，子贡所云"小子何述"，目的在引发孔子接下来的论断，即由"天何言哉"去阐明性天本体虽然无法言说，但却能通过四时行、百物生的作用流行表现出它的存在。

李翱说过，他解读《中庸》的方法是"以心通"而非"以事解"①。"以事解"即传统"词句之学"的名物训诂方法，"以心通"则是李翱借鉴禅学而来，惠能便是通过"识心见性"的"观心"法门阐明其体悟真如清静本性的宗教目的的。如此一种直取佛教本体的观点，自然不可能通过言辞的解说来取得，默识心通是理所当然的。同时，如同惠能要求从繁重的佛教经籍中解脱出来一样，李翱也力图从烦琐的经学"注解"中解脱出来，突出其发明性与天道的哲学主题。可以说这也是他之论"复性"的根本目的所在。

第二，《论语·泰伯》：

> 惟天为大，惟尧则之。荡荡乎！民无能名焉。

包咸注：

> 布德广远，民无能识其名。

包咸略去了"天"而不予理会，又将"无能名"换成"无能识其名"，"名"由动词变成了名词和认识的对象。从而解作：尧的恩德实在是太广博远大了，以致民众没有办法认识它们。

韩愈称：

> 尧仁如天，不可名状；状其高远，非不识其名也。

---

① （唐）李翱：《复性书中》，《全唐文》第 7 册，山西教育出版社 2002 年版，第 6436 页。

李翱则云：

> 仲尼称尧如天之难状也。亦犹颜回称仲尼如天弥高，瞻之在前，忽然在后，与此义同。

韩愈根本不同意包咸所说，因为二者的着眼点已经不一样：包咸的中心词是外布的恩德，只是因为恩德太大太广无法恰当认识而已，属于现象形态的陈述；韩愈的中心词却是内在的仁德，仁德像上天一样而不可名状，揭示的是形而上的天（仁）体。因而，结论就是正相反：由于知道形而上的天道不能直接言说，所以才用"高远"的语词略作名状。

李翱的解说则有所区别。他已将对象换成了尧的人格，而尧的人格又如孔子的人格一样难以名状。在这里，李翱虽说"亦犹"颜回云云，但与颜回的称颂孔子并不相同，因为李翱的根据在天，尧所以难状，孔子所以是瞻之在前、忽然在后而难以把握，是因为天道本身无法直接描述。

显然，不论是韩愈还是李翱，对《论语》都是在"以心通"而非"以事解"，围绕性与天道的主题发挥己意。

三、由事而道，温故知新

汉儒解经，着眼点在事相，力求将字意解释明白。然而，正是因为只知"事"而不知"道"，从而丢掉了儒家学术的内核，也不可能有创新精神。

第一，《论语·学而》：

> 子曰："敏于事而慎于言，就有道而正焉，可谓好学也已。"

孔安国注：

> 敏，疾也；有道，有道德者，正谓问事是非。

按孔注，孔子所告知的，就是做事快捷而说话谨慎，而且要到有道德的人那里去询问做事的是非，这样就可以叫作"好学"了。但孔注在韩愈、李翱，却是没明白究竟，因为孔安国不能够把事与道区分开来。

韩愈说：

> "正"谓问道，非问事也。上句言事，下句言道，孔不分释之，则事与道混而无别矣。

李翱称：

> 凡人事政事，皆谓之事迹。若道则圣贤德行，非记诵文辞之学而已。孔子曰："有颜回者好学，不迁怒，不贰过。"此称为"好学"。孔云"问事是非"，盖得其近者小者，失其大端。

从前面的论述可知，道与言辞事迹之间的区分是韩愈、李翱关注形上追求的关键。孔安国的问题就在于只注意事而不明白道，所以混道与事为一炉，而从根本上泯灭了道。按李翱，孔子以"不迁怒，不贰过"解答"好学"，便是从根本上划清了记诵文辞之学与圣贤德行之道的界限。因为"不迁怒，不贰过"意志品格是无法从外在的"事迹"去体验的。孔注只抓住事而遗忘了道，所以是得小而失大。

第二，《论语·为政》：

> 子曰："温故而知新，可以为师矣。"

孔安国注：

> 温，寻也；寻绎故者，又知新者，可以为师矣。

就是说，既能反复推求原有的学问，又能获取新的知识，就可以做老师了。孔注的基础是人们的常识，即以"故"为旧有的知识，可这样的常识在韩愈、李翱却是有问题的，因为它把对为师者的要求完全限制在寻绎文翰的经学窠臼之中。

韩愈说：

> 先儒皆谓寻绎文翰，由故及新，此记问之学，不足为人师也。吾谓故者，古之道也；新谓己之新意，可为师法。

李翱曰：

> 仲尼称子贡云："告诸往而知来者。"此与温故知新义同。孔谓"寻绎文翰"则非。

寻绎文翰的记问之学在汉儒的确是为人师的基本条件，师法便是师寻绎经典之法，所以孔注在经学的意义上是可以成立的。但这在韩愈、李翱显然不满足。在他们看来，温故之"故"绝非记问的旧学，而是能探求文中之道、能够发挥己意的新学。正是抓住了古往今来之道，所以能够预知未来。

就为人师来讲，韩愈写下了千古传诵的名篇《师说》，提出为师者的根本职责是"传道、授业、解惑"。三者之间虽然是互相发明的关系，但首要的任务无疑是传道。师能够传道，在于首先闻道。而"闻道有先后"，先闻道者便是师，故究竟何者为师，在韩愈实际上是不确定的。师者，"师道也"，"道之所存，师之所存也"①。那么，所谓"师说"，其实关键不在于说师，而在于说道。韩愈其人，首先是著名的文学家，但他本人反复强调的，却不是这外在的"文"，而是内在的"质"。爱好的是古人所传承之道。道才是全部问题的中心，他所提出而在后来产生重大影响的道统论，体现的也正是他以仁义为"定名"的道的传承。

---

① （唐）韩愈：《韩昌黎全集》，中国书店1991年版，第185页。

四、心与迹之间

如何看待心与迹之间的关系，在唐代及以后儒学是一个十分重要的问题。儒佛关系的争辩，在相当大的程度上可以从心与迹的角度去认识：着眼于迹，则儒佛各异；依据于心，则儒佛可一。在这一层面，韩愈为树立儒家的道统，与佛教处于势不两立的地位，就决定了他的批佛只能是站在迹的角度。他指斥佛教"欲治其心而外天下国家，灭其天常"[1]，佛教徒"髡而缁，无夫妇父子，不为耕农蚕桑而活乎人"[2]。然如柳宗元所指出的，"退之所罪者，其迹也"，韩愈"知石而不知韫玉"[3]，表现出在反佛问题上存在的盲目性和片面性。

然而，如果不谈儒佛关系或道统问题，韩愈对心与迹的问题其实是有认识的。面对在他之前的汉儒，韩愈正是用心迹的范畴去进行批判的。

《论语·先进》：

> 子张问善人之道。子曰："不践迹，亦不入于室。"

孔安国注：

> 善人不但不循旧迹，亦少创业，亦不能入圣人之奥室。

在孔安国，他注意的只有善人而没有善人之"道"；然而"善人"的层次也不高，三层涵义都是否定性的：既不能遵循旧有的传统，也很少能开创事业，更不能进入圣人的厅堂。就是说，按孔安国的理解，孔子对子张所问，所持的是批评的态度。孔氏的如此解说，韩愈和李翱完全不能认同。

---

① （唐）韩愈：《韩昌黎全集》，中国书店1991年版，第174页。
② 柳宗元引用韩愈之语，见《柳河东全集》，中国书店1991年版，第285页。
③ （唐）柳宗元：《柳河东全集》，中国书店1991年版，第285页。

韩愈言:

> 孔说非也。吾谓善人即圣人异名尔,岂不循旧迹而又不入圣人之室哉!盖仲尼诲子张,言善人不可循迹而至于心室也。圣人心室,惟奥惟微,无形可观,无迹可践,非子张所能至尔。

李翱云:

> 仲尼言,由也升堂未入于室,室是心地也。圣人有心有迹,有造形有无形,堂堂乎子张,诚未至此。

在韩愈,善人就是圣人,根本不存在不循旧迹而又不入圣人之室的问题。孔子所要告诫子张的,是善人必须要超越旧迹才能进入心室。因为心室的境界深奥微妙,无迹无形,是感知所不可及之地。子张停留于践迹的境地,所以尚不能升入心室。显然,在韩愈这里,由迹入心、由形而下到形而上这条路是走不通的。

李翱的观点与韩愈有相同之处,他亦将圣人的世界分成了迹与心、有形与无形两个方面,子路、子张都是徘徊于迹而未能进达心。不过,韩、李之间也有一定的区别。韩愈只谈圣人之心而不言迹,李翱则认为圣人本身是心迹兼备的,那么,子张的未能入室,便可以理解为他尚未打通从有形之迹进入无形之心的道路。但正因为如此,也就默认了心迹之间是可以沟通的。

因而,从总体上看,《论语笔解》虽然是以韩愈为主、李翱辅之,但在如何打通心与迹、形而下与形而上这一本体论思辨的根本问题上,李翱却比韩愈有更多的思考,要求打通二者之间的关节,原因就在于李翱对佛教心迹合一思想的主动地吸收。在这里,参看一下后来朱熹和弟子的讨论是很有意思的。《朱子语类》记载:

> 浩问:"唐时,莫是李翱最识道理否?"曰:"也只是从佛中来。"浩曰:"渠有《去佛斋》文,辟佛甚坚。"曰:"只是粗迹。至说道理,却

类佛。"①

《去佛斋》是李翱写就的一篇辟佛文字，中心在谴责当时"举身毒（印度）之术乱圣人之礼"、"以夷狄之风而变乎诸夏"的社会流俗，突出的是儒家的礼义教化。他在这一层面的认识与韩愈是一致的，朱熹遂以为是属于外在的"粗迹"，因为"道理"之精微是只能内在于心的。在朱熹，一方面，是否识见"道理"，是他用以判断宋初学派是否属于"理学"的一个重要标准；另一方面，正是李翱"从佛中来"或"类佛"才造就了他"最识道理"，也帮助了儒家从"文章"走向性与天道。事实上，儒家心性之学的"道理"本来也需要从佛学中采撷，从而也最终奠定了李翱思想在哲学发展史上的重要价值。

（原载于《河南师范大学学报》2009 年第 1 期）

---

① （宋）黎靖德编：《朱子语类》，王星贤点校，中华书局 1986 年版，第 3276 页。

宋儒的"本之经文"以证经——以胡宏等辨《尚书》经文错简为例

宋儒疑经改经成风，相对汉儒的墨守成规，开拓了经学研究的新视野，但也因其多凭己意说经而颇遭清人诟病。《尚书》学的研究自然也是如此。按四库馆臣所说，是"《尚书》一经，疑古文者自吴棫、朱子始，并今文而疑之者自赵汝谈始，改定《洪范》自龚鼎臣始，改定《武成》自刘敞始，其并全经而移易补缀之者则自柏始"①。王柏《书疑》对《尚书》的移改几乎涉及全书，后皮锡瑞称："王氏于《尚书》篇篇献疑，金履祥等从而和之，故其书在当时盛行，而受后世之掊击最甚。平心而论，疑经改经，宋儒通弊，非止王氏，皆由不信经为圣人手定。"②疑经改经作为宋儒"通弊"，核心是"不信经为圣人手定"。不过，宋儒的经典研究，也是强调依循"圣人之意"的，例如他们对《尚书》篇次及《康诰》归属等方面的考辨。

一、从苏轼到胡宏证《康诰》等为武王书

宋儒的经学研究，义理考辨是关键的一环。是否合"理"，是他们面对传世典籍必须要提出的问题。具体到《尚书》的研究，其认真的态度，突出表现在对经传合"理"性或合逻辑性的要求上。例如，他们对《康诰》文字错简及到底是成王书还是武王书的论证，就充分展示了这一特点。

---

① （清）纪昀总纂：《四库全书总目提要》，河北人民出版社 2000 年版，第 373 页。

② （清）皮锡瑞：《经学通论》，中华书局 1954 年版，第 97 页。

先前，孔颖达《尚书正义》，于《康诰》篇首载有孔安国《尚书序》，其曰："成王既伐管叔、蔡叔，以殷馀民封康叔，作《康诰》、《酒诰》、《梓材》。"孔颖达《疏》称："（成王）既伐叛人三监之管叔、蔡叔等，以殷馀民国康叔为卫侯，周公以王命戒之，作《康诰》、《酒诰》、《梓材》三篇之书也。"①

按孔安国《序》以及承续其《序》的孔颖达《疏》，《康诰》等便是周公以成王命戒康叔而作，即属于成王书。而对于《康诰》篇首自"惟三月哉生魄"至"乃洪大诰治"四十八字讲述周公事迹后，进入"大诰康叔"正文的"王若曰：'孟侯，朕其弟，小子封'"，解释为是周公称成王命，命其弟康叔封为孟（长）侯，而"小子"则是兄长（周公）对当受其训之小弟（康叔）的称呼。至于后面接着叙及的"乃寡兄勖"的"寡兄"，则解释为"汝（康叔）寡有之兄武王"；所以称"寡兄"，是因为武王"勉行文王之道"而自己"无所复加"的自谦之词。② 由此，似乎能够理顺《康诰》文中周公、成王和武王之间的关系，整部《康诰》为成王书似乎是不证自明。

但是，从北宋开始，学者对汉儒的解说逐渐产生了疑惑。先是苏轼发觉《康诰》首段文字有错乱，提出《康诰》篇首四十八字为《洛诰》脱简，当接在《洛诰》开篇"周公拜手稽首"之前，即为《洛诰》第一段文字。其理由是，成王二年周公克管、蔡后，以殷馀民封康叔，七年归政于成王，而经营洛邑亦在这同一年。那么，周公封康叔之时洛邑尚未营建，而且《康诰》此后至终篇亦未言及经营洛邑之事，所以《康诰》篇首四十八字言经营洛邑，只能解释为《洛诰》脱简。③ 在这里，苏轼虽以《康诰》篇首四十八字为《洛诰》脱简，但对于周公此时的地位，承袭了汉儒的周公代成王摄政之说。

---

① 参见（唐）孔颖达：《尚书正义》，（清）阮元校刻：《十三经注疏》，中华书局1980年版，第202页。

② 参见（唐）孔颖达：《尚书正义》，（清）阮元校刻：《十三经注疏》，中华书局1980年版，第202—203页。

③ （宋）苏轼：《书传》，文渊阁《四库全书》，（台北）商务印书馆1986年版，第54册，第593页。

按此，《康诰》篇首四十八字被移出后，《康诰》开篇文字便是以"王若曰：'孟侯，朕其弟，小子封'"打头，此"王"为谁的问题就需要首先解决。苏轼于此同样是依循汉儒，以为"盖周公虽以王命命康叔，而其实训诰皆周公之言也。故曰：'朕其弟，小子封。'"① 即周公因为代成王执政而一身二任，既以成王命孟侯，又以兄长训其弟（小子）。至于稍后出现的"寡兄"称谓，亦是按汉儒的"乃汝（康叔）寡有之兄武王"为解。②

南宋初，当胡宏再来考量《尚书》文献的时候，他有感于后世竞传"纷乱怪诞迷误"的"古先事"，而想要"考其事，穷其理，以自正"，使不诬罔于圣人。于是，在所撰《皇王大纪》中，就其"考其事，穷其理"来讲，理学的思辨无疑在发挥作用，逻辑上是否合理成为他史学和经学研究的一个重要标准。但他的经学研究，又并非纯从己意出发质疑辩难。他以为自己仍然遵守了经学的一般原则，是"皆本之经文，非敢以胸臆乱古书之旧"③。显然，他想要与"以胸臆乱古书之旧"的无原则的疑经改经之风区别开来。他的这一思想，贯穿在他对《康诰》等为成王书的不确及《尚书》篇次的不当所进行的辨正之中：

> 《康诰·序》曰："成王既伐管叔、蔡叔，以殷馀民封康叔。"谨按，康叔者，成王之叔父也，不应称之曰"朕"。其弟成王者，康叔之犹子也，不应自称曰"乃寡兄"。其曰"兄"曰"弟"者，盖武王命康叔之辞也，故史记武王封康叔于卫。且康叔者，文王之子；叔虞，成王之弟也。周公东征，叔虞已得封于唐，王命归周公于东，岂有康叔得封反在唐叔之后乎？故不得不舍《书叙》而从经史也。④

① （宋）苏轼：《书传》，文渊阁《四库全书》，（台北）商务印书馆 1986 年版，第 54 册，第 593 页。
② （宋）苏轼：《书传》，文渊阁《四库全书》，（台北）商务印书馆 1986 年版，第 54 册，第 594 页。
③ （宋）胡宏：《胡宏集》，吴仁华点校，中华书局 1987 年版，第 263 页。
④ （宋）胡宏：《胡宏集》，吴仁华点校，中华书局 1987 年版，第 262 页。更正了其中部分标点。

胡宏的质疑论辩，是将《书序》所言成王伐管、蔡而封康叔和经文中王曰"朕其弟，小子封"与"乃寡兄勖"结合起来，从而发现序传所述不合逻辑和存在经文错简的问题：

首先，如果是周公以成王名义命康叔，康叔作为成王的叔父，成王不能称康叔为"弟"。

其次，周公刚以成王名义命康叔，即以成王的口吻，如何同时又自称"朕"以训康叔？

再次，康叔对成王是叔父对侄子的关系，"寡兄"则是为兄自称的谦辞，如何能用于成王与康叔之间。

最后，确为成王之弟的叔虞，在周公东征前已被封于唐，而成王封康叔反倒在东征平定"三监"之后，从宗法尊卑来讲，怎么能叔父被封反在小弟之后？这些都是说不通的。

唯一可能的解答，就是《康诰》不是讲成王命康叔，而是武王命康叔之辞，《书序》实际是将武王封康叔与后来成王伐管、蔡两件事混同在一起。所以，胡宏根据经文本身的记载和史书上所记之史事，认定是武王封康叔于卫。故在所著《皇王大纪》中，叙述武王"大建公侯于天下"，将"封叔鲜于管、叔度于蔡、叔处于霍以监殷，是为三监；以殷馀民封康叔于朝歌，国号卫"归属于武王事迹，载入《三王纪》的《武王纪》中。[1] 与此相应，《康诰》、《酒诰》、《梓材》三篇遂从《成王纪》中移出，归入《武王纪》内，并将他自己的考证补入《成王纪》中，后者见《皇王大纪论》中所收之《载书之叙》[2]。

胡宏证《康诰》等为武王书，相应地变更了《康诰》及《酒诰》、《梓材》在《尚书》中的篇次。但《尚书》诸篇的前后次序，在他还有更多的问题，他依据自己所穷之理为之进行了考辨：

---

① （宋）胡宏：《皇王大纪》，文渊阁《四库全书》，（台北）商务印书馆 1986 年版，第 313 册，第 117—118 页。

② 《载书之叙》不只是辨《康诰》为武王书，也讨论了《尚书》其他篇目的先后次序问题。参见（宋）胡宏：《胡宏集》，吴仁华点校，中华书局 1987 年版，第 262—263 页。

（1）高宗惟傅说之言是听，殷所以衰而复兴，礼所以废而复起。"黩于祭祀"，其初年时事也。若不能改，致有肜日之异，又何以为高宗？故今载"肜日之训"于《说命》之前，以不没高宗改过从善，致中兴之实也。①

《尚书》原本是《说命》三篇在前，《（高宗）肜日》在后，"肜日"本为训王之过失，然王既得傅说辅佐，已然改过从善，使殷中兴，遂被赞为"高宗"②，又如何会有"肜日之训"（飞雉升立鼎耳而鸣）的异象呢？胡宏的反问和推导应当是有道理的。

因此，在《皇王大纪》的《三王纪·武丁》篇中，他先序武丁"数致祭祀于成汤，有飞雉之异"；接着说明武丁以雉羽为扇，"以彰吾过，恭默深思"，从而有梦求圣人傅说之事。此后，立傅说为相，"开先祖之府，取其明法，以为君臣上下之节；修政行德，天下欢洽，王终身不敢荒宁"③。由此明君贤臣相遇，使其治下的殷王朝教化美好，民众安居欢乐，以致边远蛮荒国度来朝。

不过，今存《皇王大纪》中，《（高宗）肜日》仍然附在《说命》三篇之后。只能推测：《皇王大纪》作为胡宏生前尚未定稿的著作，"殊未成次第"，理顺篇目次序的思想还来不及完全实施。

（2）武王崩之年，师尚父犹在。成王二年，三监叛，尚父不任征讨而周公自行者，是尚父已薨矣。周公不见知于成王，所以敢将兵居外者，恃召父为保尔。不然，周公其可离成王左右乎？故《君奭》之作在

---

① （宋）胡宏：《胡宏集》，吴仁华点校，中华书局1987年版，第262页。

② 胡宏解释说："曰高宗者，武丁。武丁者，殷之贤王也。继世即位，而慈良于丧。当此之时，殷衰而复兴，礼废而复起，故善之。善之，故载之《书》中而高之，故谓之高宗。"〔（宋）胡宏：《皇王大纪》，文渊阁《四库全书》，（台北）商务印书馆1986年版，第313册，第87页。〕

③ （宋）胡宏：《皇王大纪》，文渊阁《四库全书》，（台北）商务印书馆1986年版，第313册，第85页。

元年，而不在乱定之后也。①

武王克商前后的军事活动均由师尚父（吕尚）主持，可到成王二年三监判时，却不是尚父而是由周公领兵挂帅，只能认为尚父此时已薨；然在成王对周公猜疑的情况下，如何能放心让周公领兵？同理，身受嫌疑的周公自不会擅自将兵外出，胡宏推定是有召公作保。而召公既已保举周公，自觉当退避权位，方有周公劝慰留任之言。② 因此，在《皇王大纪》中，《君奭》之作不是像汉儒列于三监叛乱被平定之后，而是放在成王元年，即紧接武王书（此时三监尚未反叛）。③

> （3）以《无逸》系于周公将没者，考于《君奭》、《立政》、《洛诰》诸篇，周公于成王，皆有冲孺幼小之称，而《无逸》独无，故知其为最后也。④

《无逸》今位于《多士》与《君奭》之间，而前有《召诰》、《洛诰》，后有《君奭》、《立政》，诸篇中周公称成王都是以对冲孺小子的口吻，唯独《无逸》追念自殷至周的圣哲，谆谆告诫成王，却没有这种口吻。恰当的解释，是"嗣王"已经自立，面对作临终嘱托的周公，他已不再是小子。于是，胡宏将周公没作《无逸》"用训于王"，在《皇王大纪》中放在了成王十一年，随后"周公薨，王命君陈缵周公之任，作《君陈》"⑤。

从上面所举之例，可以发现胡宏的考辨，基本的理由是合"理"性或逻

---

① （宋）胡宏：《胡宏集》，吴仁华点校，中华书局1987年版，第263页。

② 参蔡沈注解："然详本篇旨意，乃召公自以盛满难居，欲避权位，退老厥邑，周公反复告谕以留之。熟复而详味之，其义固可见也。"（王春林：《〈书集传〉校注与研究》，人民出版社2012年版，第334页。）

③ （宋）胡宏：《皇王大纪》，文渊阁《四库全书》，（台北）商务印书馆1986年版，第313册，第126—127页。

④ （宋）胡宏：《胡宏集》，吴仁华点校，中华书局1987年版，第263页。

⑤ （宋）胡宏：《皇王大纪》，文渊阁《四库全书》，（台北）商务印书馆1986年版，第313册，第190页。

辑性的问题，他据此调整了《尚书》相关篇目的次序。但《尚书》篇目次序的形成，涉及历史的复杂性和偶然性，不是仅拷问其是否合理就能完全解决的。胡宏考辨的价值，主要还在引起人们对此问题的重视和更全面的认识。

二、朱熹、蔡沈对苏轼、胡宏辨《康诰》的继承和充实

苏轼指出《康诰》首段文字为《洛诰》错简，胡宏对《康诰》属武王书等的考辨，都得到了朱熹的充分认同，他有多处谈到这一问题。① 不过，其中并不涉及对胡宏辨《尚书》篇次方面的意见。朱熹云：

> 胡氏《皇王大纪》考究得《康诰》非周公成王时，乃武王时。盖有"孟侯，朕其弟，小子封"之语，若成王，则康叔为叔父矣。又其中首尾只称"文考"，成王周公必不只称"文王"。又有"寡兄"之语，亦是武王与康叔无疑，如今人称"劣兄"之类。又唐叔得禾，传记所载，成王先封唐叔，后封康叔，决无任先叔之理。②

又说：

> 《康诰》《酒诰》是武王命康叔之词，非成王也。（如"朕其弟，小子封"。又曰："乃寡兄勖。"犹今人言"劣兄"也。）故五峰编此书於《皇王大纪》，不属《成王》而载於《武王纪》也。至若所谓"惟三月哉生魄，周公初基，作新大邑于东国洛"，至"乃洪大诰治"，自东坡看出，以为非《康诰》之词。③

胡宏为证《康诰》为武王书所提供的四个论据，朱熹全部予以继承，并且还

---

① 朱熹提及，吴棫亦曾言《康诰》为武王书（见《朱子语类》卷七十九）。吴棫与胡宏为同时代人，年龄亦相仿，惜其说未能流传下来。
② （宋）黎靖德编：《朱子语类》，王星贤点校，中华书局 1986 年版，第 1979 页。
③ （宋）黎靖德编：《朱子语类》，王星贤点校，中华书局 1986 年版，第 2054—2055 页。

补充了新的论据，即倘若《康诰》三篇是成王书，则文中不应只称文王而不及武王。他还打比方说，"且如今人才说太祖，便须及太宗也"，"不应所引多文王而不及武王"①。同时，他也肯定了苏轼指明《康诰》首段为错简的看法。

苏轼、胡宏和朱熹的观点，在承师之意而作《书集传》的蔡沈这里，被系统整合在一起，并构成为《康诰》篇首按语的主要内容。同时，蔡沈再次补入了新的论据：

> 按，《书序》以《康诰》为成王之书，今详本篇，康叔于成王为叔父，成王不应以弟称之。说者谓周公以成王命诰，故曰弟。然既谓之"王若曰"，则为成王之言，周公何遽自以弟称之也？且《康诰》、《酒诰》、《梓材》三篇，言文王者非一，而略无一语以及武王，何邪？说者又谓"寡兄勖"为称武王，尤为非义。寡兄云者，自谦之辞，寡德之称，苟语他人犹之可也？武王，康叔之兄，家人相语，周公安得以武王为寡兄而告其弟乎？或又谓："康叔在武王时尚幼，故不得封。"然康叔，武王同母弟，武王分封之时，年已九十，安有九十之兄，同母弟尚幼不可封乎？且康叔，文王之子；叔虞，成王之弟。周公东征，叔虞已封于唐，岂有康叔得封反在叔虞之后？必无是理也。
>
> 又按，《汲冢周书·克殷篇》言："王即位于社南，群臣毕从，毛叔郑奉明水，卫叔封传礼，召公奭赞采。师尚父牵牲。"《史记》亦言"卫康叔封布兹"，与《汲书》大同小异。康叔在武王时非幼，亦明矣。特序《书》者，不知《康诰》篇首四十八字为《洛诰》脱简，遂因误为成王之书。是知《书序》，果非孔子所作也。《康诰》、《酒诰》、《梓材》篇次当在《金縢》之前。②

就蔡沈的归纳来看，苏轼、胡宏和朱熹的论点、论据都被继承，又进一步予

---

① （宋）黎靖德编：《朱子语类》，王星贤点校，中华书局1986年版，第2055页。

② 王春林：《〈书集传〉校注与研究》，人民出版社2012年版，第307页。

以充实，回应了时人对武王封康叔的质疑。其理由，一是从生育年龄看，康叔在武王时不可能"年幼"；二是引证《汲冢书》等史籍，证明武王时康叔已被封于卫。而结论便是：《康诰》篇首四十八字为《洛诰》脱简，并由此误《康诰》为成王书；《康诰》、《酒诰》、《梓材》三篇为武王书，篇次当在《金縢》"武王有疾"之前。《书序》言"成王既伐管叔、蔡叔，以殷馀民封康叔"明显不能成立，当然就更不可能是孔子所作了。①

《尚书》各篇的先后次序，一直是《尚书》学研究的疑难问题，宋儒为此提出了不同的解决方案。前面胡宏辨《君奭》、《无逸》等篇次，此处蔡沈论《康诰》、《酒诰》、《梓材》当在《金縢》之前，都是这一思考的成果。尽管具体的论证理由和提供的论据可以商讨，但不能否认他们在发明圣人之意上，仍然秉持了严谨的学风。有无"是理"是他们认定典籍是否为圣人所作的基本的标准。所以是如此，按胡宏所说，是"孔子定《书》，必有先后之义，经秦焚毁，圣人之意不可尽见"②。那么，"本之经文"以正经也就成为必要，宋儒自觉承担起了这一历史职责。

宋以后，历元明清，吸收胡宏等意见的蔡沈《书集传》成为了科举考试的官方定本，虽然后人也对《书集传》所说进行了不少修补，但主要是基于蔡沈是真实地记载和贯彻了其师的意图还是自为其说。"盖在朱子之说《尚书》，主于通所可通，而阙其所不可通"，"而沈于殷'盘'、周'诰'，一一必求其解，其不能无憾也故宜。然其疏通证明，较为简易，且渊源有自，大体终醇"③。蔡沈对包括《康诰》在内的周"诰"类文献，因其一一求解，反有不能圆通之处。如此批评还算中肯。而其"大体终醇"的评价，则在总体上认可了宋儒"本之经文"的正经之学。

（原载于《孔子研究》2019年第1期）

---

① 宋人也有不认可《书集传》的观点而承汉儒之说并重加解释者，杨简弟子钱时便是如此。可参考钱时《融堂书解》卷十二中的相关论述。

② （宋）胡宏：《胡宏集》，吴仁华点校，中华书局1987年版，第262页。

③ （清）纪昀总纂：《书集传六卷》，《四库全书总目提要》，河北人民出版社2000年版，第335页。

陆九渊《春秋》"讲义"的经学思辨

　　议论陆九渊学术，很容易想到的，是他的"六经注我，我注六经"或"学苟知本，六经皆我注脚"①之类的话语。应当如何理解和评价此类话语，学者迄今已有若干分析。本文不打算对它们进行正面讨论，而是以为，不论是"六经注我"还是"我注六经"，"六经"及其"注"本身都是不可或缺的主题。事实上，翻阅陆九渊的文集，不难发现他于"六经"都有解说。当然，本文只讨论他的《春秋》经注。尽管这方面的文字不是太多，但从中还是可以看出他的治经路向和体现在经学解释中的思想价值。②

一、注重"实理"的经学观

　　陆九渊一生，从政时间不长，主要精力都放在了讲学授徒和培养人材上。由于陆学强调"发明本心"和"先立乎其大"，读书治经的一般经学道路便不为陆九渊所推崇，其典型语句就是"尧舜之前何书可读"③！但是，陆九渊对此本有自己的辩解，申明他根本不是反对读书，而只是在读书的要求和方法上有不同。譬如他告诉求教者要读《尚书》、《孟子》中的一些篇章

① （宋）陆九渊：《陆九渊集》，钟哲点校，中华书局 1980 年版，第 395、399 页。
② 一个有意思的参考是，中国书店据20世纪30年代世界书局影印本影印的"宋元人注"《四书五经》本《春秋三传》，在宣公八年至十年的大约三年时间里（陆九渊在太学的《春秋讲义》只涉及这一时间段），引用陆九渊的《讲义》就有 6 条，是在同一时间段中被引用次数最多的作者之一。由此亦可见陆九渊的《春秋讲义》在经学史上的影响。
③ （宋）陆九渊：《陆九渊集》，钟哲点校，中华书局 1980 年版，第 491 页。

便是例证，区别表现在"只是比他人读得别些子"①。这个"别些子"，虽然他没有具体阐明，但从他议论典籍的相关言说中，可以窥见一斑。

陆九渊在《赠二赵》中写有如下的一段话：

> 书契既造，文字日多，六经既作，传注日繁，其势然也。苟得其实，本末始终，较然甚明。知所先后，则是非邪正知所择矣。虽多且繁，非以为病，只以为益。不得其实而蔽于其末，则非以为益，只以为病。二昆其谨所以致其实哉。②

自上古圣人以书契易结绳，被后人概称为"六经"的典籍也就随之出现，围绕对它们的研究而逐渐形成了"经学"。这样来看"传注日繁"，其实是经学史发展的自然走向，"其势然也"。"势"既如此，就不可能人为阻止。

陆九渊这里没有谈及经学形成的社会政治缘由，他留意的是，人面对这一大势应当做什么，这就是弄清经典和传注是因何而作。其实，传注本来是为发明经典之理，关键在弄清本文与传注的本末、始终、先后关系，接下来再去看疏解经文的传注，就不会觉得传注繁多，也不再会感到是对学者的束缚，反而会以为对自己理解经文大有益处，经学史上的是非邪正也就容易辨析清楚了。

那么，阅读和研究前人的经学论著也就成为必须，陆九渊自己便是如此去实践的。例如，陆淳疏释啖助、赵匡之学的《春秋集传纂例》，在中唐以后的经学史中颇有影响，陆九渊基于自己的研读也对此有积极的评价。认为："啖、赵说得有好处，故人谓啖、赵有功于《春秋》。"又云："人谓唐无理学，然反有不可厚诬者。"③就此而言，"理学"在陆九渊并不是宋儒的专属，唐人其实也有类似的思考。啖助、赵匡"舍传求经"，在治学方法上，实开后来理学家经学变革之先河。陆九渊如此说法，与清人在《四库全书总目提要》中的评价倒颇为一致："盖舍传求经，实导宋人之先路。生臆断之

① （宋）陆九渊：《陆九渊集》，钟哲点校，中华书局1980年版，第446页。
② （宋）陆九渊：《陆九渊集》，钟哲点校，中华书局1980年版，第245页。
③ （宋）陆九渊：《陆九渊集》，钟哲点校，中华书局1980年版，第405页。

弊，其过不可掩；破附会之失，其功亦不可没也。"①

从经学研究的实践看，阅读经文和传注，首先要了解文义。但是，了解文义的目的并不是停留于表面的知识，而是要理解内容和贯穿在经学史实中的道理，做到"末不害本，文不妨实"。他说：

> 常令文义轻而事实重，于事实则不可须臾离，于文义则晓不晓不足为重轻，此吾解说文义之妙旨必先，亦不可不知也。然此亦可强为之哉？非明实理、有实事实行之人，往往干没于文义间，为蛆虫识见以自喜而已。安能任重道远，自立于圣贤之门墙哉？②

陆九渊所说的"事实"，可以理解为"事"之"实"，即着眼点不在经学史上的历史故事或陈迹，而是透过文章字义显现出来的事之理，即他所说的实理。这是解读文义之妙旨必须先解决的问题。读书人要想做圣贤，就不能埋头于文章字义之中，以考求枝节识见为满足。

从工夫的角度说，明实理固然是在实事实行之中，知与行本来是统一的整体。但不应忽视的是，学者读书明经，重心要落在经中之理，而非载理之行事上。其实，客观地说，由于年代久远，经文的记载本身就存在不确定性。后儒自以为是的解说，实际上颇多错谬。《语录》记载：

> 圣人作《春秋》，初非有意于二百四十二年行事。又云：《春秋》大概是存此理。又云：《春秋》之亡久矣，说《春秋》之缪，尤甚于诸经也。③

司马迁《史记·太史公书》中有孔子所云"我欲载之空言，不如见之于行事之深切著明也"一段在后来十分有名的话，这段话为《春秋》由史而经的价

---

① （清）纪昀等：《春秋集传纂例十卷》解题，《四库全书总目提要》，河北人民出版社2000年版，第688页。

② （宋）陆九渊：《陆九渊集》，钟哲点校，中华书局1980年版，第186页。

③ （宋）陆九渊：《陆九渊集》，钟哲点校，中华书局1980年版，第405页。

值定位发挥了极为重要的作用。从而，《春秋》之行事，就成为了孔子"深切著明"以褒贬是非善恶、并为将来乱臣贼子之诫的真实写照，意义自然就十分重要。以至上千年来，后儒为辨清这些本来不甚清楚的"行事"，花费了无数的精力且深陷于此而不拔。

陆九渊对此则不能认同。按他所说，孔子本来无意于二百四十二年之行事，只是为了"存理"才不得不需要借助它。可是，经学家们只留意于这些具体的"行事"，却忘掉了孔子借寓于其中之理，在此意义上，也可以说《春秋》早亡了。相较于六经中的其他典籍而言，《春秋》文字只是在陈述历史事迹，而没有直接叙述什么道理，如果学者把注意力都放在字面意义的"行事"上，其错谬自然就大了。

陆九渊强调区分实理与行事，目的自然不只在区分本身，而是希望学者能够"知本"明理，后者才是治学的根本所在，所谓"宇宙间自有实理，所贵乎学者，为能明此理耳。此理苟明，则自有实行，有实事"①。注重"实"当然不限于陆九渊个人，而是理学家集体批判佛老虚空而展现出的最鲜明的学术特色。但是，"实"有实理、实事之分，只有明白了什么是实理，才能知道实事如何能成行。

陆九渊讲的"实理"，可以有正理、常理和公理等多重属性。按他所说：

> 吾所明之理，乃天下之正理、实理、常理、公理，所谓"本诸身，证诸庶民，考诸三王而不谬，建诸天地而不悖，质诸鬼神而无疑，百世以俟圣人而不惑者也"。学者正要穷此理，明此理。②

陆九渊认为，他自己的论著，如《荆公祠堂记》、他与朱熹的多封书信等，都是明道说理的代表性文字，而朱熹的书信因其"糊涂"而没有必要去理会。③

按陆九渊的发明，"正理"是针对异端邪说言；"常理"意味亘古不变且

---

① （宋）陆九渊：《陆九渊集》，钟哲点校，中华书局 1980 年版，第 182 页。
② （宋）陆九渊：《陆九渊集》，钟哲点校，中华书局 1980 年版，第 194 页。
③ （宋）陆九渊：《陆九渊集》，钟哲点校，中华书局 1980 年版，第 194 页。

为将来圣人所认同;"公理"则是指它流行于天地间而无处不通行。因此,无论从哪一个侧面看,学者于经中所明之理都是实实在在而可以考信的。理颇具有一种客观的力量:"理之所在,匹夫不可犯也。犯理之人,虽穷富极贵,世莫能难,当受《春秋》之诛矣。"①

那么,通常讲陆九渊哲学的特色是"先立乎其大",并将此"大"直接等同于心就不是很准确。陆九渊自己虽也以"先立乎其大"为其学的典型特征,②但关键在不能把这个"大"与心画等号,而是要看到"大"所指的,其实是指心中所具之理。他强调:

> 此理在宇宙间,未尝有所隐遁。天地之所以为天地者,顺此理而无私焉耳。人与天地并立而为三极,安得自私而不顺此理哉?孟子曰:"先立乎其大者,则其小者不能夺也。"人惟不能立乎大者,故为小者所夺,以叛乎此理,而与天地不相似。诚能立乎其大者,则区区时文之习,何足以汩没尊兄乎。③

陆九渊阐扬心学,但从没有反对"理"学,"理"在他是明显具有客观性的。他因此也十分强调理的决定性地位和根据作用。"大者"与"小者"之间,是遍在于天地宇宙的"公理"与个人的私心私欲的关系。如此来理解他的"先立乎其大",就可以是我心要首先确立起遍在于宇宙的"公理"的概念,一旦体贴到东西南北、古今上下"理"无处不在,也就从根本上实现了心理的同一。

在此前提下,一切从"公理"出发,人就不会为个人私意所支配,也就不用担心练习时文、律赋之类的应试文体会汩没人的心志了——它们本身已

---

① (宋)陆九渊:《陆九渊集》,钟哲点校,中华书局 1980 年版,第 169 页。

② 《陆九渊集·语录上》记载陆九渊自语:"吾之学问与诸处异者,只是在我全无杜撰,虽千言万语,只是觉得他底在我不曾添一些。"近有议吾者云:"除了'先立乎其大者'一句,全无伎俩。"吾闻之曰:"诚然。"见《陆九渊集》,钟哲点校,中华书局 1980 年版,第 400 页。

③ (宋)陆九渊:《陆九渊集》,钟哲点校,中华书局 1980 年版,第 142 页。

构成理在不同情形下的载体。对待"时文之习"尚且如此，对六经典籍的研读就更不应被忽视，后者本身便构成他注重务实的经学实践。①

二、守护"礼义"的《春秋》经说

从注重"实理"出发，陆九渊治经，就尤为重视联系国情和君臣大义的实践，而要求不说闲话。他说：

> 做得工夫实，则所说即实事；不话闲话，所指人病即实病。因举午间一人问房使善两国讲和。先生因叹不用兵全得几多生灵，是好。然吾人皆士人，曾读《春秋》，知中国夷狄之辨。二圣之仇，岂可不复？所欲有甚于生，所恶有甚于死。今吾人高居无事，优游以食，亦可为耻，乃怀安非怀义也。此皆是实理实说。②

既然是"实理实说"，就不能脱离现实而空谈，"实理"是体现在"实说"之中的。两国间讲和不开战固然是好事，但这必须有一个前提，那就是自《春秋》以来以华夷之辨为特色而构筑的民族大义。"复二圣之仇"在南宋儒者已成为抹不去的一道心结，陆九渊强调的，是不能让它成为口惠不实的空言。儒者需要"怀义"而非"怀安"，要敢于"舍生而取义"。

那么，"实理实说"之"实"，要害就在一个"义"字。他在太学的《春

---

① 陆九渊曾有因学生议论引起的"吾却只辟得时文"之言（见《语录上》，《陆九渊集》，第408页。），《中国经学思想史》遂以为："陆九渊之所以激烈地批评科举，是因为从根本上来说这种学问使人追求功名利禄，背离了完善品德的生命本质之学。"（见姜广辉主编：《中国经学思想史》（下），中国社会科学出版社 2010 年版，第 906 页。）如此论说有简单化之嫌。陆九渊并未一般地"激烈地批评科举"。在他评论科举取士的名篇《白鹿洞书院论语讲义》中，他要求从义与利的"志之所向"辨君子小人，要求"专志乎义而日勉焉，博学、审问、慎思、明辨而笃行之"，倘能由此而赴科举、进仕途，"必皆共其职，勤其事，心乎国，心乎民，而不为身计，其得不谓之君子乎"！[（宋）陆九渊：《陆九渊集》，钟哲点校，中华书局 1980 年版，第 275—276 页。] 陆九渊批评的，只是士人汩没于名利的风气，而非科举"这种学问"本身。

② （宋）陆九渊：《陆九渊集》，钟哲点校，中华书局 1980 年版，第 457—458 页。

秋讲义》①，篇幅不多，但其中心，的的确确就是在"讲"义。此"义"在他，具体表现有不同，但大致不外于华夷之辨、君臣大义和体贴民情等方面，而华夷之辨则是其重心所在。

陆九渊要求"复二圣之仇"，自然会强调华夷之辨。但他对此还是有一个公允的态度，即将华夷之辨的内核放在了礼义而非地域或族群上。他说：

> 圣人贵中国，贱夷狄，非私中国也。中国得天地中和之气，固礼义之所在。贵中国者，非贵中国也，贵礼义也。虽更衰乱，先王之典刑犹存，流风遗俗，未尽泯然也。夷狄强盛，吞并小国，将乘其气力以凭陵诸夏，是礼义将无所措矣，此圣人之大忧也。楚人灭弦、灭黄、灭江、灭六、灭庸，至是又灭舒蓼，圣人悉书不置，其所以望中国者切矣！②

从公私之辨的视野出发，圣人贵中国、贱夷狄就不是出于私意，而是据于公心，这就是普遍适用于整个天下的礼义。中国有礼义故贵，夷狄无礼义故贱。圣人之忧，就忧在随着夷狄以其强力吞灭诸夏各国而导致的礼义不存。相应地，圣人望中国之切，也正切在对以礼义为内核的"中国"的光大上。

在春秋时期，作为"中国"代表的晋国，本来能够与楚国抗衡，但由于自身的缘故，国力日弱。即便如此，圣人对晋仍寄托了莫大的希望："然圣人之情，常拳拳有望于晋，非私之也，华夷之辨当如是也。前年陈受楚伐，势必向楚。扈之会，乃为陈也。陈不即晋，荀林父能并将诸侯之师以伐陈，《春秋》盖善之。"③站在华夏之辨的立场，圣人十分盼望晋能带领华夏诸国走向强盛，这并非圣人的私心，而是天下的公义。所以，荀林父能统领诸侯之师讨伐倒向楚的陈国，《春秋》给予了肯定。同理，当楚军伐郑，晋却缺

---

① 按《陆九渊集》所注明的时间，陆九渊在太学讲授《春秋》，从淳熙九年（1182 年）八月十七日开始，至十年（1183 年）十一月二十二日止，历时一年多（亦可参见《年谱》所载陆九渊"在国学"讲《春秋》的情形）。故所谓《大学春秋讲义》，严格地说，应当是在大（太）学的《春秋讲义》；或标作《（大学）春秋讲义》。以下不再说明。

② （宋）陆九渊：《陆九渊集》，钟哲点校，中华书局 1980 年版，第 277 页。

③ （宋）陆九渊：《陆九渊集》，钟哲点校，中华书局 1980 年版，第 279 页。

帅师救郑时，陆九渊申明"伐陈救郑，晋之诸臣犹未忘文公之霸业，《春秋》
盖善之"①。

从这两处"《春秋》盖善之"便可以看出，陆九渊心中的孔子修《春
秋》，是包括匡扶正义的霸业在内的，这体现了他的"实理实说"的确并非
虚陈。在南宋中期各学派的争鸣互动中，他与浙东的事功之学站在了一起，
而与朱熹立足"十六字心法"反对事功霸业明显有别。

当然，对于追逐眼前小利而忘记根本大义的晋及诸夏后来的行为，陆九
渊也进行了谴责。宣公十年，《春秋》有"晋人、宋人、卫人、曹人伐郑"
的记载，"三传"只有《左氏》简略提到"郑及楚平"和诸侯伐郑的情形，
陆九渊则有一长段解说。他称：

> 《左氏》谓"郑及楚平，诸侯伐郑，取成而还"。诸侯伐郑而称人，
> 贬也。晋楚争郑，为日久矣。《春秋》常欲晋之得郑，而不欲楚之得郑；
> 与郑之从晋，而不与郑之从楚，是贵晋而贱楚也。晋之所以可贵者，以
> 其为中国也。中国之所以可贵者，以其有礼义也。郑介居二大国之间，
> 而从于强令，亦其势然也。今晋不能庇郑，致其从楚。陈又有弑君之
> 贼，晋不能告之天王，声罪致讨，而乃汲汲于争郑，是所谓礼义者灭
> 矣，其罪可胜诛哉？书人以贬，圣人于是绝晋望矣。②

晋楚争郑，圣人一直的期待，是晋能得郑，郑受晋的庇护，道理就在晋为中
国而楚乃夷狄。陆九渊对郑国因其国力不济而无奈顺从于楚，从历史发展大
势的层面给予了理解。可对晋国来说，由于不愿承担起维护礼义和支撑华夏
的职责，只是盯住自己的私利，所以圣人要予以贬斥。如果说，前面圣人
"悉书"楚灭诸国还有望于"中国"的话，到这里贬晋已经是极度失望。礼
义既灭，晋国就不再有资格享有"中国"的名位。

陆九渊的"礼义"，从语词的层面讲，是由"礼"与"义"构成的复合

---

① （宋）陆九渊：《陆九渊集》，钟哲点校，中华书局1980年版，第280页。
② （宋）陆九渊：《陆九渊集》，钟哲点校，中华书局1980年版，第281页。

词。在华夷之辨的意义上，礼义作为"中国"的标志是一个整体。它所体现的，是"中国得天地中和之气，固礼义之所在"的华夏优越感和民族自信心。但进入华夏内部，则需厘清根于人心之义与显于外的规范制度之礼的相互发明关系。后者之重要，就在于君臣大义与维护它的礼制制度，是"中国"优越性的根本保障，而绝不应该轻慢亵渎。

例如，《礼记·王制》有"诸侯之于天子也，比年一小聘，三年一大聘，五年一朝"的规定诸侯与天子关系的朝聘之礼，其根本点在"尊天子"。然而，到春秋时候，这一礼制明显已遭到了破坏。因为不论是诸侯朝见天子，还是诸侯间相聘问，"朝觐之礼"的目的，最终都是为了伸张君臣大义。圣人对此的态度是十分明确的：

> 是故一不朝则贬其爵，再不朝则削其地，三不朝则六师移之，三王之通制也。义之所在，非由外铄，根诸人心，达之天下，先王为之节文，著为典训，苟不狂惑，其谁能渝之？宣公即位九年，两朝于齐，乃一使其大夫聘于周室。王迹既熄，纲常渝，逆施倒置，恬不为异。《春秋》之作，其得已哉？直书于策，比而读之而无惧心者，吾不知矣。[1]

义在人心，非由外铄，这是陆九渊心本论哲学在他经学"讲义"中的反映。"王制"并非为外来强加，而是源于内在人心的扩充推广，故本来应当依循遵守。礼根于义又实现着义，违礼即是违义。孔子不得已将宣公泯灭纲常、倒行逆施的行为著于《春秋》，就是为了使后来者之心能够有所畏惧。

同时，陆九渊也指出，君臣大义的维护，上下双方都负有责任。宣公固然是亵渎纲常："宣公即位十年，屡朝于齐，而未尝一朝于周；能奔诸侯之丧，而不能奔天王之丧；能使其贵卿会齐侯之葬，而不能使人会天王之葬。"但是，周天子的行为也应受到谴责，因为他同样也违反了上下尊卑的大义："如是而天王犹使王季子来聘，则冠履倒置，君臣之伦汩丧殆尽矣。"[2] 将"冠

---

① （宋）陆九渊：《陆九渊集》，钟哲点校，中华书局 1980 年版，第 278—279 页。

② （宋）陆九渊：《陆九渊集》，钟哲点校，中华书局 1980 年版，第 281 页。

履倒置，君臣之伦汨丧殆尽"的罪责直接加在周天子身上，或许也体现了他不满于宋王室国策而郁积的愤懑之意。

三、天人之际见圣人之心

历来士人对于王权的意见，大都是都是采取借古喻今和借天道言人事的手法，天人感应论也就成为重要的手段，陆九渊亦不例外。《春秋·宣公八年》有"秋七月甲子，日有食之，既"一句，"三传"于此都无解释，陆九渊则大大发挥了一番。他说：

> 春秋日食三十六，而食之既者二[三]。日之食与食之深浅，皆历家所能知。有[是]盖有数，疑若不为变也。然天人之际，实相感通，虽有其数，亦有其道。昔之圣人未尝不因天变以自治。浟雷震，君子以恐惧修省。君子无终食之间违仁，造次必于是，颠沛必于是，所以修其身者素矣。然浟雷之时，必因以恐惧修省，此君子之所以无失德而尽事天之道也。况日月之眚见于上乎！遇灾而惧，侧身修行，欲销去之，此宣王之所以中兴也。知天灾有可销去之理，则无疑于天人之际，而知所以自求多福矣。日者，阳也。阳为君、为父、为夫、为中国，苟有食之，斯为变矣。食至于既，变又大矣。[①]

在陆九渊，如果仅仅从日食这一自然天象来说，历算家已能知晓它的定数，把握它的规律，即不为"变"。但《春秋》所以不厌其烦，详细记载日食的发生过程，显然是圣人别有深意，那就是"因天变以自治"。

"天人之际，实相感通"，天人感应的现象在宋代儒者，仍然是一个普遍议及的话题。基本点即在于它是警醒君子尤其是君王修身积德的重要手段。本来，君子修行从不间断，始终依循和坚守仁德；即便如此，遇到重重雷击

---

① （宋）陆九渊：《陆九渊集》，钟哲点校，中华书局1980年版，第277页。但"食之既者二"和"有盖有数"二处明显有误，方括号文字参《四书五经》本《春秋三传》更正。（参见《四书五经》下册，《春秋三传》，中国书店1985年版，第265页。）

之时，仍感恐惧而自我反省，以确保己不失德而尽事天之道。又何况遭遇比雷击更为严重的日月之凶灾呢？南宋国家要"中兴"，关键就在君王能否"遇灾而惧，侧身修行"。这一观念实际已成为宋代理学家的共识。但陆九渊的重点，在强调天灾有可销去之理。如果把握了天人交际的这一症结，即不仅能知其"数"，更能够明其"道"，对于天人关系就不会再感疑惑，而能够"自求多福"了。

结合"日食"来看，"日"作为阳，代表君王，也是"中国"的表象。既然"中国"的常态是"得天地中和之气，固礼义之所在"，日食发生则意味这一常态发生了改变。"中国"或将不"中"，这是在陆九渊等理学人士心中引起的颇感恐惧的不祥预兆。正因为如此，他们就要敦促作为"中国"人格化身的君王，应当通过自我反省去进行救助，以销去天灾而挽救国运。

就天人感应论本身看，在传统中国有悠久的历史。陆九渊坚持天人感应，既带有他个人的信仰色彩，也有他自己的理论目的。他不满于汉儒天人感应论走向歧途的牵强附会，但更在意人们对天人感应神圣性的疏忽和懈怠。他说：

> 夫金穰、水毁、木饥、火旱，天之行也。尧有九年之水，则曰洚水警予，盖以为己责也。昔之圣人，小心翼翼，临神履冰，参前倚衡，畴昔之所以事天敬天畏天者，盖无所不用其极，而灾变之来，亦未尝不以为己之责。周道之衰，王迹既熄，诸侯放肆，代天之任，其谁尸之？《春秋》之书灾异，非明乎《易》之太极，《书》之洪范者，孰足以知夫子之心哉？汉儒专门之学流为术数，推类求验，旁引曲取，狗流忘源，古道榛塞。后人觉其附会之失，反滋怠忽之过。董仲舒、刘向犹不能免，吁！可叹哉！是年之水，董仲舒以为伐邾之故，而向则以为杀子赤之咎，是奚足以知天道而见圣人之心哉？[1]

以"无所不用其极"来形容圣人的敬天畏天，说明在利用上天警示统治者方

---

[1] （宋）陆九渊：《陆九渊集》，钟哲点校，中华书局1980年版，第282页。

面，陆九渊已尽了自己的最大努力。他想要表明，自古圣王都以为出现天灾是自己应当担责的，但在周王朝衰亡之后就看不到这样的情形了。

陆九渊眼中，灾异本是天道变化的常态，属于客观的存在。但人尤其是君王面对天灾却并不是无能为力，而是大有作为。孔子著《春秋》书灾异，儒生就应当从《易》之"太极"、《书》之"洪范"去体贴圣人之心。因为灾异不过是阴阳五行之变，而太极为阴阳五行之源，"洪范"则具体发明五行并推演成"九章"。因此，在确认天灾有可销去之理的前提下，因天变以自治而"自求多福"，就成为君王应当承担起的职责："人君代天理物，历数在躬，财成辅相参赞爕理之任，于是乎在。"①

至于历史上受到非议的汉代经学的天人感应论，陆九渊以为是因为他们不知"道"而只推求于"术"，狥"流"而忘"源"，结果导致了学术的荒谬。像董仲舒、刘向一辈汉代推演阴阳灾异的代表，从《汉书·五行志》的记载来看，他们也是依循《春秋》言天人之征、推古今之道的，并期待能与天地流通往来相应。然而，由于只是从灾异报应的具体场景去牵强比附，根本丢掉了《春秋》笔录灾异的真实意图，又哪里能真正知晓天道并窥得圣人之心呢？

例如，《春秋》记载宣公十年秋"大水"，只是告诉我们客观上遭受天灾，并没有牵连到人事，所以"三传"都没有解说。但在汉代天人感应论的氛围下却不是这样来看。董仲舒认为，这是因宣公接连伐邾取邑，导致了兵仇连结、百姓愁怨而遭到天变的报复；而刘向则以为是宣公杀嫡子赤而立，又接连对邾用兵，由于子赤和邾子貜且均为齐女所生，君臣惧齐之威和怨气所致。类似的例证在《五行志》中有不少的记载。那么，董仲舒、刘向们固然是敬天畏天，但他们陷溺于阴阳五行的气化感应不能自拔，不能将自己的思维水平从灾变再提升一步，即将阴阳五行追溯到"太极"和"洪范"的根源，从而明确君王代天理物、财成辅相的主体责任。"历数在躬"也意味着责任在躬，君王必须要通过自己的恐惧修省去"自求多福"，这才是圣人笔录灾异的真实意图。

---

① （宋）陆九渊：《陆九渊集》，钟哲点校，中华书局1980年版，第282页。

　　陆九渊生活于理学氛围浓厚的宋代，他与汉儒狭隘的天人感应论背景大有不同，他要求从宇宙论的根源去看待灾异，而这根源实乃发明圣人之心而来，最后则落实到君王救助天变和灾异的主体职责上。也正因为如此，他并不认为讲求天人感应本身有错，反之，错在后人因批驳汉儒"推类求验"的术数附会，以至怠慢和抛弃了天人感应这一重要的促使君王惊惧警醒的根本手段。的确，在士大夫的层面，除了天人感应论这一拿得出手的"武器"之外，他们又能有什么有力的工具或手段，去敦促君王改过自新呢？

（原载于《中国哲学史》2020 年第 1 期）

战争与和平：从《春秋》经传看儒家的正义

和平是与战争相对而言的，有和平才可能有幸福安宁的生活，故自古以来，人类社会对和平尤其是永久和平始终抱有真诚的期待。但是，和平如何到来，它以什么为前提和条件，却也是人们不得不思考的问题。

在传说中以仁德治天下的尧舜时代，其"克明俊德，以亲九族；九族既睦，平章百姓；百姓昭明，协和万邦；黎民於变时雍"①的美好情景固然值得向往，但自夏禹以后，和平的得来却是要靠革命即战争的手段去实现的。从《周易》对汤武革命"顺乎天而应乎人"的肯定和赞扬看，商周社会长达数百年的和平是与正义的价值判断密切关联的。

孟子称颂汤武的正义战争，肯定商汤"十一征而无敌于天下"，渲染其情形是"民以为将拯己于水火之中也，箪食壶浆以迎王师"②。正义战争解决了社会不公，将民众从深重的苦难中解救了出来。借用《尚书·武成》的说法，周武王伐纣克商后，"王来自商，至于丰，乃偃武修文，归马于华山之阳，放牛于桃林之野，示天下弗服"，最后则是"垂拱而天下治"，和平社会因之到来。

孟子赞颂武王伐纣是"以至仁伐至不仁"③，这与他描绘王道政治，倡导以仁义治天下的主张是相呼应的。因此，他坚决反对不义而争利的战争，所谓"争地以战，杀人盈野；争城以战，杀人盈城，此所谓率土地而食人肉，

---

① （唐）孔颖达：《尚书正义》，（清）阮元校刻：《十三经注疏》，中华书局1980年版，第119页。

② 参见《孟子·滕文公下》、《孟子·梁惠王下》等相关文字。

③ 杨伯峻译注：《孟子译注》，中华书局1980年版，第325页。

罪不容于死。故善战者服上刑"①。留在孟子脑海中的，正是离他不太远的春秋诸侯争霸，在那里随处可见争地以战、争城以战，所以孟子给予了否定的评价，声称："春秋无义战。彼善于此，则有之矣。征者，上伐下也，敌国不相征也。"② 春秋时期的战争没有正义性，只是在不同战争相比较时，其中一些战争比另一些战争好一些（接近正义）罢了。孟子如此判断的理由，是战争行为的发生，应为天子讨伐和矫正诸侯的罪过，即所谓"上伐下"，而不是列国之间的互相侵夺，但后者却正是春秋时期战争的特色，所以说"春秋无义战"。

不过，"春秋"之事是记载在《春秋》经文之中的。《春秋纬》载有孔子"我欲载之空言，不如见之于行事之深切著明也"之语，司马迁《太史公自序》曾专门引证和阐发，对后人影响很大。孔子之言，意味一般地褒贬是非，还不如将其放到二百四十二年的历史事迹之中，针对具体的人物事件进行评判，以扬善惩恶，使后来者能以此为戒。③ 那么，孔子于历史事件和人物既然有褒有贬，对春秋时期的和平——止战结盟行为，就不应简单地肯定或否定，而应当具体分析，其中的关键，就是看它是否符合古人心中的正义原则。也正因为如此，春秋列国之间的讲和，在孔子及后来儒者的眼中，本身就成为一个"事件"，重点也就不在和平本身，而在和平如何到来，后者直接决定了对此和平的是非认定。

---

① 杨伯峻译注：《孟子译注》，中华书局1980年版，第175页。

② 杨伯峻译注：《孟子译注》，中华书局1980年版，第324页。

③ 宋儒陆九渊对此很不以为然，认为："圣人作《春秋》，初非有意于二百四十二年行事。又云：《春秋》大概是存此理。又云：《春秋》之亡久矣，说《春秋》之缪，尤甚于诸经也。"（《陆九渊集》，钟哲点校，中华书局1980年版，第405页。）按他所说，孔子本来无意于二百四十二年之行事，只是为了"存理"才不得不需要借助它。可是汉儒只留意那些具体的"行事"而忘掉了孔子借寓于其中之理，在此意义上，也可以说《春秋》早亡了。相较于六经中的其他典籍，《春秋》文字只是在陈述历史事迹，没有直接叙述什么道理，如果学者把注意力都放在字面意义的"行事"上，其错谬就大了。

一、"召陵之师"的"彼善于此"

孟子讲"春秋无义战"的"彼善于此，则有之矣"，后来朱熹解释是"如召陵之师之类是也"①。所谓"召陵之师"，《春秋》僖公四年经文有"楚屈完来盟于师．盟于召陵"句，这是承前齐桓公率诸侯军队侵蔡伐楚而来。《左传·僖公四年》谓：

> （僖公）四年春，齐侯以诸侯之师侵蔡。蔡溃，遂伐楚。……夏，楚子使屈完如师，师退，次于召陵。齐侯陈诸侯之师，与屈完乘而观之。齐侯曰："岂不穀是为？先君之好是继，与不穀同好如何？"对曰："君惠徼福于敝邑之社稷，辱收寡君，寡君之愿也。"齐侯曰："以此众战，谁能御之？以此攻城，何城不克？"对曰："君若以德绥诸侯，谁敢不服？君若以力，楚国方城以为城，汉水以为池，虽众，无所用之。"屈完及诸侯盟。②

齐桓公率诸侯军队攻打楚国，楚成王派大夫屈完去交涉，诸侯军队于是暂驻召陵。由于齐桓公愿意和好的善意和屈完的游说，齐桓公放弃了进攻，最后屈完代表楚王与各诸侯订立了停战的盟约，带来了和平。可能正因为如此，孟子把"孔子成《春秋》而乱臣贼子惧"与"禹抑洪水而天下平，周公兼夷狄、驱猛兽而百姓宁"③的业绩相提并论，即它们都是指向天下太平、百姓安宁的理想社会的。

孔孟之后，儒家学者对召陵之盟通常持肯定的态度。的确，它不是通过战争而是通过双方的协商实现了和平，故属于"彼善于此"的相对正义的举动。具体来看，齐及中原诸侯能实现与楚国的和平，原因包括多个方面：首先，齐国作为中原霸主自身的国力及其对中原诸侯的号召力，是楚国愿意与

---

① （宋）朱熹：《四书章句集注》，中华书局1983年版，第364页。
② 杨伯峻编注：《春秋左传注》，中华书局1981年版，第289—293页。
③ 杨伯峻译注：《孟子译注》，中华书局1980年版，第155页。

之会盟结交的最重要的因素; 其次, 楚国军民的抵抗意志和有利防守的地理条件, 则是齐桓公不敢贸然进攻的现实考量; 再次, 屈完承认齐国的霸主地位, 但又以齐桓公须以仁德安抚诸侯 (也包括楚) 为前提。

这些原因, 一方面说明仁德在当时诸侯和大夫的心中, 仍然具有制约不义行为的道德力量; 但另一方面可能更为重要, 这就是双方的力量对比及各自对战争结果的合理预期。齐国及中原军队并不具有战胜楚国的绝对实力, 所以在以 "德" 还是以 "力" 服人的权衡中, 桓公最终选择了以德服人, 从而导致了和平。那么, 和平的到来, 是仁德和国家实力综合作用的结果, 正义便体现在这种承认各方权益的和平结盟之中。

由于《春秋》被认为是孔子 "笔则笔, 削则削, 子夏之徒不能赞一辞"[①] 的亲手撰修, 其中的每个字都被认为有 "大义"。如此的 "笔法", 在宋元以后成为科举考试必读教本的胡安国《春秋传》中, 有专门的阐释:

> 楚大夫未有以名氏通者, 其曰 "屈完", 进之也; 其不称使, 权在完也。"来盟于师", 嘉服义也; "盟于召陵", 序桓绩也。桓公帅九国之师, 侵蔡而蔡溃, 伐楚而楚人震恐, 兵力强矣。责 "包茅之不贡", 则诺; 问 "昭王之不复" 则辞; 徼与 "同好", 则承以寡君之愿; 语其 "战胜攻克", 则对以用力之难。然而桓公退师召陵, 以礼楚使, 卒与之盟而不遂也。于此见齐师虽强, 桓公能以律用之而不暴, 楚人已服, 桓公能以礼下之而不骄。庶几乎, 王者之事矣! 故春秋之盟, 于斯为盛, 而杨子称之曰: "齐桓之时缊, 而《春秋》美召陵是也。"[②]

楚本为蛮夷, 后受周封为子爵又僭称王, 故在此之前, 《春秋》并未称楚大夫名氏。此时却直接称名 "屈完", 说明孔子肯定其休兵止战的言行。按胡安国的解释, 孔子讲 "来盟于师", 是嘉奖屈完和楚人主动结盟的和解愿望; 而 "盟于召陵" 则是称颂齐桓公不以兵强、而以仁德收服楚人的业绩。故进

---

① (汉) 司马迁:《史记》卷四十七《孔子世家》, 中华书局 1959 年版, 第 1944 页。
② (宋) 胡安国:《春秋传》, 王丽梅校点, 岳麓书社 2011 年版, 第 126 页。其中标点有改动。

一步发挥说，齐楚能和解，既有屈完在维护楚国利益的基础上，愿意讲和与善于言辞的缘故，更离不开桓公的仁义之举，甚至以为这差不多就是儒家理想的王道政治了，感叹它达到了春秋诸侯会盟的最高境界。他并引扬雄之言说明，齐桓公所在的春秋时期天下大乱，所以孔子及后儒特别赞美召陵结盟的正义之举及其带来的和平。

二、"常变"之议与"平者在下"

召陵之盟的和平值得赞扬，根本点在齐桓公的以德服人。但在同时，儒者评价春秋战争与和平事件是否属于正义之举，贯穿着一个基本原则，就是要维护君臣大义。国与国之间缔结和平休战的盟约，必须是国君本人到场或由被授权的大夫代表。在宋楚结盟中，一方是齐桓公为首的中原诸侯，另一方虽是大夫，但却有楚国国君授权，屈完是代表楚成王与各国诸侯缔结盟约的，国君的地位和权力得到充分的尊重，这在礼坏乐崩的春秋时期，尤为值得珍重。

然而，召陵之盟带来了和平，但和平盟约的缔结却有不同的情况。对于有违"天尊地卑"的君臣大义原则，却又促成了和平的事件，《春秋》及传注是如何记载和评价的呢？这里以僖公四年宋国与楚国的讲和为例来分析。《春秋》经文：

（宣公十五年）夏五月，宋人及楚人平。

《左传》曰：

夏五月，楚师将去宋，申犀稽首于王之马前，曰："毋畏知死而不敢废王命，王弃言焉。"王不能答。申叔时仆，曰："筑室，反耕者，宋必听命。"从之。宋人惧，使华元夜入楚师，登子反之床，起之，曰："寡君使元以病告，曰：'敝邑易子而食，析骸以爨。虽然，城下之盟，有以国毙，不能从也。去我三十里，唯命是听。'"子反惧，与之盟，而告王。退三十里，宋及楚平。华元为质。盟曰："我无尔诈，尔无我虞。"①

在此次宋楚结盟前，楚军围宋已九月之久，双方都已到了极其疲乏难以为继的状态，尤其是被围的宋国，已经出现了"易子而食，析骸以爨"的骇人惨景。两国大夫私下会面，华元表述了宋国即便拼到最后一息，也不会接受当年楚国胁迫绞国签订"城下之盟"那样屈辱投降的盟约；但若楚国愿意主动退兵，礼遇宋国，则宋国愿意听从楚国的号令。子反害怕最后拼到鱼死网破的前景，故与华元订立了盟约，然后才报告楚王。结果，楚国守约退兵三十里，两国休兵止战，两大夫坦诚相待而实现了和平。那么，对此几乎耗尽了人力物力的宋楚两国讲和止战，理应当得到肯定和赞赏，但在汉以后却引起了不小的争议。②

其时责难宋楚讲和的儒者，其基本观点，一是司马子反作为楚国的使者，却同情宋国人的苦难，私自与宋讲和，这是"内专政而外擅名"，如果这样的"轻君""不臣"都不谴责，"而春秋大之，奚由哉"？二是"春秋之法，卿不忧诸侯，政不在大夫。子反为楚臣，而恤宋民，是忧诸侯也；不复其君，而与敌平，是政在大夫也"③。作为汉儒《春秋》学代表的董仲舒，则是从他的"仁义法"出发看待和评价这一事件的。董仲舒以为，立足于孟子的不忍人之心，"为其有惨怛之恩，不忍饿一国之民，使之相食"，子反的立场因此具有正当性，并扩展了孟子"推恩"的仁德，强调"推恩者远之为大，为仁者自然为美"④。儒家仁爱的推行是出于自然的情感，应当跨越国与国、人与人之间的界限，以普遍的人道关爱即"远"为治理天下的优先选

① 杨伯峻编注：《春秋左传注》，中华书局 1981 年版，第 760—761 页。
② 这里也存在文本的问题。《公羊传》与《左传》对史实的叙述有别，而且不是以双方坦诚相待的盟誓告终，《公羊传》开篇讲"外平不书，此何以书？大其平乎己也"；结尾却又说"此皆大夫也。其称'人'何？贬。曷为贬？平者在下也"。既赞赏两国大夫带来了和平，又批评二者私下讲和的违礼僭越，且既褒又贬，体例也不统一。后来儒者的评价则各有所取。
③ （汉）董仲舒：《春秋繁露》，上海古籍出版社 1989 年版，第 16 页。
④ （汉）董仲舒：《春秋繁露》，上海古籍出版社 1989 年版，第 16 页。

项。因此，对于儒家的君臣大义，就应当站在常变、经权互动的立场上，以仁德为内核去适时地协调仁与礼的冲突。他称：

> 春秋之道，固有常有变，变用于变，常用于常，各止其科，非相妨也。……礼者，庶于仁，文质而成体者也。今使人相食，大失其仁，安著其礼？方救其质，奚恤其文？故曰："当仁不让。"此之谓也。……故说《春秋》者，无以平定之常义，疑变故之大，则义几可谕矣。①

在董仲舒这里，"春秋之道"固然要坚守，但君臣大义的"道"本来有常有变，子反之事不当从常，而应当从变去看，这个"变"就在于当时宋国人相食的惨象已违背了根本的人道；与此同时，在仁德与礼制之间，仁是内核，是质；礼是文饰，是文。在"大失其仁"情形下，"救其质"已成为最为紧迫的选项，顾不上"文"也就无可厚非。孔子讲的"当仁不让"原本不是指如此的情形，但用在这里却十分恰当，因为它体现了根本的人间正义。所以，讲说《春秋》，不能死搬"平定之常义"，而必须根据如此之大的变故作出调整，把握儒家的权变原则。正义必须是善的，或曰美德的位阶高于礼法，这应当是董仲舒作出如此判断坚守的底线。那么，宋楚之间的和平尽管有"轻君""不臣"和"政在大夫"之嫌，但仍然是值得肯定和赞赏的。

董仲舒紧紧抓住仁爱的实质，以儒家的权变原则调节春秋之道，应当说是有远见卓识的。这也体现了他作为"大一统"国家的倡导者所拥有的胸怀和气度。但千年以后的南宋，生活在破碎的半壁江山中的理学家们，维护华夏正统性的春秋礼法更成为他们迫切的需要。在此情形下注疏《春秋》的胡安国，自然有着与董仲舒不同的心境，他对宋楚间的讲和也就有不同的评价，认为华元、子反本为二国之卿，《春秋》却称之为"人"，显然不承认"使宋无亡国之忧，楚无灭国之罪"的所谓大功，而是予以贬斥，因为他们事先未报告其君知道，"非人臣之义也"②。

---

① （汉）董仲舒：《春秋繁露》，上海古籍出版社 1989 年版，第 16 页。
② （宋）胡安国：《春秋传》，王丽梅校点，岳麓书社 2011 年版，第 228 页。

　　胡安国有感于"君有听于臣，父有听于子，夫有听于妇，中国有听于夷狄"的衰微世道，强调"《春秋》贱欺诈，恶侵伐"，反对臣下专权。"仲尼所为惧，《春秋》所以作也"的缘由也正在这里。"故平以解纷，虽其所欲，而平者在下，则大伦紊矣"；而且，"后世羊、陆效其所为，交欢边境，而议者以为非纯臣也，知《春秋》之法矣"①。西晋羊祜与东吴陆抗镇守各自边界，却又相互礼遇交欢之事，后颇有评价是"仁德"和坦诚相待，但在理学阵营却是遭贬斥的。胡安国认为知《春秋》之法者，绝不会对他们的行为给予肯定。他接过董仲舒的"明其道不计其功"，指斥华元、子反这些人实际都是计功谋利而蔑视君权之徒。

　　胡安国长子胡寅站在其父的立场，批评司马光肯定羊祜"修德怀吴"和陆抗"不可无信义"之说，强调"人臣之义无私交"，"故君子以羊祜、陆抗交欢边境，方之华元、子反私平于下而蔑其君。仁人正义而不谋利，法固如是也"②。人臣私交违背了根本的国家大义，明显是谋利而非正义。羊祜、陆抗的行为与先前华元、子反的私下讲和，同样都是蔑视君主权威而应该遭到谴责，这本是《春秋》大法的根本要求。到朱熹，更以为"羊、陆相遗问，只是敌国相倾之谋，欲以气相胜，非是好意思。（人杰录云："观陆抗'正是彰其德於祜'之言，斯可见矣。"）③朱熹亦从气质和功利出发，对羊祜、陆抗的行为予以贬斥，以为双方交往的所谓礼遇、德行不过是为倾轧对方而运用谋略而已。

三、夷夏之辨对和平的限定

　　从汉儒到宋儒，在《春秋》传注中对于君臣大义的维护，往往是与夷夏之辨相关联的。在儒家学者尤其是理学家眼中，和平不能违背夷夏之辨的原则，这始终是一个限定性的标准。譬如，成公二年鲁及诸侯与楚讲和结盟，《春秋》的记载是：

---

① （宋）胡安国：《春秋传》，王丽梅校点，岳麓书社 2011 年版，第 228 页。
② 胡寅：《读史管见》，刘依平点校，岳麓书社 2011 年版，第 213—214 页。
③ （宋）黎靖德编：《朱子语类》，王星贤点校，中华书局 1986 年版，第 3241 页。

> 丙申，公及楚人、秦人、宋人、陈人、卫人、郑人、齐人、曹人、
> 邾人、薛人、鄫人盟于蜀。

"三传"对此的解释都很简单，《公羊传》对于《经》称"楚人"有一句简短的评论："此楚公子婴齐也，其称人何？得一贬焉尔。"但只是贬楚而未及诸侯。到胡安国这里，情况却有了很大不同。他以为，孔子讲"公及楚人"，就已明言是楚国主盟；而参与者都是各国的国卿，为何贬称"人"呢？他说：

> 楚僭称王，《春秋》黜之，以为荆蛮。晋虽不竞，犹主夏盟，诸侯苟能任仁贤，修政事，保固疆圉，要结邻好，同心择义，坚事晋室，荆楚虽大，何畏焉？今乃西向服从而与之盟，不亦耻乎！古者用夏服夷，未闻服于夷也！乃是之从，亦为不善择矣。经于鲁君盟会，不信则讳公而不书，不臣则讳公而不书，弃中国从夷狄则讳公而不书。蜀之盟，弃晋从楚，书公不讳，何也？事同而既贬，则从同同，正始之义也。从荆楚而与盟，既讳公于僖十九年齐之盟矣，是以于此不讳，而人诸国之大夫，以见意也。①

《春秋》以"荆蛮"黜楚，诸侯却不从"中国"之晋而从楚，所以是根本性的立场倒错。晋此时国力不够强盛其实不是问题的关键，如果诸侯各自能"任仁贤，修政事，保固疆圉，要结邻好，同心择义"，同时又"坚事晋室"，维护晋的权威和"中国"的统一，就完全不用害怕楚，接下来自然也不会有耻辱服从的讲和会盟。

孟子当年批评陈相，阐明了"吾闻用夏变夷者，未闻变于夷者也"②的夷夏之辨的根本原则。胡安国坚守这一原则，严明夷夏之辨。他以为，孔子作《春秋》，是深为爱护鲁国君主的，常常讳言鲁公的不是，但这里却不避

---

① （宋）胡安国：《春秋传》，王丽梅校点，岳麓书社 2011 年版，第 241 页。
② 杨伯峻译注：《孟子译注》，中华书局 1980 年版，第 125 页。

讳而直书，正在于要强化"正始之义"，从夷夏之辨出发来审视国君的行为，也因之才有正义可言。

所谓"讳公于僖十九年齐之盟"，《春秋》的记载是："冬，会陈人、蔡人、楚人、郑人盟于齐。"① 可按《春秋》体例和历史事实，应当记为"冬，公会陈人、蔡人、楚人、郑人盟于齐"。然孔子深为"中国"屈从于夷狄感到痛心，故讳言僖公的与盟而不书"公"。胡安国说：

> 楚人之得与中国会盟，自此始也。庄公十年，荆败蔡师，始见于经。其后入蔡伐郑，皆以号举，夷狄之也。僖公元年，改而称楚，经亦书"人"，于是乎浸强矣。然终桓公世，皆止书"人"而不得与中国盟会者，以齐修霸业，能制其强故也。桓公既没，中国无霸，郑伯首朝于楚，其后遂为此盟。故《春秋》没公，"人"陈、蔡诸侯，而以郑列其下，盖深罪之也。又二年，复盟于鹿上，至会于盂，遂执宋公以伐宋，而楚于是乎大张，列位于陈、蔡之上而书爵矣。圣人书此，岂与之乎？所以著蛮荆之强，伤中国之衰，莫能抗也，故深讳此盟。一以外夷狄，二以恶诸侯之失道，三以谨盟会之始也。②

楚本为夷狄，但后来势力渐次增长。《春秋》经文中，僖公元年（公元前659年）记载"楚人伐郑"，是第一次称楚之国名。孔子虽不得不承认其势力"浸强"，但仍只称"人"而以示贬斥。不过，胡安国虽然强调义利之辨，却并不否认"中国"霸业的必要。正是因为齐桓公之后"中国"无霸，才给了楚人以可乘之机，致使其势力一步步地做大，圣人后来亦不能不称述其爵位。这应看作是圣人在"伤中国之衰"的情势下的不得已的举动，而非意味对楚的认可。

孔子所以讳言僖公的与盟，胡安国总结出了三条理由，即：一是为了贬

---

① 《春秋》此段文字，由于并没有独立流传下来的《春秋》经文，在最早的传注文本《春秋》"三传"中，《左传》、《穀梁传》与胡安国本同，然《公羊传》的记载，在"会"字前则有"公"字。
② （宋）胡安国：《春秋传》，王丽梅校点，岳麓书社2011年版，第145—146页。

黜夷狄；二是厌恶诸侯的非正义；三是谨慎告诫由夷狄主导的盟会自此开始了。或许，在胡安国脑海中，孔子当年十分痛惜的中原诸侯衰落之象，与他身临其境的两宋之际赵宋政权的软弱屈辱，有着深度的重合。胡安国晚年生活在战乱的年代，他一家老小离开家园，流离迁徙，和平对他本应是十分渴望之事。然而，他自始谴责苟且换来的和平，提醒荆楚"会中华，执盟主，朝诸侯，长齐晋，其所由来者渐矣"①，以此告诫人们预防不测，期待中华儿女"同心择义"以制强敌。

四、义利之辨的道德定向

讲和会盟正义与否，在"中国"与夷狄之间是以夷夏之辨为标准；而进入"中国"内部，义利之辨的原则更为儒家学者尤其是理学家所强调。其实，从前述胡寅对羊祜、陆抗交欢事件的批评亦可以看出，夷夏之辨说到底也是以义利之辨为基本导向的。

《春秋》隐公六年春的经文，只有"郑人来输平"②一句，汉儒对此，只是分辨史实，宋儒则是从辨析史实出发，将重心放在了其行为是否正义的价值评价上。

程颐解释说：

> 鲁与郑修旧好，既而迫于宋、卫，遂与之同伐郑，故郑来绝交。输平，变其平也。匹夫且不肯失信于人，为国君而负约，可羞之甚也。③

在程颐，鲁想与郑修好讲和，却又迫于宋、卫压力出兵伐郑，故郑人来绝交。尽管其中可能存在不得已的情由，但毕竟隐公身为国君，应当保有比常人守信更高的道德约束，但最终却是失信负约，故谴责其"可羞之甚也"。

---

① （宋）胡安国：《春秋传》，王丽梅校点，岳麓书社 2011 年版，第 121 页。
② 《春秋·隐公六年》经文，自"三传"以来，有"郑人来渝平"（《左传》）与"郑人来输平"（《公羊传》、《穀梁传》）两种表达，这里取后者。
③ （宋）程颢、程颐：《二程集》，王孝鱼点校，中华书局 1981 年版，第 1094—1095 页。

那么，程颐的解经，贯注的是理学家强化信义操守和"格君心之非"对君主德行的要求。

胡安国自谓其学承自程颐，借"郑人来输平"一句而大大发挥。其称：

> 输者，纳也；平者，成也。郑人曷为纳成于鲁？以利相结，解怨释仇，离宋、鲁之党也。公之未立，与郑人战于狐壤，止焉。元年，及宋，盟于宿；四年，遇于清；其秋，会师伐郑，即宋、鲁为党，与郑有旧怨明矣。五年，郑人伐宋，入其郛，宋来告命，鲁欲救之，使者失词，公怒而止；其冬，宋人伐郑围长葛，郑伯知其适有用间可乘之隙也，是以来纳成耳。然则善之乎？
>
> 曰：平者，解怨释仇，固所善也；输平者，以利相结，则贬矣。曷为知其相结之以利也？后此郑伯使宛来归祊，而鲁入其地，会郑人伐宋，得部及防，而鲁又取其二邑，是知输平者以利相结，乃贬之也。诸侯修睦以蕃王室，所主者义尔，苟为以利，使为人臣者怀利以事其君，为人子者怀利以事其父，为人弟者怀利以事其兄，诸侯必曰"何以利吾国"，大夫必曰"何以利吾家"，士庶人必曰"何以利吾身"，上下交征利，不至于篡弑夺攘则不厌矣。故特称"输平"，以明有国者必正其义不谋其利，杜亡国败家之本也。①

胡安国解"输平"为纳成讲和。在通常情况下，如果国与国之间派人讲和，意味着解怨释仇而不再兴兵作战，对此和平到来便应当给予肯定。但是，"解怨释仇"虽是善举，却不适用于郑国派人来鲁国讲和这件事。因为郑、鲁讲和的动机不纯，双方完全是出于各自利益的需要：郑的目的在拉拢鲁而离间鲁、宋；而鲁则趁机攫取了城池，各自为了自身的利益互相勾结。这样的讲和，根本背离了"诸侯修睦以蕃王室"的天下国家大义，故须严加斥责。

而且，更重要的还在于，如果此风蔓延，诸侯、大夫、士人都不主正义

---

① （宋）胡安国：《春秋传》，王丽梅校点，岳麓书社 2011 年版，第 29 页。

而追逐利益，小至家庭，大至天下国家，一切以对己是否有利为出发动机，最终将会酿成上下交征利而篡弑夺攘的恶果。所以，孔子特别称"输平"，正是要彰明有国有家者一定要站在正义不谋利的立场之上，以便从根本上杜绝亡国败家惨祸的发生。

胡安国动机优先的价值评价标准，后来得到不喜读《春秋》的朱熹的肯定，① 从胡安国到朱熹，始终是将正义不谋利的原则放在了最优先的位置的。正是因为如此，当夷夏之辨的标准与义利之辨相交集时，义利之辨的优先性便凸显了出来。因为"中国"之可贵，根本点还是在对正义的坚守。

宣公十年，《春秋》经文是"晋人、宋人、卫人、曹人伐郑"，"三传"只有《左传》简略地提到"郑及楚平"与诸夏伐郑的事件。胡安国评论说：

> 按《左氏》："郑及楚平，诸侯伐郑，取成而还。"其称"人"，贬也。郑居大国之间，从于强令，岂其罪乎？不能以德镇抚而用力争之，是谓五十步笑百步，庸何愈于楚？自是责楚益轻，罪在晋矣。②

本来，应当责备郑与楚讲和，但在这里，孔子的矛头却是指向晋等诸侯，而宽恕了郑。因为郑与楚讲和实乃无奈，国家弱小，无力抵抗，只能委屈求和；而晋作为中原大国，不能以德安抚使郑回归，而是以武力去讨伐，其作为与楚国的贪利并无二致。而且，楚本由夷狄进至诸侯，贪婪乃其本性，故不值得过多谴责；相较而言，晋的伐郑战争完全是逐利而背离义，才是最大的罪过。

胡安国的《春秋传》是在为宋高宗讲习《春秋》经义的基础上写成的，半个世纪后，陆九渊在太学讲《春秋》，同样是坚守义利之辨的原则。他对于追逐私利而违背礼义的晋等诸夏的行为，进行了更严厉的谴责：

---

① 譬如朱熹云："大抵《春秋》自是难看。今人说《春秋》，有九分九厘不是，何以知圣人之意是如此？平日学者问《春秋》，且以胡文定《传》语之。"[(宋) 黎靖德编：《朱子语类》，王星贤点校，中华书局1986年版，第2960页。]
② (宋) 胡安国：《春秋传》，王丽梅校点，岳麓书社2011年版，第218页。

《左氏》谓"郑及楚平，诸侯伐郑，取成而还"。诸侯伐郑而称人，贬也。晋楚争郑，为日久矣。《春秋》常欲晋之得郑，而不欲楚之得郑；与郑之从晋，而不与郑之从楚，是贵晋而贱楚也。晋之所以可贵者，以其为中国也。中国之所以可贵者，以其有礼义也。郑介居二大国之间，而从于强令，亦其势然也。今晋不能庇郑，致其从楚。陈又有弑君之贼，晋不能告之天王，声罪致讨，而乃汲汲于争郑，是所谓礼义者灭矣，其罪可胜诛哉？书人以贬，圣人于是绝晋望矣。①

晋楚争郑，圣人一直的期待，是晋能护郑，而不愿看到郑屈从于楚，道理就在晋为中国而楚乃夷狄。陆九渊对郑国因其国力不济而无奈顺从于楚，与胡安国同样是从历史发展大势的层面给予了理解。但对于晋国，由于不愿承担起维护礼义和支撑华夏的职责，而是意图通过战争去攫取利益，扩大地盘，所以圣人要坚决贬斥。

在这里，"诸侯伐郑，取成而还"最后的结果同样是和平，但它与"郑及楚平"的郑屈辱讲和不同，它是"中国"诸侯在取得了城池后的止战。无论是哪一类，都不是陆九渊心中所想，他实际希望的，是以晋为首的诸侯能够"告之天王，声罪致讨"，即通过正义战争去维护君臣大义和"中国"的礼义，而不是屈辱讲和或抢夺城池后休战。陆九渊当然不是鼓吹战争，他对诸侯"汲汲于争郑"的不义战争表示了根本的反对，认为其罪不可胜诛。概言之，在理学家心中，热爱和平并不意味就否定战争，正义的原则在这里起着最后的决定作用。

如今，历史已进入到 21 世纪，和平发展成为了时代的主题，但也应知道，和平是珍贵的，维护和平却是有代价的。中国进入近代社会，是由"鸦片战争"的"战争"来铭记的。当时的中国，由于各种不平等条约的签订也得到了暂时的和平，但这样屈辱投降的和平绝非正直的中国人所欢迎。新中国成立七十年来的和平，离不开保家卫国的战争。今天的"中国面临复杂多样的传统和非传统安全挑战，受到分裂势力和恐怖主义等威胁。推进国防现

---

① （宋）陆九渊：《陆九渊集》，钟哲点校，中华书局 1980 年版，第 281 页。

代化是中国合理的国家安全需求，是中国实现和平发展的必要保障"①。为了打击海盗行为，中国多年来向亚丁湾、索马里海域派遣海军护航编队，承担了维护和平的国际义务。在新中国成立七十周年大阅兵中，中国维和部队作为最后一支徒步方队经过天安门广场接受检阅，受到全世界瞩目。不应忘记，他们中有多人在维和事业中牺牲。所以，没有流血和牺牲，也就没有和平。

（原载于《孔子研究》2019 年第 6 期）

---

① 《中国的和平发展》白皮书，2011 年 9 月 6 日，国务院新闻办公室网站 www.scio.gov.cn。

性 理 篇

《周易》有"穷理尽性以至于命"和"昔者圣人之作《易》也,将以顺性命之理"之说,故对"性理"的探索和体贴也就成为经学哲学的根本目的所在。在概念上,"性理"学是一个较为宽泛的称谓,从着意"不可得而闻"的性与天道开始,实际上涵摄了思想家们讨论的天命、德性、性理、心理、心性、性情、动静、善恶、理欲等诸多的问题,故与"经解篇"等存有一定的交叉关系。因为性理的探讨本身,就是从经典的阐释和发挥而来。

郭店竹简 "性" "情" 说

"性" "情" 都是中国哲学的基本范畴。其哲学意义，从历史发展来说，主要分为先秦汉唐时期的人性善恶之辩和宋明时期的心体情用、心统（主）性情等说。但随着湖北荆门郭店楚墓的发掘及简文的出版，以为先秦性情说只集中于人性或善或恶的诘辩的看法，也就失之偏颇而应当有所改变。

一、性情概念与竹简作者①

作为中国哲学的源头，先秦哲学尤其是儒家哲学关于性情的看法，在相当大的程度上影响着中国性情学说后来的发展。在性范畴一方，先秦儒家对此问题的探讨，无疑以孔子的"性相近也，习相远也"②为其开端。但孔子并未对其观点加以阐发，而弟子子贡所发出的"夫子之文章，可得而闻也；夫子之言性与天道，不可得而闻也"③的感慨，更加明确地道出了孔子不喜言性的思想特征。仅就"性近习远"来说，"性"的内涵是先天性和后天性的综合，它具有可塑性和变动性，"习"在其中起着决定性的作用。"习"主要是指习染，即社会环境的影响，但也有一定的社会实践的意义。习染是从被动态说，实践则是从主动态说，二者可以互补。

与性的情况相似，情的概念在《论语》中也出现了两次，而且同样是一出于孔子，一出于弟子。但情在《论语》中与性并不直接关联。孔子指斥

① 本文只涉及竹简儒家著作的作者。
② 杨伯峻译注：《论语译注》，中华书局 1980 年版，第 181 页。
③ 杨伯峻译注：《论语译注》，中华书局 1980 年版，第 46 页。

樊迟请学稼学圃时称："上好信，则民莫敢不用情。"①"情"指诚实或真情。而曾子曰"上失其道，民散久矣。如得其情，则哀矜而无喜"②亦与此类似，意谓真情或真相。不过，从真情、真相属于本质层面即性的意义来说，情与性的概念可以间接地沟通起来。

孔子而后，战国初中期儒家最有名的代表是子思和孟子。史称孟子"受业子思之门人"，故从孔子到子思再到孟子共传四代。但是，从孔子到孟子并非是一个单线的前后继承关系，孟子并不敬重子思，他自以为是"私淑"孔子，在其著作中也从未在师承意义上提及子思的名字。究其原因，一方面与孟子自称是"先知先觉者"，希望做"平治天下"而"名世"的圣人有关，但另一方面也与他不止从子思一派，也大量从子思之外的其他学者那里多方面吸收孔子学说有关。比方说，情的概念便不为子思所取。

从思想资料来看，司马迁说子思作《中庸》。《中庸》对性范畴给予了充分的阐发，提出了"天命之谓性"的经典性命题和尽其（己）性、尽人性、尽物性的"尽性"的学说，直接影响到后来孟子提出的尽心、知性、知天的心性天一致的思想。但是，孟子理论更为显著的特点，不在尽性而在性善。而这"性善"就与《中庸》拉开了距离。因为《中庸》不但不言"性善"，而且更不讲"情"。或许，这正是从反面说明了性善与情概念不可分割的联系。孟子所谓"乃若其情，则可以为善矣，乃所谓善也"③的对先天性善的论证，已经明确地将情与人的本性直接联系了起来，显然这一思想不可能来源于子思。

《荀子·非十二子》提到子思、孟子倡"五行"说，新近出版的《郭店楚墓竹简》中有《五行》一篇，又同时有《鲁穆公问子思》的史料，可以为子思作《五行》提供旁证。然《五行》作为直接探讨人的道德修养理论和实践的著作，不但其中无"情"之一词，而且连"性"一并未提，其文风亦与《中庸》有别，《中庸》"探赜索隐"，《五行》则较为平实。退一步说，即使将《中庸》和《五行》结合起来都归于子思名下，有"性"无"情"仍不能恰当地解释孟子性善论的理论来源，这就不得不使我们将眼光放于子思之外。

---

① 杨伯峻译注：《论语译注》，中华书局1980年版，第135页。
② 杨伯峻译注：《论语译注》，中华书局1980年版，第203页。
③ 杨伯峻译注：《孟子译注》，中华书局1980年版，第259页。

与子思同处于战国初期亦同为七十子之弟子的公孙尼子相传作有《缁衣》,《乐记》亦被认为取自《公孙尼子》。① 从语词看,《缁衣》有"情"无"性",《乐记》则大量使用了"情"的概念,并且直接将二者连接为"情性"一词使用。但不论情、性是分是合,其意大致相通。王充《论衡·本性篇》以为"公孙尼子之徒亦论情性",与世硕等人相类,"皆言性有善有恶"。从《孟子·告子上》可以得知,性有善有恶(不善)虽为孟子所批评,但从历史的发展说,这无疑构成为孟子性善论的理论来源之一。而在语言形式上,使用"情性"而非"性情"、即情在性先的概念组合,很有可能是从公孙尼子或《乐记》才开始的,并在长时间影响着后来人的思维。而在竹简,其中以《性自命出》等篇为代表的讨论性情问题的著作,虽未直接使用"情性"一词,但一当涉及情、性的关系时,总是采用先情后性的表述方式。综合上述理由,这部分著作很有可能出于公孙尼子或其他七十子弟子之手,而不必像一些学者所认为的那样尽归于子思。其性情概念则作为一种新的思想要素和语言形式,为后来的孟子所关注和采撷。

当然,本文的目的不在为郭店竹简或《乐记》的著作权进行考辩,说《乐记》"取"《公孙尼子》,亦并不等于径为公孙尼子所作,故其思想虽多与竹简相合,然亦有不协调者。愚意只是想变换一下思路,重点则将放在分析竹简学者的性情思想上。

二、竹简性情说辨析

竹简论性,首先给人的印象是以性为本的思想十分明显,它认为人的情、欲、爱、恶、喜、怒、哀、乐等情感以及仁、义、礼、智、信等道德规范均生于性,而且"四海之内其性一也"②。但是,竹简的以性为本只具有有

---

① 参见孔颖达:《礼记正义》卷五十五《缁衣》引刘瓛云。王应麟《汉书艺文志考证》卷五引沈约云(然同书沈约又谓《缁衣》"取"《子思子》)。

② 荆门市博物馆:《郭店楚墓竹简》,文物出版社 1998 年版,第 179 页。又:所引该书文字,凡注释者已用圆括号标出当读为某通行字时,或在正文中保留原字而在注释中说明当读为某字时,本文径用该字取代原字。

限的意义，它的"性自命出，命自天降"① 的规定与《中庸》天命之性的观念并不等同，性在竹简主要还处于一种自然的质朴，而且它也不是一个确定自立的实体，它始终与其他范畴处在互动的关系之中，受不同范畴的作用而活动变化，生长发展。竹简论性不仅在先秦，就是在整个中国哲学都具有新颖和独特的性质。竹简称："凡性，或动之，或逢之，或交之，或厉之，或出之，或养之，或长之。凡动性者，物也；逢性者，悦也；交性者，故也；厉性者，义也；出性者，势也；养性者，习也；长性者，道也。"② 这一完全不同于迄今已有论性文献之言，正是竹简全部性情学说的中心，本文将围绕这一中心而逐类展开分析。

其一，"凡动性者，物也"。何为物？"凡见者之谓物。"③ "凡见者"是"物"的最为一般的特点，实即人所感知的一切对象性的存在。正是在这种感性的体验中，对待的性、物双方通过人的"见"的机制相互联系，使未与物接触前本静而未动之性发动表现了出来，那么，"性"又是何物以及它如何发动表现呢？竹简首先以为："喜怒哀悲之气，性也。及其见于外，则物取之也。"④ 可以说，这是中国哲学史上最早的以"人"气释性的思想。在此之前，《左传·昭公二十五年》提到"则天之明，因地之性，生其六气，用其五行"和"喜怒哀乐生于六气"之说。"六气"即阴阳风雨晦明，属天地之气。天地之气与"天地之性"相衔接，在此之后才有人的喜怒哀乐之气，而竹简在认识上则来了一个飞跃，从遍取天地万物之性回眸于人之自身，径直以喜怒哀悲的"人"气为性。

在这里，竹简用喜怒哀悲而不用通行的喜怒哀乐，是因为"凡至乐必悲，哭亦悲，皆至其情也。哀、乐，其性相近也，是故其心不远"⑤。悲与乐或哀与乐在作者看来均为"用情之至"，同系人之内在情感的表达，故"其性相近"，可以相互贯通。不止悲与乐可以相互贯通转换，情与性同样也是

---

① 荆门市博物馆：《郭店楚墓竹简》，文物出版社 1998 年版，第 179 页。
② 荆门市博物馆：《郭店楚墓竹简》，文物出版社 1998 年版，第 179 页。
③ 荆门市博物馆：《郭店楚墓竹简》，文物出版社 1998 年版，第 179 页。
④ 荆门市博物馆：《郭店楚墓竹简》，文物出版社 1998 年版，第 179 页。
⑤ 荆门市博物馆：《郭店楚墓竹简》，文物出版社 1998 年版，第 180 页。

如此。喜怒哀悲之气既切于"情",也达于"性",其心均不远。故情性范畴的自然过渡在竹简作者就是十分自然的,不需要特别予以交待。这一思维定势在哲学史上具有重要的意义,它说明"情"作为一个哲学范畴,从一开始就是与"性"密切联系在一起的。

不过,情与性既是两个语词,它们之间必然也就有差别的方面,否则就没有共存的必要。那么,二者间的差别究竟何在呢?差别就在于情现于外而性涵于内。故作者在以气为性之后接着便提出,性见于外是因"物取之"。本来,气作为性是内涵的,内涵之气处于何种状态,竹简并未明言,但显然它具有被动和静止的性质,这也才有"动性者"即物的存在价值。即是物将性从内向外"取"出来的,不取则性不出,"虽有性心,弗取不出"① 也。在这里,竹简与对中国哲学影响深远的《乐记》对性的规定较为相似。《乐记》云:"人生而静,天之性也;感于物而动,性之欲也。"在前半句,竹简虽未标示出"静"字,但"弗取不出"的规定已说明只能是非静莫属;而后半句以"性之欲"为"感于物而动"的前提的思想在竹简同样没有直接的反映,但这并不影响问题的实质。竹简称:"好恶,性也。所好所恶,物也。"② 好恶为性的内在规定,也即性有好恶之欲,好恶之欲的对象则正是引取触动人性之"物"。"物"所以能够"动"性,正是建立在性有好恶之欲的基础之上的。

当然,竹简不使用"性之欲"之类的概念,除了可能不如《乐记》的表述成熟外,也还因为竹简的重心在"生"上。在性生成情、欲之后,还要生成多方面的身、心属性和道德规范。那么,作为动性之物和"及其见于外"之性双方互动的产物,情、欲的概念体现着在这种互动关系中的人的性情走向及其价值追求,它的产生是性由被动转向主动并开始发挥作用的现实证明。

其二,"逢性者,悦也"。在物"动"性和性生情后,性情都已成为现实的存在。从本能的角度说,能够逢迎性者,当然是能悦吾心者,故谓"快

---

① 荆门市博物馆:《郭店楚墓竹简》,文物出版社 1998 年版,第 179 页。
② 荆门市博物馆:《郭店楚墓竹简》,文物出版社 1998 年版,第 179 页。

于己者之谓悦"①也。"快于己"之"悦"的种类在竹简是较为丰富的，既有感官快乐方面的各种物质欲望的满足，也有精神愉悦方面的对道义的的追求。竹简云："闻道而悦者，好仁者也。"②好仁闻道即是快于己者，感官快乐并不是性之要求的全部，当然这主要是指君子而言："君子美其情，（贵其义）③，善其次，好其容，乐其道，悦其教，是以敬安焉。"④显然，君子追求的情、义、次、容、道、教，总体上都属于精神快乐的一方，故每一种"美"、"贵"、"善"、"好"、"乐"、"悦"的活动，都是在实现着"逢性"的要求，都能够做到快于己。可以说，这是君子之为君子之境界所在。

不过，竹简虽以精神层面的"逢性者"释君子之快乐，但因为性情一致论的思想基础，并不因此就贬抑人情和下民在物质方面的需求。它说："凡人情为可悦也。苟以其情，虽过不恶；不以其情，虽难不贵。苟有其情，虽未之为，斯人信之矣。未言而信，有美情者也。未教而民恒，性善者也。"⑤从真实的人情出发，所追求之物当然地符合本性的需要，而不论它是属于精神还是物质的层面，这本来就是无可指责的。因而，如果能坚守这一前提，即便有过分的举动，也不应当简单否定。反之，如果不是出于本性所需，即使是难得之货，也不被看重。就此而言，竹简与《乐记》的价值导向有所不同。《乐记》以为："夫物之感人无穷，而人之好恶无节，则是物至而人化物也。人化物也者，灭天理而穷人欲也。"《乐记》由好恶"无节"而导出的灭理穷欲说及其所作出"大乱之道"的价值判断，对后来中国哲学、尤其是宋明理学的价值观影响深远，但竹简显然没有这一思想。因为所谓好恶"无节"也就是"过"，而"过"在竹简却并非判断善恶的根本标准。在这里，"以其情"是第一位的。

推广开来，如果能遵循人情，其可悦之举虽然尚未履行，人亦信之不

---

① 荆门市博物馆：《郭店楚墓竹简》，文物出版社 1998 年版，第 179 页。

② 荆门市博物馆：《郭店楚墓竹简》，文物出版社 1998 年版，第 151 页。

③ 所引文字，凡注释者在正文中使用"口"号而在注释中说明当系何字时，本文径行采用而加圆括号以示区别。

④ 荆门市博物馆：《郭店楚墓竹简》，文物出版社 1998 年版，第 179—180 页。

⑤ 荆门市博物馆：《郭店楚墓竹简》，文物出版社 1998 年版，第 181 页。

疑，甚至能够不言而信。之所以如此，就在于质朴善良的本性或"美情"是全部问题的最后根据。竹简的"性善"要早于孟子，按现有材料可能是中国历史上最早的性善论，当然其思想较孟子简单。孟子认为民情是有恒产者有恒心，在此基础上，"然后趋而之善"以"治礼义"①。由于这一工夫实际上也就是教化的过程，故与竹简以为"恒"在"教"之先的思想大致吻合。但孟子性善的实现毕竟立足于人先天具有仁义礼智"四端"的前提，而这在竹简作者并未给予明示。后者的"性善"远没有孟子复杂，它主要是指民生来所具的质朴醇厚的本性或曰"美情"，并因其质朴醇厚而"悦其教"。而且，"教"的作用不是强加德、礼的原则和规范于民，而是依据民情而引出德礼，使民由质朴的情性走向现实的规范。所谓"教，所以生德于中者也，礼作于情"②便是此意。

其三，"交性者，故也"。不论是动性还是奉性，都属于性与外物之间的相互交流，但这种交流由于以"美情"、"性善"为本，尚处于原始质朴的阶段，故可以在"未为"、"未言"的情况下予以实现。但是，随着性与外界交流的进一步加深和多向性的扩展，这种交流便脱离了原始质朴的阶段而表现为积极有为的有目的性的活动，"有为也者之谓故也"③。

有为之"交"是一种多方位多层面的活动。竹简说："闻道反上，上交者也。闻道反下，下交者也。闻道反己，修身者也。上交近事君，下交得众近从政，修身近至仁。"④"交"性之举至少有上交、下交和反己三层含义。"交性"的前提是闻道，只有闻道者才能实现自觉有为地与性的交流。所谓"闻道"，实际就是闻知由性情所引出的仁义道德之规范。君子闻道则喜，并生爱悦之情，故"闻道而悦者，好仁者也。闻道而畏者，好义者也。闻道而恭者，好礼者也。闻道而乐者，好德者也"⑤。闻道之知与爱悦之情是不可分的。在此基础上而生上交、下交和反己的不同的"交性"的活动。在这

---

① 杨伯峻译注：《孟子译注》，中华书局 1980 年版，第 17 页。
② 荆门市博物馆：《郭店楚墓竹简》，文物出版社 1998 年版，第 179 页。
③ 荆门市博物馆：《郭店楚墓竹简》，文物出版社 1998 年版，第 179 页。
④ 荆门市博物馆：《郭店楚墓竹简》，文物出版社 1998 年版，第 181 页。
⑤ 荆门市博物馆：《郭店楚墓竹简》，文物出版社 1998 年版，第 151 页。

里，上交谓之"反上"，是说闻道者转以其所知交通君上之性，这就好像是事君尽忠一样；而下交之"反下"，则是指闻道者转以其所知交通下民之性，这就好比是从政亲民一样；而反己之交，则是指闻道者以其所知体验自我之性，这就好像是修身克己走向仁德一样。因而，所谓交性之"故"，就是有意思有目的地使本性与上下内外不同的对象交流，并在这种交流中使性充分体现出作为积极主动的参与者的价值。

同时，竹简认为，"交"还可以分为是否"同方"、"同悦"而交等不同的情形。"同方而交，以道者也。"①"交"不仅是个体的行为，也是群体的活动，不同个体能以同样的方式交性，在于通行的是同一的规律即"道"，而"不同方而交"，则意味着除了共同遵守的社会道德准则外，还受特定的生活环境和指导思想的影响。当然，由于简文的缺损，其确切的含义只好存疑。"同悦而交，以德者也；不同悦而交，以猷者也。"②个体之间能够做到同为悦性而交，在于有生于同一之性的社会道德准则即"德"。至于"不同悦而交"，则既表现了交性活动的多样性，也说明了个体还有特定的利益需要，故还须借助谋略道术的手段。但是，不论同悦与否，"交性"都是有目的的自觉的活动。

其四，"厉性者，义也"。厉即砺，指磨砺性情以与外在的道德原则规范相适宜，故以"义"揭示之："义也者，群善之蕝也。"③义作为"群善之蕝"，是指人所处之不同关系、位次上所应具备和遵守之善德，如君义臣忠、夫智妇信、父圣子仁之"六德"便是如此。"六德"和"群善"都是用来磨砺和引导性情以适合社会秩序需要的。竹简以作为群善的代表的"义"来磨砺性情，目的是在人的内心确立起以"敬"为标志的道德境界，因为"义，敬之方也。性，物之次也"④。义的目标在敬，敬是对事物和人际交流中人所当处的恰当位次的自觉。有此自觉的心理基础，推而广之，就能谨守而不逾越社会国家的一切等次分位。

---

① 荆门市博物馆：《郭店楚墓竹简》，文物出版社1998年版，第181页。
② 荆门市博物馆：《郭店楚墓竹简》，文物出版社1998年版，第181页。
③ 荆门市博物馆：《郭店楚墓竹简》，文物出版社1998年版，第179页。
④ 荆门市博物馆：《郭店楚墓竹简》，文物出版社1998年版，第180页。

从而，敬又是与"严"即外在等次的严格和内在心态的严谨结合在一起的。竹简说："贵贵，其等尊贤，义也。以其外心与人交，远也。远而庄之，敬也。敬而不节，严也。严而畏之，尊也。"① 尊贤之等本是义的本质规定。其"外心与人交"或曰"远交"，都是谓义不是处理自我、而是处理人与人之间的外化的关系。在这里，竹简以"外心"和"远交"来规定"义"的观点，似乎是最早开启了战国时期流行的仁与义之在内、在外的问题的争端。《孟子·告子上》明确记载了告子和孟子、孟季子和公都子之间关于这一问题的讨论。《管子·戒篇》、《墨子·经说下》亦分别持仁内（中）义外和仁义统一的观点。而在竹简，尚未一般性地断言义是源于内还是起于外，但从其"外心与人交"必然已先有能交者于内以及庄敬、严肃、敬畏等情感终究发于心来看，义在心内似亦可成立。当然，如此的推论是按照孟子的思路。这里的关键在以何为评价标准。告子是从对象即"物取"，孟子则是从主体即心发，故从严格的意义上说，双方的讨论实不可能统一。而就竹简与孟子来说，考虑到二者同属于儒家且可能还有前后的继承关系，又使用大致相同的话语，如以"敬"释"义"的口径和"情生于性，礼生于情，严生于礼，敬生于严"② 等环环相扣的生成序列，判定义在心内不是没有道理的。但是，如果评价标准有变，义在心内也就必然要做出相应的调整。

其五，"出性者，势也"。势的概念在竹简，主要是在形势、时势、趋势的意义上使用，这也是战国时期一种流行的看法。孟了曾引齐人之言曰："虽有智慧，不如乘势。"③ 意味客观形势的发展或时势的走向是最具有决定意义的东西。"势"在这里实际上是在历史的必然性的意义上为其所使用。竹简云："物之势者之谓势。"④ 但何为"物之势"，作者未给出明示。按其意，物势显然与物不可分割，它所表示的应当是事物自身变化的形势或趋势。竹简之"物"能够"动"性，它必然已在运动变化之中，抽象静止之物非但不能动性，连自身的存在亦不可能。而物之运动变化也就是物之走势，一旦物

---

① 荆门市博物馆：《郭店楚墓竹简》，文物出版社 1998 年版，第 151 页。
② 荆门市博物馆：《郭店楚墓竹简》，文物出版社 1998 年版，第 203 页。
③ 杨伯峻译注：《孟子译注》，中华书局 1980 年版，第 57 页。
④ 荆门市博物馆：《郭店楚墓竹简》，文物出版社 1998 年版，第 179 页。

备势至，就能导致相应的结果发生。孟子认为，如果齐王肯行仁政，齐国之"势"能够事半功倍地促成统一天下目标的实现，即"势"能够"出"仁政、出功业。而在竹简，则主要是出性。

当然，所谓"出"性，在竹简本有两重含义，其一是"性自命出，命自天降"，即天、命"出"性。这是"性"之原始之"出"，也是"性"概之成立的基础；其二是此处的由"势"所出。显然，由势所出者不可能再是性本身，而只能是指性由潜存向现实的转化，亦即情欲、礼义等的生成。作者说："好恶，性也；所好所恶，物也。善不（善），口（也）。所善所不善，势也。凡性为主，物取之也。"① 性与物分置于主客双方，与"势"对立者则因其缺损不知究竟。但语句前后均为性物关系，居中之善不善与所善所不善的关系亦当离物、势不远。因而，善不善应当归于主体之价值评价手段，缺损的中心词则当与人相关或直接就是人。所善所不善则无疑是客观的价值对象或价值事实，也就是"物之势"，故物之"取"性的真实意义实在于势之"出性"。从"物"的概念深化到"势"，说明竹简对于性情的生成表现机制，有了更进一步的认识。至于"凡性为主"，则是说尽管物势能够取性出性，但毕竟属于外在的条件，性作为主体，终究是问题的中心和全部性情学说的唯一根据，故不能离性而言物、势。

其六，"养性者，习也"。性既与物、势相互作用，其生成流行必然要受到后者的制约和影响。从其制约影响的角度来言物、势，也就走向了"习"："习也者，有以习其性也。"② 自孔子提出"性相近也，习相远也"以来，这是第一次明确规定"习"就是习性。孔子的学说在后继者中开始得到呼应。从孔子到竹简，自同一天、命而来的人性本来"相近"，现实人性则又显然"相远"，由"相近"到"相远"，不但说明了人性的变化发展有多样性的可能，而且揭示了由这种可能转化为现实的唯一道路就是习，习之实践在多样性的可能中选择了每一特定人性向特定方向的发展和定型。从而，习之不同，性即不同。纳入到社会的价值系统，习对性的正面作用和影响就是"养"。

---

① 荆门市博物馆：《郭店楚墓竹简》，文物出版社 1998 年版，第 179 页。
② 荆门市博物馆：《郭店楚墓竹简》，文物出版社 1998 年版，第 179 页。

"养性"的概念在已有文献中最早由孟子提出,"存其心,养其性,所以事天也"①。但孟子之"养性"属于内在的心性修养工夫,与竹简之"习"并不在同一个层次。竹简之习并不局限于习染,它与行密切联系,具有社会实践且反复实践的意义,其心性观亦是建立在这一基础之上的。它称:"凡人虽有性,心亡奠(无定)志,待物而后作,待悦而后行,待习而后奠(定)。"②竹简没有"本性"的概念,心在这里是属于形气一方的知觉和意志行为。作为认识活动的主体,心离不开它发生作用的客体或对象,心在与外物接触前,它的主体地位、它的功能和作用都无从说起,而只能是"无定"的。待物取而后有动作,待愉悦而后有追求,待习行而后有定志。一句话,心性都必须也只能在习行实践的活动中才能得到培养,物的刺激是心性活动的必须前提。就此而言,竹简的心性论属于典型的反映论而非先验论,其方向是由客观到主观,与孟子由主观到客观的心性扩充功夫在路径上显然是有区别的。

进一步,由于习行实践是一个永不止息的过程,它对性的养育也就不可能有中断。故相对于新的环境而言,心性一方实际上总是处于待物取、待习行而后有动作的。"物"作为性情活动的基础和"凡物无不异也"的客观现实,使得性之异实际上早已暗含于前提之中。从而,与《中庸》从"天命之谓性"而来的以性为"天下之大本"的概念有别,性在竹简尚不具备一般的不变本体的地位,它的"四海之内其性一也"之性,实际上是非常具体的随人的生命存在而诞生的人的自然本性,亦即喜怒哀悲之气、刚柔强弱之质。如此的气、质始终是随习行而不断变化,日习即日养,日养则日变,从而使原始相近之性最终相远。从"习"比之"天"对于现实的人性具有更大的影响这一孔子思想的实质来说,竹简以习行长养性情的观点比《中庸》一次完成的天命之性更具有合理的意义。《中庸》之思想指导是天人合一,而竹简虽亦有天人合一,但主要是"天人有分"③,强调人的后天实践的意义。尽管以习行决定人性的实践第一的观点在儒家后来的发展中并未完全遵守,但是

---

① 杨伯峻译注:《孟子译注》,中华书局1980年版,第301页。
② 荆门市博物馆:《郭店楚墓竹简》,文物出版社1998年版,第179页。
③ 荆门市博物馆:《郭店楚墓竹简》,文物出版社1998年版,第145页。

直到明末清初，从王夫之的性日生日成说和颜元的习行成性观，仍然可以看出儒家这一优良传统的强大生命力。

其七，"长性者，道也"。性情的养育及其生长发展始终是在一个综合制约系统的作用下运行的，这一系统就是道。"道"之一词有多方面的含义，但在竹简，中心是讲人道。其言曰："道者，群物之道。凡道，心术为主。道四术，唯人道为可道也。"① 道作为规律性的存在，是万物活动的指导。而作为万物指导之道，本由人概括而出，故人的心计、思想起着极其重要的作用。在这里，"道"既谓其整体，也可指其中的部分，因为道又含有四道（四术）。不过，由于只有人道一"道"能够言说，故竹简论道便集中于人道。

竹简说："道始于情，情生于性。始者近情，终者近义。知（情者能）出之，知义者能纳之。"② 情是道之发端。由于情生于性，道始于情与始于性实际上并无二致。道所以从性情开始，可以从两个方面来解释：一是性情本为人的基本生命存在，人的生命抽象到最后就是一个性情。那么，人的全部活动也就只能从性情开始。作为人事活动规律之道，自然也就不能例外。二则是道本以心术为其主宰，而心术尽管有高低深浅，但出发点仍在于人的感性欲求。故代表着道的存在而指导着人们的活动的儒家经典，如《诗》、《书》、《礼》、《乐》等，"其始出皆生于人"，均是人之"有为"或曰心术活动的产物。当然，心术作为主宰不等于道的理由的全部，道之生成是在心术指导下的综合性的创造过程。

就道、情关系来说，道作为对性情的规律性、规范性的概括，它与本能的情欲发现并不完全相同。从其过程看，道既出于情，则其初始态固然与情不远，但随着其抽象程度的提高和逐步地规范化，它与质朴的情欲发现或冲动也就有了距离，而成为人之行为反倒要遵守的礼义制度和外在规范了。情与出于情之礼义事实上发生了异化。在这里，"知情者"当然是圣人，所以圣人能够"出"道而制礼义，它表现为圣人的比类论会、观察训导、体义节

---

① 荆门市博物馆：《郭店楚墓竹简》，文物出版社 1998 年版，第 179 页。

② 荆门市博物馆：《郭店楚墓竹简》，文物出版社 1998 年版，第 179 页。

次、理情出入等多方面的活动。但制作礼义本身不是目的，下一步的功夫是以礼义原则和规范教化众民。这种接受了圣人教化之民便是所谓"知义者"，从而能将礼义纳入其心。

那么，"长性"之道实际上包含有双重规定，一是从性情中概括即"长出"道，另一则是复纳道于性情之中即"长入"道，二者的结合才能使民由质朴善性走向自觉遵守社会道德规范的现实人性。这是竹简所提出和阐发而在后来儒家则相对受到忽视的重要观点。竹简又说："夫天生百物，人为贵。人之道也，或由中出，或由外入。"① 人能够贵于百物的根据，就在于人有"道"，此道本由内在性情概括而出，又由圣人教化灌输而入。其具体内容："由中出者，仁、忠、性。"② "由外入者"，文字惜缺。但参照紧随其后的"仁生于人，义生于道。或生于内，或生于外"③ 及其他各条，可能指义、智、礼、一类原则和规范。④ 但由此一来，义就不在心内而是由外所生了。所以如此，盖因义在这里不是指内在仁心的外化表现，而是指圣人和社会国家的教化过程，即将以义为代表的礼乐制度、原则和规范复灌之于民。对民而言，此义便是生于外且由外入。故仁义之间，不仅有表现与被表现的关系，也同时是"中出"与"外入"、"生内"与"生外"的相互结合。即仁人与义道的互补构成"人道"，二者缺一不可。竹简的这一思想虽然新奇，但它所贯穿的仍是知和行、认识和实践关系的最一般的原理。故谓："爱，仁也。义，处之也。礼，行之也。"⑤ 一方面，仁生于人之情爱，故爱为仁。仁爱规范的目的，在于确立起向善的价值导向。竹简称："爱善之谓仁。……丧，仁之端也。"⑥ 作为从人的内在性情中概括出来的道德规范，仁主要表现在对爱慕善的行为给出肯定的价值评价。以丧为仁之发端，正在于它所表达的是对亲人的至爱。也正因为如此，宰予不愿守三年之丧，而认为居丧时能

---

① 荆门市博物馆：《郭店楚墓竹简》，文物出版社 1998 年版，第 194 页。
② 荆门市博物馆：《郭店楚墓竹简》，文物出版社 1998 年版，第 194 页。
③ 荆门市博物馆：《郭店楚墓竹简》，文物出版社 1998 年版，第 194 页。
④ 竹简《六德》一文认为有圣、智、仁、义、忠、信"六德"，即除仁、忠、信外，还有圣、智、义三德。"由外入者"是否指此，谨备一说。
⑤ 荆门市博物馆：《郭店楚墓竹简》，文物出版社 1998 年版，第 211 页。
⑥ 荆门市博物馆：《郭店楚墓竹简》，文物出版社 1998 年版，第 198 页。

够安然食稻衣锦，便被孔子斥之为"不仁"。在这里，孔子评价的基本点就是"三年之爱"的人情。另一方面，由于仁与义的统一才能构成人道，故仅有仁爱规范还不够，还必须要处仁行仁，践履规范，使内在之仁与外化的、即表现于社会国家层面之礼义制度结合起来。如此之"人道"便是儒家理想的"唐虞之道"。竹简说："尧舜之行，爱亲尊贤。……爱亲忘贤，仁而未义也；尊贤遗亲，义而未仁也。"① 爱亲与尊贤、仁与义缺一不可。从道始于情到义生于道，从行仁处仁到仁义和合，所表述的都是同一个"道"的道理。

但是，"道"又不仅仅局限于仁爱礼义的道德价值，修身养性亦不是专指道德修养，道之出性入性，也包括人的自然性命在内，故需要"节乎脂肤血气之情，养性命之正，安命而弗夭，养生而弗伤"②。此段话前后虽有缺损，但仅就此也可以看出，养性养生在先秦也是儒家的特点之一，道之"长性"是包括人的道德和自然生命在内的统一体。特别是在人退位或不在位时，"退而养其生"③ 已成为主要的修身养性活动。从而，在人的整体性情都得到最适当的长养的基础上，君民上下，孝悌忠信，"上德则天下有君而世明，授贤则民兴教而化乎道"，"卒王天下而不疑"④。道之"长性"的最终趋向是天下一统和社会国家的长治久安。这一点是竹简作者也是整个儒家贯穿始终的根本价值导向。

（原载于《孔子研究》1999 年第 1 期）

① 荆门市博物馆：《郭店楚墓竹简》，文物出版社 1998 年版，第 157 页。

② 荆门市博物馆：《郭店楚墓竹简》，文物出版社 1998 年版，第 157 页。

③ 荆门市博物馆：《郭店楚墓竹简》，文物出版社 1998 年版，第 158 页。

④ 荆门市博物馆：《郭店楚墓竹简》，文物出版社 1998 年版，第 158 页

佛学与儒学

佛学与儒学作为中国传统哲学与文化的基本构成，长期影响和制约着中国社会的发展。儒与佛之间，既有相互敌视和争斗，也有相互借鉴和吸收。从先秦儒学、汉唐儒学到宋明新儒学，儒学盛衰的历史必然性可以从多方面予以总结，但儒学与佛学的相生相胜无疑最为引人注目。这一看似矛盾的情形，反映的正是中国哲学和文化发展的现实的需要。宋明新儒学——理学正是在佛学理论的刺激和熏习下，重新发掘先秦儒学的精髓而创立起来的。

一、儒佛之消长

佛教从汉代传入到清末，依照其势力的消长，在中国历史上可以划分出两大阶段，即汉魏晋隋唐（汉唐）与宋元明清（宋明）。前者可以说是佛长儒消，后者则无疑是佛消儒长。虽然早在佛教传入前，汉武帝采纳董仲舒建议，已开始颁行了"罢黜百家，独尊儒术"的国策，但自魏晋至唐末五代，中国学术发展的真实情况却是"儒不独尊"，玄学、佛教和道教哲学成为了这一时期思想发展的主流。而其中犹以外来佛学在中土的兴起繁荣乃至成为第一"显学"为最为瞩目。

考察一下佛教哲学在中国社会的发展，不难发现，佛学在汉唐时期所以能够一天天兴盛并最终压倒儒学，根本上是因为它的理论的精致性、思辨性和神秘化为汉唐儒学所不能及。相形之下，汉唐儒学不但未能从先秦儒学的高峰继续前进，反而是停滞倒退。儒家反佛的基本武器——纲常人伦虽然是现实的、具体的，但却是经验的、表面的，并被束缚于佛教建构的假有、虚幻的生灭世界之中，解释不了佛教提出的真如、实相的哲学本体。进一步，佛教提出的假有与真空、虚幻与实相的相即相离、不着两边，事相之中同一真理平等显现，一即一切，一切即一，在汉唐儒家更是匪夷所思，也就很难谈得上进行有效的反击了。

从总体上说，汉唐儒家对佛教的批判，除了范缜在形神关系的论战中取得了胜利外，其他则基本上都处于下风，韩愈便是其中的主要的代表。韩愈以仁义为定名，道德为虚位，强调仁义内容与道德形式必须相互统一。以这样的观点来反驳佛教不能说完全没有道理，但显然在理论上并不使人觉得深刻。因为"道德"的要害不在于它与仁义的关系，而在于它与"人"的关系。但恰恰在这一点上，韩愈没有能给予应有的重视。在他这里，道与人是可分可合的。如此的道人相"分"，带给了韩愈一个致命的理论缺陷，即儒家的理论完全落在了形而下的具体经验层面即伦常关系之中，丢掉了以《论》、《孟》、《易》、《庸》为代表的先秦儒家的思辨精神和形而上下不离的哲学传统，所以不可能在理论上取得突破并战胜佛教。

儒佛之间的相互争斗和冲突并不是问题的全部，双方也存在相互借鉴和吸纳的一面。从汉唐到宋明，这两方面的趋势都在发展，但各自的势头却有强弱的不同。宋代理学兴起，开始了中国社会实实在在的"独尊儒术"并沿至清末不衰。理学通常被称为儒释道三教合一的产物，事实上也的确是如此。但三教之间，儒佛的折衷调和无疑更为重要。理学如何取之于佛又超胜于佛，是宋明时期儒佛关系中最为核心的问题。

宋代理学家接过了韩愈的道统说，但却否认韩愈本人接续道统的资格，从韩愈抓不住儒家"道"论的基石在道物不离、道不远人来说，理学家的观点确有其合理处。理学家们否定汉唐而遥接先秦孔孟的道统，并在佛教本体理论的刺激下，重新审视了被汉唐儒家丢弃了的先秦儒家本体论思辨的基本精神，力图将佛教的空有、体用不二观与儒家传统的道不远人思想整合起来。

先秦孟子已提出仁与人合而为道，《中庸》则明确称："道也者，不可须臾离也；可离非道也。"又说："道不远人，人之为道而远人，不可以为道。"正是基于此，道学奠基人二程提出了无处不有道的道物一体观："道之外无物，物之外无道，是天地间无适而非道也。"① 后来的朱熹通过对《中庸》道不离物思想的总结，进一步认为："道者，日用事物当行之理，皆性之德而具于心，无物不有，无时不然，所以不可须臾离也。若其可离，则为外物而非道矣。"② 在这里，所谓"性之德"亦即"五常"之德，不但不存在道与仁义相脱节的情形，而且形上之道本具于日用事物和人之心性之中，无时无处不在并发生着作用。从此出发，否定汉唐的程朱的道统说便有了韩愈的道统说所不具有的新的意义。即在汉唐，儒家丢弃了先秦儒学对道物一体和内在性理的关注的传统，结果只能是"道之所寄不越乎言语文字之间"③。这一观点实际上披露了理学家的两大企图：一是认定汉唐儒学是脱离了"道"的儒学，故需要否定和超越；二是"道"又内在于儒家典籍的"言语文字"之中，为新儒学发掘光大其道提供了前提和可能。正是基于此，二程才可能"得有所考以续千载不传之绪"，并将书载之道还原为人们的日用常行之道。

而就另一方之佛老来说，朱熹将其理论定位于"弥近理而大乱真"④。那么，问题便集中在佛教何以能"弥近理"而"大乱真"、即大乱儒上。由此所引出的，就是在承认佛学与儒学有其相似之处外，将重点放在了理学对佛学的批驳和超越上。

二、性善与本静

唐代儒家思想家柳宗元在为中国禅宗实际创始人慧能撰写的碑文中，称赞慧能"其教人，始以性善，终以性善，不假耘锄，其本静矣"⑤。柳宗元的这一评价在中国思想史上可以说具有经典的意义，即以性善和本静判定佛教的理论价值，并由此而断言"浮屠诚有不可斥者，往往与《易》、《论语》

① （宋）程颢、程颐：《二程集》，王孝鱼点校，中华书局 1981 年版，第 73 页。
② （宋）朱熹：《四书章句集注》，中华书局 1983 年版，第 17 页。
③ （宋）朱熹：《四书章句集注》，中华书局 1983 年版，第 15 页。
④ （宋）：朱熹：《四书章句集注》，中华书局 1983 年版，第 15 页。
⑤ 石峻等编：《中国佛教思想资料选编》，第二卷第四册，中华书局 1983 年版，第 355 页。

合，诚乐之，其于性情奭然，不与孔子道异"[1]。柳宗元这里虽直接是指禅宗而言，但从他多方面的论述可以看出，也可泛指一般的佛教理论。他将佛教"不与孔子道异"而"与《易》、《论语》合"的理论集中于"性情"，说明佛教在性情问题上的主张是能够为儒家所接受的。

在这里，所谓"与《易》、《论语》合"的说法需要具体分析。在《论语》中，实只有"性近"而没有"性善"的思想，情的概念亦不与性善相连。《论语》所言善是后天的培养教育即"习相远"的产物。"性善"的观念是孔子后学、尤其是到孟子的时候才大张其"道"的。至于《周易》中之善，与孟子的理路并不相同，《周易》所讲的仍然是后天之善，又尤其注重"积"的工夫。"积善"才有余庆，"积善"才能成名。但《周易》的一个重要特点是提出了"性情"的概念，所谓"利贞者，性情也"[2]。"利贞"接"乾元"，表明的是天道创始嘉美万物的仁义善德，这一善德源于内性而发为外情，重点在"善之长"的仁德的发育长养过程。由此也就使"性情"的概念带上了生成论和本体论的的意义。大约在同一时候，作于孔子后学、通行本《礼记·乐记》和新近整理出版的《郭店楚墓竹简》，不但大谈性情，而且《乐记》还提出了经典意义的"人生而静，天之性也；感于物而动，性之欲也"的人性本静的思想。这就使性不但与善关联，而且与静不可分。

那么，由本静、性善到积善的思想，虽不直接出于孔子，但可以认定是出于孔子后学，基本符合孔子的思想，是孔学的一贯之"道"。纳入柳宗元的理路，本静、性善即"始以性善"，而积善、成人则是"终以性善"。这既是儒家性善论的基本宗旨，在柳宗元也是佛教"诚有不可斥者"的精华所在。

当然，从历史的角度看，印度佛教最初并无"性善"的思想。佛教作为挽救灵魂、追求超脱的宗教，是以人生为苦、以肉身为恶、以佛性否定人性、以来世否定今生为其立论的基础的。但这一套理论传到中国后，由于与儒家思想的相互作用而发生了变化。来世向今生靠拢，佛性向人性回流，

---

[1] 石峻等编：《中国佛教思想资料选编》，第二卷第四册，中华书局1983年版，第366页。

[2] （宋）朱熹：《周易本义》，苏勇校注，北京大学出版社1992年版，第165页。

"性善"的思想便由此而生。反映在文献上，中国最早宣扬佛教思想的著作《牟子理惑论》提出了"人道法五常"的观点。书中所述"怀善者应之以祚，挟恶者报之以殃。未有种稻而得麦，施祸而得福者也"①的思想，与《周易》的旨趣实际上并无二致。但也正因为如此，在相当长的时间里，佛教之劝善惩恶主要都集中在后天的教化上，如东晋郗超的《奉法要》讲"五戒"、"十善"都属于后天的修持工夫。所谓"五戒检形，十善防心"也，并就近取譬，将儒家的忠恕之道吸收了进来。他说："即近而言，则忠恕之道；推而极之，四等之义。四等者何？慈、悲、喜、护也。"②郗超在吸纳儒家思想的同时，又判定了各自教义的高低。"忠恕"毕竟只是就"近"而言，推到终极，则当以佛教本有的修持境界为上。儒佛共同讲求的道德修养，已经预设了两家终极指向的差异。

在儒家，"忠恕"之道不仅是现象层面的解决人与人之间推己及人之爱的问题，更重要的是要通过此一手段去维护上下尊卑的宗法等级制度。因而，如果儒佛在"恕"之一方的"博爱兼拯"、"推己恕彼"并无分歧的话，在"忠"之一方则明显有了不同，从而也就引起了激烈的沙门敬不敬王者的争论。佛教也就必须为其主张曲为辩护，以说明外在形式上的不敬王并不妨碍内在实质上的助王。慧远说："是故内乖天属之重而不违其孝；外阙奉主之恭而不失其敬。……如今一夫全德，则道洽六亲，泽流天下，虽不处王侯之位，故已协契皇极，大庇生民矣。"③

是否敬主忠君在形式上的差异并不应妨碍"协契皇极，大庇生民"的维护社会等级制度和统治秩序的目的，而通过"全德"所引致的"道洽六亲，泽流天下"的进德修业之功，在本质上与孟子倡导的君子"穷则独善其身，达则兼善天下"④的价值内涵完全可以相容。换句话说，儒家依靠忠君敬上的礼制来维护的等级制度，可以而且也应当利用佛教的阴助教化来加以补

① 周叔迦辑撰、周绍良新编：《牟子丛残新编》，中国书店2001年版，第4、13页。
② （东晋）郗超：《奉法要》，载（梁）僧祐：《弘明集》，（台北）中华电子佛典协会（CBETA）2009年版，第88页。
③ 石峻等编：《中国佛教思想资料选编》第一卷，中华书局1981年版，第99页。
④ 杨伯峻译注：《孟子译注》，中华书局1980年版，第304页。

充。而更重要的是，后者不但能补前者之不足，而且还能收到前者所不能收到之功效。佛教的这一特殊作用不仅为佛教学者自己所宣传，也为儒家学者所接受。刘禹锡便以为："天生人而不能使情欲有节，君牧人而不能去威势以理至有。乘天工之隙，以补其化；释王者之位，以迁其人。则素王充中枢之教，懋建大中；慈氏起西方之教，习登正觉。"① 人追求情欲的满足实际上是作为有形生命存在的人的本能所致，荀子以"性恶"补充性善对此已有充分的阐发，所以也才需要君王的化性起伪即社会国家的教化。

但是，君王和国家的教民从善并非像风吹草偃的关系那样是纯粹的引导，而往往是凭借"威势"、"王位"强制实施的。因而，实际上很难做到儒家所向往的"心服"，这也就给佛教留下了发挥自身特有的劝善功能、以补儒教之不足的充分的余地，所谓"革盗心于冥昧之间，泯爱缘于生死之际。阴助教化，总持人天，所谓生成之外，别有陶冶"②。佛教的劝善比起儒家的德教来更容易深入人心，更容易起到潜移默化的作用。而且，从收效和可操作性的角度来说，儒家的德教既考虑的是"生成之内"的问题，必然以肯定人性、人生为前提；但儒家却又倡道义而贬人欲，在人性和与人性同在的人欲之间一取一舍，其所谓"中道"事实上极难把握。

在这里，刘禹锡所强调的佛教于"生成之外，别有陶冶"的观点，其实正是佛教极力要发明的。慧远当年在为沙门不敬王者所作的辩护中便已经指明："[佛教] 其为教也，达累患缘于有身，不存身以息患，知生生由于禀化，不顺化以求宗。求宗不由于顺化，故不重运通之资；息患不由于存身，故不贵厚生之益。此理之与世乖，道之与俗反者也。"③ 佛教不存身，不厚生，形式上虽与儒家主张相反，但由于一切为盗作乱率都由存身厚生所起，如果淡化掉身、生的基础，便能从根本上超越"生成"的羁绊，在心底里泯灭爱欲恶念，从而彻底消解了为盗作乱之心。这对于儒家竭力维护的社会国家的统治秩序，只会是有益无害。

因而，刘禹锡认为，儒之与佛完全是互补而共济的关系。孔子讲中道建

---

① 石峻等编：《中国佛教思想资料选编》第二卷第四册，中华书局 1983 年版，第 377 页。

② 石峻等编：《中国佛教思想资料选编》第二卷第四册，中华书局 1983 年版，第 377 页。

③ 石峻等编：《中国佛教思想资料选编》第一卷，中华书局 1981 年版，第 99 页。

皇极，确立国家的价值导向；佛教则引导个体自觉自律，使国家的价值导向转换为自我的实践追求。故儒佛之间，"亦犹水火异气，成味也同德；轮辕异象，致远也同功"①。异气、异象的差别刘禹锡并不否认，但如此的差别只是外"迹"之别而非其真性，就其真性来看，二教可以说是"同德""同功"的。

　　作为对立方，韩愈指斥佛老只是"欲治其心而外天下国家，灭其天常，子焉而不父其父，臣焉而不君其君，民焉而不事其事"②不能说没有道理，佛教"髡而缁，无夫妇父子，不为耕农蚕桑而活乎人"也有事实根据，然"退之（韩愈）所罪者，其迹也"③。韩愈所抓住的，其实只是"迹"之一方。而既将眼光限制于"迹"，看不到殊途可以同归，"迹"异不妨"心"同，在理论上也就显得苍白乏力。如此"知石而不知韫玉"④确实点出了以韩愈为代表的部分儒家学者在反佛问题上存在的盲目性和片面性。

　　事实上，韩愈既无法解释佛教"弃其父子，绝其夫妇""然而民皆相率而归焉者"⑤的现实，也回答不了封建国家的统治者——在一定意义上这是儒家政治理想的化身，却为何多半都支持和利用佛教的问题。从唐宗宋祖到明太祖，可以说无不如此。其实，道理要讲也很简单，一句话，"以佛有为善之说故也"⑥。朱元璋言，儒为阳教主实，其"立纲陈纪，辅君以仁，功莫大焉"；释、道为阴教主虚，其"化凶顽为善，默佑世邦，其功浩瀚"⑦。故三教之间，就是一种互不相离又互为补充的关系："尝闻天下无二道，圣人无两心，三教之立，虽持身荣俭之不同，其所济给之理一。然于斯世之愚人，于斯三教，有不可缺者。"⑧三教之"理一"就"一"在对于维护国家统治来说，阳治与阴助两方面的手段缺一不可。故历代统治者在以儒学作为国家统

---

①　石峻等编：《中国佛教思想资料选编》第二卷第四册，中华书局1983年版，第377页。

②　（唐）韩愈：《韩昌黎全集》，中国书店1991年版，第174页

③　（唐）柳宗元《送僧浩初序》引，见《柳河东全集》，中国书店1991年版，第285页。

④　（唐）柳宗元《送僧浩初序》引，见《柳河东全集》，中国书店1991年版，第285页。

⑤　（宋）欧阳修：《本论》（下），见《宋元学案·庐陵学案》，中华书局1986年版，第200页。

⑥　（宋）欧阳修：《本论》（下），见《宋元学案·庐陵学案》，中华书局1986年版，第200页。

⑦　石峻等编：《中国佛教思想资料选编》第三卷第三册，中华书局1989年版，第236页。

⑧　石峻等编：《中国佛教思想资料选编》第三卷第三册，中华书局1989年版，第231页。

治思想的同时，也是三教合一论的直接倡导者。那么，佛教之"治心"，至多就只是"外"儒家伦常，而绝非想要"外天下国家"。这既是佛教在与儒家的长期争辩中所坚持的一个基本原则，也为历史实践的检验所确认。

三、动静与善恶

韩愈反佛的重要理论工具是性三品。韩愈的性三品虽也以仁义礼智信五德为善，但却不赞成孟子的性善论，认为性善与性恶、性善恶混一样，都是得其一而失其二。这虽然是出于他反佛老以贬斥佛老于下品的实践需要，但因背弃了儒家性善的基调而没有得到广泛的响应和支持。与韩愈有师生之谊且极为推崇韩愈的李翱，便走上了另一条坚持儒家性善又吸收佛教情恶的观点的道路，构造出了儒家新版本的性善情恶说。

李翱说："人之所以为圣人者，性也；人之所以惑其性者，情也。喜、怒、哀、惧、爱、恶、欲七者，皆情之所为也。情既昏，性斯匿矣。非性之过也，七者循环而交来，故性不能充也。"[1] 性本善而为情所惑，恶是情之动的结果。在这里，所谓性善，李翱实际上是以中国佛教所谓"心性本觉"的思想来解释的，圣人便是人之"先觉者"，既觉则不昏不惑。而觉之之方，也就是复性之方，在此他接过了《周易》"无思无为、寂然不动，感而遂通天下之故"和《礼记·乐记》"人生而静，天之性也"的模式来处理，即性本为静。而"复性"便是由动而惑的恶的人情复归到静而觉的善的本性，即"本觉"又成为了"本静"的手段和保障。

他又说："弗虑弗思，情则不生；情既不生，乃为正思，正思者，无虑无思也。""情者，性之邪也。知其为邪，邪本无有。心寂不动，邪思自息。惟性明照，邪何所生？"[2] 在这里，静或动既是善恶行为的前提也是评价善恶的标准。李翱虽也讲过"知本无有思，动静皆离，寂然不动者，是至诚也"的话，但所离之静乃是作为动的止息状态的现象层面之静，而非本体层面

---

① （唐）李翱：《复性书》（上），《全唐文》第 7 册，山西教育出版社 2002 年版，第 6433 页。

② （唐）李翱：《复性书》（中），《全唐文》第 7 册，山西教育出版社 2002 年版，第 6435 页。

的至上境界之静；现象态之静是相互转化不息的，而"动静不息，是乃情也"①。所以，需要超越此动静而回复到"寂然不动"的本原之静上，这也就是《中庸》所谓"至诚"的境界。"至诚"则意味着复性的完成，实现了回归先天本性的任务。不过，从道德论上说，超越动静的实质在祛除欲望，欲望本属于动的范畴，圣人"所以教人忘嗜欲而归性命之道也"②，将儒家的寡欲与佛教的禁欲结合了起来。

当然，李翱以性善和本静相结合的复性之方与佛教的修善求净并不完全相同，但毕竟静的目的是净，静心乃是为不陷溺于欲，与佛教的不染实质上可以相通。儒家的"清静"可以代换为佛教的"清净"。慧能便是以"清净"来形容佛性的，认为："若欲修行，在家亦得，不由在寺。在寺不修，如西方心恶之人；在家若修行，如东方人修善。但愿自家修清净，即是西方。"③就是说，佛教修行就是修心性而去恶从善，故出家与否并不重要，坐禅入定工夫亦只是追求清净的外在形式。因而，出家而不修善，在西方亦为恶；不出家而修善，在东方亦可成西方之佛。慧能实际上是将佛教的出家修行改造为在家修性，这与儒家的性善和去恶从善可以说是相容的，也就难怪其能在儒家的思想代表那里引起共鸣了。

理学开山周敦颐力倡"主静"，虽然自注之"无欲故静"在形式上是对老子"无欲以静"思想的继承，但由于静的目的在"净"，也反映了佛教坐禅入定实践的影响。其指向如同他《爱莲说》中莲花的品格一样，"出淤泥而不染"，即通过主静的工夫"灭染成净"，从而显现出至善的本性（佛性）。故"无欲"不止是儒家的寡欲和老氏的无欲，也是佛教的去污染。

与周敦颐处于同一时代的禅师契嵩，对于儒佛之心一迹异有一个典型的总结。他说："古之有圣人焉，曰佛，曰儒，曰百家，心则一，其迹则异。夫一焉者，其皆欲人为善也；异焉者，分家而各为其教也。圣人各为其教，故其教人为善之方，有浅，有奥，有近，有远，及乎绝恶，而人不相

① （唐）李翱：《复性书》（中），《全唐文》第 7 册，山西教育出版社 2002 年版，第 6435 页。
② （唐）李翱：《复性书》（上），《全唐文》第 7 册，山西教育出版社 2002 年版，第 6434 页。
③ 郭朋：《坛经校释》，中华书局 1983 年版，第 71 页。

扰，则其德同焉。"① 契嵩在这里提出了一个重要的观点，即"为善之方"或"善道"是多种多样的，没有任何理由说只有儒之一方一道才是天下唯一的善道，也不能因为儒家讲善就反对别家讲善。儒家历来以所谓"先王之道"、"先王之教"为唯一的善道而贬斥佛老为异端，讲"天下一君也，中国一教也，无他道也"② 其实没有任何站得住脚的理由。《周易·系辞下》通过孔子之口道出的"天下同归而殊途，一致而百虑"的观点，事实上已为如何判定儒佛之"殊途""百虑"的问题提供了经典的依据，这也可以说是从方法论角度来说的佛可与《易》、《论语》合。而后儒反倒未与先儒合。"见其心，则天下无有不是；循其迹，则天下无有不非。"③ 契嵩的观点较之韩愈，显然具有更多的合理性。

契嵩论心一迹异与他言性同情异是相互发明的。从《乐记》到李翱，均已看到善恶与动静相关，注意到了人性论与本体论的密切联系。但作为汉唐人性善恶观主体的性三品的观点则显然没能在此问题上有所深入，强调并深化这一问题的却是本为异端的佛教。契嵩说："善恶，情也，非性也。情有善恶，而性无善恶者何也？性，静也；情，动也。善恶之形，见于动者也。……情则孰不异乎？性则孰不同乎？"④ 性体既"静"而未发，则无所谓善恶。结合《乐记》的"人生而静"，此时有性无情，也就谈不上有善恶，善恶是因物动而生成，即感于物之后的产物。由于人感于物而动的具体情形各不相同，"情"也就有了诸多的善恶不等的差异。所以契嵩不同意孟子在"性"上区别人、物和贤、圣的观点，而认为区别只在"情"上，即以《乐记》的"性之欲"来解释。那么，儒释之"本静"的问题也就不仅仅限于修养观上，而是将重点转向为本体论了。

在北宋理学，对于动静与善恶问题的认识，在一定意义上正是接着契嵩往后走的。程颢以为："盖'生之谓性'，'人生而静'以上不容说，才说

---

① 石峻等编：《中国佛教思想资料选编》第三卷第一册，中华书局1987年版，第278页。
② （宋）石介：《徂徕石先生文集》，陈植锷点校，中华书局1984年版，第153页。
③ 石峻等编：《中国佛教思想资料选编》第三卷第一册，中华书局1987年版，第279页。
④ 石峻等编：《中国佛教思想资料选编》第三卷第一册，中华书局1987年版，第294页。

性时，便已不是性也。"① 程颢比《乐记》和契嵩更进了一步，认为在严格意义上，连"性"之概念也无法表达，一旦表达，就已经是性之发动而善恶生，亦即"人生而静"以下之性了。所谓"凡人说性，只是说'继之者善也'，孟子言'人性善'是也"②，不论言性善还是性恶之性，其实均是后天所起，均与本性无关，本性只是静而无所谓善恶。到南宋初，二程后学胡安国、胡宏父子继续程氏的这一思路，进一步提出了"善不足以言性"、"性善"为"叹美之辞"而实"不可以善恶辨"的观点，强调性作为本体是超越后天的善恶评价的。③ 朱熹后来评论说，胡氏父子的观点（朱熹概括为"性无善恶"）最早经由杨时得自一位"深通佛书，有道行"的隐士常摠。其实，常摠的观点究竟如何尚无实据。而且，即便如此，这也比契嵩晚了半个多世纪，更不用说在契嵩之前如延寿等人就已表达了类似的思想。但是，朱熹认为"性无善恶"的思想来源于佛教却是可以成立的。这一思想对后来中国心性论哲学的发展影响极大，直至明代王守仁讲"无善无恶是心之体，有善有恶是意之动"④，讲"心之本体，原自不动。心之本体即是性，性即是理。性元不动，理元不动"⑤ 等，均可以从性本静而超越善恶的角度上去给予解释。

四、心源与一多

儒家自汉代定于一尊以后反倒走下坡路，在佛老面前一直处于守势，也有自身的值得总结的原因。这即对于本体论层面的天道性命等等缺乏深入的研究。《论语》记载孔子罕言"命"，"性与天道不可得而闻"，所以刘禹锡在赞扬佛教的同时，便承认儒家有"罕言性命"的弊病。⑥

---

① （宋）程颢、程颐：《二程集》，王孝鱼点校，中华书局 1981 年版，第 10 页。
② （宋）程颢、程颐：《二程集》，王孝鱼点校，中华书局 1981 年版，第 10 页。
③ （宋）胡宏：《胡宏集》，吴仁华点校，中华书局 1987 年版，第 333、332 页。
④ （明）王阳明：《王阳明全集》，吴光等编校，上海古籍出版社 1992 年版，第 117 页。
⑤ （明）王阳明：《王阳明全集》，吴光等编校，上海古籍出版社 1992 年版，第 24 页。
⑥ 石峻等编：《中国佛教思想资料选编》第二卷第四册，中华书局 1983 年版，第 377 页。

本来，《周易》已有"穷理尽性以至于命"的思想，但在汉以后未能得到继承和弘扬。故与刘禹锡处于同一时代的华严五祖宗密，在比较三教时便以为："策万行，惩恶劝善，同归于治，则三教皆可遵行；推万法，穷理尽性，至于本源，则佛教方为决了。"① 宗密对于儒佛之异同的见解，显然已站在了更高的层面上。即"同"在实践层面的惩恶劝善，而"异"在理论层面的求本探源。先秦儒家虽已有这方面的思想片断，但在完备性和系统性上则远不如佛教。

在这里，宗密所说的佛教的"本源"，实际上也就是"心源"。故"欲成佛者，必须洞明粗细本末，方能去末归本，返照心源"②。以心为本源是佛教区别、超越于传统儒学的最明显的标志。但在宗密，由于从《大乘起信论》流传而来的"一心二门"的思维导向，故不仅要论其心，还要对心作具体分析。心在华严是性与相、不变与随缘的统一体，所谓"不变是性，随缘是相，当知性相皆是一心上义。今性相二宗互相非者，良由不识真心"③。性是真如本体，故不变，但不变之体又随缘而表现为不同的"相用"，变与不变本相互贯通，而心则是统一变与不变的最后的实体。"故马鸣菩萨以一心为法，以真如生灭二门为义。论云：'依于此心，显示摩诃衍义。'心真如是体，心生灭是相用。"④ 心有真如体和生灭用"二门"，二门既依于心又彰显心，故宗密反对相宗将心只视为八识而有生灭的观点，认为这是只抓取了真心的随缘之义，而忘记了作为"体"之一方的不变的真如。而一旦忘掉了真如，也就否定了真心，否定了作为佛教立教基石的真如佛性。

当然，在宗密亦非一提心便是指真心，真心只是诸心之一，五脏心、缘虑心、集起心等等均非真心。但一心二门之心无疑是真心。故又称："前三（心）是相，后一（心）是性，依性起相，盖有因由；会相归性，非无所以，性相无碍，都是一心。"⑤ 因而，五脏心、缘虑心、集起心等等虽也属于

---

① 石峻等编：《中国佛教思想资料选编》第二卷第二册，中华书局 1983 年版，第 387 页。
② 石峻等编：《中国佛教思想资料选编》第二卷第二册，中华书局 1983 年版，第 387 页。
③ 石峻等编：《中国佛教思想资料选编》第二卷第二册，中华书局 1983 年版，第 428 页。
④ 石峻等编：《中国佛教思想资料选编》第二卷第二册，中华书局 1983 年版，第 428 页。
⑤ 石峻等编：《中国佛教思想资料选编》第二卷第二册，中华书局 1983 年版，第 429 页。

"心"的范畴，但由于有生灭消长而只能归于"相"即随缘变化的的作用一方，而"性"则因其无生灭和体常不变，才成为了真心或本心的代表。当然，其他各心由于均是依性而生，也有其存在的理由，故可以通过由相返性的途径而使性相统一起来，于一心之中融通无碍。在此意义上，一心二门的实质就是"一心性相"①。

不论是一心二门还是一心性相，都集中体现了佛教心性哲学集中于体用观的基本特点。同时，由于"性"与心体直接同一，"相"却主要反映杂多的现象差异，故性相或体用之间又是一多相摄、"月印万川"的关系。这两方面对宋代理学本体论的形成和发展都有重要的影响。

首先，心统性情。由于"天命之谓性"，故儒家学者在总体上都认为性代表天命，是客观不变的本体，是人之所以为人的内在根据。但性如何证明并表现自身的存在的问题，却是传统儒学所未能解决或者说不甚关心的。佛教从性相圆融、即体即用的角度将本体与现象的关系揭露得相当彻底，这就在暴露儒家理论缺陷的同时，又使儒家有了改造和提高传统儒学理论水平的可能。但佛教大都谈性相、色心、真如生灭云云，以幻相、形色、生灭等描述现象世界的虚妄，即"相"在他们都属于虚幻的范畴。新儒家却将传统儒家作为性的具体表现的情的范畴继承了下来，使"情"既与人的心理活动相关，又具有一般本体的表现和作用的意义。这便是张载所提出的"心统性情"的思想。② 在这里，情的范畴显然较生灭为优，因为它既是本性的当然恒定的表现，又与外界相联系而适应不同的生存环境。因而，"情"包容生灭但又超越了生灭，它是真而不是幻，所以张载紧跟着便强调"发于性则见于情，发于情则见于色，以类而应也"③。既是"以类而应"，则情色就是性之发现的必然结果，而非随缘而生灭变化的幻相。"'性''情'皆从心"④ 也。这是儒佛性情（相）关系的最为根本的区别。

其次，性未发情已发。性发为情，未发则属于性本身。心统性情的寓意

① 石峻等编：《中国佛教思想资料选编》第二卷第二册，中华书局 1983 年版，第 428 页。
② （宋）张载：《张载集》，中华书局 1978 年版，第 374 页。
③ （宋）张载：《张载集》，中华书局 1978 年版，第 374 页。
④ （宋）黎靖德编：《朱子语类》，王星贤点校，中华书局 1986 年版，第 91 页。

也就是心统未发已发。而未发即体，已发即用，所以程颐便以一心而统体用为解，所谓"心一也，有指体而言者，有指用而言者"①。程颐的心分体用与张载的心统性情在朱熹看来实是"相似"，因为双方所遵循的，都是一心二门的进路，即性情或体用都统一于一心。但程颐又将《周易》论心的"寂然不动"与"感而遂通"吸收了进来，认为喜怒哀乐未发之心便是寂然不动，是心之体，而感而遂通则属于已发，即心之用。这与程颢从《乐记》出发的"'人生而静'以上不容说，才说性时，便已不是性也"②不完全相同：程颢是从存在上说，即性之体本静而未发，动之用便属于已发即情了；程颐则是从修养上说，认为未发之前的寂然不动状态"谓之静则可，然静中须有物始得，这里便〔一作最〕是难处。学者莫若且先理会得敬，能敬则自然知此矣"③。

在这里，儒佛对于体用和未发已发的看法，无疑是相近的，但二者的重心和目的却不相同。在佛教是从随缘变化的幻相中觉醒，从烦恼中悟得菩提，故对于情用一方，因其为假为幻，在价值上便是否定的。烦恼与菩提的联系是外在的联系，悟道超脱的同时就是对幻相烦恼的摒弃。而儒家既肯定由体到用、由性而情的发现，故对于情用一方在价值上是肯定的，体用之间存在着内在的联系。换句话说，性体不是随缘的独立实体，而只是情用中之"则"，并不与情用"异体"。故得体并不弃用，而由用方能得体。因而，儒佛之别不是"别"在体上，而是"别"在用上。胡宏言曰："学圣人之道，得其体，必得其用。有体而无用，与异端何异？"④实"用"是区别开儒佛的最后的根据。

再次，理一分殊。理学的理一分殊思想，无疑深刻地打上了佛教"月印万川"说的烙印。玄觉曰："一性圆通一切性，一法遍含一切法。一月普现一切水，一切水月一月摄。"⑤佛性与万物之性、佛法与三世诸法相融互

---

① （宋）程颢、程颐：《二程集》，王孝鱼点校，中华书局 1981 年版，第 609 页。
② （宋）程颢、程颐：《二程集》，王孝鱼点校，中华书局 1981 年版，第 10 页。
③ （宋）程颢、程颐：《二程集》，王孝鱼点校，中华书局 1981 年版，第 201—202 页。
④ （宋）胡宏：《胡宏集》，吴仁华点校，中华书局 1987 年版，第 131 页。
⑤ 石峻等编：《中国佛教思想资料选编》第二卷第四册，中华书局 1983 年版，第 145 页．

含，本体与现象、体与用相即相摄，这本是传统儒家所没有的思想，朱熹事实上于此有明确说明。但他却要将根子扎在儒家，强调儒家的道统和思想渊源。

他认为，《中庸章句·三十章》所讲的"辟如天地之无不持载，无不覆帱；辟如四时之错行，如日月之代明，万物并育而不相害，道并行而不相悖。小德川流，大德敦化，此天地之所以为大也"便是讲的理一分殊的道理。因为其中所发明的，正是"大底包小底，小底分大底"①。双方的关系，是"大德者，万殊之本；川流者，如川之流，脉络分明而往不息也"②。而且，如此的"理一分殊"还不是《中庸》首先提出，在孔子的时候就已经开始。孔子传曾子、曾子传子思，直到程颐概括张载《西铭》的伦理思想而定型的理一分殊，乃是"吾道一以贯之"。他说："圣贤之言，夫子言'一贯'，曾子言'忠恕'，子思言'小德川流，大德敦化'，张子言'理一分殊'，只是一个。"③

朱熹强调儒家渊源的目的，固然有门户意义上的与佛教划清界限而卫护儒家道统，但同时也表明了理学的理一分殊在理论上确有别于佛教的一多相摄。他要求一与殊不止相互融通，还须是相互制约，既有一理又有等级差别。二者同时存在，互不可离，故要在等级差别中去理会一理。他说："若曾子元不曾理会得万殊之理，则所谓一贯者，贯个什么！盖曾子知万事各有一理，而未知万理本乎一理，故圣人指以语之。曾子是以言下有得，发出'忠恕'二字，太煞分明。"④ 由此，理一分殊与佛教的"一即一切，一切即一"⑤ 的一多直接等同关系也就是有差别的。这一差别所反映的，实质上是立足现实的儒家理论与务于空寂玄妙的佛教学说的差别。

---

① （宋）黎靖德编：《朱子语类》，王星贤点校，中华书局 1986 年版，第 2409 页。
② （宋）朱熹：《四书章句集注》，中华书局 1983 年版，第 37—38 页。
③ （宋）黎靖德编：《朱子语类》，王星贤点校，中华书局 1986 年版，第 692 页。
④ （宋）黎靖德编：《朱子语类》，王星贤点校，中华书局 1986 年版，第 678 页。
⑤ 石峻等编：《中国佛教思想资料选编》第二卷第二册，中华书局 1983 年版，第 128 页。

五、心迹一理

对于立志接续先秦儒学的宋明理学来说，所谓"性与天道不可得而闻"等，其实并非是其弊病，在他们看来，这正好披露了儒家理论长于佛教思想的理论根据之所在。即"不得闻"或"罕言"正是说明了儒家反对空谈心性，而主张从孝悌人伦的社会现实中去进行体悟，强调的是心迹的统一。可以说，从韩愈以"迹"判儒佛之异而反佛，到柳宗元、刘禹锡、契嵩以"心"证儒佛之同而赞佛，再到二程以心迹一理辩儒（新儒）佛之异而批佛，正好走过了一个否定之否定的过程。二程言："心迹一也，岂有迹非而心是者也？正如两脚方行，指其心曰：'我本不欲行，他两脚自行。'岂有此理？盖上下、本末、内外，都是一理也，方是道。"① 不论是心还是迹，作为哲学范畴的价值，都重在双方的统一。迹误正是心误的表现，而心正必然引导迹正，正如同脚行总是受心行的支配一样。这一道理具有普遍的意义，上下、本末、内外等都是对立的统一，都是"一理"。

二程将在佛教那里已充分发明的体用统一关系吸收了过来，并转用以批判佛教之割裂心迹，表现了强大的理论力量。因而，佛教主张万物人生"亦皆是幻"的观点，实际上正反映了佛教对春夏秋冬万物生长荣枯的客观天道的无视和无知，而且还带有很大的自欺欺人的性质。二程讥讽说，佛教既以人生为幻，"何不付与他？""物生死成坏，自有此理，何者为幻？"② "内"理与"外"物的统一，是批驳佛教以天地人生为幻妄的最强有力的武器。

二程所讲的心迹合一，从普遍的意义说即是虚实的合一，实理在这里是问题的关键。张载就曾以虚空与实气的统一去批驳佛教，认为"知虚空即气，则有无、隐显、神化、性命通一无二"③，根本不存在有离气之虚。二程则从理本论的角度进一步发明说："皆是理，安得谓之虚？天下无实于理

---

① （宋）程颢、程颐：《二程集》，王孝鱼点校，中华书局 1981 年版，第 3 页。
② （宋）程颢、程颐：《二程集》，王孝鱼点校，中华书局 1981 年版，第 4 页。
③ （宋）张载：《张载集》，中华书局 1978 年版，第 8 页。

者。"① 佛教虚空观的要害是以性空去论证天地人生虚幻不实，而理学家既已证实天地人生无处不是实气、实理的存在，也就从根本上否定了性空。

慧能曾将空宗的性空改造为"性之空"，使"空"由否定性的概念转向为肯定。但即便如此，"空"仍然是与"虚"相互发明的："虚空能含日月星辰、山河大地、一切草木，恶人善人、恶法善法、天堂地狱，尽在空中；世人性空，亦复如是。"② 虚空之"能含"，也即"心生万法"，它之前提即是万法皆虚，故可以凭"空"所造。然而，万法既被理学家改造为实理的体现，也就不存在所谓"虚"、"空"。虚空只是对实在、实理自身特性的一种规定。它预示着实理超越了有形事物的成坏而永不消亡，所以天下无实于理者。这是二程从存在论、本体论的的角度对佛教虚空观的有力批判。

当然，佛教的顿悟法门也具有一定的虚实统一的意义，但这种顿悟却是以迷与悟、心与法的互相否定为前提的。如慧能便曾称："一切万法，尽在自身中，何不从自心顿现真如本性。《菩萨戒经》云：我本元自性清净，识心见性，自成佛道。《维摩经》云：即时豁然，还得本心。"③ 万法在自心之中可以从虚实统一的角度去理解。但由于心中万法只是虚相而非实法，故由识心见性而来的"顿现真如本性"或"自成佛道"等等，实际上仍是有虚无实。在这方面，最接近虚实统一的命题，可以说是"色心不二"的观点。禅师玄觉曰："色心不二，菩提烦恼，本性非殊，生死涅槃，平等一照。"④ 但即便如此，色与心、生死与涅槃的"平等一照"，实则只是一心之迷悟而已，并非与现实的有迹世界发生了关系。

因此，理学与佛学之别，主要不是别在"心"上，而是别在"迹"上。儒佛之"迹"的不同，正是双方之心、之道不同的证明。儒家肯定日常生活实践之迹，也就肯定了儒家之心、之性、之理的实在性，故儒家之理皆是实理。然假如否定了日常生活实践之迹而指其为虚幻，也就同时宣示了作为佛教哲学本体的心、性、理的空虚性。故佛教虽然倡"由理事互融，故

① （宋）程颢、程颐：《二程集》，王孝鱼点校，中华书局1981年版，第66页。
② 郭朋：《坛经校释》，中华书局1983年版，第49页。
③ 郭朋：《坛经校释》，中华书局1983年版，第58页。
④ 石峻等编：《中国佛教思想资料选集》第二卷第四册，中华书局1983年版，第125页。

体用自在"①，但最终是不可能彻底的。程颐针对佛教之出家出世之说批评说："家本不可出，却为他不父其父，不母其母，自逃去故可也。至于世，则怎生出得？既道出世，除是不戴皇天，不履厚土始得，然又却渴饮而饥食，戴天而履地。"②佛教即便能出家，却绝对不可能出世，故其以本不可离的饥食渴饮的日常生活实践为虚，只能是暴露了佛教理论的荒谬性和可笑性。

对于传统儒家"罕言性命"的弊病和佛教自诩其性命之说完备的问题，程颐依据于体用的统一，从性命本于孝悌的角度进行了新的理论发明。他说："后人便将性命别作一般事说了；性命孝弟只是一统底事，就孝弟中便可尽性至命。至如洒扫应对与尽性至命，亦是一统底事，无有本末，无有精粗，却被后来人言性命者别作一般高远说。故举孝弟，是于人切近者言之。然今日非无孝弟之人，而不能尽性至命者，由之而不知也。"③性命之"一般事"即只讲一般抽象的本体，而"一统底事"则是将体贯穿于用即孝悌一方的人伦日用之中，故能由尽孝悌而走向尽性至命。洒扫应对与尽性至命的关系同样也是如此。而在佛教，一方面主张本末精粗"一味""互融"，但在另一方面，自以为"决了"的尽性至命却抛弃了具体内容而只取"一般高远"，实际上是最不完备。

与此不同，儒家的"罕言性命"并不等于不要性命，而是要求必须从人物切近之孝悌入手，下学而上达。显然，程颐实际上是接过了佛教的体用圆融说而重新解释了作为儒学根基的孝悌观，将"罕言"解释成了本体不能空言。当然，传统儒学止步于"切近"具体的孝悌实践而不知深入其本质尽性至命的缺陷，程颐也没有回避。后者与佛教只注重"一般高远"实际上是两个极端，都必须予以改造。

胡宏进一步指出，体用圆融不二本是佛教本体论思辩的最高成果，但佛教自身的实践却与此相背离。他们以日常生活实践为妄想粗迹而予以排斥，"别谈"所谓"精妙"之道，但如果真"不为"妄想粗迹，"则未知其所指之

---

① 石峻等编：《中国佛教思想资料选集》第二卷第二册，中华书局 1983 年版，第 127 页。

② （宋）程颢、程颐：《二程集》，王孝鱼点校，中华书局 1981 年版，第 10 页。

③ （宋）程颢、程颐：《二程集》，王孝鱼点校，中华书局 1981 年版，第 224—225 页。

心，将何以为心？所见之性，将何以为性"①？佛教的心性本体或佛性也就什么都不是而只能被"空"掉。在这一问题上，可以说集中地体现了佛教理论的短长："释氏见理而不穷理，见性而不尽性，故于一天之中分别幻华真实，不能合一，与道不相似也。"②佛教见理见性比之传统儒学的不见理不见性来说，无疑是其所长，然却又在同一个天地中"分别"幻华真实。即使说是即真即幻，但既谓之真幻，就已经是取真而舍幻，将二者割裂了。同时，一旦舍幻，事实上也就无法求真，心、迹的割裂最终决定了佛教不可能真正做到穷理尽性。

另一方面，佛教做不到穷理尽性，传统儒家则更不可能："纷纷儒林士，章句以为贤。问之性命理，醉梦俱茫然。"③传统儒学束缚于切近的道德实践，又沉醉于经学章句之中而无力自拔，以至根本忘记了追求"性命理"才是儒家哲学的目标所在，使儒学大失水准。如此的儒学实际上已成了误人之学，故必须要来一个脱胎换骨的改造："章句纷纷似世尘，一番空误一番人，读书不贵苟有说，离得语言才是真。"④胡宏从"新"儒学的高度肯定了佛教"离得语言"而体悟真性、本体的理论的合理性。章句的注疏不论能作出多少学问，都只能是如同迷途的羔羊一般，找不到进学成圣的正确道路。故在胡宏看来，找到这条正确道路或曰重新把握"儒门大业"而接续起"孔孟真传"的历史使命，是以二程为代表的北宋"五子"来承担和完成的。

也正因为如此，后来的佛老事实上都承袭了理学心迹合一的理路，并结合"性善"的指向，进一步推广为出世入世的统一，只是其基点仍放在了"心"上。如元明之际儒佛兼通的宋濂，便以"化导烝民""趋于善道"为标准，将东鲁与西竺二圣等同为一。他称："为东鲁之学者则曰：'我存心养性也'；为西竺之学者则曰：'我明心见性也'。究其实，虽若稍殊，世间之理其有出于一心之外者哉！"⑤他于是将陆九渊论证心理同一的"东海有圣人出

---

① （宋）胡宏：《胡宏集》，吴仁华点校，中华书局 1987 年版，第 121 页。
② （宋）胡宏：《胡宏集》，吴仁华点校，中华书局 1987 年版，第 13 页。
③ （宋）胡宏：《胡宏集》，吴仁华点校，中华书局 1987 年版，第 50 页。
④ （宋）胡宏：《胡宏集》，吴仁华点校，中华书局 1987 年版，第 72 页。
⑤ 石峻等编：《中国佛教思想资料选编》第三卷第三册，中华书局 1989 年版，第 195 页。

焉，其心同其理同也；西海有圣人出焉，其心同其理同也；南海北海有圣人
出焉，其心同其理同也"①搬了过来，改造为东海（孔）与西海（释）其心
同其理同。事实上，从心本论哲学的角度讲，儒与佛的确可以相通。故不应
被"一处世间，一出世间"的现象差别所迷惑，而当抓住"一趋于大同"的
最终指向，便不难发现"儒释之一贯也"②。

在佛教，明末德清在阐发和论证三教同源合一的主张时，既维护佛教的
无有一事一法不从"此心"而立，心是三教合一的本体和主体的观点，又强
调不能只留意于"迹"而把三教分割开来，应当从心迹的统一入手以把三教
统一起来："是知三教圣人，所同者心，所异者迹也。以迹求心，则如蠡测
海；以心融迹，则似芥含空。心迹相忘，则万派朝宗，百川一味。"③在这里，
以心融迹虽高于以迹求心，但仍不是最高的追求，只有到心迹相忘这一特定
宗教意义上的心迹合一，才可能实现万派百川归一的终极目标。

六、万理归一

宋明理学或道学的形成有两个最明显的标志，这就是道统说和天理论。
前者点明了儒家的学术渊源和门户，后者则突出了新儒学即理学的理论特
色。而这二者都是从二程开始的。程颐明确提出他们兄弟二人接续起了至
孟子而中绝的圣人道统，而将首倡此说的韩愈抛在了一边；程颢则公开声明
"天理"二字系他们自己"体贴"出来，将"理"论的发明权授予了自身。
在事实上，也确实由二程才开始了一个典型形态的以天理为本体的理学理论
体系。故后来的理学主流派被概称为"理学"或"道学"不是没有理由的。

程颐在回答弟子关于《华严经》中理事无碍、事事无碍之"理"的提问
时，曾概括释氏之道说："一言以蔽之，不过万理归于一理也。"④这个"万

① （宋）陆九渊：《陆九渊集》，钟哲点校，中华书局 1980 年版，第 388 页。
② 石峻等编：《中国佛教思想资料选编》第三卷第三册，中华书局 1989 年版，第 196 页。
③ （明）憨山德清：《憨山大师梦游全集》卷四五，见《续藏经》第 1 辑 2 编 32 套 5 册，第
415 页。
④ （宋）程颢、程颐：《二程集》，王孝鱼点校，中华书局 1981 年版，第 195 页。

理归于一理"不仅是吸收了佛教"一即一切，一切即一"的思想成分，更是表明了二程将天下各派所云之理统归为一个"天理"的理论创新。在程颐看来，释氏之理显然是有局限的。释氏"谓既明此理，而又执持是理，故为障"的观点，只能表明他们未能从根本上把握理。二程自己的天理则超越了这一局限："天下只有一个理，既明此理，夫复何障？若以理为障，则是己与理为二。"[1] 理作为天理，乃是宇宙间独一无二的的最高本体，一旦上达于这一境界，则天地万物均已与理相贯，如何会有障？"己与理为二"之理是佛教的有障、有限之理，而己与理为一的无障、无限之理才是作为一种新的思想体系的理学的天理。这既是理学本体理论的最根本的特征所在，也是后来理学各派所共同认可的一个基本的前提。

朱熹总结说："宇宙之间，一理而已。"[2] 天地得理而为天地，万物得理而构成其性，其张之为三纲，其纪之为五常，无所适而不在。如此的以天理为本体的世界存在，在中国思想史上的确是一个全新的创造。"理"既是实理，又是必然和无限，最终使融合儒释及道家的新的思想体系——宋明理学，超越了其他各家学说而真正挺立了起来。

（原载于《空境——佛学与中国文化》论文集，人民出版社 2005 年版）

---

[1] （宋）程颢、程颐：《二程集》，王孝鱼点校，中华书局 1981 年版，第 196 页。

[2] （宋）朱熹：《读大纪》，朱杰人等主编：《朱子全书》第 22 册，上海古籍出版社、安徽教育出版社 2002 年版，第 2243—2244 页。

“性与天道”问题与宋明理学分系

　　“性与天道”问题在中国传统哲学中影响深远，“宋明理学”则是今日学者对于宋明时期儒家主流思潮的基本定位。以理气、心性之辨为特色的宋明理学的兴起，标志着儒学发展进入了一个新的阶段。作为对传统哲学的继承和变革，宋明理学这一“新”的儒学无疑秉有一般儒学的共性。黄宗羲述朱陆两家“同植纲常，同扶名教，同宗孔孟”[①]而试图弥合双方分歧的理论定位，已经非常清楚地揭示了这一问题。不过，同在伦理纲常可以为其共识，但异在本体理论和心性修养也是不争的事实。本文的任务不是全面论述宋明理学分系，而是结合北宋两大家——张载、二程的学说和他们的最初总结者南宋胡宏的思想，分析一下性与天道问题的历史演变及其对理学分系的影响。

一、传统哲学的性与天道之辨

　　自孔子创立儒学开始，先秦儒学虽然号称“显学”，但其实只是百家之一，在当时的整个社会思潮中并不占有主导的地位。孔子死后，儒家因其分裂而势力明显衰落，孟子辟杨墨有再造儒家之功。但是，孟子开辟的心性哲学源流却没有随着儒家的兴盛而传承下来。从荀子到汉代经学，流行的是天人之学。天人之际这一在先秦发端的中国哲学的根本问题，在汉代的走势却

---

① （清）黄宗羲原著，全祖望补修：《宋元学案》，陈金生、梁运华点校，中华书局 1986 年版，第 1887 页。

是以低水平的神秘化和肤浅化为特色的。

汉代虽尊儒学为惟一正统，但所尊之儒学早已离开了儒学的真精神——性与天道。这不是说汉儒缺乏天道的概念，但由于汉儒的所谓天不但是神秘化，而且停留于经验现象的表面，也就不可能真正促进儒家哲学的发展。当然，汉学对儒家真经的丢弃也有其客观的原因——老师不言、弟子不闻，因而后学不明。子贡曰："夫子之文章可得而闻也，夫子之言性与天道，不可得而闻也。"① "文章"可以感知，"性与天道"则不可得闻，所以弟子没有听说过孔子这方面的言谈。但何以如此，却可以有不同的解释。一种解释是，孔子本来以为不需要言："天何言哉！四时行焉，百物生焉。天何言哉！"② "天"作为一种必然和决定的力量，它的存在和作用是通过四时行、百物生的具体生成过程表现出来的。如此之天实际上就是孔子哲学的本体，孔子揭示了天范畴作为万物生长原因和不可感知的本体的地位。但是，正由于上天不是以形象的形式表现出来，所以认识它需要人的内心的体验。

至于性，孔子虽然极少言之，但其所云"天生德于予"③ 之德，实际上可以归属于性的范畴，并由此揭示了天与德的内在的联系。其后，《中庸》言"天命之谓性"，这是从天到人说；孟子云"尽心知性知天"，《周易》讲"穷理尽性至命"，则是从人到天说。但不论是顺的天到人还是逆的人向天，都突出的是性与天道不可分割的联系，这也是儒学发展必须关注的理论前提。但问题在于，在字面上毕竟是孔子不言和弟子不知，孟子也只是讲尽心可以知性、知性可以知天，亦未言知性知天的途径如何。由此而来的后果，便是后学者的放心、丢性。

更重要的是，儒学在汉代的独尊只是由于政权的力量，一旦汉王朝衰落，儒学便不可避免地走下坡路。天人之际的玄妙和性与天道的真经被汉儒所抛弃，拣拾起这一精神并与道家思想结合而崛起的玄学，也就理所当然地把儒学排挤到了边缘。儒学从此失去了独尊的地位和学术话语的主导权。流行的风气，已经是玄谈中的有无、心性等超越层面的概念和话题。而所有这

---

① 杨伯峻译注：《论语译注》，中华书局 1980 年版，第 46 页。
② 杨伯峻译注：《论语译注》，中华书局 1980 年版，第 187—188 页。
③ 杨伯峻译注：《论语译注》，中华书局 1980 年版，第 72 页。

些又都是与性与天道联系在一起的。

魏晋时期，何晏由于与王弼的交往而深为王弼的见解称奇。按《世说新语·文学》所说，何晏深感自己对老子思想的发掘训释不及王弼深刻，乃至不敢称注《老子》而易其书名。但是，正是因为如此，何晏才可能对王弼"神伏"，并认定王弼有资格与他谈论"天人之际"。何晏意下的"天人之际"，显然已经不是董仲舒式、甚至也不是司马迁式的以感性直观为底蕴的天人关系了，而是已进入到对有无之辨的诉求，进入到有情与无情、常道与非常道的"性与天道"的层面。"天人之际"的问题虽然玄妙，但中心仍不离"道"、"德"之意。或者可以说，老氏之道德，即儒家之天人。所以，何晏与王弼交谈后的一个具体举动，便是改易他自己的《老子注》为《道德论》，说明他对道德问题的研究，仍比王弼有所长。魏晋新思潮的掀起，所以能令人称奇，正赖于有此扬长避短、相互切磋的学术环境和思想风气。

就现有资料看，何晏对于在玄学受到高度关注的"性与天道"问题，进行过专门的研究。他在解释子贡"不可得而闻"的性与天道时说："性者，人之所受以生也；天道者，元亨日新之道，深微，故不可得而闻也。"① 何晏将天人之际化为天道与人性之际，由于人性是从天道而禀得，故而称之为"德"。在如此天人背景下理解的道、德，因其深微莫测，于是便有了子贡的"不可得而闻"。

在这里，相对于人世间的有形事物活动来说，性与天道都属于无形无名的存在，双方之间，一属于有，一属于无；前者为末，后者为本。天人之际的问题，已经转向为如何处理作为本体一方的本、无与现象一方的末、有的关系，这显然已经超越了汉代粗糙的天人之间的现象比附，进入到了本体论思辨的新的领域。

按何劭《王弼传》记载，王弼是以其圣人"体无"、老子"言无"的会通孔老而又排定其高下的观点为世人所瞩目的。这不但说明天人之际问题的内涵已经转向为有无关系的探讨，更说明了王弼作为后起之秀，不但抓住了

---

① （宋）邢昺：《论语注疏》，（清）阮元校刻：《十三经注疏》，中华书局 1980 年版，第2474 页。

孔老之同，而且注意到了如何协调融通孔老之异。只有将孔老之异的问题安排在一个世人都能接受的框架内，才能使统合儒道的工作建立在更为合理的基础之上。

玄学之后流行于中国学术舞台的是佛学。佛学虽然不使用性与天道的传统话语框架，但以性空义为标识和心性论为重心的佛教哲学，可以说是从宗教的立场上对儒家性与天道观的改造继承。

二、复性的使命

被历史边缘化的儒家，要想重新回到学术话语的中心，争回学术发展的主导权，就必须吸取历史的教训，并按照传统儒学"收放心"的方法，找回被丢掉的哲学本体——性与天道。这在思想史上的表现，就是从中唐以后开始的儒家的"复性"运动。儒家在经历了上千年的迷惘之后，开始自觉地回归性与天道的历史主题。由此，复性的意义便不限于去恶就善的具体人性修养，所谓"所以教人忘嗜欲而归性命之道"① 也具有一般的复归性与天道之"源"的意义。李翱个人的呼唤，反映的是儒家整体的自觉行为。

就儒家的理论创造来说，性与天道之辨实际上包括两个问题：一是这个性与天道究竟是指什么？二是性与天道究竟能否可闻而被人们所认识？结合宋明理学家的理论创造实际，关键在于他们究竟以什么范畴作为最终的本体并由此将其理论组织为一个系统。

因此，尽管复性的目标一致，但复性的道路却有不同。如同儒家圣人没有提供如何尽性、收放心的途径一样，理学家也并没有协调一致的"复性"的方针。因而，儒学在北宋的复兴，呈现出百花齐放、百家争鸣的情景。丰富多彩的北宋新儒学，一方面接续了性与天道的源头，另一方面却开发出不同的本体范畴，推演出不同的理论系统。然而，尽管不同思想家的理论系统有别，但最终却又能总括成一个整体，构成为整体的"理学"。可以说，孔子死后儒分为八，是由一到殊；而理学的创生却是由殊到一，一中再分殊。

---

① （唐）李翱：《复性书上》，《全唐文》第 7 册，山西教育出版社 2002 年版，第 6434 页。

也就是说，理学虽发端于北宋，但北宋只有兴起于不同地域的濂学、洛学、关学，或按性质而言的道学、先天学等，并无整体的"理学"。整体"理学"的出现，本是出于后人的概括。学术史上并不鲜见先有其实而后得其名的现象。就北宋新儒学的具体学派而言，虽然有不同的本体范畴作为理论的中心，但就对后来理学发展产生的影响来说，张载的气（太虚）和二程的理（天理）无疑具有最为重要的地位。而这气和理双方，都与性与天道问题密切关联。

张载作为气学派的创始人，对性与天道的问题给予了极大的关注。他阐发其"本体"理论的太虚与气的范畴，本来也就是性与天道。他曾云："合虚与气，有性之名。"①性是由虚与气合而成的。虚、气双方共同构成为张载本体理论的基础。所谓"太虚无形，气之本体；其聚其散，变化之客形尔"②，无形太虚和聚散气化共同构成张载哲学的对象世界。而对这虚、气再进行概括，那就是"性"的范畴。

所以，张载可以说"性者万物之一源，非有我之得私也"③。但对这一句话的恰当理解，并不能得出"性"在张载具有最终本原、本体意义的看法，因为这里的性概念虽然具有普遍性的意义，但所谓"一源"只是指万物普遍享有、共具"性"之意，而并非是说性是万物的"惟一"且最终来源。惟一的最终来源是什么？只能是太虚，而"太虚即气"④。所以张载的哲学是以气而非以性为本，而以气为本又与天有着不可分割的联系。

张载在"合虚与气"之前，首先讲了"由太虚，有天之名，由气化，有道之名"⑤。天是太虚之名，而"太虚者，天之实也"⑥。由于天、道之名分别由虚、气而来，所以，从现实存在的意义上讲，太虚与气就是性与天道；而从本原、本体的意义讲，性与天道也就是太虚与气。太虚作为天之实，就实

---

① （宋）张载：《张载集》，中华书局 1978 年版，第 9 页。
② （宋）张载：《张载集》，中华书局 1978 年版，第 7 页。
③ （宋）张载：《张载集》，中华书局 1978 年版，第 21 页。
④ （宋）张载：《张载集》，中华书局 1978 年版，第 8 页。
⑤ （宋）张载：《张载集》，中华书局 1978 年版，第 9 页。
⑥ （宋）张载：《张载集》，中华书局 1978 年版，第 324 页。

在气,"天为运动一气"①也。

为了说明性与天道运动变化的性质,张载将它们与"易"连接了起来,提出"不见易则何以知天道? 不知天道则何以语性?"何为"易"?"易乃是性与天道,其字日月为易。易之义包天道变化"②。"易"字由上"日"下"月"构成,鲜明地体现了气世界中日月阴阳造化、天道循环往复的特色。一个"易"字便涵性藏天,张载给人们提供了一条循"易"而知性的道路。

这样的一条道路也就是张载的复性观。性作为天性——天命之谓性,它既是形上的存在,又有气充实其内容。所以,天道必须要整体地把握。这既不能像传统儒学止步于"天用",也不能像佛教只妄臆"天性",而以天地万物为虚幻。当然,张载承认"体虚空为性"是有合理性的。但从他的"本天道为用"的前提来看,佛教"不识造化"便妄谈性命,所以根本站不住脚。他认为,如果仅就虚空性体而言,佛教的"实际"、"真际"等约与儒家的"诚"、"天德"等概念相当,因为张载亦称"性与天道合一存乎诚"③。但是,问题的关键在于,"彼语虽似是,观其发本要归,与吾儒二本殊归矣"④。就是说,儒、佛的本体概念虽然在形式上相似,但实质上却是不同的。因为人生、有为、世界等在儒家看来正是诚之现实的概念,佛教都斥之为幻妄而予以拒绝,结果,诚的概念也就被彻底地空掉了。显然,张载这里将性与天道从体用的角度进行了拆分。又如所谓"神,天德;化,天道。德,其体;道,其用。一于气而已"⑤,天德就是天性,性与天道、本体与作用都统一于气。作为对以空寂、虚幻的观点来看待世界的佛教的批判,张载是以虚空依于实气来建立起自己的性与天道观的,性不论多么虚而神,它最终被统属于气的范畴:"气之性本虚而神,则神与性(虚)乃气所固有。"⑥张载最终建立起来的是以太虚之气为本的气学理论体系,他的哲学是气学而非性学。张

---

① (宋) 张载:《张载集》,中华书局 1978 年版,第 324 页。

② (宋) 张载:《张载集》,中华书局 1978 年版,第 206 页。

③ (宋) 张载:《张载集》,中华书局 1978 年版,第 20 页。

④ (宋) 张载:《张载集》,中华书局 1978 年版,第 65 页。

⑤ (宋) 张载:《张载集》,中华书局 1978 年版,第 15 页。

⑥ (宋) 张载:《张载集》,中华书局 1978 年版,第 63 页。

载哲学虽以气为本，但并不忽视心性的范畴。张载提出了著名的"大心"的观点。他说："大其心则能体天下之物，物有未体，则心为有外。世人之心，止于闻见之狭。圣人尽性，不以见闻梏其心，其视天下无一物非我，孟子谓尽心则知性知天以此。天大无外，故有外之心不足以合天心。"①张载在相隔了千年之后，重新接续起了孟子的思想。他认为，他的"大心"就是孟子的"尽心"，但孟子的"尽心"是向内体验仁义本性的工夫，而张载的"大心"却要求"体天下之物"。那么，"大心"实际上不是"尽心"，而是"尽物"，二者之间显然存在一定的差距。当然，对世人的规定不适用于圣人，因为圣人能突破见闻的桎梏，他不是以感知外物来扩充本性，而是体验到天下万物与我一体，在此意义上又与孟子接近。"天"在这里是最后最高的范畴，尽性知天也就是人的最终目标所在。当然，由于性有天命之性与气质之性，故君子须"善反之"，"反之本而不偏，则尽性而天矣"②。反本尽性，变化气质，便会最终实现人与天的统一。张载性与天道论的重心在回答第一个问题，即什么是性与天道。他对后一问题，即这个性与天道究竟能否被闻知虽也给予了关注，但却是将有闻同"自晓"联系在一起的。他说："子贡曾闻夫子言性与天道，但子贡自不晓，故曰'不可得而闻也'。若夫子之文章则子贡自晓。圣人语动皆示人以道，但人不求耳。"③即子贡不是未闻，而是不晓；而正因为不晓，所以只停留于"文章"的表面，无法深入到道。那么，问题其实不在于闻与不闻，而在于晓与不晓、求与不求，即在于能否自觉求道反本。

与张载相较，二程首先关心的是第二个问题，即性与天道到底可不可闻。有学者问："性与天道，是诚不可得而闻乎？"二程答曰："可自得之，而不可以言传也。"④二程将不可得闻改换成了可闻而不可言传，目的自然是强化天理本体的形上性，但形上并不离形下，天理就在"文章"之中。他日，大弟子谢良佐说："子贡即夫子之文章而知性与天道矣，使其不闻，又

---

① （宋）张载：《张载集》，中华书局 1978 年版，第 24 页。
② （宋）张载：《张载集》，中华书局 1978 年版，第 23 页。
③ （宋）张载：《张载集》，中华书局 1978 年版，第 307 页。
④ （宋）程颢、程颐：《二程集》，王孝鱼点校，中华书局 1981 年版，第 1253 页。

安能言之？夫子可谓善言，子贡可谓善听。"① 从逻辑上说，谢良佐的话是有道理的，如果性与天道原不从孔子口中说出，那子贡又何以能谈论它呢？在他，孔子所谓"善言"亦即不直接言，子贡所谓"善听"亦即能从孔子"文章"中体认，即下学"文章"而上达天理。即程颐所云："'夫子言性与天道，不可得而闻'，惟子贡亲达其理，故能为是叹美之辞，言众人不得闻也。"② 程颐别解"不可得而闻"者只限于"众人"，而不包括子贡等弟子在内。子贡正是因为透过表面"文章"才亲身体验到性与天道之"理"的，并从而能发出如此的"叹美之辞"。显然，二程师生已经按照自身学术创造的需要，将性与天道纳入了天理论的范畴。

在这里，性与天道问题由于蕴涵着儒家本体理论的精髓，所以如果不是孔子之"聪明"，是不可能有这样的智能而提出来的。程颐又说："子贡言性与天道，以夫子聪明而言；'绥之斯来，动之斯和'，以夫子德性而言。"③ 子贡在不同的情况下对孔子有多种评论，讲"性与天道"是赞叹孔子的智能，讲"绥之斯来，动之斯和"则是称颂孔子的德性，而这"德性"本自天生，"天生德于予"。所以，可以说以性与天道为代表的孔子的内在精神境界，不是"众人"所能够感知的。

二程哲学的典型命题是"性即理"。性即理不仅是一个人性论的命题，更是一个本体论的命题。天理虽是二程哲学的核心范畴，但天理与性是不可分的，个体所禀赋之性是普遍天理的具体落实。所谓"自理言之谓之天，自禀受言之谓之性"④。所以，二程的"性即理"论也是性与天道论。因而，二程不同意张载以太虚之气（清虚一大）为天道，认为"若如或者以清虚一大为天道，则乃以器言，而非道也"⑤。"清虚一大"为气，张、程见解没有不同，双方的分歧源于对气和性与天道的定位不一。张载的气是一气二用，太虚或清虚之气为形而上之本体，性与天道就是太虚与气，故可以"清虚一

---

① （宋）程颢、程颐：《二程集》，王孝鱼点校，中华书局1981年版，第1253页。
② （宋）程颢、程颐：《二程集》，王孝鱼点校，中华书局1981年版，第381页。
③ （宋）程颢、程颐：《二程集》，王孝鱼点校，中华书局1981年版，第389页。
④ （宋）程颢、程颐：《二程集》，王孝鱼点校，中华书局1981年版，第296页。
⑤ （宋）程颢、程颐：《二程集》，王孝鱼点校，中华书局1981年版，第118页。

大"为性为天道。而二程的性与天道却都是理，性即理，"理便是天道也"①。气不论是清虚还是混浊，都只能是由理所决定的第二位的范畴，属于形而下之器，故不应与形上之性相混淆。

二程自家"体贴"出来"天理"，并由此开始了以"天理"为标识的宋明理学时代，所以理本体的地位是必须要维护的。就气、性、天理这不同的概念来说，张载是气、性的合一，二程则是性、理的合一，双方对性本身的地位都予以了认可。②而天道的概念则或被归于气或被归为理。那么，气学与理学（"道学"）的关系，也就可以看做是各取气、理为本而有差、又共取性为中介概念而有同的关系。这里实际上揭示了一个重要的问题，即不论理学各派的理论有多么大的差别，但都离不开性这一具有本体性质的中介概念作为基础。也正因为如此，性的地位就十分重要。程颐称："道孰为大？性为大。"③故宋明理学家可以说是无人不谈性。如此的性范畴地位的确立，是儒学复兴、理学创生的关键。事实上，早在孟子的心—性—天的范畴序列中，性就已经是作为主客体的中介而确立了自己的地位的，只是长期以来这一经典的理论构架被忽视了。理学家不但找回了性，而且以经过新的诠释的尽性之方作为复性的具体道路和方法，从而最终使理学取代传统儒学成为现实。

在心性论上，二程与张载相似，即也是从孟子出发的。二程称："只心便是天，尽之便知性，知性便知天，当处便认取，更不可外求。"④二程对孟子的"尽心知性知天"给予了强化，认为三者实际上是同一个功夫，尽心、知性、知天，一尽俱尽，所以叫"当处便认取"。而"更不可外求"则说明，由于性的缘故，外在之天转向于心内，从而使人可以直接体悟。之所以还要保留三个不同的称谓，乃是因为它们各自的作用和侧重不同。程颐说："孟

---

① （宋）程颢、程颐：《二程集》，王孝鱼点校，中华书局1981年版，第290页。

② 今《二程集》中有《中庸解》一篇，但自南宋以后，侯仲良、胡宏、朱熹均已考定为吕大临的作品。由于吕氏先后为张载、二程的大弟子，或许兼顾了张、程双方的思想，引于此备考："性与天道，一也。天道降而在人，故谓之性。性者，生生之所固有也。"（《二程集》，王孝鱼点校，中华书局1981年版，第1152页。）

③ （宋）程颢、程颐：《二程集》，王孝鱼点校，中华书局1981年版，第318页。

④ （宋）程颢、程颐：《二程集》，王孝鱼点校，中华书局1981年版，第15页。

子曰:'尽其心,知其性。'心即性也。在天为命,在人为性,论其所主为心,其实只是一个道。"①"心即性"命题的提出是中国心性哲学发展中迈出的一大步,虽然这可从孟子的"尽其心者知其性也"中合乎逻辑地推出,但毕竟前人未做到这一点。它的意义在于将主体与本体联结为一体,

同时又不抹杀各自的特性。性既与心相通,又与天相连,天命与人性各有其存在的价值,它们还共同构成了心之活动的内容。换句话说,"心"的范畴是由天命和人性来充实的。所以,天、性、心所表述的,实际上是同一个道理。

至于二程之间,正如天下没有两片同样的树叶一样,兄弟二人当然也有差别,但这种差别并不足以将他们分割为不同的学派。所以,不是二程间的重大差别被历来研究二程思想的人们所忽视,而是在北宋学者当中,二程的思想是最接近的,程颐不是另开一学派,而是自觉地继承和推广他与其兄所共同开创的"道学"。"呜呼!自予兄弟倡明道学,世方惊疑。"②这种"惊疑",是否也包括不能恰当准确地理解他们兄弟共同创立的"道学"的真精神呢?

三、性学的创立与理学的分系

宋明理学(这里主要指宋代理学)的出现有自身的必然和规律,各种观点有先有后,逐步统合成一个整体。换句话说,统合是理学分系所以可能的逻辑前提。什么时候开始有"统"、开始有整体的理学,也就意味着什么时候开始了真正意义的理学的分系。此一大势,或可谓之为先有分系,后有理学。在理学史上,这是到胡宏对北宋学术进行总结、概括出北宋"五子"并将其学术统归为"道学"(理学)的时候。

与分系说不同,持朱陆"同宗孔孟"而同为一家的观点,便是理学史研究中的不分系说。这种不分系或曰一系的观点,早在宋元时期的"和会朱

---

① (宋)程颢、程颐:《二程集》,王孝鱼点校,中华书局1981年版,第204页。
② (宋)程颢、程颐:《二程集》,王孝鱼点校,中华书局1981年版,第643页。

陆"风中就十分盛行。郑玉以为，朱陆虽各因其资质而有"好简易"与"好笃实"之不同，然"及其至也，仁义道德，岂有不同者？同尊周孔，同排佛老，大本达道，岂有不同者"①！后来的黄宗羲沿袭此说，但要更成系统。

实际上，在明代思想界中引起轩然大波的王守仁的《朱子晚年定论》亦是一种一系说，但王守仁的做法使人更清楚地看到了不分系实际上是为分系开道，为王学之不同于朱学作论证的。也正因为如此，要真实地再现和体认理学发展的实际，就应当从分析不同学派的理论特色入手，对不同的理论系统作出尽量准确的概括。

从历史的角度说，理学的分系是整个儒学分系的继续和深入。先秦儒学一分为八自不用说，汉以后的儒学在整体上便有义理派和象数派之分、汉学与宋学之分等等。可以说，分系是几千年儒学发展的客观事实。而当人们进行区分时，并不否认他们又都合于孔孟，遵守共同的道德价值和标准。从根本上说，分与合之方都是适应人们深入认识儒学、理学的需要而产生的，有其自身的历史合理性。或许，合中见分、分中有合的原则对于恰当地解释历史上曾经出现的学派和学说是有益的。

当然，理学的分系并没有固定的模式或标准可以遵循。掌握的标准不同，分系的结果自然不一样。一般通行的理学分系方法，主要是立足于本体论结构和哲学性质来进行，不论是原有的朱陆两系、当今流行的三系（大陆冯友兰、张立文先生的三系与台湾牟宗三先生的三系）或笔者提出的四系，② 实际上都是在这一层面来进行。不同理学家基于不同的本体范畴建构其理论的过程，同时也是重新诠解先前的哲学架构而进行统合和再创造的过程，而这统合和创造的成果，就意味着新的理论体系的创立。气学、道学（小理学）、性学及后来的心学这四大系统，可以说都是如此。按笔者的认识，研究理学的分系问题，实际上会引向对性范畴的疏解，以求揭示性对气、理、心等不同的本体性范畴的兼容。北宋哲学家提出的不同理论，实际

---

① （清）黄宗羲著，全祖望补修：《宋元学案》，陈金生、梁运华点校，中华书局 1986 年版，第 3128 页。

② 参见向世陵：《宋明理学分系概说》，方克立主编：《湘学》第二辑，湖南人民出版社 2002 年版，第 251—276 页。

上可以理解为为"理学"的产生提供了不同的原料,而这选料的工作则只能靠后来的学者去完成,并以此为基础建构出新的理论系统。

南宋胡宏从北宋诸家中甄别出"五子",缘于他发现,不论"五子"的理论多么富有个性和特色,但其中总贯穿着一条基线——"性"。从性出发,便可以较容易地实现各派之间的统合。这对"理学"的创生来说,可以说是历史性的一步。事实上,不论是周敦颐、邵雍的"理性命",张载的"合虚与气有性之名"、"性者万物之一源",还是二程的"性即理"、"道即性"、"天下无性外之物",性都已经具有本体的意义,只是它还需要依赖气、理、天命等最终范畴的支持,不是独立地发生作用。但从理论开发必须的思想资源来说,"五子"的性论已经为胡宏的整合工作做好了准备。胡宏在前人的基础上,明确提出以性为"天下之大本"和"天地之所以立"①的根据。从而,自先秦以来性与天道链接以促发人们对本体的思考的历史任务,可以说已基本完成。人们可以直接地以内在之性作为哲学的本体。胡宏称:"形而在上者谓之性,形而在下者谓之物。性有大体,人尽之矣。一人之性,万物备之矣。"②形而上下的性物对举,揭示了性学本体论的基本格局,从而也就使性学成为区别于气学、"道学"的理学发展中的第三种理论形态。

自孟子、《中庸》以来,儒家虽然明确了"尽性"的要求,但如何去"尽"实际上并没有解决。胡宏性学的一大特点,就是采纳了"成性"的手段去解尽性,认识到"性"有一个"完成"的问题。当然,性之完成不是性本身未发育成熟,而是指人能否在心中自觉实现、自觉挺立。因为,与"性立天下之有"③的纯粹客观性不同,性在人之"立"离不开人、亦即心的自我实现活动,即他所谓"心以成性"④之路。这一尽性之方实际上早有先行,周敦颐的"立人极"便是明显的昭示。可以说,"人极"就是性,而立人极也就是成性。在此基础上,胡宏将"成性"视作全部儒学上下一贯的最根本的精神,所谓"伏羲、神农、黄帝、尧、舜、禹、汤、文、武、周公、孔

① (宋)胡宏:《胡宏集》,吴仁华点校,中华书局1987年版,第333页。
② (宋)胡宏:《胡宏集》,吴仁华点校,中华书局1987年版,第319页。
③ (宋)胡宏:《胡宏集》,吴仁华点校,中华书局1987年版,第21页。
④ (宋)胡宏:《胡宏集》,吴仁华点校,中华书局1987年版,第328页。

子、孟轲之学，立天地之经，成万物之性者"①。

在这里，胡宏的说法还是有一定根据的。就字词而言，"成性"说的确出于儒家先贤。《尚书·太甲上》言"兹乃不义，习与性成"，《周易·系辞上》亦有"成性存存，道义之门"句。"成"字在这里不但有生成义，还有保存义，它说明"成性"之方早已在人们的思考之中。不过，由于性与天道的问题在儒家长期未能得到恰当有效的阐明，"成性"的意蕴也就难以为人们真切认知。也正因为如此，胡宏等宋代理学家讲"成性"，便是经由了尽性、复性的曲折探索而来。胡宏通过性定心宰、尽心成性、成性立本等多层面的阐发，使性本体最终挺立了起来，并使它在本体与主体的互动促发中获得了更为充分和完整的意义。

性学的基本观点，在本体论方面，可以简要地概括为性体心用、性超（无）善恶、心以成性、心性合一等。用朱熹的话，则是所谓"心对性说"或"心性对说"②。性学的创立，不仅意味着一个理学学派的产生，它同时也提供了一种从此去认识和整合不同派系的基本理论方法，即：从"性"出发，濂、洛、关、闽各派的理论差别，就可以在统一的"理学"内部来处理；而在有性之后，由于性动为心，又可以导向为心学方向的发展。事实上，胡宏本身就在使用"心学"的概念。尽管他的"心学"是指与追求利欲相对应的求道之学，是指前圣后圣"传心"之学，但其"圣门事业无多子，守此心为第一门"③之类的讲法，与强调"先立乎其大"的陆九渊心学的界限，也变得不那么明显。性作为气化本原、内在之理和心之实体，能够顺利地通向气、理、心等不同的哲学本体，从而在阐明了气、理、性、心如何通过性而相互贯通的基础上，最终就必然引向并产生出整合各相关学派的整体的"理学"。尽管胡宏本人主要仍使用"道学"的概念，但这并不影响他的性学—理学的思想实质。

（原载于《中国人民大学学报》2003 年第 4 期）

---

① （宋）胡宏：《胡宏集》，吴仁华点校，中华书局 1987 年版，第 32 页。

② （宋）黎靖德编：《朱子语类》，王星贤点校，中华书局 1986 年版，第 91、2585 页。

③ （宋）胡宏：《胡宏集》，吴仁华点校，中华书局 1987 年版，第 72 页。

宋代理学的"性即理"与"心即理"

自程颐提出"性即理"的命题始，在理本论的框架下，"性即理"可以简单地理解为人性即天理，善的普遍天理通过人性的确立而具体实现。从而，理本论与人性论得以打通，儒家性善论长期以来缺乏本体论基础而说服力不强的问题，也第一次拥有了相当有效的解决方案。所以，朱熹称赞说："程先生论性，只云'性即理也'，岂不是见得明？是真有功于圣门！"①孔孟的圣门，也就是程朱的道统。朱熹哲学以理为本，但他的理本论体系的建立，与如何规定和"安顿"性的范畴密不可分，"性即理"的观点成为朱熹哲学、也是整个程朱道学最突出的标识。

一、"性即理"的构架

从程学到朱学，"性即理"的命题得到了继承和推进，因为它能较为恰当地揭示朱熹学术的特点。不过，二程、主要是程颐的"性即理"自身当如何理解，还需要斟酌。当学生问程颐"性如何"时，程颐的回答是：

> 性即理也。所谓理，性是也。天下之理，原其所自，未有不善。喜怒哀乐未发，何尝不善？发而中节，则无往而不善。②

---

① (宋) 黎靖德编：《朱子语类》，王星贤点校，中华书局 1986 年版，第 2427 页。
② (宋) 程颢、程颐：《二程集》，王孝鱼点校，中华书局 1981 年版，第 292 页。钱穆先生据此评论说："可见伊川'性即理也'之语，主要在发挥孟子性善义，只就人生界立论，而朱子则用来上通之宇宙界。亦可谓朱子乃就其所自创立有关宇宙界之理气论而来阐申

性就是理，所以如此关联，在于理固然可以是普天下无不在的普遍必然、万物生成之因和形而上的宇宙本体，但它最重要的意义，还是由性范畴来承载的为人世提供至善根据的价值。这一思维导向在朱熹可以说得到了继续。如称："天命之性，万理完具；总其大目，则仁义礼智，其中遂分别成许多万善。"①"性即理"的蕴含是性完具理，其大目为仁义礼智，其细目则具体落实为不同的善德条目。这样的德目界定，不仅对朱学，对理学其他各家，也是普遍有效的。

在朱熹，性理所具的普遍性价值，是确立于气化流行的世界之中的，形而上的理本体对形而下的气化世界的意义及其相互关系是讨论问题的前提。但是，由于"理上"、"气下"的关系实质上就是"性上"、"气下"的关系，所以双方的规定性其实是同一的。朱熹说：

> 性是形而上者，气是形而下者。形而上者全是天理，形而下者只是那渣滓。至于形，又是渣滓至浊者也。②

性全是天理，气则全是渣滓，这与张载的虚气二分模式十分相近，事实上也正是张载率先将形而下的气化世界贬称为糟粕。但是，张载的虚气二分是以"合"为一性作结果的，尽管常人没有达到把握它的知识水准，只能是"惟尽性者一之"③。相对于张载的"合"，朱熹却要求"分"，始终坚持二者之间的分界，乃至"其性其形，虽不外乎一身，然其道器之间，分际甚明，不可乱也"④。

一方面，理气、性形的"上下"关系不可乱，缘于性理本体的形而上地位必须要保证。理与性之间，形成为相互发明并在不同的理论架构中互相支

伊川此语之义。要之，伊川言性理，偏重在人生界，朱子言性理，则直从宇宙界来，此乃两人之所异。"（钱穆：《朱子学提纲》，三联书店 2002 年版，第 41—42 页。）

① （宋）黎靖德编：《朱子语类》，王星贤点校，中华书局 1986 年版，第 2816 页。
② （宋）黎靖德编：《朱子语类，王星贤点校，中华书局 1986 年版，第 97 页。
③ （宋）张载：《张载集》，中华书局 1978 年版，第 7、9 页。
④ （宋）朱熹：《答黄道夫》，朱杰人等主编：《朱子全书》，上海古籍出版社、安徽教育出版社 2002 年版，第 23 册，第 2755 页。

持的关系。就是说，要完整地说明以理为本，理气关系的二元逻辑就远远不够，必须要添加进第三者即性的范畴，以解决人和万物的生成根据和行为准则问题。天理的普遍必然只有落实到人物无不根源和依归的本性上，才具有现实的生命力，从而便有"性即理"构架的合乎逻辑的出现。

但另一方面，"性即理"的构架又不是当然如此，形而下的气化流行构成了它之生成的必要条件。双方的关系，可以朱熹在《中庸章句》开篇对"天命之谓性"命题的阐释作为典型的发明。朱熹曰：

> 性，即理也。天以阴阳五行化生万物，气以成形，而理亦赋焉，犹命令也。于是人物之生，因各得其所赋之理，以为健顺五常之德，所谓性也。①

在这里，"性即理"表述的是一过程，它是通过"天命之谓性"的生成序列得以发明的。理构成性而气聚为形，在天通过阴阳五行之气产生人物形体的同时，理亦被命于其中，人们能够生存，实有赖于天赋之理构成其性。人之性善正是天理流行和作用于人生的结果。仁义五常在人的先天性，既保证了善的形上根据，又从根本上提供了人通过自觉的道德锻炼以实现天理的可能。

那么，就性的生成说，气与理双方都属于先在，天的范畴则对气理双方发挥着统合、主导的作用。由于天之作用，气与理合而生成人物，性则特指人物之中单属于理的那一部分存在，即所谓健顺五常之德。换句话说，此处的性属于理性——天命之性，它不包括由"气以成形"而来的性——气质之性。

如此的义理间架，重点已从界定理的最后本体地位转向性与理之间的关联。按他的叙述，理在逻辑上居于性之先，性源于理。那么，"性即理"就有了两层含义，一是性在质上等同于理，即从本体论说性就是理；二是从生成序列说性来源于理，或曰天理变形为人性。就后者言，就有所谓"性

---

① （宋）朱熹：《四书章句集注》，中华书局1983年版，第17页。

之所自来"的问题。朱熹以为，苏轼最初便是于此不知的。① 二者的统一，是以人作为承载者，来看其从天所得之理。所谓"性者，人之所得于天之理也"②。

进一步，"性即理"说的必要，在于性、理都是为善准备理论基础的。所谓"性即天理，未有不善者也"③。性与善的关系，在传统儒家只是在人性论范围内进行探讨，宋代新儒家产生，则将这一问题引入到本体论的领域。这也正是朱熹性理学说要维护的核心的"道理"。所谓"性只是一个至善'道理'，万善总名"④。性作为万善总名，也就是理之总名，仁义礼智的客观性和必然性从而得以说明："性是理之总名，仁义礼智，皆性中一理之名。"⑤朱熹的"道理"思辨，需要"性即理"的支持，性理关系是朱熹理论体系中最根本的关系之一。

二、"性即理"与"理即性"

从性来源于理的方面说，朱熹要解决的是个别之性与一般之理的关系。个别之性不能脱离一般之理，但是它也不等于一般之理。所谓"大抵人有此形气，则是此理始具于形气之中，而谓之性。才是说性，便已涉乎有生而兼乎气质，不得为性之本体也"⑥。"性即理"的构架如果就限定于人性来源于

---

① 参见（宋）朱熹：《苏氏易解》，朱杰人等主编：《朱子全书》，上海古籍出版社、安徽教育出版社 2002 年版，第 24 册，第 3462—3463 页。张立文先生认为，朱熹这里实际上存在着自相矛盾的问题，读者可以参考："（朱熹）既然以'性即理也'，又以性来自理，这样就必然陷入了两难的困境：要么性即理，理不是性的根源，要么性便不是理，理为性的所自来，理是性的化生者。为化解此两难，他便以天为性之所自来，人物之性，是天之所命于人物，人物受命于天。然而，天即理为天理，又陷入循环论证的困境。"（张立文：《朱熹评传》，南京大学出版社 1998 年版，第 306—307 页。）
② （宋）朱熹：《四书章句集注》，中华书局 1983 年版，第 326 页。
③ （宋）朱熹：《四书章句集注》，中华书局 1983 年版，第 325 页。
④ （宋）黎靖德编：《朱子语类》，王星贤点校，中华书局 1986 年版，第 2592 页。
⑤ （宋）黎靖德编：《朱子语类》，王星贤点校，中华书局 1986 年版，第 92 页。
⑥ （宋）黎靖德编：《朱子语类》，王星贤点校，中华书局 1986 年版，第 2430 页。

天理的模式,理自然属于先天而性则归于后天。① 但是,后天之性或气质之性只是性之含义之一面,另一面则是性之本体即天理本身。更重要的是,以个别之性与一般之理来规定性与理的关系,在朱熹并不是始终一律。在不少情况下,朱熹又将天命整体视为性体,不同人物之理反倒又是由性所出。例如:

> 大本者,天命之性,天下之理皆由此出,道之体也。②
>
> 性只是理,万理之总名。此理亦只是天地间公共之理,禀得来,便为我所有。③

就第一段言,天命之性作为大本道体,为天下万理之渊源。朱熹的这一讲法包含着他对性理关系的更为完整的思考,而在逻辑上,先前胡宏的性为天命全体和万理具于性的观念应当为其前件。而第二段则可分为两层,一层是理作为公共之理,谁都具有禀赋它的权利,事实上也确为各人所禀,从而构成各人之性,这一层就是"性即理"义。另一层,则是各人所禀有之理的总和又构成万理之总名的性,此性已不是个体之性,而是天命全体的"大本"之性,这一层与第一段结合起来,可以说是源于湖湘学的"理即性"义。④

当然,朱熹自己是强调以理为本的,他解说以理为本和性理关系秉持的是理大性小的原则,这可以他在《读大纪》中的经典语言来加以分析。按他所说:

---

① 钱穆先生云:"理属先天,性属后天。由理降落为性,已是移了一层次。朱子说理气合一,故说性气不离。朱子又主理气分言,故说性气不杂。但万物之性,各为其形气所拘,回不到天地公共底理上去,人性则可不为形气所拘,由己性直通于天理。"(钱穆:《朱子学提纲》,三联书店2002年版,第43页。)

② (宋)朱熹:《四书章句集注》,中华书局1983年版,第18页。

③ (宋)黎靖德编:《朱子语类》,王星贤点校,中华书局1986年版,第2816页。

④ 胡宏云:"大哉,性乎!万理具焉,天地由此而立矣。世儒之言性者,类指一理而言之尔,未有见天命之全体者也。"(王立新校点:《胡宏著作两种》,岳麓书社2008年版,第30页。)"理即性"的明确命题,最早由明初薛瑄提出,但胡宏所讲的万理具于性和性为天命全体等说,表述的正是"理即性"的思想。

> 宇宙之间，一理而已。天得之而为天，地得之而为地，而凡生于天地之间者，又各得之以为性。其张之为三纲，其纪之为五常，盖皆此理之流行，无所适而不在。①

宇宙"一理"为世界的统一性提供了根本的理论保障。在这个理的统一世界中，天地得理而成天地，人物得理而成人物之性，社会得理而为纲常人伦，无处不是理，理亦无处不适宜。再往下，人、物各得理而构成各自之性，故无处不是理的流行发用。

但是，朱熹对理本体的强调，主要是针对气化而言，如云"有是理便有是气，但理是本，而今且从理上说气"等②；同时也兼指落实于人、物的具体之性，如前面天赋气、理而人物成性的"性即理"说。对于天命性体本身，他并不突出理的最后本体地位，可以说是受到以性为本的观念熏陶的结果。对于这不同概念间的关系，他曾有具体梳理，其曰：

> 盖天者，理之自然而人之所由以生者也；性者，理之全体而人之所得以生者也；心则人之所以主于身而具是理者也。天大无外而性禀其全，故人之本心，其体廓然，亦无限量。③

朱熹这里是以理为基准去解释天、性、心的概念：天是理之本身和人生的根据，性是理之全体和在人生的现实，心则是理之所存和人身的主宰，性理廓然，则心无限量。至于理自己，则是天之内容和性之条理。性与理之间，可以从"理即性"的性大理小的模式去定位，即他所谓"性是理之总名，仁义礼智皆性中一理之名"④ 这一类说法。

---

① （宋）朱熹：《读大纪》，朱杰人等主编：《朱子全书》，上海古籍出版社、安徽教育出版社2002年版，第23册，第3376页。
② （宋）黎靖德编：《朱子语类》，王星贤点校，中华书局1986年版，第2页。
③ （宋）朱熹：《尽心说》，朱杰人等主编：《朱子全书》，上海古籍出版社、安徽教育出版社2002年版，第23册，第3273页。
④ （宋）黎靖德编：《朱子语类》，王星贤点校，中华书局1986年版，第92页。

那么，朱熹"性即理"的理论构架，实际是将"理即性"的内容包括在内的，可以引出以理为最终本体和以性为天命全体的双重蕴含。回溯其理论来源，以理为本无疑源出于二程，以性为全体（总体）则应当从胡宏开始。就是说，"性即理"论在朱熹，可以看作是对胡宏之（全体）"性"论与二程之（本体）"理"论的逻辑整合。朱熹坚守"性即理"，也就不只是在发明以理为本的思想。一方面，它使自孟子而来的仁义本性与天理相衔接，为儒家的道德实践提供形上的根基和客观参照；另一方面，它又使天理本体落实到具体人身，为人心挺立和实现天理提供现实的可能。除此之外，"性即理"说还从本体论着手沟通天人之际、为实现理与心之过渡和统一准备了必要的铺垫。

三、仁性的生成与心具理

性理固然重要，但气化生生流行的意义也不可小觑，在朱熹，这是自《易传》以来立足阴阳论性命的思路的继续。《易传》的"乾道变化，各正性命"本来就是把天道气化与性命问题联系在一起的，二者的融合流行表现为元亨利贞的生气运行。朱熹说：

> 盖乾道变化发生之始，此是元也；各正性命，小以遂其小，大以遂其大，则是亨矣；能保合矣，全其太和之性，则可利贞。[1]

天地间的万物，无一不是在元亨利贞的气化流行中生成的。所谓各正性命，也就是大小物等各遂其所适，完备自家所成就之性和所禀赋之命。就是说，朱熹论理气关系不仅是从存在与活动上论，也是从生生流行上论，就后者言，便是他从易学而来的生气流行思想，理则表现为天地生物之心，如此的生气生物在他都归结到了"仁之意思"。他说：

---

[1] （宋）黎靖德编：《朱子语类》，王星贤点校，中华书局1986年版，第1701页。

　　人之所以为人，其理则天地之理，其气则天地之气。理无迹，不可
见，故于气观之。要识仁之意思，是一个浑然温和之气，其气则天地阳
春之气，其理则天地生物之心。今只就人身己上看有这意思是如何。才
有这意思，便自恁地好，便不恁地干燥。将此意看圣贤许多说仁处，都
只是这意。①

人是理与气的结合物，但要识理却只能于气观之。观之结果，便是人性或仁
德就是天理的现实。历来圣贤说仁多方，但关键在从人身体验到这一温和润
泽之气，从而感知恻隐仁德如何油然而生。在这一过程中，理气是不可分割
的一体生生流行。朱熹所以要求从人身上去看"天地"的理气，在于人本身
就是性理与气化的结合。理气结合，成人赋性，换从气化生生来说又有另一
层含义，即由天地生物之心而来的人心具理以生，即生成论上的心具理说。
　　在朱熹，从天地生物之心往下，人自成立便是天人合一，而不应形成为
理从外安顿到人心的情况。朱熹对从人身己上看意思的心理一体的强调，表
明了他很在意从生生的角度论述心理的统一。他又说：

　　仁者，天地生物之心，而人物之所得以为心。人未得之，此理亦未
尝不在天地之间。只是人有是心，便自具是理以生。又不可道有心了，
却讨一物来安顿放里面。似恁地处，难看，须自体认得。②

理本体的绝对和先在仍需要坚持，但人心肇始便是具理以生，而绝非是有心
后再去讨理来安顿，他强调，体认到这一点是非常必要的。
　　那么，这就不仅是理气合一，而且是心理合一。而且，心理的合一由于
是先天生成，也就具有了在朱熹的心理关系论中较为独特的本体论的意义。
而在概念的层面上，串连起理、气、心范畴的枢纽则是仁。"仁本生意，乃
恻隐之心也。苟伤着这生意，则恻隐之心便发"③。天地之生在人为恻隐，人

---

① （宋）黎靖德编：《朱子语类》，王星贤点校，中华书局 1986 年版，第 111 页。
② （宋）黎靖德编：《朱子语类》，王星贤点校，中华书局 1986 年版，第 2440 页。
③ （宋）黎靖德编：《朱子语类》，王星贤点校，中华书局 1986 年版，第 1691 页。

心因不忍而触景生情，正是仁之生意发现并呈现为理气一体的现实的最好证明。因为说到底，"盖理只是一个浑然底，人与天地混合无间"①。恻隐之心从孟子以来是指人因"不忍"而不得不发的天然的善心，但孟子只说到善的本能如此，而未能意识到这是天地生物之心的必然传延和继续。

朱熹在《论语集注》中有"仁者，爱之理，心之德也"之说②，如何准确理解此意，朱熹对学生有多次的解说。例如："理便是性。缘里面有这爱之理，所以发出来无不爱。程子曰：'心如谷种，其生之性，乃仁也。'"③ 爱是已发之仁，即恻隐、恭敬、辞让、是非"四端"之情；仁则是未发之爱，即性理本身。由于性之"生"义，爱之理就如同谷种的发芽萌蘖一样必然会生长。由未发到已发，仁之生意是不可能被遏止的。朱熹在界定理（性）气的形而上下地位时主张明"分际"，但这并不意味着在仁之体用问题上性与情的分离。事实上，"只是一个心，便自具了仁之体用"④。"心统性情"的命题在生成论上的意义，正在于由体达用的生气流行。那么，仁性的生生所解决的，既是心性理的一致，又是道体的流行。

在朱熹，道体不仅是存在，更是流行，"如水之流而不息，便见得道体之自然"⑤。相应地，"心具理"的重心也就不在静态的"具有"，而在动态的发用，在为宇宙间的道德秩序提供生成流行的源头。"理不可见，因其爱与宜，恭敬与是非，而知有仁义礼智之理在其中，乃所谓'心之德'，乃是仁能包四者，便是流行处，所谓'保合太和'是也。仁是个生理，若是不仁，便死了。"⑥ 人们虽然不能直接感知未发的仁性或理本体自身，但通过已发的爱与适宜、恭敬、是非的生气流行完全可以推知，是所谓"心之德"也。仁作为"爱之理"的价值，集中体现在"生理"上。天地的春夏秋冬，人世的仁义礼智，均系仁之生理发育流行的结果。"若于此处认得'仁'字，即不

① （宋）黎靖德编：《朱子语类》，王星贤点校，中华书局1986年版，第2440页。
② （宋）朱熹：《四书章句集注》，中华书局1983年版，第48页。
③ （宋）黎靖德编：《朱子语类》，王星贤点校，中华书局1986年版，第469页。
④ （宋）黎靖德编：《朱子语类》，王星贤点校，中华书局1986年版，第470页。
⑤ （宋）黎靖德编：《朱子语类》，王星贤点校，中华书局1986年版，第975页。
⑥ （宋）黎靖德编：《朱子语类》，王星贤点校，中华书局1986年版，第468页。

妨与天地万物同体。"① 易学 "保合太和" 说的意义，在仁德生气流淌的 "全体" 中得到了最为真切的发明。

四、宋代诸家的 "心即理"

以 "心即理" 作为鉴别心学的法印是有效力的，但是，它又只是必要条件而非充分条件，即不能以 "心即理" 作为排他性的陆九渊心学的特征。因为陆九渊之前，这一命题就已经出现和被使用，不用追溯太早的佛典翻译，就以北宋以来儒佛两家学者自己的论著来说，典型的如佛学的契嵩、儒学的胡寅、张九成等都有涉及，这还没有算上大致相同的程颢的 "心是理，理是心" 等等。

契嵩在阐发佛教 "治心" 之所长时，强调 "治心" 的目的在 "全理"，因为只有 "全理" 才能 "正人道"。而所谓 "正人道"，就是解决人被物欲所蒙蔽而泯灭心中之理的问题。换句话说，心本来是理，但心之所在又不能离气，心与气是互乘、互动的关系。结果，心在气的影响下便容易溺于物（欲），出现物胜理而心失理的情形，所以治心就成为必要，② 以便由动返静，回归本心之理。契嵩的 "心即理" 重在肯定理与心是同一层次的范畴，如此的心理同一在三教古今圣人都是 "大较同" 的，其说虽 "未易语"，但却体现了 "通死生之变，超天地之故" 的全理。③ 如此一种超越古今上下的心理同一观，正是陆九渊论东西古今圣人心理同一的逻辑渊源。

胡寅著《崇正辨》，在书中批评佛教的 "以心为法" 和对理的客观性的否定，强调 "圣人心即是理，理即是心，以一贯之，莫能障者。是是非非，

---

① （宋）黎靖德编：《朱子语类》，王星贤点校，中华书局 1986 年版，第 470 页。

② 契嵩云："夫心即理也。物感乃纷，不治，则汩理而役物。物胜理，则人其殆哉！理至也，心至也，气次也。气乘心，心乘气，故心动而气以之趋。今淫者、暴者失理而茫然不返者，不治心之过也。"[契嵩：《镡津文集》，《大正藏》卷 52，（台北）中华电子佛典协会（CBETA）2009 年版，第 680 页。]

③ （宋）契嵩：《镡津文集》，《大正藏》卷 52，（台北）中华电子佛典协会（CBETA）2009 年版，第 680 页。

曲曲直直，各得其所，物自付物，我无与焉"①。胡寅的重心，在批评佛教的
"理与心一"，故"心以为有则有，心以为无则无"，故不惜离亲毁形、焚烧
身体以证其心空。可以说，佛教从主张"治心"到"心即理"，的确就像胡
寅所批评的，是强调心而空掉理，"以心为空，起灭天地"，否定物与理的客
观实在性。而胡寅的"心即理"，则是从本末、体用一致出发，认为心与感
官及所感之物理双方，是"相无以相须，相有以相成"的关系。心无则必定
物无，物有则必定心有，这即是胡寅强调心、理的客观统一性的"心即理"
说②。显然，胡寅所说的"心即是理"，并不是心本论哲学的命题。

从命题的相似性上说，胡寅的"心即是理，理即是心"，更接近先前程
颢的"心是理，理是心"。程颢以"心是理，理是心"说曾子易箦之意，言
语较为短暂，参考其接下来的"声为律，身为度"看，理在他具有客观的性
质，心则是以理为准绳来自律其身。③

与胡寅大致同时，张九成也提出了"心即理"的命题。张九成想要强调
的，是心与理、一与万、微与著、始与终等的往来互通，他之"深造之学"
的深意也正在这里：

> 夫如是，则心即理，理即心。内而一念，外而万事，微而万物，皆
> 会归在此，出入在此。非师友所传，非口耳所及，非见闻所到，当机自
> 现，随事自明，岂他人能知哉！④

前面朱熹"性即理"与"理即性"的互"即"，是基于其思想的推论；这里
张九成"心即理"与"理即心"的互"即"，则是他明明白白地道出。心与
理互"即"，强化了心与理的同一，但是其同一的所在，则是心不是理，万
物万事皆会归于一心。而且，从此心之"当机自现，随事自明"性质，既可

---

① （宋）胡寅：《崇正辩 斐然集》，容肇祖点校，中华书局 1993 年版，第 69 页。
② （宋）胡寅：《崇正辩 斐然集》，容肇祖点校，中华书局 1993 年版，第 69 页。
③ （宋）程颢、程颐：《二程集》，王孝鱼点校，中华书局 1981 年版，第 139 页。
④ （宋）张九成：《孟子传》，文渊阁《四库全书》，（台北）商务印书馆 1986 年版，第 196 册，
   第 421 页。

以感受到其禅学之绪余，① 也容易联系到后来陆九渊的类似语言，由此来看朱熹对由张九成到陆九渊心学脉络推进的讥刺，就不是全无道理。

不过，张九成的"心即理"与陆九渊又不完全相同，即他的"心即理"是有条件的，它离不开格物穷理的前提。他上面所谓的"夫如是"，是说如果能"造极于格物"、"考终而要始"，自然就会得出"心即理"的结论。② 这一路数就不如陆九渊直接由"心具理"推出"心即理"来得直截了当。同时，张九成通过循环往复的认识过程而最终导致的心理贯通和一切自明，与朱熹在至物穷理、积累包蓄意义上的"心即理"说又有相通之处。

五、朱熹的"心即理"及与心学的差异

朱熹对待心与理的范畴，有主体与本体、主体与客体关系的双重架构。前者是不考虑过程，而只是就一横截面看结果，于是便有"性是理，心是包含该载、敷施发用底"③ 之说。性理是本体，心则是主体，主体意识可以包容该载理，如碗盛水一样实现心理的统一。但心理的统一不是为统一而统一，理本体自身的活动性质使得它必然要发用出来，如此之理也就是事物活动之则。所谓"心与理一，不是理在前面为一物。理便在心之中，心包蓄不住，随事而发"④。虽说"随事"会有不同之则，但发端仍在于心，故心与理是一致的。那么，朱熹的心与理一主要是解决心理割裂、理离于心的问题，强调天理并非外在于人心。

---

① 田浩先生以为："禅学的影响也促使张九成追随程颢提出的学说，将仁与心的知觉相提并论，并且认为心是理的根本。"但对于张九成之学是否归属于心本论（唯心论），则持矛盾的看法，即："有时他（张九成）对万物本体的论述似乎是一种哲学的唯心论，他说：'夫天下万事皆自心中来。'"但又说："张九成显然没有阐发哲学的唯心论，而是再三强调心在功夫修养中扮演的重要角色，所谓的心一直是在修身养性的意义上谈的。"（田浩：《朱熹的思维世界（增订版）》，江苏人民出版社 2009 年版，第 22—23 页。）

② （宋）张九成：《孟子传》，文渊阁《四库全书》，（台北）商务印书馆 1986 年版，第 196 册，第 420—421 页。

③ （宋）黎靖德编：《朱子语类》，王星贤点校，中华书局 1986 年版，第 89 页。

④ （宋）黎靖德编：《朱子语类》，王星贤点校，中华书局 1986 年版，第 85 页。

但是，如此心理依存状况只是就其结果和横截面来看，如果联系到其来源和放眼其纵贯过程看，心中之理则是通过主体的自觉活动、通过格物穷理的工夫，使此心常在道理上穷究而终使理积蓄于心中的。他并以为，"延平之教千言万语，只是欲学者此心常在道理上穷究"。所以，弟子按此格物穷理道路而总结出："今日明日积累既多，则胸中自然贯通。如此，则心即理，理即心，动容周旋，无不中理矣。"① 得到了朱熹的充分认可。

动容周旋，无不中理，就是理积于心之后"随事而发"的效用。原来需要处理的心与理之间的关系转而让位于统一的心理与外事外物的关系，所谓"仁者心便是理，看有甚事来，便有道理应他，所以不忧。人所以忧者，只是卒然遇事，未有一个道理应他，便不免有忧"②。"仁者"概念表述的是心已具理、心理合一的现实，即在格物穷理以后，遇事便有相应之理发，所以无忧；常人则尚未实现穷理，心中无理而卒然遇事，无相应理发，故必然有忧。那么，朱熹的心与理一或心即理的观点，便是基于主客体之关系立论并引向本体论之存在与发用关系的。

在如此一种格局之下，朱熹不反对而且主张心理合一，就并无不通之处。因为心作为认知主体，它本来的任务就是穷究和管属理。这也就是朱熹所垂意的格物致知的活动。在这里，主宾之分是一个基本的前提。在他与友人江德功的讨论中，江氏简单地以穷理训释致知，朱熹便不同意，以为"于主宾之分有所未安"。即在朱熹："知者，吾心之知；理者，事物之理。以此知彼，自有主宾之辨，不当以此字训彼字也。"③ 就是说，"知"是指我心的知觉能力，为主体；"理"则为事物的内在性理，为宾客。如果径自以"理"字训"知"字，就混淆了此彼、主宾之辨，所以是不对的。当然，从最终目的而言，双方又可以统一起来，所谓"格尽物理，则知尽"④ 也。

朱熹的主宾之辨不只是作主宾之分，更在于强调双方的相互依赖和相互

① （宋）黎靖德编：《朱子语类》，王星贤点校，中华书局 1986 年版，第 408 页。

② （宋）黎靖德编：《朱子语类》，王星贤点校，中华书局 1986 年版，第 985 页。

③ （宋）朱熹：《答江德功》，朱杰人等主编：《朱子全书》第 22 册，上海古籍出版社、安徽教育出版社 2002 年版，第 2038 页。

④ （宋）黎靖德编：《朱子语类》，王星贤点校，中华书局 1986 年版，第 295 页。

发明。他说：

> 人之所以为学，心与理而已矣。心虽主乎一身，而其体之虚灵，足以管乎天下之理；理虽散在万物，而其用之微妙，实不外乎一人之心，初不可以内外精粗而论也。①

这一段话，从认识论之差别统一关系立论，可以看作是朱熹对于心理关系的经典表达。它说明，心知与物理分为主宾双方，但双方又不能截然分割。心知的虚灵，预备了主管天下之理的主体条件；理体作用的微妙，又只能在心知之中才能够体现出来。所以不能够按心内物外、心静物粗的对立视野将双方分隔开来。一句话，理之作用可以通过主体的概括发挥而表现出来，这是符合人们认识的一般规律的。但是，认识论之心理合一与本体论之心理合一显然存在着一定的差距。因为前者可以有二有一，后者则只能一而不二。结合朱熹的具体解释看：

> "夫心之体具乎是理，而理则无所不该，而无一物不在，然其用实不外乎人心。盖理虽在物，而用实在心也。"又云："理遍在天地万物之间，而心则管之；心既管之，则其用实不外乎此心矣。然则理之体在物，而其用在心也。"次早，先生云："此是以身为主，以物为客，故如此说。要之，理在物与在吾身，只一般。"②

心理的相对关系具有一定的复杂性，怎样才是最恰当的表达，朱熹自己亦在不断的琢磨之中。实际上，它们具有主客关系与体用关系的双重蕴含：一方面是心主而理客、客又统一于主的主客对应关系。在此关系中，理虽无所不该，但却是"被管"；心体虽具备物理，但心却是"主管"。由于此主管和

---

① （宋）朱熹：《四书或问·大学或问下》，朱杰人等主编：《朱子全书》，上海古籍出版社、安徽教育出版社 2002 年版，第 6 册，第 528 页。

② （宋）黎靖德编：《朱子语类》，王星贤点校，中华书局 1986 年版，第 416 页。

被管关系，心物、内外之理便归于统一，不可以内外精粗而分①。另一方面，就体用关系看，理是体，心是用。理是遍在于天地间的客观本体，从体决定用的角度说，心用只是理体的表现；然而，心表现理又不是被动的，理之用在心，是通过心作为主体管摄概括万物之理而主动揭示出来的。那么，主客关系在这里就要高于体用关系，也即朱熹所说的以身为主，以物为客，正是通过这种以身为主的构架，理体的发动作用才能真正被揭示了出来。这样也才能够说，在物之理体与在吾身之心体"只一般"。由此来看朱学的"心即理"，实际是由二以一的"心具理"（认识论意义上）而非本来意义的"心即理"（本体论意义上），故在后来受到了王守仁的尖锐批评。②

回过头来，朱熹与张九成既然都立足于认识论、即主客体关系的角度讲心与理的合一，格物穷理的前提就是必不可少的。陆九渊则与此不同，他的此心此理不能经由日常格物的穷理活动从实践中获取，所以从二程以来的读书穷理之方，在陆九渊便颇不以为然。当然，陆九渊并不一般地反对格物，他也强调"格物是下手处"，并倡导"研究物理"的功夫。例如：

> 伯敏问："如何样格物？"先生云："研究物理。"伯敏云："天下万物不胜其繁，如何尽研究得？"先生云："万物皆备于我，只要明理。然

---

① 对此，余英时先生以理解的先天形式、即类同于康德思想中的"范畴"来解释。他说：朱熹"开始的论述和其后的思考都是十分清楚明确的。开始的论述显示了他充分认识到理的客观性，在本质的意义上，它们内在于事物而独立于心。而说到'心则主管之'，他明显是指心能发现、次序和运用理。其后的思考显现出，他惟恐开始的论述可能误导学生们对有关心中先天形式的假定发生疑问。'理在物与在吾身，只一般。'这句话强调指出，在'格物致知'的实践中，先天形式的主观和理的客观最终合而为一。"（余英时：《宋明理学与政治文化》，广西师范大学出版社 2006 年版，第 75—76 页。）

② 王守仁《答顾东桥书》云："晦庵谓'人之所以为学者，心与理而已。心虽主乎一身，而实管乎天下之理；理虽散在万事，而实不外乎一人之心'。是其一分一合之间，而未免已启学者心理为二之弊，此后世所以有'专求本心遂遗物理'之患，正由不知心即理耳。"（吴光等编校：《王阳明全集》，上海古籍出版社 1992 年版，第 42—43 页。）朱熹主客之辨语境下的心理关系，的确是由主客对置到主客合一的"一分一合"模式，这与王守仁主张的"心之体，性也，性即理也"（吴光等编校：《王阳明全集》，上海古籍出版社 1992 年版，第 277 页。）的心体与性理直接同一的存在模式，在理论构架上有明显的差距。

理不解自明，须是隆师亲友。"①

陆九渊的"研究物理"不是张九成和朱熹的格物穷理，即不是知理，而是践履中体验。在陆九渊并不存在所谓天下万物"不胜其繁"的问题。在"万物皆备于我"的前提下，不论是明理还是格物，所需要做的，只是在"隆师亲友"的日常生活实践中去体认和发明本心，万物之理便能"不解自明"。

理所以能不解自明，在于它就在心中，心理合一，心就是理。即他所说：

　　盖心，一心也；理，一理也。至当归一，精义无二，此心此理，实不容有二。故夫子曰："吾道一以贯之。"②

所谓"至当归一"，就是说心、理名言上虽有二，但从内容和义理上讲，实质上又合二为一，所以叫作"吾道一以贯之"（同上）。在此前提下，"人皆有是心，心皆具是理，心即理也"③ 的推出就是必然的结论。

在这里，"心具理"是"心即理"的母体，但如果只是讲到"心具理"，心学的特色便显现不出来。因为站在格物致知说或认识论的立场上都可以认同这一观点，心作为思维主体，原本具有认识和统管天下之理的功能，譬如前面朱熹心"管乎"理的模式便是如此。但"心即理"的架构却不一样，这是从存在的角度认定心和理是同一的实体，而非内外交相成的主客观活动之后的结果。从"心具理"走到"心即理"，是陆九渊心学成立的典型标志。从而，尽管不同学派学者大都认可"心即理"的命题，但其实质却有硕大的差异，命题的普遍认同与特殊理解是研究宋代理学理论中需要特别加以留意的问题。

（原载于《哲学研究》2014 年第 1 期④）

---

① （宋）陆九渊：《陆九渊集》，钟哲点校，中华书局 1980 年版，第 440 页。

② （宋）陆九渊：《陆九渊集》，钟哲点校，中华书局 1980 年版，第 4—5 页。

③ （宋）陆九渊：《陆九渊集》，钟哲点校，中华书局 1980 年版，第 149 页。

④ 文中引注在刊发时，除钱穆先生的两条得以保留外，其余均因版面原因被压缩或删除，现予以恢复。

理学流派与性学的价值

宋明理学是中国传统学术文化成熟阶段的代表。在从北宋中期开始直至清初的七百年间,"理学"这样一个笼统的名言架构,实际上涵盖了众多的具有不同学术特点和倾向的理论体系,南宋胡宏所创立的以性为本体的哲学学派——性学便是其中之一。[①] 然而,如何认识理学的流派及其走向,却一直存在着分歧。除了历史上形成的程朱、陆王两派而外,当今学术界一般分理学为三派:内地学者通常分为程朱道学(理学)、陆王心学和从张载到王夫之的气学;台湾学者牟宗三则认为理学分派实从南宋开始,即以胡宏二刘宗周最为"圆整饱满"的"心性合一之模型"为宋明理学的中心线,再加程(颐)朱、陆王而成另一三派。[②] 在这里,关键的问题在如何理解胡宏性学的地位和理学的历史发展。

性学作为南宋盛极一时的理学派别,不但在当时的学术领域占有重要地位,而且对后来理学的发展也有不可低估的影响。胡宏以性为中心的价值导向,直接促成了朱熹理本论体系的形成和完善,对陆王心学和王夫之的气学也产生过相当程度的影响。但由于元以后哲学思想的发展是与朱学地位的不断上升和走向官学化相伴随的,加之人们多为朱陆异同的舆论导向所左右,一部理学史成了程朱、陆王的兴衰史,至多再加上从张载到王夫之的气学一派,胡宏性学的理学地位和历史意义受到了不应有的抹

---

① "性学"是就其哲学性质而论,若从其地域着眼,则通称为湖湘学或湘学。

② 参见牟宗兰:《心体与性体》第1册第4节《宋明儒之分系》及其他相关部分。

杀。① 其实，理学史的发展本应是丰富多采的，理本论、心本论以及气本论哲学的"三分天下"有欠公允。

一、理学的走向与流派

回顾理学史的实际，不难发现，通常认为北宋理学（道学）已分为不同派系的看法其实并不确切。因为理学虽说是从北宋开始，然北宋实只有兴起于不同地域的濂学、洛学、关学及先天象数学等，而无整体或典型意义的"理学"，典型意义的理学乃是由于后人的概括。而这一概括之所以可能，在于其所概括的学派间之义理必然是大同小异，以区别于古文学、新学、朔学、蜀学等众多学派的大异小同。从而，北宋既无"理学"，也就谈不上理学的分派，理学的分派最早是从胡宏对北宋学术的总结和他的性学的提出开始的。

作为对北宋学术的总结，性学的提出，其意义是双重的。它既是区别于气、理本论的相对独立的理论体系，又成为不同学派完成其理论创建工作的构成要素而为整体"理学"的形成所必需。当然，从理学各派的历史影响来说，气学、道学、性学再加上后来的心学并不相同。四大派中，性学与气学的情形较为相似。即宋以后影响理学发展几百年的是程朱道学与陆王心学的对峙，以致人们一提到理学就是程朱陆王，气学和性学却未有如此"显赫"之地位。对此问题，我们可以从以下两方面来稍加分析：

一是道学、气学和性学都属于客观性的学派，理、气、性都具有不依个体的主观好恶为转移的特性。而客观派的最大代表是朱熹，濂、洛、关、闽的理学定位原本也是将朱熹置于集大成者的地位的。事实上，朱熹的确也继承了气学和性学的思想因素，理在气中，而性亦即理。朱熹对张载、胡宏的学说虽有批评，但他既不反对气化，也不反对性本。更重要的是，气学、性学和道学三方都注重客观天命（天理）的渊源，认可存在有相对确定的必然

---

① 这里主要是就内地学界而言。然笔者亦不同意牟宗三拔高胡宏——刘宗周"心性之学"而拒斥气学一派的观点。（参见向世陵：《宋明理学之分系——牟宗三宋明理学"三系说"评说》，载郑家栋、叶海烟主编：《新儒家评论》第 2 辑，中国广播电视出版社 1995 年版，第 83—110 页。）

原则和标准，所以朱熹容易将三者统一起来。而心学则主要是一种主体性的价值体系，一切客观的道德原则和规范实际上都取决于主体的判断，对吾心而言，客观必然原则说到底是不存在的。所以，主观心学与客观道学的冲突也就势所难免。

二是在胡宏来说，他自己所创立的体系虽然是性学，但他对北宋各派的甄别和总结却是以一个基本的预设——濂学、洛学、关学和先天象数学共属于"道学"即理学为前提的。他认为，传统儒学所以导致"道学衰微，风教大颓"，不是儒林无人，而是学者都迷恋于章句，抓不住要领。而理学的要求正好是针锋相对，即于"见处要有领会，不可泛滥，要极分明，不可模糊"①。而这要"领会""分明"的"见处"，在胡宏就是"性"。以性为据，才能总结出"道学"并与其他的哲学派别区别开来。

因而，胡宏将他开创的性学，看作是对他首先概括出的北宋"五子"学说的自觉继承和对"道学"的完善，而不是想要从道学中独立出来。作为后继者的朱熹同样也没有把自己的学说与性学、气学对立起来。只有陆九渊心学兴起，才在自觉的意义上与朱学或道学相对立。从而，在这四派之中，朱陆之间存在有明显的门户之争，而他们与性学和气学则只是表现为理论的差异。就性学来说，它虽然属于客观一派，但性体较之天理本体和太虚气化，它与心体的亲和力最大，是客观派中与心学联系最为紧密的一派。换句话说，性在外与气、理相通，而在内则与心相贯。故比之气、理、心的本体范畴来说，性具有更大程度的普遍性和兼容性。朱氏"支离"和陆氏"易简"的对立在这里并不存在，性是博与约的统一体。所以，是朱陆而非是别的学派之间形成相互对峙，也就是不难理解的。

由朱陆对峙而引出的朱陆异同之辨，经宋历元至明，绵亘数百年，一直为理学家们所关注。明中叶王阳明心学兴起，王学虽然反对朱学，但阳明也作《朱子晚年定论》，"委屈调停"朱陆之异，力图把道学统一到心学的轨道上来。王学理论的重心虽然在心理为一，但所由构成并为之辩护的基本工具却是性。由于性与理、与心均相通兼容，通过性的中介，道学之理与心学之

---

① （宋）胡宏：《胡宏集》，吴仁华点校，中华书局 1987 年版，第 147 页。

心就可以相互过渡。所谓"心之体，性也，性即理也"①便是如此。即通过性之桥梁，王守仁最终完成了他心理为一的心本论思想体系。那么，从性出发，就可以更加容易地解释迄今未得以合理说明的气学、道学、心学等派虽有若干的冲突，但最终又联系在一起、构成整体或典型意义的"理学"的历史事实。但限于篇幅，本文只讨论性理和性心之间的关系。

二、性理之间——性本论与理本论

胡宏对朱熹理本论哲学的影响，不仅仅是在所谓"己丑之悟"之前，就是在这之后，朱熹理论体系的建立和完善，同样借鉴和吸收了胡宏的思想，虽然它通常被人们所忽视。

朱熹理本论的主要任务，是解决理与气、即本体与现象的关系问题。但要解决好这一问题，离不开对理、气双方各自的性质、特征等等的分析和认识。在气化流行生成万物的一方，朱熹吸收张载气本论和二程有关气化的思想比较明显，一般人们的著作都能够予以注意并进行了相当深入的研究；但对于同属本体一方的理与性范畴的关系，人们大都是从"天命（理）之谓性"的角度，从人性即天理的角度去研究，而缺乏对理与性作本体论层面的分析，探讨"性"范畴在朱熹本体论体系中的地位和作用。而这无论是对朱熹本体理论的建构，还是服务于为人性论提供前提和基础的目的，都具有十分重要的意义。

性、理关系的重要性，早在《朱子语类》的编辑者那里，就已经是不言而喻的，所以他们在紧接开篇《理气》二卷、《鬼神》一卷之后，编成了《性理》三卷。可见性、理关系也是朱熹理论的重点。

性、理关系，在朱熹具有多方面的内容，并非只能从某一侧面去进行解释。比方说，一方面是人的本质（人性）同宇宙本体的关系。在这里，人性是个别，宇宙本体是一般，一般表现在个别之中，个别反映着一般，这即为人们通常所熟悉的"性即理"的模式，其思想来源是二程；另一方面则是人

---

① （明）王阳明：《王阳明全集》，吴光等编校，上海古籍出版社1992年版，第277页。

的本质过渡为宇宙本体，即"性"成为一般，理则指所谓实理、规范而转化为个别，反用前一模式而可以称它为"理即性"。显然，这一方面的思想是来源于胡宏。

朱熹说："性是理之总名，仁义礼智皆性中一理之名。"① 仁义礼智是朱熹所谓的"实理"，发现为恻隐、羞恶、辞让、是非之情，借以反对佛老的"虚无寂灭"之道。但这些实理又都在人的一性之中，所以说性是理的总名。尽管他这里也是在道德规范的意义上谈性、理关系，但从宇宙本体等于纲常天理来说，它无疑也表达了以性为一般本体，以理为性之个别的性一理殊的关系。因而，虽然通常说是万物禀受天理而成性，但由于"性者万物之原"②，说万物禀受天性而成理同样可以成立。因为"性即理"的规定本来就意味着人性等于天理，那为什么不可以说人性来源于性本体呢？故朱熹讲："性者，即天理也，万物禀而受之，无一理之不具。"③ 性是理之全，万物禀有性，故无一理不具。这可以说是胡宏性具万理的观点在朱熹思想中的再现。

以性为本，性为形而上而与形而下的万物相对，在朱熹也不是个别的思想，它们是朱熹理本论体系中的重要组成部分。如他称："性是形而上者，气是形而下者。形而上者全是天理，形而下者只是那渣滓。至于形，又是渣滓至浊者也。"④ 那么，朱熹这里提出的便是一个"性—气—物（形）"的三级结构，性的本体地位是毋庸置疑的。也正因为如此，性才难以言说。所谓"性不是卓然一物可见者。只是穷理、格物，性自在其中，不须求，故圣人罕言性"⑤。性本体虽不可见，但却存在于具体事物之中，构成为事物的本质即理，故可以通过格物的途径来穷究它。

朱熹的理本论所以需要吸收性本论的因素，是因为性比起道、理、太极等其他本体性范畴来说，有一个明显的优越性，那就是它有"生"义，能够

① （宋）黎靖德编：《朱子语类》，王星贤点校，中华书局1986年版，第92页。
② （宋）黎靖德编：《朱子语类》，王星贤点校，中华书局1986年版，第76页。
③ （宋）黎靖德编：《朱子语类》，王星贤点校，中华书局1986年版，第96页。
④ （宋）黎靖德编：《朱子语类》，王星贤点校，中华书局1986年版，第97页。
⑤ （宋）黎靖德编：《朱子语类》，王星贤点校，中华书局1986年版，第83页。

方便地说明本体所具有的生成万物和伦常的作用。比如，相对于道的"合当如此"来说，"性则有一个根苗，生出君臣之义，父子之仁。性虽虚，都是实理"①。性本体虽然虚而无形，但它却能"生"出实理。实理对性的依存关系，就如同人性对天理的依存关系一样。所以，朱熹肯定了弟子关于"性则就其全体而万物所以得以为生者言之，理则就其事事物物各有其则者言之"②的对性和理的概念的解释。那么，与"性即理"形成对照的"理即性"的思想也就不难理解，即理是由性"生"出来的。朱学的继承人、弟子黄榦在对朱熹另一弟子叶贺孙（味道）"发明"朱熹解释心与太极的关系时所说的"其理则谓之道"的思想时，明言"理即是性"③，理是由性来说明的，便是这一思想的继续。无怪乎四百年后，东林书院的创建者之一、继承程朱学统的高攀龙也就敢于宣称"程子云：'性即理也。'如今翻过来看，理即性也"④。

当然，不论是"性即理"也好，还是"理即性"也好，它们的位置所以能够颠倒，还在于它们本是同等程度的代表客观必然性的范畴，原来并无一定之规，只是相对于它们所依存的具体对象才有特定的称谓。比方说："道即性，性即道，固只是一物。然须看因甚唤作性，因甚唤作道"；"性即理也，在心唤作性，在事唤作理。"⑤既如此，理本论也可以叫作性本论，反之亦然。哲学之所以是智慧的学问，就在于它在承认非此即彼的同时又容许亦此亦彼，理、性、道等范畴的相通正说明了这一点。那么，它们间还有无区别呢？当然是有的，那就是从朱熹后一句话中可以得到的提示。即性本论与心发生关系而突出了本体主体化的特点，理本论则与事发生关系而突出了本体对象化、外在化的特点，或许，这才是朱熹之不同于胡宏理论的最后的分野。

在心性关系上，朱熹虽不满于胡宏的"心性二字对说"而采张载的"心

① （宋）黎靖德编：《朱子语类》，王星贤点校，中华书局1986年版，第88页。

② （宋）黎靖德编：《朱子语类》，王星贤点校，中华书局1986年版，第82页。

③ （宋）黎靖德编：《朱子语类》，王星贤点校，中华书局1986年版，第84页。

④ （明）高攀龙：《东林论学语·会语四》，《东林书院志》卷六，清光绪重刻本。

⑤ （宋）黎靖德编：《朱子语类》，王星贤点校，中华书局1986年版，第82页。

统性情"，但这主要是针对胡宏的性体心用来说的。如果就一般的主客体关系和双方的相依共存来说，他常常也是心性对说的。如称："性犹太极也，心犹阴阳也。太极只在阴阳之中，非能离阴阳也。然至论太极自是太极，阴阳自是阴阳，惟性与心亦然。所谓一而二，二而一也。"① 性与心的关系就如同太极与阴阳的关系一样，既各自区别，又相依不离。从双方不同的性质和地位等来看是一而二；而从其存在的相互信赖和作用来看则是二而一。这种心性间的统一与差别关系是朱熹理本论体系中的一个重点也是难点问题，尽管他对此倾注了极大的努力，要求于"此处最当体认"，但仍感到不容易获得圆满的解决，故时而便有"这个极难说，且是难为譬喻"② 的感慨。但从总体上看，也可以简单地抓住，那就是"心性互见"："舍心则无以见性，舍性又无以见心。"③

朱熹所讲的心性互见，从思想渊源上讲是从孟子发端的，所以便有"故孟子言心性，每每相随说。仁义礼智是性，又言'恻隐之心、羞恶之心、辞逊、是非之心'，更细思量"④，如此处置心性，不能说没有胡宏思想的影子。孟子的"四心"作为仁义礼智四德（性）的发端或表现，可以在没有"情"的帮助下来履行其职责，心性"相随说"成为心是性的表现和发用，这也正是胡宏的性体心用说所表述过的思想。当然，朱熹往往是既讲"四心"为心，也讲"四心"为情的，就后者而言，则是他的"心统（主）性情"之说，我们将这两方面的思想综合起来考察一下。

朱熹说："旧看五峰说，只将心对性说，一个情字都无下落。后来看横渠'心统性情'之说，乃知此话有大功，始寻得个'情'字着落，与孟子说一般。孟子言：'恻隐之心，仁之端也。'仁，性也；恻隐，情也，此是情上见得心。又曰'仁义礼智根于心'，此是性上见得心。盖心便是包得那性情，性是体，情是用。'心'字只一个字母，故'性'、'情'字皆从'心'。"⑤ 性

---

① （宋）黎靖德编：《朱子语类》，王星贤点校，中华书局1986年版，第87页。
② （宋）黎靖德编：《朱子语类》，王星贤点校，中华书局1986年版，第88页。
③ （宋）黎靖德编：《朱子语类》，王星贤点校，中华书局1986年版，第88页。
④ （宋）黎靖德编：《朱子语类》，王星贤点校，中华书局1986年版，第88页。
⑤ （宋）黎靖德编：《朱子语类》，王星贤点校，中华书局1986年版，第91页。

情皆从心，即由心之体（性）发而为心之用（情），所以有"心统性情"。但胡宏之言的不妥也并非在于与朱熹的理论有根本性的抵触，而只是在于它不完善，即心在作为主体的同时又表现为性之发用。朱熹则通过与张栻的讨论将胡宏的心一分为二，以"情"字充当性之发用，保留心的主体地位而成为"心主性情"，何况胡宏也不是完全不提"情"字。他讲过"知天之道，必先识心。识心之道，必先识心之性情。欲识心之性情，察诸乾行而已矣"①，意谓通过天道变化、"万物生焉"的过程去认识性情的问题。他的"心妙性情之德"事实上也受到朱熹的赞扬，只是他的重点不在此，并未去具体区分性与情的差异，而是笼统地当作本体的流行表现而已。而在朱熹来说，由于"恻隐"等"四端"原本就是"心"和"仁义礼智根于心"，只谈性与心的相互关系也是可以容许的。那么，我们可以这样说，"心"这个范畴在朱熹有广义与狭义的不同，其狭义是与性"相随说"，心性相依互见；其广义则是心体为性，心用为情，心统（主）性情。前者受到胡宏思想的直接影响，后者也是在针对胡宏思想的讨论中发展起来的。因而，朱熹虽然在自觉的意义上批评胡宏的"心对性说"，但"心对性说"作为一种思想要素，实际上已经渗透到朱熹理论的构造之中。

对于性与善恶的关系，朱熹在此问题上对胡宏提出了最多的批评。按理，朱熹既然承认性为本体，则性超乎善恶之上的观点已是题中应有之义，为何他又加以反对呢？原因在于，朱熹是从道德本体的角度去看问题的，性作为哲学本体同时也是道德本体，既是本体论的范畴也是人性论的范畴，性如果不能被评价为善，那这种"性"对人生还有什么意义和作用呢？所以朱熹始终坚持性善的立场。

但是，性作为本体又是不可言说的，朱熹何以知其为善呢？他说这是从现象推导出来的，即从"四端"之善推导到性体之善。他说："性不可言。所以言性善者，只看他恻隐、辞逊'四端'之善，则可见其性之善，如见水流之清，则知源头必清矣。"②朱熹在这里实际上相对肯定了"性不可言

---

① （宋）胡宏：《胡宏集》，吴仁华点校，中华书局1987年版，第38页。

② （宋）黎靖德编：《朱子语类》，王星贤点校，中华书局1986年版，第89页。

（善）"这一胡宏理论的基点。可见，即使在他的理论体系已经成熟的晚年，胡宏的思想对他仍是有影响的。他从"四端"之善推论性本体之善，就如同他从"性即理"的角度肯定天理为善一样。所谓"性即理也。当然之理，无不有善者。故孟子之言性，指性之本而言"①，不论是性之本还是理之本，都是善，善不仅是具体的道德评价，而且是至上的道德理想，所以他坚持将本体赋予善的属性。故当弟子问及张栻在给他的信中直言"性善者，叹美之辞"时，他答复说："不必如此说，善只是自然纯粹之理。今人多以善与恶对说，便不是。大凡人何曾不愿为好人，而怕恶人。"② 显然，朱熹批评的重点，其实不在"叹美之辞"而在"性无善恶"，因前者毕竟是肯定了"性善"，而且表达了人们向往善而不是恶的良好愿望。他还强调性善之善是对理的本性的规定，不是指具体事物活动中的善恶评价。这些可以说是对胡宏和张栻思想一定程度上的肯定和吸取。道理很简单，"诸儒论性不同，非是于善恶上不明，乃'性'字安顿不着"③。善恶的含义及其道理，在儒家学者决不存在理解上的障碍，问题只出在"性"的什么阶段上有善或善恶。胡宏认为性作为本体无法名言（善）；朱熹则认为性虽不可言，但理当为善，最高的哲学本体（真）与最高的道德标准（善）是一致的，求真的认识活动与向善的心性修养应当统一起来。然而，即使从此角度看问题，环绕的中心仍是一个"性"字。所以说，"圣人只是识得性。百家纷纷，只是不识'性'字"④。识不识性是儒家和其他各家、儒家内部各派纷争的最后症结所在。就此而言，也可看出胡宏性本论对朱熹思想的重要影响。因而，朱熹对"性无善恶"论的批评，从正面看即是他进行理论创造的过程本身。

三、性心之间——性本论与心本论

胡宏对陆九渊心学的影响，由于陆氏既否认自己有确定的师传，认为

---

① （宋）黎靖德编：《朱子语类》，王星贤点校，中华书局1986年版，第67页。
② （宋）黎靖德编：《朱子语类》，王星贤点校，中华书局1986年版，第2606页。
③ （宋）黎靖德编：《朱子语类》，王星贤点校，中华书局1986年版，第84页。
④ （宋）黎靖德编：《朱子语类》，王星贤点校，中华书局1986年版，第84页。

其学是"因读《孟子》而自得于心也"①，又主张"不立文字"，故缺乏明确的史料记载。从时间上说，陆九渊是南宋主要理学家中最为晚出之人，在他成年后（24 岁）第一次参加乡试的同年，胡宏去世于衡山。到乾道八年（1172 年）陆九渊"春试南宫"中选时，南宋理学已是朱熹、张栻、吕祖谦"三贤"活跃的时期，胡宏思想的传播经过了"三贤"主要是张栻的中介。

陆九渊与"三贤"都有交往，但从学术上说，他与张栻、吕祖谦的学说靠近一些。朱熹在指斥陆学为禅学时曾评论说："金溪（陆九渊）学问真正是禅。钦夫（张栻）、伯恭（吕祖谦）缘不曾看佛书，所以看他不破，只某便识得他。"② 其实，张栻、吕祖谦都"曾看佛书"，胡宏最初不愿接受张栻入室，也正因为"渠（他）家好佛"。朱熹所谓张、吕看陆学"不破"，其实正好说明他们与陆九渊的学说有相通的一面。陆九渊"春试"中选，与他在《天地之性人为贵论》中表现出来的心学思想受到主考官吕祖谦的青睐分不开。而张栻之学因类似于程颢重"心"而受到陆九渊的称赞。所谓"元晦似伊川，钦夫似明道。伊川蔽固深，明道却通疏"③，"通疏"实际上也就是陆氏自称的"易简"。那么，作为与朱熹"支离事业"对立的"易简工夫"，却暗含着一条从程颢经张栻再到陆氏自己的思想发展线索。由于张栻的心性之学直接源自胡宏，可以说这也是从陆学的角度来肯定了胡宏、张栻的理学地位。

陆九渊在他的《天地之性人为贵论》中，将孟子的"知天"、"事天"都拉回到"知性"、"养性"上，并提出了"吾一性之外无余理"④ 的重要观点。陆九渊并不讳言谈理，他同样也讲"塞宇宙一理耳"⑤ 之类的话。但由于"宇宙便是吾心，吾心即是宇宙"⑥ 的心学框架，宇宙之理也等于本心之理，

---

① （宋）陆九渊：《陆九渊集》，钟哲点校，中华书局 1980 年版，第 498 页。
② （宋）黎靖德编：《朱子语类》，王星贤点校，中华书局 1986 年版，第 2973 页。
③ （宋）陆九渊：《陆九渊集》，钟哲点校，中华书局 1980 年版，第 413 页。
④ （宋）陆九渊：《陆九渊集》，钟哲点校，中华书局 1980 年版，第第 347 页。
⑤ （宋）陆九渊：《陆九渊集》，钟哲点校，中华书局 1980 年版，第 161 页。
⑥ （宋）陆九渊：《陆九渊集》，钟哲点校，中华书局 1980 年版，第 483 页。

而这也就是性。性与心的区别是从处所的不同来说的，所谓"必欲说时，则在天者为性，在人者为心"①。

本来，因其处所不同而区分开天、性、心、理等不同的范畴，是二程以来直至张栻、朱熹各家的一个基本观点，但只有陆九渊贯彻得最为彻底，以为既然说到底都是同一个实在，则区分与否并没有太大的意义。故心、性、天等称谓的不同"此盖随吾友而言，其实不须如此。只要尽去为心之累者，如吾友适意时，即今便是"②。究竟以什么范畴来称呼本体，本来没有一定之规，只要心中"适意"，自己觉得合适便可。从此出发，陆九渊在发明本心、直舒胸臆的同时，又少有谈性，甚至有"不喜人说性"的举动。朱熹以为这正好道出了陆九渊学术空虚不实的弊病，称："怕只是自理会不曾分晓，怕人问难。又长大了，不肯与人商量做，一截截断了。然而学而不论性，不知所学何事？"③朱熹继承了胡宏的以性为本，性理是其学术的根底所在。陆九渊则直以心意所发，且谈心已有性在，何须多言！

"心"是陆九渊哲学的本体，也是他的哲学的主体，这种本体和主体的合一正是胡宏哲学的重要特点。基于对主体性原则的强调，在湖湘一系的本体理论中，"心"的地位十分重要，而且，从胡宏到张栻，有愈加强化的趋势。这不单在本体论中是如此，结合仁说和修养工夫，情况更为明显。张栻发挥了胡宏识良心苗裔而操存扩充的思想，强调在心上"默识而存之，扩充而达之"的求仁之体的工夫，从而与陆九渊的"识得一个心，更无许多事"的观点混同，朱熹遂以为张栻初年像陆九渊一样，只管谈心。所谓"如爱牛，如赤子入井，这个便是真心。若理会得这个心了。都无事"④。其实，如果从时间关系看，应当说是陆九渊像张栻而不是相反。因为在张栻阐述这一思想时，陆九渊尚在博取功名的科举途中。张栻作为比陆氏略早而又名重一时的"学者宗师"，他提出的"然则心体不既广大乎！道义完具，事事物物无不该、无不遍者也。……扩而至于天地变化草木蕃，亦吾心体之本然者

① （宋）陆九渊：《陆九渊集》，钟哲点校，中华书局 1980 年版，第 444 页。
② （宋）陆九渊：《陆九渊集》，钟哲点校，中华书局 1980 年版，第 444 页。
③ （宋）黎靖德编：《朱子语类》，王星贤点校，中华书局 1986 年版，第 2974 页。
④ （宋）黎靖德编：《朱子语类》，王星贤点校，中华书局 1986 年版，第 2982 页。

也"① 和"人仁则太极立，而天地之大，万物之多，皆吾分内耳"② 等明显具有心学色彩的观点，以及处于鼎盛时期的湖湘性学对东南地区理学发展的影响，都在客观上为后来陆九渊心学的兴起和流行准备了思想基础，并起了某种由理本论向心本论过渡的催化剂的作用。

从张栻与陆氏弟兄的学术交流看，他在给陆九渊之兄陆九龄的信中，批评了"专于考索"的"遗本溺心之患"和"骛于高远"的"躐等凭虚之忧"，认为"二者皆其弊也"③，发明了他的格物致知立足于力行实践和知行并进的思想。他还打算让弟子带着他的书信去见陆九渊，以便能及时获得陆九渊的新说。④ 而在陆九渊，现有的史料中虽然未见他与张栻有直接的交往，但张栻致其兄的书信曾送达他处，对张栻的思想他无疑是清楚和熟悉的。⑤ 故当原就学于张栻的学者又转归于他门下时，他能清晰地分辨出弟子思想的渊源。《陆九渊集·语录上》记载："有学者曾看南轩文字，继从先生游，自谓有省。及作书陈所见，有一语云：'与太极同体。'先生（陆九渊）复书云：'此语极似南轩。'"而当后来他准备直接与张栻通书进行讨论时，张栻却不幸亡故。他感慨说"南轩物故，何痛如之！吾道失助不细。近欲方通渠书，颇有所论，今遂抱恨矣！"⑥ 尽管未来得及直接交流，但陆九渊对张栻及其学问的尊敬态度却是毋庸置疑的。

当然，性学与心学作为南宋理学的两大派别，其间的差别也不应该被忽视。陆九渊的高足傅梦泉、舒璘、詹阜民等均从张栻学习过，并一度十分坚信其说。傅梦泉曾称："某旧登南轩、晦翁之门，为二说所碍，十年不可先生（陆九渊）之说。"⑦ 但后来他们都归于陆九渊，从张栻本人的评价和弟子自己的感悟看，主要是性学一派在修养工夫上主张循序渐进，而与心学所必然要求的顿悟的工夫相抵触，从而不能满足心学发展的要求。

---

① （宋）张栻：《扩斋记》，《张栻集》，邓洪波校点，岳麓书社 2010 年版，第 592—593 页。
② （宋）张栻：《答吴晦叔》，《张栻集》，邓洪波校点，岳麓书社 2010 年版，第 668 页。
③ （宋）张栻：《答陆子寿》，《张栻集》，邓洪波校点，岳麓书社 2010 年版，第 739 页。
④ （宋）黎靖德编：《朱子语类》，王星贤点校，中华书局 1986 年版，第 2979 页。
⑤ （宋）陆九渊：《陆九渊集》，钟哲点校，中华书局 1980 年版，第 21 页。
⑥ （宋）陆九渊：《陆九渊集》，钟哲点校，中华书局 1980 年版，第 409、85 页。
⑦ （宋）陆九渊：《陆九渊集》，钟哲点校，中华书局 1980 年版，第 420 页。

性学与心学在修养功夫上有同有异。同在识仁心与存养的先后顺序上，张栻言："盖大体言之，必尽心知性而后存养有所施焉"；"未能尽其心、知其性者，恬然无事于存养乎？"① 而陆九渊也要求识得人心后"更当为说存养一节"。异则在识仁心的步骤上。性学的体认仁心是由察端到识体的渐修，心学则是扬眉瞬目的顿悟。所以张栻不满于陆学而深以为"可惧"，陆学也不满于张栻而以为"终不知仁"。张栻的《洙泗言仁》虽早佚，但其《序》尚在，其中既称"盖仁者，天地之心，天地之心而存乎人，所谓仁也"。又讲："若不惟躬行实践之胜而怀薪获之心，起速成之意，徒欲以聪明揣度于言语求解，则失其传为愈甚矣。"② 如此反对速成的求仁之方，自然是达不到詹氏所追求的一悟百悟、万善万物均在我一心的效果的，因为后者根本不需要点滴积累的求仁穷理之功。

从而，性学虽具有一定的心学色彩，可以满足心学发展的初步要求，但性本体毕竟是一种客观本体，心虽然是能动的，心实现性也带有本心自悟的意味，但这种实现首先是性自身的活动和作用，它是以性的存在而不是心的活动为最后根据的。也正因为如此，察良心之苗裔或发端，只能是在日常生活实践当中，而操存扩充更是一个长期努力的"勉而勿舍"的过程。那么，湖湘性学的主体性原则是重在强调主体对本体的实现作用，从"心以成性"到"人仁则太极立"都是如此。主体可以与本体统一，但却不能代替本体，也不就等于本体。在此意义上，不妨说性本论是理本论和心本论之间的逻辑中介和联系的环节，从它既可以引出并发展为心学的理论，也可以通过它将道学和心学连接起来。

陆九渊之后心学的主要代表人物、陆九渊大弟子杨简将陆氏的学说进一步向唯我（性）论方向发展，重新突出了"性"范畴的地位。称"天者，吾性中之象；地者，吾性中之形。故曰在天成象，在地成形，皆我之所为也。"③ 但是，杨简的"性"显然已经不是客观的必然，而直接是"自我"或

---

① （宋）张栻：《孟子说》，《张栻集》，邓洪波校点，岳麓书社 2010 年版，第 379 页。

② （宋）张栻：《洙泗言仁序》，《张栻集》，邓洪波校点，岳麓书社 2010 年版，第 616 页。

③ （宋）杨简：《慈湖遗书·己易》，文渊阁《四库全书》，（台北）商务印书馆 1986 年版，第 1156 册，第 688 页。

本性的写照了。从思想发展来说，孟子提出尽心、知性、知天和存心、养性、事天之说，陆九渊已初步将"天"拖回到自心、自性中，强调性即是理的总体，只要能充分扩充自我的本性，便必然能与天同一。杨简接过陆氏的学说又进一步发挥，认为孟子的"存心养性之说"存在弊病，为后来学者开了一个"心与性为二"的割裂心性的不好先例。在杨简看来，我与天地万物是融合为一的，"觉"万物万事"通为一体"，这是人心的最普遍的特性。所谓"人皆有是心，是心皆虚明无体，无体则无际畔，天地万物尽在吾虚明无体之中"①。虚明无体是形容心体的广大无边际的，以致天地万物尽具于一心之中。这与前面他讲天地皆吾性所为完全可以互换，因为心性说到底是合一的。他称："性即心，心即道，……言其本谓之性，言其精神思虑谓之心，言其天下莫不共由于是谓之道，皆是物也。"②这一段与其他理学家看似相类的话，却道出了杨简理论的重要特色，即突出了"性即心"这一明确的心性合一的命题，而且是在肯定以性为本的前提下来讲主体的意识活动（心）和对万物的根据作用（道）。这是陆九渊所没有的思想，但与胡宏的理论却非常接近，它或许曲折地反映了胡宏性本论对杨简思想的影响。

明代王守仁继承和发展了南宋陆学，重新树起了心学的大旗。但他并不是拒其他思想不顾，而是从新的高度出发，力图将理学的基本思想统一在他的心学体系之中。这表现在本体范畴上，便是心、性、理的统一，他曾反问道："天下宁有心外之性、宁有心外之理乎？宁有理外之心乎？"③在心、性、理的性质的规定上，王守仁吸收了胡宏性本不动（未发）、性动（发）为心的思想，他肯定本体原是不动的："所谓心之本体，原自不动。心之本体即是性，性即是理，性元不动，理元不动。"④。性本体是心与理的共同基础，"心即理"的心学基本立场实际上需要依赖性的介入才能够得以确立。性是

---

① （宋）杨简：《慈湖遗书·永堂记》，文渊阁《四库全书》，（台北）商务印书馆 1986 年版，第 1156 册，第 631—632 页。

② （宋）杨简：《慈湖遗书·论书》，文渊阁《四库全书》，（台北）商务印书馆 1986 年版，第 1156 册，第 724 页。

③ （明）王守仁：《王阳明全集》，吴光等编校，上海古籍出版社 1992 年版，第 277 页。

④ （明）王守仁：《王阳明全集》，吴光等编校，上海古籍出版社 1992 年版，第 24 页。

心的本体，心是性的主体，理则为心中的条理，活动发用于外则表现为孝、忠、信等"五常百行"。那么，一句话，"心之体，性也，性即理也"①便是王守仁对心本论、性本论和理本论三论归一的一个经典总结。

在善恶问题上，陆九渊、杨简与朱熹相近，都主张孟子的性善说，只是在不善的原因和如何去恶为善的修养工夫上意见不一。王守仁既倡导性本体不动，故未发时理当无所谓善恶。所以他的"四句教"的首句便点明了"无善无恶是心之体"，又称"性之本体，原是无善无恶的，发用上也原是可以为善，可以为恶的，其流弊也原是一定善一定恶的"②。这显然是对胡宏的性超越善恶的观点的继承，善恶产生于性本体的发用流行之中，是次一层次的问题。但同时，王守仁也讲"至善者，心之本体也"③；"至善者，性也，性元无一毫之恶"④。那么，对此矛盾性的命题当如何解决呢？结合"四句教"看，王守仁的两大弟子王畿和钱德洪采取了不同的解决办法而分别开王学向重本体与重工夫方向分化的先河。有鉴于此，后来刘宗周、黄宗羲师徒都怀疑"四句教"法出自玉守仁，而以为是王畿的创造。其实，王守仁其他类似言语及弟子多方记载都可以证明，其真伪并无可怀疑，关键在如何协调理顺相互间的关系。在这里，由于王守仁的心之体也就是性，心、性本体原静而不动，属于超越的层面，我们也就完全可以参照湖湘性学以性善为"叹美之辞"的模式来加以处理。即性善、至善既然属于"叹美之辞"的主观形容或赞叹，那么，立足现实层面言说超越善恶评价的心、性本体的无善无恶也就并无妨碍，因为本体的层面本来就"静不容说"，无善无恶即无所谓善无所谓恶也。

也正因为如此，近代章太炎总结包括王学在内的传统学术的时候，便明确提出王守仁关于心性本无善恶的思想是来自胡宏。他说："夫其（指王守仁）曰'人性无善无恶'，此本诸胡宏（自注：胡宏曰：'凡人之生，粹然天地之心，道义完具，无适无莫，不可以善恶辨，不可以是非分。'又曰：'性

① （明）王守仁：《王阳明全集》，吴光等编校，上海古籍出版社1992年版，第277页。
② （明）王守仁：《王阳明全集》，吴光等编校，上海古籍出版社1992年版，第115页。
③ （明）王守仁：《王阳明全集》，吴光等编校，上海古籍出版社1992年版，第115页。
④ （明）王守仁：《王阳明全集》，吴光等编校，上海古籍出版社1992年版，第25页。

者，善不足以言之，况恶邪？'）而类者也，陆克（洛克）所谓'人之精神如白纸'者也。"① 章太炎将胡宏和王守仁立足于本体论和善恶观上的"性无善无恶"与洛克在认识论意义上针对天赋观念而提出的知识来源于经验的"白纸"说放在了一起，这表明了中国近代的哲学家对此问题的新的思考，即它们都与天赋观念（先天性善性恶）相对立。人之本心、本性作为一种理论的假定，既无善恶，也无知识，善恶观念和知识都是后天即社会价值系统和现实世界的产物，何况胡宏的"是非"本也具有知识论的意义。从胡宏到王守仁、章太炎，表明一种有价值的思想是不会随着时间的流逝而被埋没的。

（原载于《哲学研究》1999 年第 9 期）

---

① 章炳麟：《訄书》，向世陵选注，辽宁人民出版社 1994 年版，第 33 页。

张栻的"性善"论说

儒家性论的发展，先秦是奠基的阶段。在文献的层面，《孟子·告子上》所载孟子与告子有关性善与否的争论，开启了哲学史上人性善恶争辩的源头；同时，由于《礼记·乐记》提出了"人生而静，天之性也"的观点，这就促使人们对如何认识人生而静"以上"、"以下"之性及其善恶判断问题，有了进一步思考的必要。至于告子为阐明自己观点而提出的多样性的比喻，则成为后来学者探讨人性善恶不可能绕过的话题。

一、从程颐到张栻论荀、扬之说

程颐在人性论上是明确肯定孟子性善说的，故对于非难性善的论点给予了严肃的批评。他并将荀子和扬雄之说都联系到了告子的论点，以为二者均可由此而引出。程颐言：

> "杞柳"，荀子之说也。"湍水"，扬子之说也。
>
> 扬子，无自得者也，故其言蔓衍而不断，优游而不决。其论性则曰："人之性也善恶混，修其善则为善人，修其恶则为恶人。"荀子，悖圣人者也，故列孟子于"十二子"，而谓人之性恶。性果恶邪？圣人何能反其性以至于斯耶？[1]

---

[1] （宋）程颢、程颐：《二程集》，王孝鱼点校，中华书局 1981 年版，第 325 页。

一方面，告子的"杞柳"之喻，要害是切割人性与仁义的内在关联。人性是随人生而有，所谓"生之谓性"，仁义则是后天人为或教化的结果，就像将杞柳编成杯棬一样。告子的"以人性为仁义"，在荀子则主张通过"察乎性伪之分"而"化性起伪"，借助于圣人教化和主体的学习活动，最终能够抑制欲望而走向善。然而，程颐认为，荀子的"反性悖情"说完全违逆于圣人，而且，荀子还将孟子置于了"饰邪说，交奸言，以枭乱天下"的"十二子"之列而予以声讨，以便宣扬自己的性恶之说。

另一方面，告子的"湍水"之喻表明，"人性之无分于善不善也，犹水之无分于东西也"。相对于"杞柳"之喻是说人性的内外或先后天关系，"湍水"之喻强调的，则是对人性自身无法作先验的价值认定。不过，对于善恶"无分"的本身，还可以抽绎出多方面的意蕴：譬如"无分"可以是本来无善无恶或没有确定的善恶走向，以致无法区分；也可以是本有善恶但因处于潜在而没有表现出来，所以还谈不上区分；当然，还可以是善恶交织共生，故不应当硬性地贴上或善或恶的标签等。此类引申究竟何者为告子真实的心中所想，其实并不重要，重要的是程颐认可的是第三种推论，所以将扬雄视作为告子的后继者。

在这里，以"湍水"之喻为扬雄之说，在词义解说上其实是存在问题的。因为还原告子"湍水"之说的语境，只能是由外在的圣人或恶人来决口和引导，从而或向东或向西流（或向善或向恶）；但按扬雄自己的观点——"修其善则为善人，修其恶则为恶人"，走的却是内在的自我道德扩充之路，在方法上与孟子相类似。不过，在程颐自身，根本立场是必须有一个先天的本性作为基点，儒家全部的后天修养功夫——复返本性之善才有实现的可能。

程颐的观点在张栻得到了继承。这也是张栻论证人性善的基本出发点。他说：

> 伊川先生曰："荀子之言性，杞柳之论也；扬子之言性，湍水之论也。"盖荀子谓人之性恶，以仁义为伪；而扬子则谓人之性善恶混，修其善则为善人，修其恶则为恶人故也。告子不识大本，故始譬性为杞

柳，谓以人性为仁义。今复譬性为湍水，惟无分于善不善。夫无分于善不善，则性果何物邪？沦真实之理，而委诸茫昧之地，其所害大矣。善乎！孟子之言曰："人无有不善，水无有不下。"可谓深切著明矣。[①]

张栻所说，重要的不在于对程颐及荀、扬等观点的复述和评论，而是提出了"性果何物邪"的关键性质问，由此引出了他将性与善相关联的人性论基本立场和他所认为的真实之理。告子和荀、扬人性论之不善，就在于他们完全不明白人性善的道理，从根本上丢弃了儒学的"大本"。这个"大本"或真理，就是孟子论定的人性无不善。

但是，张栻又不是严守孟子指责告子的立场，而是也有自己的理论辨析。一是他认为告子以杞柳为杯棬之喻是可用的，因为"曲直者，木之性也，非有使之曲直也，木固有曲直之理也，以是而论性则可矣"[②]。就是说，可以顺杞柳之性为杯棬，而不必导致"戕贼人以为仁义"的情形。这里的关键在曲直正是木性之本身，而不是外力强使所致。二是由此推开，本性是善还是不善，唯一的标准就看是不是"有以使之"。张栻云：

> 性之本然，孰使之邪？故水之就下，非有以使之也。水之所以为水，固有就下之理也。若有以使之，则非独可决而东西也，搏之使过颡，激之使在山，亦可也，此岂水之性哉？搏激之势然也。然搏激之势尽，则水仍就下也，可见其性之本然，而不可乱矣。故夫无所为而然者，性情之正，乃所谓善也；若有以使之，则为不善，故曰"人之可使为不善"。然虽不善，而其秉彝终不可殄灭，亦犹就下之理不泯于搏激之际也。[③]

孟子提出了搏激之势的比喻，以说明外力对水流方向的改变，并不影响水之就下的本性。但他之"人之可使为不善"，尚停留于具体的外部作用的描述，

---

① （宋）张栻：《孟子说》，《张栻集》，邓洪波校点，岳麓书社 2010 年版，第 343 页。
② （宋）张栻：《孟子说》，《张栻集》，邓洪波校点，岳麓书社 2010 年版，第 342 页。
③ （宋）张栻：《孟子说》，《张栻集》，邓洪波校点，岳麓书社 2010 年版，第 343 页。

张栻则将此一问题提高到一般的原则，即将"有以使之"与"性之本然"直接对应，是否"有以使之"，成为了判定是不是性之本然以及是善还是不善的最根本的标准。

借助于"有以使之"，张栻实际从逻辑上排除了人性不善的可能——即凡不善者，皆有以使之也。有以使之自然不属于性之本然，故不善便与本性无关。孟子的"乃所谓善也"，在张栻已成为"无所为而然"的结果，如果"有所加益于其间，则亦害于天理矣"①，也就不可能保持性情之正了。在这里，主张扩充本心而尽其才的积极德性修养的张栻，所以否定"有以使之"，重点在倡导"顺"的工夫基础上维护性善的原则，"谓循其性之本然而发见者也，有以乱之而非顺之谓，是则为不善矣"②。

然而，"孟子道性善"及其所提出的理论，长期以来却一直受到质疑，在张栻之前实际上没有获得普遍性的认同。告子、荀子、扬雄辈自不用说，就是在北宋理学产生的同时，社会的主流思潮亦不是性善的基调，或者如欧阳修认为性不必究善恶，其后王安石、苏轼都走向了性无善恶论；司马光、张载则选择了性善恶混的立场；而程颢往往言"生之谓性"，像程颐明确宣称性善者，在当时实际居于少数派的行列。那么，张栻想要来声援性善，他就必须对此问题进行更多的思考，提供更为充分的理论解答。

二、从程颢、胡宏到张栻的性"不容说"

作为胡宏之后湖湘学派的主要代表，张栻对人性的看法，也受到他老师的影响。但他对胡宏的观点又并非完全认同，而是有所取舍。他的性论主张，实际上带有兼顾二程和胡宏观点的特色。

二程言性，有一段名言，它长期影响着后来理学性论的走向。所谓：

> 盖"生之谓性"，"人生而静"以上不容说，才说性时，便已不是性

① （宋）张栻：《孟子说》，《张栻集》，邓洪波校点，岳麓书社2010年版，第352页。
② （宋）张栻：《孟子说》，《张栻集》，邓洪波校点，岳麓书社2010年版，第348页。

也。凡人说性，只是说"继之者善"也，孟子言人性善是也。夫所谓"继之者善"也者，犹水流而就下也。①

这一段话，朱熹认为是程颢所言。程颢是认同"生之谓性"的说法的。就命题的层面看，"生之谓性"其实说得非常准确，因为"生"之前，由于静而不容说的缘故，根本无法去揣摩这个所谓的性；"性"实际上是"生"而有的，这就是孟子所说的现实人性。孟子说人性"善"，也就只限于后天人性，此"性"继天地生生而来，故"继之者善也"，这就如同水流就下一样是客观必然。

程颢这段话，经胡宏到张栻，又有不同的理解。张栻同门，胡宏侄子胡伯逢（大原）因"守其师说甚固"，与张栻颇有辩论，② 其所说虽不可得，但从张栻的答书中可以臆测，胡伯逢应是从胡宏《知言》出发，维护的是胡安国、胡宏的性为"天地鬼神之奥"而"善不足以言之"③、亦即程颢以来的性不容说的原则。从后面的分析可知，这一原则张栻实际上并不反对。如何恰当理解程颢之言以及协调同门子弟之间的争论，张栻作出了自己的努力。他称：

> 垂喻性善之说详程子之言，谓"人生而静"以上更不容说，才说性时便已不是性；继之曰凡人说性，只是说"继之者善"也，孟子言人性善是也。但请详味此语，意自可见。大抵性固难名，而惟善可得而名之，此孟子之言所以为有根柢也。但所谓善者，要人能名之耳。若曰"难言"而遂不可言，曰"不容说"而遂不可说，却恐渺茫而无所止也。《知言》之说，究极精微，故是要发明向上事，第恐未免有弊，不若程子之言为完的确也。某所恨在先生门阑之日甚少，兹焉不得以所疑从容质叩于前，追怅何极！然吾曹往复论辩，不为苟同，尚先生平日之

① （宋）程颢、程颐：《二程集》，王孝鱼点校，中华书局 1981 年版，第 10 页。
② （清）黄宗羲原著，全祖望补修：《宋元学案》，陈金生、梁运华点校，中华书局 1986 年版，第 1386 页。
③ （宋）胡宏：《知言》，《胡宏著作两种》，王立新校点，岳麓书社 2008 年版，第 30 页。

志哉！①

这一长段文字，可以说有多层含义：首先，胡伯逢观点的引述。胡伯逢认为讲"性善"应严守程颢之言，即先天本性不容说善而只能说后天人性之善，并将其转引给张栻进行质正。其次，张栻认可程颢之言，并以为十分精准。但其理解却与胡伯逢不同。张栻认为，性之"难言"或"不容说"，并不等于不能言说，正是"善"之一字可以称谓。"善"附着在"性"上，性能够被发明，而善也才有根柢，孟子言人之"性善"就是非常恰当的表述，剩下的只是如何发明这个善。反之，如果不言性善，儒家自觉的道德实践便会没有了根基即"无所止"也。

张栻看到，他对程颢之言做这样的解说，在形式上与其师是有差异的，所以他需要说明其中的究竟。按张栻的理解，胡宏因要发明"向上事"即形而上的先天本性，所以"究极精微"而认为无法以善言性；但性不仅有先天性还有后天性即现实人性，这就必须要明言。程颢讲了先天性与后天性两面，既有性"不容说"也有"性善"之说，故比之胡宏的只讲一面来说，自然就更加"完全的确"。张栻虽然以为胡宏所说有不足，但他的态度仍是诚恳的，希望自己的理解能够获得老师的认可。他以为，他与胡伯逢及其他同门子弟的往复论辩，本身就体现了胡宏往日教诲的精神。的确，要求弟子能够独立思考，"不为苟同"，是为师者最重要的精神遗产。

恰当理解程颢之言及评论胡宏的观点，不仅在同门师弟中有讨论，更在学派外有争辩。在朱熹编集的《胡子知言疑义》中，他与张栻、吕祖谦围绕《知言》各抒己见，对于胡安国、胡宏"善不足以言性"的观点，张栻在其中有长段的评说。如谓：

> 论性而曰"善不足以名之"，诚为未当，如元晦之论也。夫其精微纯粹，正当以至善名之。龟山谓"人欲非性也"，亦是见得分明，故立言直截耳。《遗书》中所谓"善固性也，恶亦不可不谓之性也"，则如之

① （宋）张栻：《答胡伯逢》，《张栻集》，邓洪波校点，岳麓书社2010年版，第724页。

何？譬之水，澄清者，其本然者也，而或浑焉，则以夫泥滓之杂也。方其浑也，亦不可不谓之水也。夫专善而无恶者，性也，而其动则为情。情之发，有正有不正焉。其正者，性之常也；而其不正者，物欲乱之也。于是而有恶焉，是岂性之本哉！其曰"恶亦不可不谓之性"者，盖言其流如此，而性之本然者，亦未尝不在也。故善学者，化其滓以澄其初而已。①

所谓"元晦之论"，即朱熹以"性无善恶"的观点归结的胡安国、胡宏之说。张栻这里虽认为"善不足以名性"有不足而主张性善，但他的性善仍然区别于朱熹，即性作为本体是如此精微纯粹，亟须有一个恰当的词去形容，从而遂有以善"名"性的必要。正因为如此，"善"在这里就是修饰语，属于虚指，实质上维护的仍是师门以性善为"叹美之辞"的立场。故而所谓"未当"之说，就不是完全否定之意，而是只说了一方而不全面。事实上，《朱子语类》中记载：

> 又问："胡氏说'性不可以善恶名'，似只要形容得性如此之大。"曰："不是要形容，只是见不明。若见得明，则自不如此。敬夫向亦执此说。"②
>
> 问："南轩与先生书，说'性善者，叹美之辞'，如何？"曰："不必如此说。善只是自然纯粹之理。今人多以善与恶对说，便不是。"③

郑可学与李辉这两条语录的记载时间均在朱熹晚年，上距张栻去世已一二十年了。这不但说明，湖湘学对"性善"乃是对性本体这一"大体"的"形容"的观点仍然在发生影响，而且表明，在"善"是实词（理之实体）还是虚词（修饰性体）的根本点上，张栻仍坚守了性本论哲学的基本立场。

---

① 见《胡子知言疑义》所引，载朱杰人等主编：《朱子全书》，上海古籍出版社、安徽教育出版社2002年版，第24册，第3558页。
② （宋）黎靖德编：《朱子语类》，王星贤点校，中华书局1986年版，第2427页。
③ （宋）黎靖德编：《朱子语类》，王星贤点校，中华书局1986年版，第2606页。

　　至于杨时所谓"人欲非性也"，则是相对于"天命之谓性"而言，即人欲不属于本性的范畴。那么，又如何来看待程颢的恶亦谓性呢？张栻之解，是依本程颢论水之浑清的观点再加发明。即水虽受外来因素而由清变浑，但这并不能改变水体本来状态的澄清性质，而且，更重要的是，要看到浑浊之水仍然是水。就这两点说，前者即纯善无恶之性，后者则有善有恶之情（圣人例外）。由于水流的浑浊事实上难以避免，性被物欲扰动也相应具有必然的意味，所以，恶也不能不叫作性。但即便在此时，精微纯粹的本然之性仍常在不泯，这也是人作自觉的道德修养最根本的依据。所谓"化其滓以澄其初"，可以联系到程颢所说的人通过自觉用力的"澄治之功"而复归到澄清的"元初水"的功夫。①

　　不过，由于程颢恶亦谓性说的深刻影响，学者对此还是有不少疑问的，张栻也就需要再加解释：

　　　　或曰：程子谓"善固性也，恶亦不可不谓之性也"，然则与孟子有二言乎？曰：程子此论，盖为气禀有善恶言也。如羊舌虎之生，以知其必灭宗之类，以其气禀而知其末流之弊至此。谓恶亦不可不谓之性者，言气禀之性也。气禀之性，可以化而复其初。夫其可以化而复其初者，是乃性之本善者也，可不察哉！②

张栻要解决恶亦谓性的问题并与孟子道性善相协调，气禀之性的加入就是必然的。气禀之性对人生的意义，就在于它决定了后来人实际的善恶禀赋。所以叔向母亲听闻杨食我（羊舌氏，非羊舌虎）出生时的哭声，便推定其将来会导致羊舌氏灭宗的灾难③。在这里，由于杨食我系其母（叔向之妾）禀赋恶气而生，恶谓之性也就不难理解。但从张栻之"气禀之性，可以化而复其

①　（宋）程颢、程颐：《二程集》，王孝鱼点校，中华书局1981年版，第11页。

②　（宋）张栻：《孟子说》，《张栻集》，邓洪波校点，岳麓书社2010年版，第343—344页。

③　《国语》卷十四《晋语八》记载："叔鱼生，其母视之，曰：'是虎目而豕喙，鸢肩而牛腹，谿壑可盈，是不可餍也，必以贿死。'遂不视。杨食我生，叔向之母闻之，往，及堂，闻其号也，乃还，曰：'其声，豺狼之声，终灭羊舌氏之宗者，必是子也。'"

初"来看，气禀非"初"非"本然"，属于后天的范畴，假定杨食我一辈人能够变化气质而复其初始本性，是可能避免后来的灾患的。

在张栻，性之本善为人变化气质而复初提供了最根本的支撑，所以他需要有所强调。但"本"善同样也是可以从叹美之辞的意义上去理解的。张栻之说本从程颢而来，程颢复其初的"元初水"之喻，结合其全段的文意来看，仍归属"继之者善也"和"孟子言人性善"的范畴，并非直接言说先天本性，本性在程颢是"不容说"的。那么，性本体容说不容说，善能言不能言，都需要相对于具体情况而论，不可以执著地判定一切。

明清之际，颜元总结批评理学，对张栻所采撷的程颢之说，作出了较为中肯的评判。颜元说：

> 张南轩答人曰："程子之言，谓'人生而静以上更不容说，才说性时，便已不是性。'继之曰：'凡人说性，只是说继之者善也，'"玩程子云："凡人说性，只是说继之者善也"，盖以《易》"继善"句作已落人身言，谓落人身便不是性耳。夫"性"字从"生心"，正指人生以后而言。若"人生而静"以上，则天道矣，何以谓之性哉？①

张栻之解程颢，是认为程颢的性不容说不等于不能说，关键看如何恰当去说，其实最好的途径就是自师门传承而下的以"善"之叹美之辞去说性。在此语境之下，说性善就可以不只是讲性之现实，也可以去描绘性之本然。颜元则进一步认为，从《易传》到程颢，"继之者善也"落脚点都在现实人身，既然是现实人身，也就离开了性之本然。而且，从"性"字的构造上讲，性是"生心"而成，这就只能是在人生之后。"人生而静"以上或以前，则属于天道本身，又何能以"性"称之呢？颜元的评说，又回到了程颢和胡氏父子的性不容说的立场，但张栻自己对师说与孟子性善的折中，以及对程颢模式的兼容，也具有积极的理论价值。

---

① （清）颜元：《存性编》，《颜元集》，王星贤等点校，中华书局 1987 年版，第 5—6 页。

三、张栻性善论的理论基础与学派特色

张栻阐释人性善，其理论依据是他的性、仁义和太极的一体说。仁义从太极化生而来，构成为人性的实质，所以性是善的。张栻说：

> 有太极则有两仪，故立天之道曰阴与阳，立地之道曰柔与刚，立人之道曰仁与义。仁义者，性之所有，而万善之宗也。人之为仁义，乃其性之本然。……若违乎仁义，则为失其性矣。而告子乃以杞柳为杯棬为喻，其言曰：以人性为仁义，则失之甚矣。盖仁义，性也。而曰以人性为仁义，则是性别为一物，以人为矫揉而为仁义，其失岂不甚乎！①

"善"不仅可以赞叹先天本性的美好，也可以确指后天真实的德性，这就是仁义。仁义依存于性，是一切善德的源头，而仁义的发现，就是善的行为。由于太极化生带来的动能，内在的仁义可以自然地扩充展开。告子以人性为仁义，并以杞柳为杯棬来解说，实际上是把仁义与性分割了开来，仁义变成了非性所有的人为加工的产物，性善的根基也就保不住了。

在张栻，性善的普遍必然是建立在性的普遍必然基础上的："故太极一而已矣，散为人物而有万殊。就其万殊之中，而复有所不齐焉，而皆谓之性，性无乎不在也。"② 以一与殊的关系发明本体与万象的关系，自周敦颐、邵雍以来已成为理学家普遍性的思维方式。张栻通过此一结构说明，人物万象虽然表现不一，但同样都是禀赋太极性体而生，所以，物的普遍存在本身就是性无处不在的现实证明，以性为本的湖湘学的基本立场也由此得到昭示。

以性为本的理论，从存在的架构说，基本点就是性物一体、道器不离。所谓"有太极则有物，故性外无物；有物则有则，故物外无性。斯道也，天

---

① （宋）张栻：《孟子说》，《张栻集》，邓洪波校点，岳麓书社 2010 年版，第 342 页。
② （宋）张栻：《孟子说》，《张栻集》，邓洪波校点，岳麓书社 2010 年版，第 345 页。

下之所共有，所共由，非有我之得私也"①。性外无物的观点最先由程颐提出，在胡宏则成为其性本论的基本主张。由于一切都是太极化生而成，本体论中的性无处不在，进入到人性论的领域，就成为仁义善性的生而共具。至于《易传》明言只有人道才能"立"仁义，张栻解释说：

> 物之始生，亦无有不善者。惟人得二气之精，五行之秀，其虚明知觉之心有以推之，而万善可备，以不失其天地之全，故性善之名独归于人，而为天地之心也。②

由于性物一体和善附着于性，可以容易地由性的普遍性推出善的普遍性。孟子所以只就人言性善，是因为只有人可以自觉推广扩充，尽性参天，保有天命之性的全体。由此，也就真正实现了天地生生的本性。那么，性善就不仅仅是一种禀赋，更是一种责任，这或许正是张栻主张性善的最根本的理由。

张栻主张性善，以为由此才能保有"天地之全"。"天地之全"是湖湘学的一个重要概念，也是性本论的基本立场。胡宏曾在给其晚辈的题词中阐明，如果能"一见天地之全、古人之大体，庶几学成有立"③。学业是否成立，就看是否抓住了天命"全体"和为学的"大体"。推而广之，这种"全体"和"大体"意识也可以说是湖湘学"学成有立"的重要标志。但在胡宏，是基于本体论言性命之全；而在张栻，注重的是通过虚明灵觉之心的自觉扩充，去实现道德论上的"化其气禀之偏而复全"，从而突出了自张载、二程以来的变化气质而复性的工夫。

那么，性善就有本性善与人性善之别，二者的联系，张栻在解读孔子"性相近也，习相远也"的观点时认为："原性之理，无有不善，人物所同也"；但性既存乎气质，人因其禀气清浊厚薄之不同，习于不善而渐行渐远，于是复性就成为必要。故曰："善学者，克其气质之偏，以复其天性之本，

---

① （宋）张栻：《孟子说》，《张栻集》，邓洪波校点，岳麓书社 2010 年版，第 349 页。
② （宋）张栻：《孟子说》，《张栻集》，邓洪波校点，岳麓书社 2010 年版，第 343 页。
③ （宋）胡宏：《题大学》，《胡宏著作两种》，王立新校点，岳麓书社 2008 年版，第 175 页。

而其近者，亦可得而一矣。"① 人禀气而有自己的人身，但气质的清浊厚薄是先于人主观选择的客观前提，人不可能否定作为自己生命载体的气质。但不能否定不等于就不能改变，人可以通过自我的努力，最终改变清浊厚薄的气质，复返原初的天命之性。人性善也就成为本性善（好）的现实证明。

张栻的性善论说，《孟子》一书是最基本的理论资源。但他又不满足于《孟子》，于是引来了《易传》的太极论予以补充，而这却不为朱熹所赞同。朱熹认定张栻的《孟子说》是未经过最后修改的未完稿。他称：

> 南轩《论语》初成书时，先见后十篇，一切写去与他说。后见前十篇，又写去。后得书来，谓说得是，都改了。《孟子说》，不曾商量。
> 南轩后来只修得此书（按指《论语解》）。如《孟子》，竟无工夫改。
> 若《孟子》，则未经修，为人传去印了，彼亦自悔。出仕后不曾看得文字，未及修《孟子》而卒。盖其间有大段害事者：如论性善处，却著一片说入太极来，此类颇多。②

就这三条记载来看，朱熹的意见一致，但也引出了值得思考的问题：

首先，对《论语解》，朱熹认为张栻完全吸收了自己的意见，并且"都改了"，但究竟改动的是文字的训诂、词义的解说还是思想的发挥，已无从得知。

其次，张栻撰《论语说》的动因和目的，按他自己在《序》中所说，是"辄因河南余论，推以己见，辑《论语说》，为同志者切磋之资"，即所著乃是继二程学脉而推以己见的结果，"为同志（当含朱熹在内）切磋之资"乃是成书之后之事。那么，究竟是今传本《论语解》为未吸收朱熹意见前的"初成书"，还是朱熹意见并不涉及重要问题而张栻在《序》中完全无须提及，事实上是值得研究的。

再次，对《孟子说》，朱熹明言未曾商量过。原因是他认为张栻政事繁

---

① （宋）张栻：《论语解》，《张栻集》，邓洪波校点，岳麓书社 2010 年版，第 145—146 页。
② （宋）黎靖德编：《朱子语类》，王星贤点校，中华书局 1986 年版，第 2606、2607 页。

忙而无暇顾及修改。但这其实是大有疑问的。按张栻《序》中所说,《孟子说》本为他在家塾的讲稿,并早在戊子年（1168 年）便"缀所见为《孟子说》"。辛卯年（1171 年）张栻遭排挤后,返长沙并主教岳麓,他有充裕的时间来修订旧著,如谓:"辛卯岁,自都司罢归,秋冬行大江,舟中读旧说,多不满意,从而删正之,其存者盖鲜矣。还抵故庐,又二载,始克缮写"。尤其是他在《序》之最后称:"岂敢以为成说以传之人哉？特将以为同志者讲论切磋之资而已。题曰《癸巳（1173 年）孟子说》云者,盖将断此而有考于异日也。"①

由此来看,朱熹所说并不属实:一是张栻出仕后仍然在"看文字";二是张栻不但有工夫修改,而且改得面目全非,"其存者盖鲜矣";三是张栻对此书非常慎重,从书之初成到最终缮写有五年多时间,且最后两年专事教学著述,并未从政。所以,他能以自己所著为"成说"而传之学者。

从而,《孟子说》既然是张栻的"成说",其以太极说入性善论之类的"大段害事者",就不是他未及修改而留下的缺陷,而恰恰是张栻自觉地保有和体现了有别于朱学的湖湘学自己的特色。张栻虽然在若干具体观点上有认同朱熹的意见并与其同门多有争论,但在以性为本等学派核心观念上,仍然坚守了湖湘学的基本立场。

（原载于《湖南大学学报》2014 年第 1 期）

---

① （宋）张栻:《孟子说原序》,《张栻集》,邓洪波校点,岳麓书社 2010 年版,第 173 页。

论朱熹的"心之本体"与未发已发说

朱熹以理为本的理学体系的建构,离不开对心性问题的探讨。自孟子以"君子所性,仁义礼智根于心"定位心性关系和《中庸》提出"未发""已发"的范畴以来,[①]宋明理学家大都接续了这一思想资源而构建自己的哲学体系。什么是"心之本体",怎样联系未发已发问题疏通心性及其与情的关系,是朱熹心性论哲学的重要内容,值得我们认真地加以研究。

一、知觉之心与体用合一

朱熹论心性关系,在一定程度上可以联系到张载的"合虚与气,有性之名;合性与知觉,有心之名"[②],从而使知觉的概念进入到心性理论之中,所谓"心者,人之知觉"[③]便是如此。可是,朱熹虽认同以知觉论心,[④]却不赞同心是"合"性与知觉而来,因为从其本来面目看,言知觉便有心在,非合性而后有心;而若按张载的思路,性与知觉未合前则是二物,结果造成性与

---

① 见《孟子·尽心上》与《中庸》篇首。

② (宋)张载:《张载集》,中华书局 1978 年版,第 9 页。

③ (宋)朱熹:《大禹谟》,朱杰人等主编:《朱子全书》,上海古籍出版社、安徽教育出版社 2002 年版,第 23 册,第 3180 页。

④ 朱熹的心概念的含义,张立文先生概括为四种,即:心为主宰;心之体寂然不动;心虚灵无形影;心为知觉思维。(参见张立文:《朱熹评传》,南京大学出版社 1998 年版,第 333—335 页。)

知觉的分离和性外别有知觉（心）的弊病。①

朱熹以知觉论心的意义，在于其"主于身而应事物"②的功能；而心所以具有如此的功能，则与心之本体所具有的虚明灵觉的特性分不开。朱熹说：

> 虚灵自是心之本体，非我所能虚也。耳目之视听，所以视听者即其心也，岂有形象？然有耳目以视听之，则犹有形象也。若心之虚灵，何尝有物！③

"本体"在这里是指本质属性，心之为心，本质如此，而不是我的主观故意造就的。尽管虚灵的本体离不开耳目视听的感官活动——这是有形象的，但"所以视听"的心自身却是无形象的，是形而上的。

在朱熹之前，张载阐发过他的"虚明"概念，朱熹可能受到其影响。虚明作为人的高级知觉能力，与神明属于同一的范畴，在张载，意在强调心无时无处不在且不被见闻滞塞的清通品格。所以，相对于实气，张载颇看重虚性的一面。朱熹于此而继续推进，认为"何尝有物"的虚灵特性正是心概念的本质。如此的本质突出了心作为湛然虚静、本然纯真的存在的价值，从而在其发挥作用时便能做到因物顺应、不偏不倚。一句话，体虚才能用正。朱熹将讨论的重心放在了心自身的体用关系上。他说：

> 人之一心，湛然虚明，如鉴之空，如衡之平，以为一身之主者，固

---

① 参见朱熹："合性与知觉有心之名，则恐不能无病，便似性外别有一箇知觉了！""横渠之言大率有未莹处。有心则自有知觉，又何合性与知觉之有！"尽管朱熹有时也顺从"合"性与知觉的说法，但以为这主要"是就人上说"的天命之性融入气化的过程，并非谓"合"性与知觉才有心也。[参见（宋）黎靖德编：《朱子语类》，中华书局1986年版，第92、1432、1431页。] 在这里，朱熹将心之"名"直接等同心本身来看待。但是，张载是否想要对心之"名"与心之"实"作出区分——"性与知觉"未合意味有实无名，不会出现性外别有知觉（心）的情形，则不得而知。

② （宋）朱熹：《大禹谟》，朱杰人等主编：《朱子全书》，上海古籍出版社、安徽教育出版社2002年版，第23册，第3180页。

③ （宋）黎靖德编：《朱子语类》，王星贤点校，中华书局1986年版，第87页。

其真体之本然，而喜怒忧惧，随感而应，妍媸俯仰，因物赋形者，亦其用之所不能无者也。故其未感之时，至虚至静，所谓鉴空衡平之体，虽鬼神有不得窥其际者，固无得失之可议；及其感物之际，而所应者，又皆中节，则其鉴空衡平之用，流行不滞，正大光明，是乃所以为天下之达道，亦何不得其正之有哉？①

"真体"就是心体，其所谓"本然"，突出了湛然虚明而鉴空衡平的特性为心范畴本来所具，心也正是凭此而成为一身之主宰。同时，心随感而应的因物赋形作用亦十分要紧，鉴空衡平之体总是通过其自身的作用才得以说明的，体用双方统合于一心之中。这一结构的意义，就在心能依据其"至虚至静"的特质来保证它无偏倚得失的至正地位，这也是天下之达道所可能实现的最根本的前提。

如此一种虚灵之心依赖于自身的特质而导向流行发用的天然正当的模式，在弟子以为是十分理想的，因而有如下一段与朱熹的问答：

陈问："《或问》云：'此心之体，寂然不动，如镜之空，如衡之平，何不得其正之有！'此是言其体之正。又：'心之应物，皆出于至公，而无不正矣。'此又是言其用之正。所谓心正者，是兼体、用言之否？"曰："不可。只道体正，应物未必便正。此心之体，如衡之平。所谓正，又在那下。衡平在这里，随物而应，无不正。"又云："'如衡之平'下，少几个字：'感物而发无不正。'"②

朱熹在《大学或问》中以镜空衡平分言一心之体用，前者至静无感，固无得失；后者应物中节，光明正大。弟子有感于此，从心体的"寂然不动"出发，言其公正的价值。认为镜空衡平凸显了喜怒哀乐未发之前心本体的端正，故其发用应物自然便能出于至公。弟子的理解，立足于心兼体用，既如

---

① （宋）朱熹：《四书或问》，上海古籍出版社、安徽教育出版社 2001 年版，第 30 页。
② （宋）黎靖德编：《朱子语类》，王星贤点校，中华书局 1986 年版，第 423—424 页。

此，由体之正推到用之正便是理所当然的，心正集中体现了心兼体用的价值蕴含。

但朱熹以为，如此解说并不准确，因为只讲道体或性体的至公，并不能自动保证发用的皆正，故必须要补上"感物而发无不正"的要求。而且，从心体之正推导天下之达道，本来暗含一个前提，即《中庸》喜怒哀乐未发的天下之大本，也就是这里寂然不动的道体或性体，这是从"天命之谓性"推演而来的，并构成为心之知觉可能公正的基本前提。换句话说，不是"合性与知觉"而有心，而是知觉活动的进行，正是心之本体亦即天性发用的结果①。如果心体能够不被外物蒙蔽，感物而发就能无不端正。故孟子遇齐王问乐，可以乐、忧以天下应对；遇齐王言货、色，可以与百姓同好应对，感物应事的活动正是心性一致的现实。

但是，心本体的发用事实上又存在不同的走向：心本体发用得正，则动静语默无不合于理；心本体发用不正，则无所管摄而流荡无归了。所以，要全面认识心之知觉或虚灵，就必须深入到实体和内容，必须要联系性范畴的一方进行分析。② 换句话说，可以不同意"合性与知觉"为心，但必须要说明心与性之间到底是何关系，朱熹也因之才能进一步完备他的心性论和形上学的体系。

其一，就心与性的相对关系看，心性之间可以说是"灵底"主体与"实底"本体的关系。心之为心，在于它有虚灵而知觉对象（识理）的功能，不然，心的范畴便没有存在的价值。《大学章句》所谓"人心之灵，莫不有知；

---

① 从来源说，朱熹云："天大无外，而性禀其全，故人之本心，其体廓然，亦无限量。"[（宋）朱熹：《尽心说》，朱杰人等主编：《朱子全书》，上海古籍出版社、安徽教育出版社2002年版，第23册，第3273页。] 天性心的一致是朱熹心性论的基本前提。此处之本心或心体也就是天性，而所谓廓然和无限量，正是湛然虚明之心的空间效应。心之知觉从天性上说就是无处不在的。

② 蒙培元先生认为："从知觉上言心时，心性是有分别的。这里涉及存在（性）与功能（心）的关系问题。"并具体将此关系划分为三个层次：一是心"盛贮"即含摄性，性在心中而为心之理。二是心"知觉"性，使性成为主体意识。三是心者性之"发用"，即由知觉作用实现、显现其性。（参见蒙培元：《朱熹哲学十讲》，中国人民大学出版社2010年版，第89、96—100页。）

而天下之物，莫不有理"也。刘圻父以此来解释"明明德"之说，认为"明明德"就是性，朱熹则从心性有别入手，阐明了自己的意见：

> 心与性自有分别。灵底是心，实底是性。灵便是那知觉底。如向父母则有那孝出来，向君则有那忠出来，这便是性。如知道事亲要孝，事君要忠，这便是心。……性便是那理，心便是盛贮该载、敷施发用底。①

朱熹的"分别"是心"灵"而性"实"，心性双方是统一在同一个从存在到发用的过程之中的。例如，孝、忠作为"明德"，属于性理本体，而本体必然会向外发用；但性理本体从里向外的发用，是与虚灵之心从外向里的知觉即"明"的活动分不开的。正是知觉使人知道：事父母心中生发的情感为孝而非忠。换句话说，人虽有性，如果不能知觉，则可能盲目践履而不能弘扬光明之德。性本身作为客观沉静之物，它是不"灵"的，不能够自我意识。所谓"灵处只是心，不是性（性只是理）"也。②那么，性之发用与心之知觉，只是在双向互动中才可能结出"明明德"之果。何者当孝、何者当忠，最明显地体现了双方这一既有差、又合一的组合关系。所以，不能简单将"明明德"归之为性。

其二，灵心与实性的双向互动，从存在状态的角度看，实际又是形式与内容的关系。心是"盛贮该载"的性的存在形式，性则是所贮所载的实质内容。就内容与形式的一般关系说，内容决定形式，又依形式而生存；无内容，形式廓然干瘪，没有任何意义；无形式，内容则变成为飘荡的游魂，无处落脚。因此，形式方面具有能动的创造性，即所谓"敷施发用"，当然它需要与内容即不得不发的性体结合起来才有意义。按朱熹所举之例，心之为心，正在于有性。双方共同构成为"生物"的过程：

> 若以谷喻之，谷便是心，那为粟，为菽，为禾，为稻底，便是性。

----

① （宋）黎靖德编：《朱子语类》，王星贤点校，中华书局1986年版，第323页。
② （宋）黎靖德编：《朱子语类》，王星贤点校，中华书局1986年版，第87页。

康节所谓"心者，性之郭郭"是也。包裹底是心，发出不同底是性。心是个没思量底，只会生。又如吃药，吃得会治病是药力，或凉，或寒，或热，便是药性。至于吃了有寒证，有热证，便是情。①

朱熹所举的两种比喻，表明对心性关系可以从不同层面进行认识。从谷种之喻看，心代表谷的整体，有了心之"郭郭"，性才得以安居，没有心的安居处所，性体自身不可能存在。心提供了性存在和发生作用的可能，但性作为心之为心的意义承担者，犹如今天的遗传基因等，最终决定着生之实现。性虽不"灵"，但又不是沉寂的质料，而是必然"发出不同底"的生之根据。同时，心作为"没思量底"的能生，只是纯粹的生机；如何生或生什么，即生的本质，则是由性来决定。就是说，心是性的承载者和实现者，性却是心的根据者和决定者，双方之间表现为虚形和实体的关系。

为说明这一道理，朱熹还比喻说，"心是虚底物，性是里面穰肚馅草"②；"心以性为体，心将性做馅子模样"③。心作为"外面"的虚物，目的在提供性之生存的架构，性则是"里面"填充肚子的馅草。没有性之实体，心体这一形式便无存在的可能。心体对性体的依赖，在"心以性为体"中表现得特别清楚。但另一方面，没有心，穰肚之馅只是一片散沙，也就从根本上消解了本体，性体的决定作用亦无从谈起，正是心能动地将性"做"成馅子模样。回到心知觉性，就是心通过形式的能动作用而将性组织为一个有机的整体。只有在此组织状态下，为粟为菽，孝亲尽忠，内在的性体才能真实地彰显出来。

其三，从吃药之喻看，治病之药"力"能够通过医家的察言观色作出判断，属于外在的可量化的知觉；治病之药"性"却只能以医家疗病之"理"的观念去辨析，故属于内在的质的规定。药性的寒热随着药力的发散而产生实际的效用，但药力的发挥又以药性是否对症为前提，即性理是决定病之得治或恶化的本质规定，所谓"理所当然者"也："性之理包在心内，到发时，

① （宋）黎靖德编：《朱子语类》，王星贤点校，中华书局1986年版，第91页。
② （宋）黎靖德编：《朱子语类》，王星贤点校，中华书局1986年版，第1426页。
③ （宋）黎靖德编：《朱子语类》，王星贤点校，中华书局1986年版，第89页。

却是性底出来。性，不是有一个物事在里面唤作性，只是理所当然者便是性，只是人合当如此做底便是性。"① 以"里面"的穰肚馅子比喻性，其实并不很准确，因为性或理并不是一个可以捉摸的特定物件，而只是必然会发散出来的内在性能。性"出来"而心不出来，但出来之性正是心之动作，而动作结果便是情也。

其四，心性架构引入"情"的范畴而有"心统性情"。在朱熹，心性关系与性情关系虽然关联甚密，但在逻辑架构上仍有明显的区别：形式和内容架构下的心性关系，在存在状态上是一个整体，双方互补共存；性情关系则明显是以体用的关系存在，是讲一心之中的未发和已发问题，未发时有性无情，已发在朱熹虽然可以体验未发，但已发终究又不是未发，双方是用以处理不同的理论关系的。就"生"而论，心是生之载体，性是生之定向，情则是生之成物。如果联系到朱熹以为是对心、性情关系的恰当处理的孟子的"四端"说，则又有取自张载的"心统性情"的架构。他说：

> 恻隐、羞恶、辞让、是非，情也。仁、义、礼、智，性也。心，统性情者也。端，绪也。因其情之发，而性之本然可得而见，犹有物在中而绪见于外也。②

在外为情而在内为性，端绪表现与本然之体相互依存。心作为虚灵的存在，已体现于性情之中，存在者只是性情而不另外有心。这里的道理实际上是两个：一是性情二字皆从心，性情之体就是心之体，并没有外于性情的独立的心体存在；二是心为虚灵之物，其价值体现在对性之实体的彰显之中，而一旦彰显，人便能由外显端绪而窥得内藏性体。

那么，"心统性情"的意义，其实不在于突出心主宰、兼通性情的功用，而在于能够全面解释从体到用、从本然到端绪的心性情的整体。"'心统性情。'故言心之体用，尝跨过两头未发、已发处说"③，性情、体用都是"两

---

① （宋）黎靖德编：《朱子语类》，王星贤点校，中华书局1986年版，第1426页。
② （宋）朱熹：《四书章句集注》，中华书局1983年版，第238页。
③ （宋）黎靖德编：《朱子语类》，王星贤点校，中华书局1986年版，第94页。

头"，而心作为主体性的范畴，能够通过未发已发机制而"跨过"两头，将它们连结为一个整体。以同一心体之流行来看，喜怒哀乐等七情未发，只有仁义礼智的本性存在；一当其情已发，如果人的德行修养纯熟，则恻隐、羞恶、辞让、是非之端绪恰当地融贯于七情之中，当喜则喜，当怒则怒，性之本然也就可得而见。

如此心统性情的"两头"架构，使心之本体与性之本体实际合而为一。正是在这种统合之中，心性情的关系就"更分明易晓"，得到了充分的揭示。即朱熹的概括："唯心乃虚明洞彻，统前后而为言耳。据性上说'寂然不动'处是心，亦得；据情上说'感而遂通'处是心，亦得。故孟子说'尽其心者，知其性也'，文义可见。"① 心能统性情，"虚明洞彻"是前提条件，它不仅是标明了主体的性质，更是披露了心的范畴除了不动的性体与发生的情用之外，并不具有更多的成分。所以，说不动之性是心和动用之情是心都是可以的。正是因为心性在这里的一致性，孟子尽其心则知其性的推导就是理所当然的。

联系到动静关系，由于从未发到已发都是同一心体之流行，所以，湖湘学以未发为性而已发为心之说，在他就以为不通："心则通贯乎已发未发之间，乃大易生生流行、一动一静之全体也。"② 从"大易"的生生流行看心体，突出了体用、动静不可截然划分的特点。心之本体从未发之中到已发中节，重在其"全体"性的意义，所以对每一环节都不应忽视。不过，"大易"毕竟有"寂然不动，感而遂通"之说，纳入到体用关系，朱熹又是如何解释的呢？

> 曰："寂然是体，感是用。当其寂然时，理固在此，必感而后发。如仁感为恻隐，未感时只是仁；义感为羞恶，未感时只是义。"某问："胡氏说此，多指心作已发。"曰："便是错了。纵使已发，感之体固在，所谓'动中未尝不静'。如此则流行发见，而常卓然不可移。今只指作

① （宋）黎靖德编：《朱子语类》，王星贤点校，中华书局1986年版，第90页。

② （宋）朱熹：《答林择之》，朱杰人等主编：《朱子全书》第22册，上海古籍出版社、安徽教育出版社2002年版，1967页。

已发，一齐无本了，终日只得奔波急迫，大错了！"①

从寂、感的层面说体用，需要明确心之本体亦即性理的始终恒在。心感物而发，不能只看到已发之心，更应知道已发之中有未发——只是因为寂静本体的恒在，才有发用出确定的恻隐、羞恶之端的可能。如果心只作已发，没有根本，人整天奔波急迫也难以保证不误入歧途。② 在这里，寂然的心体或性体与所表现的端绪之间，构成为存在根据与表现迹象的关系，是中国哲学本体论的成熟的和典型的形式。

就是说，切入到"寂然不动"本身，可以引出两方面的内容：一则是认定此时的心本体客观上就是不动，这属于存在的范畴；另一则是从心之知觉说，寂然则意味着知觉未起，即动之前的静止态。那么，"不动"就不能等同于"无"。朱熹以为，对于周敦颐的"静无而动有"，便应当这样去理解。他说：

> 周子谓"静无而动有"。静不是无，以其未形而谓之无；非因动而后有，以其可见而谓之有耳。横渠"心统性情"之说甚善。性是静，情是动。心则兼动静而言，或指体，或指用，随人所看。方其静时，动之理只在。"③

周敦颐讲"静无而动有"，动与静是相互发明的范畴。所谓无、有，既指客观存在面的有无形象，也指主观能否知觉、可否见闻，即从现象表征和主观感受的角度立论。在这里，未形无感的静体，并非在动时不存，作为本体它是恒在不移的；同时，静亦不是绝对的静止，动之理本来就包含在静体之中。张载的"心统性情"说所以甚善，就在于心不仅可随人知觉而指本体或作用，还在于它坚持了在人的任何情感活动之中，都有寂静本体的存在。朱

---

① （宋）黎靖德编：《朱子语类》，王星贤点校，中华书局 1986 年版，1922 页。
② 当然，这样的推导，是建立在朱熹自己对湖湘学术认识的基础上的，并不等于湖湘学者本来的解释。
③ （宋）黎靖德编：《朱子语类》，王星贤点校，中华书局 1986 年版，1512—1513 页。

熹所以强调寂静的性体动用时仍在，不同意湖湘学的性体心用说，就因为在他看来，只有如此才能保证心之发用和活动不致走偏。

二、心体自明与发而中节

朱熹重视心本体的发用，不仅是建构理论本身的需要，在他心中，这也是去蔽为善的社会实践的要求。所谓"心犹镜也，但无尘垢之蔽，则本体自明，物来能照"①。本体的"自明"固然源于其虚明灵觉的本性，并天然具有衡平应物和鉴别是非的能力。然而，这又是有条件的，心体的映照得真落实于感物而发的践履，"无尘垢之蔽"是需要德行修养的纯熟来保证的。

就是说，心体的自明，实际已将映照得真与成就其善融为一体，②这在朱熹属于《大学》的中心任务。"所以《大学》格物穷理，正要理会这些。须要理会教是非端的分明，不如此定不得。如初间看善恶如隔一墙；只管看来，渐渐见得善恶如隔一壁。看得隔一壁底，已自胜似初看隔一墙底了；然更看得又如隔一幅纸。这善恶只是争些子，这里看得直是透！善底端的是善，恶底端的是恶，略无些小疑似。《大学》只要论个知与不知，知得切与不切。"③对善恶是非的知觉，由墙到壁再到纸，是认识一步步由混沌到清晰的过程。知觉水平的高低，落实到鉴别善恶是非的能力和实际效果上。心体的映照外物，是知识与德性综合作用的结果。一旦做到无污垢之蔽，也就从"不知"到"知"，由知得"不切"到"切"，最终实现了"看得直是透"的穷理的目的。

由穷理而"理会"的善，是从主观努力说事；而由未发之中到发而中

---

① （宋）黎靖德编：《答王子合》，朱杰人等主编：《朱子全书》第22册，上海古籍出版社、安徽教育出版社2002年版，2257页。

② 陈来以为，朱子重在认识论意义论心体，相对于"阳明之心体重在以'至善'为特质，以扩充良知成就其善为目的"来说，"朱子之心体以'湛然'为特质，以物来能照得其真为目的。"（陈来：《有无之境》，北京大学出版社2006年版，第200页。）

③ （宋）黎靖德编：《朱子语类》，王星贤点校，中华书局1986年版，第2667页。

节，则是从客观效果立言。同时，由于中节与否直接与"达道"关联，实际又需要更多的关注。《语类》记载：

> 问："喜怒哀乐之未发，不偏不倚，固其寂然之本体。及其酬酢万变，亦在是焉，故曰'天下之大本'。发而皆中节，则事得其宜，不相凌夺，固感而遂通之和也。然十中其九，一不中节，则为不知，便自有碍，不可谓之达道矣。"曰："然。"又问："于学者如何皆得中节？"曰："学者安得便一一恁地！也须且逐件使之中节，方得。此所以贵于'博学，审问，慎思，明辨'。无一事之不学，无一时而不学，无一处而不学，各求其中节，此所以为难也。"①

如果就限于未发之中来说，"本体"的概念突出了它本来的寂然状态，由本来的寂然到感通，人心虽然酬酢万变，未发之中却能始终保持，实现由作为天下"大本"的未发之中到天下"达道"的发而中节、即由"中"到"和"的顺利过渡。但事实上，"感而遂通之和"更多的还只是一种理想，见识受限和物欲蒙蔽都阻碍着这一进程，故学生有"如何皆得中节"的疑问。

朱熹提供的解决方案，是《中庸》的学问思辨而又立足于学上。他要求件件落实，"各求其中节"，当然这也是难做的工夫。在这里，着眼于本体的"发而皆中节"的理想规定，已转向"各求其中节"的现实要求。虽然性情动静本来是一体，但这并不意味在实际功夫中没有侧重。事实上，由于不同的理论目的、要求和实践的需要，人们日常的认知，可以是随其适宜而或指体或指用，这在一定程度上体现了他的心本体说的重心重在后天修养的特色。进一步，通过他的无一事不学、无一时不学、无一处不学的对"学"的极端强调，将践履而"得中节"变成了穷理而"求中节"的过程。之所以如此，在于知觉的引导作用实际上决定着人的价值走向。对此，他曾经有过比喻："喜怒哀乐未发，如处室中，东西南北未有定向，所谓中也。及其既发，

① （宋）黎靖德编：《朱子语类》，王星贤点校，中华书局 1986 年版，第 1507—1508 页。

如已出门，东者不复能西，南者不复能北。然各因其事，无所乖逆，所谓和也。"① 未发之"中"的心本体寂然潜存，尚无确定的价值走向，后者是随着"出门"的德行践履而发生的。如果想要保证人"出门"时定向准确，不犯南辕北辙的错误，穷理而"求中节"的知觉先在性就是必须的。显然，这里也体现了他知在行先的一般知行观背景。

就此而言，穷理的透彻与否与心之发用就是互不可离，发而中节正体现于其中。所谓"理有未穷，故其知有不尽，知有不尽，则其心之所发，必不能纯于义理，而无杂乎物欲之私"②。自孟子而来的尽心被解释成尽知，而尽知也就是纯于义理，这既是知觉的透彻，又是存养的纯熟。不论是道体的端正还是心体的自明，都离不开知觉和存养的内涵，都依赖于穷理尽知以发而中节的工夫。但是，这一工夫能否引申运用于未发之中的领域，在弟子心中实际有更多的思考，从而引出了所谓"识别"未发之中的问题。朱熹对此提出了自己的意见：

> 又问："既加存养，则未发之际不知如何？"曰："未发之际，便是中，便是'敬以直内'，便是心之本体。"又问："于未发之际，欲加识别，使四者各有着落，如何？"曰："如何识别？也只存得这物事在这里，便恁地涵养将去。既熟，则其发见自不差。所以伊川说：'德无常师，主善为师；善无常主，协于克一。'须是协一，方得。"问："'善'字不知主何而言？"曰："这只主良心。"③

对于未发之中的心本体来说，存养工夫具体表现为"敬以直内"。朱熹接续程颐往下讲，"直内"就是"正内"，"敬"在他则是"守本体"的工夫④。"守"表明了既顺其本体（良心）又积极地涵养培壅的特色。《中庸》未发之

---

① （宋）黎靖德编：《朱子语类》，王星贤点校，中华书局 1986 年版，第 1507 页。

② （宋）朱熹：《四书或问》，上海古籍出版社、安徽教育出版社 2001 年版，第 23 页。

③ （宋）黎靖德编：《朱子语类》，王星贤点校，中华书局 1986 年版，第 2262—2263 页。

④ "敬，则本体之守也。直内方外，程《传》备矣。"[参见（宋）朱熹：《周易本义·文言》第 167 页。]

中的心之本体，在这里已转向《孟子》四端未发的良心或仁义本性①。朱熹不同意弟子于未发之际去"识别"恻隐、羞恶、辞逊、是非四端如何发用的主张，因为未发本体本来无从识别。人需要做的，是涵养培壅，以待其熟。一旦其熟，便由先天之中发而为后天之正，结果自然不差。在这里，从程颐以来的所谓主善、主一之"主"，并非是人为的执著，而是一种顺从良心发现的引导，所谓"主良心"也。联系到朱熹虽倡"心统性情"，却也认可张栻的"心主性情"，故可以从"主"去解"统"，而"主"者，"协于克（能）一"良心、善心也。

就是说，"识别"的对象不是先天本体而是后天现实。"至所谓可识心体者，则终觉有病。盖穷理之学，只是要识如何为是，如何为非，事物之来，无所疑惑耳。非以此心又识一心，然后得为穷理也。"②"可识心体"不是一个恰当的话题。这不但因为心体本来沉静寂然，无从得识；而且由于"自明"的机制，心体是什么的问题在逻辑上已经解决，故实际需要的，是保证本体在发用中如何能保持其正当不偏，为是而不为非，这既是求真也是为善的需要。同时，"自明"的机制也说明，"识"的活动不是另有主体去认识本体，即以一心去求另一心，而只是心体自身清净本性的显现，"识"善恶与"主"良心是一个统一的过程。

人若能主良心，心便能安定，本体层面的仁义礼智四德，便能够显现为现实的善："大凡理只在人心，此心一定，则万理毕见，亦非能自见也。心苟是矣，试一察之，则是是非非，自然别得。且如恻隐、羞恶、辞逊、是非，固是良心。苟不存养，则发不中节，颠倒错乱，便是私心。"③心理保持

---

① 陈来认为，朱熹因为更注重心作为穷理的认知主体，"心之本体"的概念认识论色彩较重，所以它在朱熹不是一个重要的概念。（陈来：《有无之境》，北京大学出版社 2006 年版，第 199 页。）这里实际上是两个问题：一是是否"认识论色彩较重"就不能是重要概念，这一问题还可以讨论；二是有时它并非是"认识论色彩较重"，如当心之本体是指良心或仁义本性、即当主体与本体合一、"心之本体"与"性之本体"相通时，"心之本体"应当也是朱熹哲学的重要概念。

② （宋）朱熹：《答王子合》，朱杰人等主编：《朱子全书》第 22 册，上海古籍出版社、安徽教育出版社 2002 年版，第 2250 页。

③ （宋）黎靖德编：《朱子语类》，王星贤点校，中华书局 1986 年版，第 2262 页。

一致，心在理上，就能保证是非清晰明白。如若不然，即便是四端良心，也会走向颠倒错乱的私心。良心与私心，区别实际在现象的层面，已发一方的恻隐羞恶之情，直接体现着人的实际善恶状态。

从此来看心性情的关系，从未发到已发，修养的水准不但决定着发而中节的状态，而且也影响着心本体的存在价值。《语类》记载：

> 景绍问心性之别。曰："性是心之道理，心是主宰于身者。四端便是情，是心之发见处。四者之萌皆出于心，而其所以然者，则是此性之理所在也。"道夫问："'满腔子是恻隐之心'，如何？"曰："腔子是人之躯壳。上蔡见明道，举经史不错一字，颇以自矜。明道曰：'贤却记得许多，可谓玩物丧志矣？'上蔡见明道说，遂满面发赤，汗流浃背。明道曰：'只此便是恻隐之心。'公要见满腔子之说，但以是观之。"①

心性之间仍然是虚灵主宰和性理实体的关系，恻隐四端之情随心之主宰活动而萌发于外，当然决定者仍是性理本身。在修养纯熟的状态下，由性体而四端，是最为圆满的发而皆中节，所以能"满腔子是恻隐之心"。在谢良佐看来，求真即等于圆善，故其"经史不错一字"便意味着已达"满腔子是恻隐之心"的道德圆满状态。然而，程颢却以玩物丧志给了了批评。因为"满腔子"不过是储物之所，经史字字明晰，只能表明知觉意义上的心性一致，内在本性能否自动导向恻隐羞恶四端之情的恰当发用，还是未说明的。问题的机巧也正在这里，当谢良佐听闻程颢语而满面发赤、汗流浃背时，其基于平日存养的内在真实的心本体自动发生作用，即不自矜，恻隐之心反倒能自显。"满腔子是恻隐之心"或情之发现中节不偏，只能在这样的情况下才成立。

换句话说，心、性、情的一致，如果只停留于心知觉性的层面是不能保证善心的圆满的。圆满的标志，是随"心之道理"即性理的发用而走向"满腔子"的恻隐羞恶之情。所以，尽管情的地位作为已发，似乎不及性体或心

---

① （宋）黎靖德编：《朱子语类》，王星贤点校，中华书局1986年版，第90页。

体重要；但也正因为是已发，处于心性情的序列末尾，它便能以自身是否圆满、是否是"满腔子"，而最终在实践中验证着人的实际精神品格和修养水准。相对于朱熹，陆九渊讲"万物森然于方寸之间，满心而发，充塞宇宙，无非此理"①，则进一步将满腔子的发现扩展到了整个宇宙。也正因为如此，停留于"四端"就不能算圆满，而应当扩充弘扬，以走向与天地宇宙为一。

（原载于《湖南大学学报》2012 年第 1 期）

---

① （宋）陆九渊：《陆九渊集》，中华书局 1980 年版，第 423 页。

"沦于空寂"与"滞于形器"——
朱熹对吕学与陆学的批评

南宋中期，朱熹在闽，张栻在湘，吕祖谦在浙，合力推动了理学的发展，时被称为"东南三贤"。但与闽学和湖湘学有确定的学派指称不同，浙学却是包括活跃于浙东金华、永康、永嘉等地区的理学、事功学以至心学等多家学术的一个统称。其中，兼取各家之长而最能体现这一包容性特色的即是吕祖谦学术。然而，吕学的这一特色在朱熹却并非优长而正是问题所在。用朱熹所认同的学生的话，就是"东莱博学多识则有之矣，守约恐未也"①。

"博学多识"在朱熹，本来也是提倡的。淳熙二年（1175）鹅湖之会上，朱熹要求陆九渊兄弟的，也正是"欲令人泛观博览，而后归之约"②。不过，朱陆虽然分歧严重，陆学的"精神"却为朱熹所欣赏；而在吕祖谦，治学因为关联实用，注重效果利益，最终导致朱熹对吕祖谦学术乃至整个浙学的负面评价及严厉的批评。

一、"卑则滞于形器"的吕学

朱熹贬抑浙学，吕祖谦及其学术首当其冲。不论在吕祖谦在世时还是去世后，朱熹的立场一直未变，可见其根深蒂固。吕祖谦在世时，朱熹在给双方的好友刘清之（子澄）一信的末尾，曾归结说：

---

① （宋）黎靖德编：《朱子语类》，王星贤点校，中华书局1986年版，第2949页。当然，朱熹师徒的此类评价是否合乎吕学本身的情况则是另一个问题。

② 见《陆九渊集》，钟哲点校，中华书局1980年版，第491页。

今世学者，语高则沦于空寂，卑则滞于形器，中间正当紧要亲切合理会处，却无人留意，此道之所以不明不行，而邪说暴行所以肆行而莫之禁也。不知伯恭后来见得此事如何？所欲言似此者非一，无由面论，徒增耿耿。①

朱熹在此信中，对"今世"的学者是既攻"高"又击"卑"。他这里虽未明言所谓"高""卑"都是指谁，但由于朱熹是围绕吕祖谦治学发议论，针对浙学的学风是无疑的。不论"高"或"卑"都割裂了二者的关联，所以朱熹要上下开弓，并谴责正是由于这些或高或卑的学术的偏差，导致了儒家之道的不明不行甚至于邪说暴行的肆虐。

朱熹要求学者留意的"中间正当紧要亲切合理会处"，自然是朱熹自己坚守的由卑到高一以贯之的学术道路。此一道路，他也称之为"中间事物转关处"。学生问"如何是转关处"？朱熹的回答是："如致知、格物，便是就事上理会道理。"② 所谓"就事上理会道理"，就是要在"事上"与"道理"之间转关，这既有从上往下转，也有从下往上转。在前者，"理会上面底，却弃置事物为陈迹，便只说个无形影底道理；然若还被他放下来，更就事上理会，又却易。只是他已见到上面一段物事，不费气力，省事了，又那肯下来理会"③！致知、格物无疑都需要觉察上面一段"无形影底道理"，但问题在能否"放下"于事物之中去理会，即需要转上到下，如果无下、不穷物理而只尊德性，缺乏入圣之阶梯，就只能是"空底物事"，这自然是批评陆学；

---

① （宋）朱熹：《答刘子澄》，朱杰人等主编：《朱子全书》第21册，上海古籍出版社、安徽教育出版社2002年版，第1534—1535页。此信具体年代不详，王懋竑《朱子年谱》列在乾道庚寅（1170年），陈来《朱子书信编年考证》以为未可详考，姑且从之。但愚意以为，从"语高"意指陆九渊心学来看，此信当在1172年之后，参见正文随后的论述。而且，《朱子全书》对此已经注明，此封《答刘子澄》书，在《朱文公文集·别集》中又以《（答）丁仲澄》的名称出现，故而书信对象存疑。但更重要的还在于：学者可能没有注意，《（答）丁仲澄》中缺少了涉及吕祖谦学术的末段文字（含本处所引），王懋竑《朱子年谱》中所引《答刘子澄》可能照抄《文集》，亦不将此段文字包含在内。那么，是否后人将朱熹分别给两人的两封书信弄混或进行了重新组合？姑且存疑。

② （宋）黎靖德编：《朱子语类》，王星贤点校，中华书局1986年版，第2939页。

③ （宋）黎靖德编：《朱子语类》，王星贤点校，中华书局1986年版，第2939页。

但吕学的问题刚好相反，即"只就下面理会事，眼前虽粗有用，又都零零碎碎了，少间只见得利害。……这般道理，须是规模大，方理会得"①。在朱熹眼中，吕祖谦学术谁表面"有用"，但却不能够由下转上，超越日常用度和利害关系，以成就起有规模的自身"道理"。换句话说，吕学既然不能由卑上达，结果就只能"滞于形器"了。尽管朱熹此时尚希望吕祖谦能调整自己的治学路向。

可是，问题的关键在于，吕祖谦事实上并不缺乏对天理、本心一类"理学"问题的追寻和探讨，朱熹为什么还要说他是"卑则滞于形器"呢？从根本上讲，就是在朱熹眼中，吕祖谦因被历史陈迹和实用利益所陷溺，执著于实用的层面，故而不能由具体物事上升到天道性命这一形而上的"大本"。这也是朱熹批评吕祖谦学术最根本的原则。

后来，全祖望对于朱、陆、吕三家学术有一个经典的评论，就是"朱学以格物致知，陆学以明心，吕学则兼取其长"②。但若按朱熹的逻辑来理解这个"兼取其长"，结果反而是否定的。因为泛观博览而兼取各家，在朱熹的学问进路中属于由"分殊"而会归"理一"，"盖能于分殊中事事物物、头头项项，理会得其当然，然后方知理本一贯"③。"兼取其长"的博学多识固然重要，但最后的"归约"毕竟是目的，重要的是能归纳提炼出"一贯"之理。如果醉心于收纳各家，在学问的广博上固然有其价值，但若因此而流荡无归，以至失去了自身学术的鲜明主旨，则显然是得不偿失。④ 而从朱熹本来的意图讲，正确的道路应当是通过格物致知去明心——先泛观博览然后

---

① （宋）黎靖德编：《朱子语类》，王星贤点校，中华书局 1986 年版，第 2939 页。
② （清）黄宗羲著，全祖望补修：《宋元学案》，陈金生、梁运华点校，中华书局 1986 年版，第 1653 页。
③ （宋）黎靖德编：《朱子语类》，王星贤点校，中华书局 1986 年版，第 677—678 页。
④ 能否确立起独立的学术主旨，是朱熹评价学人和学术的一个重要标准。譬如胡大时（季随）便是一个典型。季随是胡宏季子，张栻的学生和女婿，理当为湖湘学的继承人；然他又师朱熹，并从陆九渊、陈傅良（君举）学。故朱熹称："君举到湘中一收，收尽南轩门人，胡季随亦从之问学。某向见季随，固知其不能自立，其胸中自空空无主人，所以才闻他人之说，便动。"[（宋）黎靖德编：《朱子语类》，王星贤点校，中华书局 1986 年版，第 2961 页。] 从现有的资料看，季随的确没能有大的成就。

归之约，或者道问学以尊德性。那么，说吕祖谦"卑则滞于形器"就容易明白：即"明心"这一大旨被吕祖谦立足于实事、实利的"格物致知"所滞塞，这或许可以说是从反向意义去理解的"兼取其长"。

从正面"道理"来看，吕祖谦及以他为代表的浙学无疑都是重实的。吕祖谦在其名篇《太学策问》中，陈述了他"讲实理，育实才，而求实用也"的"实学"观，强调"立心不实，为学者百病之源"①。他批评当时的士子们，虽然笔写口说郁郁可观，但却是"骛于言而未尝从事所以言者耶"？今人比之古人如孔门弟子，对于孔子教诲的认知可能更为准确，但却离开了亲身切己的实践体验，从而无助于实用。故谓"古之人其为己不为人如此。今日所与诸君共订者，将各发身之所实然者，以求实理之所在，夫岂角词章、博诵说、事无用之文哉"②！从吕祖谦所述来看，他从古人为己之学的质朴出发，要求士人结合自身实际的操守和举止去求实理之所在，而批评务于讲诵词章的无用空学。

因此，吕祖谦治学，重点在倡导"有用"。他针对当时读书人的弊病指出："今人读书，全不作有用看。且如人二三十年读圣人书，及一旦遇事，便与闾巷人无异。或有一听老成人之语，便能终身服行，岂老成之言过于六经哉！只缘读书不作有用看故也。"③六经是儒者安身立命的基本经典依据，吕祖谦自己便有《易》、《书》、《诗》等经学研究的专门著述。但是，从这里也可以看出，他之重视经典，其实不像其他理学家那样，专注于探求和发掘经典蕴含的性命义理，而在于它对人有用。换句话说，就是世间的老成人之语，远不如六经所载的圣人之语有用。基于这一立场，他评价孔门弟子说：

　　孔门诸弟子，若论趋向，固非管仲可比，使他见用，却恐未必有管

---

① 黄灵庚、吴战垒主编：《吕祖谦全集》，浙江古籍出版社2008年版，第一册，第84页。
② 黄灵庚、吴战垒主编：《吕祖谦全集》，浙江古籍出版社2008年版，第一册，第84—85页。
③ 黄灵庚、吴战垒主编：《吕祖谦全集》，浙江古籍出版社2008年版，第二册，第254—255页。

仲事业。学者看古人，要须看得至此。①

吕祖谦所谓的"趋向"，当指孔子弟子修德求仁的路向和进阶，由于其前提或动机是志道、据德、依仁，故在出发点上非管仲一般人可比；但问题也正在这里，出发点或动机再好，也只是一种愿望，根本上还是要看效果即管仲所造就的事业。所以，在吕祖谦，读古人之书，最要紧的，是要关联效果，看它是否有用。这不止是吕祖谦个人的观点，也是与朱熹正面展开辩论的永嘉、永康学者的思想，所以朱熹批评吕学是"合陈君举、陈同甫二人之学问而一之"②。由此可见浙学共有的注重实用的趋向。

当然，这样讲并非意味朱熹治学就不重实。事实上，朱熹也是强调他自己的学说是"实学"的，申明他所追求的性命义理都是实性、实理。但是，正因为如此，他就绝不同意"卑则滞于形器"。吕祖谦的务实不能得到肯定，就在于他不能像朱熹这样，从万事万物中追溯抓取根源性的"大本"。朱熹说：

> 只看圣人所说，无不是这个大本。如云："天高地下，万物散殊，而礼制行矣；流而不息，合同而化，而乐兴焉。"不然，子思何故说个"天命之谓性，率性之谓道，修道之谓教"？此三句是怎如此说？是乃天地万物之大本大根，万化皆从此出。人若能体察得，方见得圣贤所说道理，皆从自己胸襟流出，不假他求。③

朱熹从《礼记·乐记》中引来的孔子之语，说的是天地礼乐流行的大本，④

---

① 黄灵庚、吴战垒主编：《吕祖谦全集》，浙江古籍出版社 2008 年版，第二册，第 241 页。
② （清）黄宗羲著，全祖望补修：《宋元学案》，陈金生、梁运华点校，中华书局 1986 年版，第 1676 页。
③ （宋）黎靖德编：《朱子语类》，王星贤点校，中华书局 1986 年版，第 2938 页。
④ 《礼记·乐记》这段话的全文是："天高地下，万物散殊，而礼制行矣。流而不息，合同而化，而乐兴焉。春作夏长，仁也。秋敛冬藏，义也。仁近于乐，义近于礼。乐者敦和，率神而从天；礼者别宜，居鬼而从地。故圣人作乐以应天，制礼以配地。礼乐明备，天地官矣。"按此所说，则天者，乐也，仁也；地者，礼也，义也。见（元）陈澔：《礼记集说》，上海古籍出版社 1987 年版，第 209 页。

它的实质是突出了儒家的仁义内核，在子思则被阐释为《中庸》的天性和因此而来的循性修道之教。朱熹作《中庸章句》，"天命之谓性"已被解释为"性即理"。因此，天地万化所得以生成流行的大本大根，实际就是朱熹自己的性理本体，也就是《论语》中通过子贡之口道出的"不可得而闻"的性与天道。朱熹治学的宗旨，可以说就是"体察"这个因为"净洁空阔"而不可得闻的性理本体，这就是圣贤所说、也是朱熹想要阐明的超越性的"道理"。

在朱熹，理学的"道理"是"皆从自己胸襟流出，不假他求"的，即要求自己循性立本，体验和发明内在的仁义性命。仁性充实于内，然后再发扬推广于外，实现于齐家治国平天下的事业之中。可是，吕祖谦的务实，不但是滞于形器，而且往往关联着时事利害，后者实际才是朱熹反对吕祖谦学术更主要的原因，因为这在朱熹，根本就不是正确的治学之路。孟子当年游说梁惠王，便是"王何必曰利，亦有仁义而已矣"，将仁义与时事利害——利吾国利吾家直接对立了起来。理学家通常号称接续孟子，因而大都站在了孟子严辨义利的立场上。人当体察的天地万化的"大本"，进入到伦理的界域，便成为"义以为上"的义利之辨的基本原则。这在与吕学形成对应而"语高"的陆九渊心学上，表现得最为明显。

二、"语高则沦于空寂"的陆学

与"滞于形器"的吕学对应的，是"语高则沦于空寂"的陆九渊心学一系。陆九渊虽不是浙人，但他乾道八年（1172 年）因春试入浙，并停留了不少时间，杨简等一批浙人向陆九渊请益，从而使陆氏心学也成为了浙学的组成部分。其兄陆九龄曾在给学者的书信中说："子静入浙，则有杨简敬仲、石崇昭应之、诸葛诚之、胡拱达才、高宗商应时、孙应朝季和从之游，其余不能悉数，皆覃覃笃学，尊信吾道，甚可喜也。"[①] 陆九龄谓九渊门生的"不能悉数"，或许有夸大的成分，但其皆"尊信吾道"的评价，反映了他兄弟

---

① 见《陆九渊集》，钟哲点校，中华书局 1980 年版，第 488 页。

倡导的心学已在浙地生根，从而带给了他们无尽的喜悦。朱熹后来亦曾有"如今浙东学者多陆子静门人，类能卓然自立"的感慨①。

"语高"所以是"沦于空寂"，可从朱熹批评陆九渊的"专以尊德性为主"及其"先立乎其大"等观点获得解释，朱熹也因此讥陆九渊之学为"禅学"。后来王阳明为陆九渊辩诬，以为"夫既曰'尊德性'，则不可谓'堕于禅学之虚空'"；而"先立乎其大者"，"孔子孟轲之言也，乌在其为空虚者乎?"②即在王阳明看来，陆学走的是尊崇德性的孔孟的正道，所以绝不可能是空寂之学。

在朱熹这里，他固然贬陆九渊之学为"禅学"，但相较于吕学，或包括永康、永嘉等在内的浙东本土学，陆学反倒有更多合理的因素。譬如，朱熹称：

> 或问东莱、象山之学。曰："伯恭失之多，子静失之寡。"
>
> 伯恭门徒气宇厌厌，四分五裂，各自为说，久之必至销歇。子静则不然，精神紧峭，其说分明，能变化人，使人旦异而瞚不同，其流害未艾也。
>
> 先生出示答孙自修书，因言："陆氏之学虽是偏，尚是要去做个人。若永嘉、永康之说，大不成学问，不知何故如此。"③

在朱熹看来，吕学的不足，既是吕祖谦自己的问题，即学术博杂不精而失之多；又是吕学门下的分裂问题，门徒各自为说势必导致学派的衰微。朱熹的论断应当说还是有一定预见性的。全祖望后来固然称"明招诸生历元至明未绝，四百年文献之所寄也"，但这并不涉及吕学的理论走向。参考王梓材的补充，东莱后学虽然"为有明开一代学绪之盛"，然而却是建立在"皆兼朱

① （宋）黎靖德编：《朱子语类》，王星贤点校，中华书局1986年版，第2750页。根据刘玉敏博士的研究，陆氏心学一系亦受到身为浙人的张九成心学的影响。参见其所著《心学源流——张九成心学与浙东学派》（人民出版社2013年版）的相关论述。

② （明）王阳明：《王阳明全集》，吴光等编校，上海古籍出版社1992年版，第808页。

③ （宋）黎靖德编：《朱子语类》，王星贤点校，中华书局1986年版，第2949、2956、2957页。

学"① 的基础上的，在学术性质和特色上已不能算是一个专门的学派。而形成对应的是，陆九渊学术因为"失之寡"而得到朱熹的相对肯定，道理就在陆氏的学说分明，能变化人，即重点在陆学的教人"做个人"上。

其实，作为对朱熹这一评论的呼应，永康陈亮在与朱熹的论辩中，如何"做个人"就是一个关键性的问题，可以用作这里的参考。陈亮云：

> 学者，所以学为人也，而岂必其儒哉！……管仲尽合有商量处，其见笑于儒家亦多，毕竟总其大体，却是个人，当得世界轻重有无，故孔子曰"人也"。亮之不消，于今世儒者无能为役，其不足论甚矣，然亦自要做个人，非专循管、萧以下规摹也，正欲搅金银铜铁镕作一器，要以适用为主耳。②

在陈亮，学为"成人"而非必"成儒"。历史上，管仲以其功业名扬后世，后儒虽然多有讥刺，但在陈亮眼中，管仲却正"是个人"，因此才能得到孔子的赞许。陈亮强调，自己并不是一定要求取管仲那样的规模事业，而是希望将仁义与功业融合为一地"做个人"，这实际上也就是他的义利双行、王霸并用的主张。在这里，"适用"成为了判定人是否成就的根本标志。

对于陈亮的观点，朱熹全然不能认同。反驳说：

> 观其所谓"学成人而不必于儒，搅金银铜铁为一器而主于适用"，则亦可见其立心之本在于功利，有非辨说所能文者矣。……正如搅金银铜铁为一器，不唯坏却金银，而铜铁亦不得尽其铜铁之用也。……孔子固称管仲之功矣，不曰小器而不知礼乎？"人也"之说，古注得之，若管仲为当得一个人，则是以子产之徒为当不得一个人矣。圣人词气之

---

① （清）黄宗羲著，全祖望补修：《宋元学案》，陈金生、梁运华点校，中华书局1986年版，第2434页。

② （宋）陈亮：《陈亮集》（增订本），邓广铭点校，中华书局1987年版，第346—347页。

际，不应如此之粗厉而鄙也。①

陈亮的"搅金银铜铁镕作一器"的融义利为一，在从动机出发看问题的朱熹这里，是完全"一"在了功利一边。因为"以适用为主"根本是从效果出发，在立心之"本"上就已经偏了。至于孔子对管仲的评价，固然肯定了他的功业；但就整个人来讲，孔子明言管仲之器小而不知礼，如何会赞许？孔子要赞许谁，言语中绝不会有"人也"这种粗鄙的词气。朱熹以为，汉唐人注疏其实已经说清楚，孔子就是感慨管仲"这个人"罢了。孔子真正赞许的，是惠爱百姓的子产而非管仲，子产才是真正"当得一个人"。

从朱、陈之辩返回到前面朱熹对浙东学人的评价，朱熹所以指斥吕学和永康、永嘉等事功学，肯定陆九渊能"做个人"，根本点即是在坚守作为"儒"之内核的义利之辨上。"东南三贤"中，朱熹所以推崇张栻，也正因张栻在义利关系上，从内心意向的"有所为"和"无所为"角度，系统阐发和强化了义利之辨，朱熹称赞这是"扩前圣所未发，而同于性善养气之功者欤"②！径直将张栻与孟子相比。而陆九渊同样是在这方面深得朱熹的赞许。陆九渊应朱熹之邀登白鹿洞讲席，所讲即是《论语》中"君子喻于义，小人喻于利"一章。陆九渊的立场与张栻相似，即从义与利的"志之所向"辨君子小人，要求"专志乎义而日勉焉，博学、审问、慎思、明辨而笃行之"，倘能由此而赴科举、进仕途，"必皆共其职，勤其事，心乎国，心乎民，而不为身计，其得不谓之君子乎"③！陆九渊的演讲使朱熹及其弟子深为感动，朱熹不但将陆九渊的讲义刻石以提撕警醒弟子，还在给其他未知此讲义的弟子的信中强调，陆九渊说得"义利分明，是说得好"。因为他对一心求功名官位的当今士人痛加针砭，指出其"自少至老，自顶至踵，无非为利"，故

---

① （宋）朱熹：《寄陈同甫书》，《陈亮集》（增订本）附，邓广铭点校，中华书局1987年版，第366—367页。

② （宋）朱熹：《右文殿修撰张公神道碑》，朱杰人等主编：《朱子全书》第24册，上海古籍出版社、安徽教育出版社2002年版，第4140页。

③ （宋）陆九渊：《陆九渊集》，钟哲点校，中华书局1980年版，第275—276页。

"说得来痛快,至有流涕者"①。陆九渊终究维护了儒家义利之辨的根本立场,所以得到了朱熹的认同。

因而,朱熹虽也指斥陆学,但在他眼中,功利之学比陆氏禅学更可怕:"禅学后来学者摸索一上,无可摸索,自会转去。若功利,则学者习之,便可见效,此意甚可忧!"②包括朱熹本人在内,理学家都是从禅学"转"出来的,而禅学正是向"高"处去。尽管朱熹对于语"高"和语"卑"各家都不能理会"中间"道理一并给予了指责,但从他心底来说,还是"高"远比"卑"强,"高"其实并不"可忧"。正是因为如此,曾遭朱熹深诋的张九成之学,结果也被网开一面:"因说永嘉之学,曰:'张子韶学问虽不是,然他却做得来高,不似今人卑污。'"③所以,朱熹觉得禅学并不可怕,因为到最后自觉无所收获时,自然会转出。而功利之学不一样,因为它助长的是人的利欲之心,再加上可以预期的效果,最终将导致泯灭天理的可怕场景,所以必须坚决反对。

三、吕祖谦之后的朱吕论辩

朱熹对吕祖谦学术的不满和批评,逾到晚年逾趋严重,其缘由,一方面,与他对所称的功利之学将会导致的世风日下有越来越高的警觉相关;另一方面,则可能与吕祖谦之后吕学或泛言之的浙学继续延续了吕祖谦的学术主张相关。

吕祖谦去世之后的吕学,主要由他的弟弟吕祖俭领衔。吕祖俭与朱熹进行了长期的学术讨论。尽管吕祖俭的著作难以查找,但从朱熹致吕祖俭信中所涉及的吕氏思想看,吕祖俭在相当程度仍继续了重实效、重利益、重史传的基本治学路向。

淳熙十一年(1184 年),即吕祖谦过世三年后,陈亮因个性耿直和蒙冤,两次被下狱,朱熹在去信问候的同时,亦要求陈亮以此为戒,"一洗旧

① 见《陆九渊集》,钟哲点校,中华书局 1980 年版,第 493 页。
② (宋)黎靖德编:《朱子语类》,王星贤点校,中华书局 1986 年版,第 2967 页。
③ (宋)黎靖德编:《朱子语类》,王星贤点校,中华书局 1986 年版,第 2962 页。

辙","若能相信，失马却未必不为福也"；并认为陈亮遭祸也是由于友朋之间"无一言及于儆戒切磋之意"的缘故。因此，吕祖俭既敬重陈亮，就应当任其责而尽情规劝之。① 然而，朱熹的劝说并不易产生效果。就在同年与吕祖俭的另一书信中，他言道：

> 所谓秦、汉把持天下有不由智力者，乃是明招堂上陈同甫说底。平日正疑渠此论未安，不谓子约亦作此见、为此论也。②

立足效果去看动机，是陈亮功利学说的一个代表性观点，受到朱熹的严厉批评，然而吕祖俭却是与陈亮站在了同一的立场。之所以如此，在于祖俭与其兄长一样，读书注重经史贯通，力求从史传中吸取有益的经验教训，而这正是朱熹极不认可的。因为此种风气蔓延开来，只会走向功利变诈，天下必然受其祸，以道心人心为内核贯穿的"吾道"也就更加不振了。所以，他期待祖俭能认真思考。

可是，吕祖俭显然没有听从朱熹的劝诫，以至朱熹十分"忧惧"这种"人人皆有趋时狗势、驰骛功名之心"的情景，并为祖俭不能回归到正路上而深感愤惜。而更重要的，在朱熹眼中，这不是吕祖俭个人之事，而是吕氏从吕公著、吕希哲一脉下来到祖谦、祖俭是一以贯之，所以朱熹说他是为这"诸公"惜也。③ 不过，按后来全祖望的归纳，吕公著"自少讲学，即以治心养性为本"，"量闳而学粹，不以私利害动其心"④，与朱熹意下正统道学的正心养性总体上是相合的。问题在于，吕氏一系注重"多识前言往行以畜德"，故于典籍颇重史传文献，从而有全祖望"其余大儒弗及"的"中原文

① （宋）朱熹：《答吕子约》，朱杰人等主编：《朱子全书》第22册，上海古籍出版社、安徽教育出版社2002年版，第2197—2198页。
② （宋）朱熹：《答吕子约》，朱杰人等主编：《朱子全书》第22册，上海古籍出版社、安徽教育出版社2002年版，第2195页。
③ （宋）朱熹：《答吕子约》，朱杰人等主编：《朱子全书》第22册，上海古籍出版社、安徽教育出版社2002年版，第2202页。
④ （清）黄宗羲著，全祖望补修：《宋元学案》，陈金生、梁运华点校，中华书局1986年版，第788—789页。

献之传独归吕氏"的赞誉。① 但这赞誉在朱熹却未必是好事，反而因其注重史传而多遭批评。朱熹心中，阅读《论语》、《孟子》、《中庸》、《大学》"四书"以及六经才是学者的正理。不然，势必将为利所牵引而祸害无穷。

《孟子》书中记载，孟子弟子认为士人应当谒见诸侯而出仕，以施展自己或王或霸的抱负。即为了行道，可以不必拘泥于小节，并引古《志》"枉尺而直寻"说以辩护。孟子为了表明自己的立场，用了很长一大段话阐述自己的观点。孟子的基本点，是"且夫枉尺而直寻者，以利言也。如以利，则枉寻直尺而利，亦可为与"②？"枉尺直寻"的核心就是以利益大小为取舍，如果为了利，甚至颠倒过来，"枉寻直尺"也会去追求，故极为有害。孟子最后归结说："如枉道而从彼，何也？且子过矣，枉己者，未有能直人者也。"③ 违背正道而屈从利益，不但是根本错误，而且自己不正直的人，怎么可能期待别人正直呢？那是绝对不可能的。朱熹充分肯定孟子的义利之辨，但面对从陈亮到祖俭看重汉唐"智力"和效果的趋向，又不由得心焦，其复函祖俭曰："孟子一生忍穷受饿，费尽心力，只破得'枉寻直尺'四字。今日诸贤苦心劳力，费尽言语，只成就'枉寻直尺'四字。不知淆讹在什么处。此话无告诉处，只得仰屋浩叹也。"④

朱熹之所以感到忧心，从根本上说，是当时学者治学好高骛远又不愿细致下功夫，结果在错误的道路上越走越远。他说：

> 夫学者既学圣人，则当以圣人之教为主。今六经、《语》、《孟》、《中庸》、《大学》之书具在，彼以了悟为高者，既病其障碍而以为不可读；此以记览为重者，又病其狭小而以为不足观。如是，则是圣人所以立言垂训者，徒足以误人而不足以开人，孔子不贤于尧舜，而达摩、迁、固

<hr/>

① （清）黄宗羲著，全祖望补修：《宋元学案》，陈金生、梁运华点校，中华书局 1986 年版，第 1234 页。

② 杨伯峻译注：《孟子译注》，中华书局 1980 年版，第 138 页。

③ 杨伯峻译注：《孟子译注》，中华书局 1980 年版，第 138 页。

④ （宋）朱熹：《答吕子约》，朱杰人等主编：《朱子全书》第 22 册，上海古籍出版社、安徽教育出版社 2002 年版，第 2199 页。

贤于仲尼矣，无乃悖之甚邪！①

距前面朱熹对陆学与吕学之高卑两面开攻已过去了十多年，但浙学的现状并没有实际的改变。在朱熹这里，六经"四书"是"圣人之教"的根本，是学者进学当孜孜以求的功夫。然而，企求了悟的高者，经典成为了他们发明本心的障碍，故以为不可读；而垂青记诵阅览的卑者，又觉得六经"四书"远不及史传文献的博厚宏阔，故以为不足观。如此导致的结果，圣人的教诲就不是开导引人，而是闭塞愚人，禅学的悟空和史家的功利受到推崇，这在朱熹实在是价值观的根本倒错，所以他要指明其病灶而予以谴责。

当然，一生为学术"纠偏"尤其是纠吕学之偏的朱熹，最后应该还是可以释怀的。因为吕学的弟子后来大都兼容了朱学。就在庆元党禁高潮的庆元三年（1197年），在考亭书院（沧州精舍）诸生均已散去的情况下，仍有学生不惧而敢于前来问学。朱熹云：

> 今日辅汉卿忽来，甚不易渠能自拔。向在临安相聚，见伯恭旧徒，无及之者。说话尽有头绪，好商量，非德章诸人之比也。②

辅广原为吕祖谦学生，后又从朱熹学，并成为朱熹门下的主要弟子之一。但朱熹这里是将他与祖谦"旧徒"相比，认为祖谦其余门生已无一人可以赶得上辅广的学识。言下之意，不但朱熹本人的学术、而且自己门人的水平都已全面超越了吕学。朱熹于此无疑会感到自豪。对于正在党禁中遭受打击的朱熹来说，这无疑是最大的宽慰。

（原载于《社会科学战线》2019 年第 4 期）

---

① （宋）朱熹：《答吕子约》，《朱文公文集》卷四十八，朱杰人等主编：《朱子全书》第 22 册，上海古籍出版社、安徽教育出版社 2002 年版，第 2196 页。
② （宋）朱熹：《答吕子约》，《朱文公文集》卷四十八，朱杰人等主编：《朱子全书》第 22 册，上海古籍出版社、安徽教育出版社 2002 年版，第 2243—2244 页。

闻见与德性——朱子、阳明"知"论辨析

明清之际，黄宗羲总结王阳明心学，论阳明居越以后学有三变，曾有概括曰：

> 先生悯宋儒之后，学者以知识为知，谓"人心之所有者不过明觉，而理为天地万物之所公共，故必穷尽天地万物之理，然后吾心之明觉与之浑合而无间"。说是无内外，其实全靠外来闻见以填补其灵明者也。①

这种作为批评对象的"宋儒之后"的"以知识为知"，大致是循守宋儒尤其是朱子的格物致知理路，即人心本来无知，其所有者仅心之明觉或意识能力，而作为对象的理则为天地万物所共具，故只能从外部事物中求取知识即穷理，最终实现吾心明觉与外来物理的融合会通。

如此"全靠外来闻见以填补其灵明"的合内外之道，用熟知的西方经验论的路数说，就好像人心如白板，一切知识来源于经验。然而，西方经验论的肯定性命题，在黄宗羲价值优先的论说氛围下，直接被置于否定的地位。所以会是这样的结果，不能不与宋明时期流行的划分闻见之知与德性之知并轻视闻见之知的见解相关。那么，知识到底与闻见和德性是何关系以及为何德性之知不萌于闻见，就需要做一点认真的讨论。

---

① （清）黄宗羲：《明儒学案》，沈芝盈点校，中华书局 2008 年第 2 版，第 180—181 页。

一、从张、程到朱子对闻见之知与德性之知的辨析

按黄宗羲所引阳明之言，"吾心之明觉与之浑合而无间"是在吾心"穷"
天地万物之理之后，所以就前提说，人心与物理是主客相对的"二分"模
式，从而形成宋儒既有内外又合内外的格物穷理的认识路经，其典型的代表
就是朱子。但是，朱子是概括了张载、二程的"知识"定位而来，他所谓的
"知"或"知识"，实际包括了闻见之知与德性之知在内。但就张载自身来
讲，他论知识主要还是指闻见之知，并由此去看待知识的合内外。张载云：

> 人谓己有知，由耳目有受也；人之有受，由内外之合也。知合内外
> 于耳目之外，则其知也过人远矣。①
>
> 闻见不足以尽物，然又须要他。耳目不得则是木石，要他便合得内
> 外之道。若不闻不见，又何验？②

知识是源于耳目闻见即接触外物而来，人之"受"并不只是被动地接收，而
是人心与外物相"合"即加工的结果。闻见固然只能获取有限的经验，它不
能"尽物"，但没有闻见则如木石一般，人心也不可能发挥任何统合的作用，
合内外之道亦无从谈起。在此意义上，可以说经验是知识的来源。不过，什
么是"合内外于耳目之外"且远过人的"知"呢？张载语焉不详，后人多以
为是指超越于耳目闻见之外的德性之知，③ 因其克服了耳目闻见的束缚和局
限，又能充分体现德性之知作为"天德良知"④ 的良善天性的价值，所以说
是在闻见所受之"外"而有知。

张载划分闻见之知与德性之知，肯定了一切通过与物交接而从外获得的

---

① （宋）张载：《张载集》，中华书局 1978 年版，第 25 页。
② （宋）张载：《张载集》，中华书局 1978 年版，第 313 页。
③ 后来学者对于张载此语的认知，可参见《正蒙合校集释·大心篇第七》中汇集的相关解
　说。（林乐昌：《正蒙合校集释》，中华书局 2012 年版，第 381—382 页。）
④ （宋）张载：《张载集》，中华书局 1978 年版，第 20 页。

知识，包括感性和理性知识，都属于闻见之知的范畴，但其中最重要的规定还是德性之知不萌于闻见。所谓"见闻之知，乃物交而知，非德性所知；德性所知，不萌于见闻"①。张载的划分得到二程的充分响应，程颐曰："闻见之知，非德性之知。物交物则知之，非内也，今之所谓博物多能者是也。德性之知，不假闻见。"② 这说明，对于闻见与德性的知识二分，在当时不是孤立的看法。

相对于张载的规定，程颐所述更明白地强调了两点：一是闻见之知物交物的"非内"性质，知识是从外来的；而有"非内"自然也有"内"，后者即属于天赋而不需要借助闻见的德性本体："德性谓天赋天资，才之美者也"③；二是闻见之知是指博物多能那样的由外入内的一般知识，它不限于由闻见而来的直接经验，也包括在此经验基础上理性活动的过程及结果，例如对自然事物的本质和规律等物理方面的认识。当然，德性所知也需要理性，但理性只是德性的证明手段，德性之知的实质在先天必然的道德原则，它不能由闻见之知归纳而来。程颐在发明自己的格物穷理观时，与学生有问答曰：

> 问："格物是外物，是性分中物？"曰："不拘。凡眼前无非是物，物物皆有理。如火之所以热，水之所以寒，至于君臣父子间皆是理。"④

人所格之物既有外物，也包括"内物"即"性分中物"。外物、内物各有其理，格物的目的就是穷理，由"性分中物"穷来的是维系君臣父子的天德良知，由外物穷来的则是水火所以寒热的自然知识。所以，知识的所谓内外，既是指来源也包括性质，二者关联起来，闻见的自然知识源于外而德性良知本于内，至于"合内外"则显然跟双方有关，并跟"诚明"的问题关联了起

---

① （宋）张载：《张载集》，中华书局 1978 年版，第 24 页。另，"闻见"与"见闻"在宋明儒通用，本文亦认为是同一的概念，故不作区分。

② （宋）程颢、程颐：《二程集》，中华书局 1981 年版，第 317 页。

③ （宋）程颢、程颐：《二程集》，中华书局 1981 年版，第 20 页。

④ （宋）程颢、程颐：《二程集》，中华书局 1981 年版，第 247 页。

来。譬如:"自其外者学之,而得于内者,谓之明。自其内者得之,而兼于外者,谓之诚。诚与明一也。"①《中庸》的明诚互动关系用在这里,说明德性之知也存在兼合内外的问题,只是"合"在这里不是指合而后才有知,而是指内在德性外化为德行实践,使内外之善一贯充实的过程;闻见之知的合内外则不同,它是实在的外物进入到内心的结果,科学知识即在此基础上产生。

那么,坚守德性之知不萌于闻见的道理在何处呢?最直接的一点,就是维护德性(仁义)的先天必然。在此视域下,若接受德性来源于经验,则"天生德于予"、"天命之谓性"的性理学基石便会根本动摇,人之道德实践所以可能便缺乏内在动力或不具有充分理由,相应地,"善"亦会变成没有多少说服力的习俗说教。在实际论证中,坚守仁义或善的先天必然与设定德性之知不萌于闻见,就成为一个互相发明的原则的两面。

不过,继承张、程学术的朱子,在这一问题上却有自己的看法。在他这里,"合内外"的格物致知活动,既在增进人们对周围世界的了解,也在于提高人的道德境界,故闻见与德性都为人所需要,双方不应该截然割裂。那么,朱子又是如何来进行论证的呢?这需要先从格物致知的活动开始。

首先,人与对象或心与物的主宾之分是格致活动可能的前提。

在这里,作为宾客一方的物,并不限于闻见经验所及的外物,也包括作为意识内容的内物(德性),程颐的诚明一致其实已内在含有这一观念,到朱子则更为明晰。

朱子在与友人江德功的讨论中,江氏简单地以穷理训释致知,朱子便不同意,以为"于主宾之分有所未安"。因为"知者,吾心之知;理者,事物之理。以此知彼,自有主宾之辨,不当以此字训彼字也"②。就是说,此方的我心知觉能力去认知彼方的事物之理,自然就形成了此彼、主宾之辨,二者的区分是不应混淆的。所以,径自以"理"字训"知"字便不妥。当然,从知识求取的最终结果来说,双方又可以统一起来,所谓"格尽物理,则知

---

① (宋)程颢、程颐:《二程集》,中华书局1981年版,第317页。

② (宋)朱熹:《答江德功》,朱杰人等主编:《朱子全书》第22册,上海古籍出版社、安徽教育出版社2002年版,第2038页。

尽"①也。主宾之辨所指向的，是双方的相须互动，这正是合内外之功。故他说：

> 人之所以为学，心与理而已矣。心虽主乎一身，而其体之虚灵，足以管乎天下之理；理虽散在万物，而其用之微妙，实不外乎一人之心，初不可以内外精粗而论也。②

心知与物理构成认识活动的主宾双方，心因其虚灵，具备了收归管束天下之理的性能和作用；理作为事物的本质、规律和至善德性，又能通过心的意识活动被体贴和彰显出来。从而，不能够执著于内外、主宾之分的前提而将双方分隔开来。"分"是承认认识的可能和条件，"合"才是认识期待的结果。对此，按朱子《补大学格物致知章》的概括：

> 所谓致知在格物者，言欲致吾之知，在即物而穷其理也。盖人心之灵，莫不有知；而天下之物，莫不有理，惟于理有未穷，故其知有不尽也。是以大学始教，必使学者即凡天下之物，莫不因其已知之理而益穷之，以求至乎其极，至于用力之久，而一旦豁然贯通焉，则众物之表里精粗无不到，而吾心之全体大用无不明矣。此谓物格，此谓知之至也。③

朱子撰写的这段文字，在确认致知即是格物穷理后，指明认识可能的前提是心物、主宾双方各自的特性："人心之灵，莫不有知"出于对人心灵觉的不怀疑而断定它一定能有——占有知（知识）；而"天下之物，莫不有理"则是依赖前置的经验和当下的直观作出的肯定判断；物理尽管可能是客观实在——仍然是基于既有经验，但作为意识的实在内容，却表现为一个人心不

---

① （宋）黎靖德编：《朱子语类》，王星贤点校，中华书局1986年版，第295页。
② （宋）朱熹：《四书或问》，黄珅校点，上海古籍出版社、安徽教育出版社2001年版，第24页。
③ （宋）朱熹：《四书章句集注》，中华书局1983年版，第6—7页。

断逼近它的究竟或真相（真理）的过程；最终，在不断逼近中走向"豁然贯通"，物理作为整全的知识被吾心所纳入，而吾心因为这种究竟知识的纳入而通体明晰，从认识开始时的能够占有知识走向结束时的实际占有知识，而且是充实完满，没有任何的欠缺或不清晰。

在这里，朱子所设定的致知或认识活动的开始，是现实人之活动的任一横截面，而非整个人类意识的最初始发，即不是从零开始。在此情形下，人认识对象或体贴物理都是建立在既有经验（莫不有知）的基础上。同时，由于天赋德性确立的道德基石，人心与物理互动的走向是成就完善的圣贤人格，这就要求自然物理的穷究必须与道德伦理的明晰打通。一旦达到这一阶段即"物格"、"知至"，人便最终进入了圣贤之域。所谓"《大学》物格、知至处，便是凡圣之关。物未格，知未至，如何杀也是凡人。须是物格、知至，方能循循不已，而入于圣贤之域"①。自然，达不到物格、知至，过不了凡圣关，也就做不得圣贤。

接下来的问题，就是闻见之知可否通向德性。

与张载、二程明确断言德性之知不萌于闻见有别，朱子并不刻意区分"外物"与"内物"，他通常是持整体的"知"的观点，而且往往借自然物理引出德性伦理，这样实际上导致的，就是经由格物理来明本心的格物致知道路，后来阳明格竹子之理的问题实际也由于此。换句话说，可否借由把握外在事物本质和规律这一知识形态，进入到内在德性的自我觉醒和彰显，从而打破竹子的自然之理（如生理）与伦理（至善）之理之间的障壁，以养成完善的圣贤人格呢？朱子的回答是肯定的，因为只有这样才能有助于物理与天理的打通，实现体贴天理的问学目的。对于朱子的理论建构和为学工夫来说，体贴天理是一个至关紧要的步骤，一旦真切地体贴到天理，人就超越了个体经验而享有了普遍必然的知识，所以"真知"的问题也就随之而来。如他说：

> 闻见之知与德性之知，皆知也。只是要知得到，信得及。如君之

---

① （宋）黎靖德编：《朱子语类》，王星贤点校，中华书局1986年版，第298页。

仁，子之孝之类，人所共知而多不能尽者，非真知故也。①

闻见与德性，一是后天经验之知与先天必然之知的关系，二是自然事物之知与道德天理之知的关系，但它们又整体上统属于一个"知"的范畴。言谈中朱子关心的，显然不在区分闻见与德性，而只是在乎是不是"真知"。真知是指能真切"知到""信得"其理，比方君之仁爱百姓，子之孝顺父母，都是要实实在在地落实，知体现于行中。他以为，许多道理人们似乎都知晓，但因不能真切地做到和确信，也就不是真知。朱子强调真知有"尽"的要求，就是说，只知不行不是真知，只闻见表面而不能穷究其内涵即"尽知"，同样也不是真知，所谓"致知所以求为真知，真知，是要彻骨都见得透"②。从而，"真"就不仅是质，也包括量，即"彻骨都见得透"，而非只进入到皮肉或骨头表面。朱子论格物穷理，常强调不能"穷得三两分"而是要"穷尽得到十分"③，正是发明的这一道理。

同时，"真"明显属于知识的进路和理性的要求，而非属于德性和伦理的要求。朱子不提倡闻见与德性的区分，还因为二者本来存在关联而不应截然分割，所以对学生据张、程观点而发之问，他并没有简单地判定孰是孰非。如下面三条：

> 问："张子所谓'德性之知不萌于闻见'，是如何？"曰："此亦只是说心中自晓会得后，又信得及耳。"④
>
> 问："闻见之知，非德性之知。他便把博物多能作闻见之知。若如学者穷理，岂不由此至德性之知？"曰："自有不由闻见而知者。"
>
> 问横渠"耳目知，德性知"。曰："便是差了。虽在闻见，亦同此理。不知他资质如此，何故如此差！"⑤

---

① （宋）黎靖德编：《朱子语类》，王星贤点校，中华书局 1986 年版，第 1560 页。
② （宋）黎靖德编：《朱子语类》，王星贤点校，中华书局 1986 年版，第 283 页。
③ （宋）黎靖德编：《朱子语类》，王星贤点校，中华书局 1986 年版，第 283 页。
④ （宋）黎靖德编：《朱子语类》，王星贤点校，中华书局 1986 年版，第 715 页。
⑤ （宋）黎靖德编：《朱子语类》，王星贤点校，中华书局 1986 年版，第 2537 页。

就前两条论，闻见是可以通向理的，此理实际上包容了博物多能类的自然事物之理与归属于德性的道德天理。朱子承认有不由于闻见的知的存在，但又并不肯定德性之知不萌于闻见的绝对化观点，而是尽量折中其说。第一条的"只是说心中自晓"云云，明显是限制性的表述，因为心中的自然明白，不论是顿悟还是直观，都未否定其材料可能来源于闻见；结合第二条的"自有不由闻见而知者"，作为一特称判断，它与"自有由闻见而知者"完全可以共存。至于第三条，学生问话过于简略，朱子回答亦不甚详尽。大致是学生想知道张载将"知"划分为耳目与德性的理由及恰当性，朱子显然不认可对双方的割裂，强调了闻见并不与德性相悖，二者的目的均在于明理。并以为张载如此杰出的资质，何以会对"知"作出如此不恰当的规定。

当然，闻见如何关联德性，外物与内心究竟如何打通，朱子并没有讲述清楚，但他显然意识到了这一问题，也企图予以解决。他提出的方案，是借助于格物穷理而来的对人的本心即内在德性的"警觉"，即他所谓的"唤醒"工夫。他说：

> 人之本心不明，一如睡人都昏了，不知有此身。须是唤醒，方知。恰如瞌睡，强自唤醒，唤之不已，终会醒。某看来，大要工夫只在唤醒上。然如此等处，须是体验教自分明。
>
> 人有此心，便知有此身。人昏昧不知有此心，便如人困睡不知有此身。人虽困睡，得人唤觉，则此身自在。心亦如此，方其昏蔽，得人警觉，则此心便在这里。①

朱子的"本心"是"全德"，也就是天理，②如此道德天理既然心中纯全，理论上就不需要外在物理来填充，即非如黄宗羲所概括的"全靠外来闻见以填补其灵明"。那么，外物（经由闻见）对本心德性的作用，就不是直接提供经验材料，而是这种由经验材料上升为理性的格物穷理过程、或曰对象性活

---

① （宋）黎靖德编：《朱子语类》，王星贤点校，中华书局1986年版，第200页。
② 参见（宋）朱熹：《四书章句集注》，中华书局1983年版，第131页。

动本身对天赋德性的触发。这一过程并非容易，尽管"此身""此心"本在，然人困睡昏蔽而不能觉知，所以需要"强自"唤之的外力和持续不已的工夫——这些都统归于格物的活动，才能使人觉醒。如此的唤醒工夫，既不离闻见，又超越于闻见，它保留了天赋德性的必然性质，又容纳了闻见的经验活动及对德性的唤醒，从而将闻见与德性贯通了起来。

二、朱子的格致进路与王阳明的质疑

从王阳明晚年总结为学经历并要"说与诸公知道"的"意思"来看，他对朱子格物说从信奉到反思和批评，主要有这样三层含义：一是"做圣贤，要格天下之物"；二是格物是力气活，既然"无他大力量（去格物了）"，自然"圣贤是做不得的"；三是"乃知天下之物本无可格者，其格物之功，只在身心上做"。由此，圣人就是"人人可到，便自有担当了"。阳明的总结是基于他切身的格物经验，所谓"众人只说格物要依晦翁，何曾把他的说去用？我着实曾用来"[①]。根据自己的"着实"之用，阳明否定了朱子的格物观，也随之否定了朱子据此"做圣贤"的工夫。

然而，朱子的格物致知道路是否就像阳明所说，即真的就是阳明总结的"意思"呢？这还需要进一步的分析。

作为古代社会的读书人，"做圣贤"自然是普遍性的志向和追求。但将"做圣贤"与"格天下之物"关联起来，则无疑属于宋儒的理论贡献。朱子讲明："且如为学，决定是要做圣贤，这是第一义，便渐渐有进步处。"[②] 而这个为学做圣贤的具体工夫，就是格物穷理。由于"世间之物，无不有理，皆须格过"[③]，格天下之物而会通其理，以成就圣贤人格，就成为几乎所有士人治学修身的一个基本诉求，阳明初始便立下此志向就理所当然。其中暗含的道理，就是经由格天下之物的知识进路走向德性，物理直通伦理，从而成就完美的圣贤人格，并最终引起阳明格竹子之理的著名实践。

---

① （明）王阳明：《王阳明全集》，吴光等编校，上海古籍出版社 1992 年版，第 120 页。
② （宋）黎靖德编：《朱子语类》，王星贤点校，中华书局 1986 年版，第 282 页。
③ （宋）黎靖德编：《朱子语类》，王星贤点校，中华书局 1986 年版，第 286 页。

在朱子，自然事物在“天下”之物中，自然之理也就当穷：“一草一木，岂不可以格？如麻麦稻粱，甚时种，甚时收，地之肥，地之硗，厚薄不同，此宜植某物，亦皆有理。”① 农学的知识或理是经由闻见而来的，这与格竹子之理属于同一的知识进路。但是，可否由此推致德性之知或道德天理呢？朱子没有给出这方面的现实例证，他所举例仍属于德性扩充的过程，如：“自‘无穿窬之心’，推之至于‘以不言饪’之类；自‘无欲害人之心’，推之举天下皆在所爱。至如一饭以奉亲，至于保四海，通神明，皆此心也。”② 就此，竹子之理仍是竹子之理，德性扩充仍是德性扩充，二者之间尚未架设起可以过渡的桥梁。在此情形下，闻见知识不必然与德性和做圣贤相联系，阳明要想从格竹子之理的经验中实现超越，做德性完满的圣人，就实在是一次知识的冒险。

不过，在朱子自己的观念系统中，格物致知的活动应当涵括物理与伦理，因为双方最终都是一理：“盖万物各具一理，而万理同出一原，此所以可推而无不通也。”③“理一分殊”的架构，是他如此坚守的最基本的理由。

> 又曰：“物必有理，皆所当穷，若天地之所以高深，鬼神之所以幽显是也。若曰天吾知其高而已矣，地吾知其深而已矣，鬼神吾知其幽而显而已矣，则是已然之词，又何理之可穷哉？”……或问：“观物察己者，岂因见物而反求诸己乎？”曰：“不必然也，物我一理，才明彼即晓此，此合内外之道也。语其大，天地之所以高厚，语其小，至一物之所以然，皆学者所以致思也。”④

格物的目的是要知天地鬼神变化的所以然，而不能只是满足于对既成事实的

---

① （宋）黎靖德编：《朱子语类》，王星贤点校，中华书局 1986 年版，第 420 页。
② （宋）黎靖德编：《朱子语类》，王星贤点校，中华书局 1986 年版，第 420 页。
③ （宋）朱熹：《四书或问》，黄坤校点，上海古籍出版社、安徽教育出版社 2001 年版，第 21 页。
④ （宋）朱熹：《四书或问》，黄坤校点，上海古籍出版社、安徽教育出版社 2001 年版，第 21—22 页。

肯认。朱子说他是"窃取"程子之意补了《大学》（格物致知章）阙文，事实上他这里确是接着程子往下讲的。考虑到吾心（我、己）与物理的对象性存在是认识活动可能的前提，就容易使人以为察己与观物也是分为二的工夫，故从程颐到朱子，要求矫正这一失误，做到己与物、内与外贯通起来，所谓"合内外之道"也。

与前面的唤醒工夫侧重外对内的打通不同，这里论合内外之可能，一是因为物我一理、理为天下所公共所设定的前提，在此前提下，"才明彼即晓此"，而不会有间隔；二是外物理与内心理既然本来贯通，"观物察己"就不会是观物与察己的两段功夫，而是"观物理以察己"的合一整体。① 由此，物我内外也不必刻意区分，只要明理，则不论是在天下还是己身，均"无往而不识"。按此逻辑，"做圣贤"与"格天下之物"就不是二事而是一事，也就不存在强行跨越的问题。

但需注意的是，朱子或其他理学家的问题，重点在闻见能否通向德性，至于德性之知能否反推出闻见之知，道德能否走向知识，因为违逆了希圣希贤的人格培养目标，所以在古人是不被考虑的②。

同时，合内外既然是从"观物察己"开出，那这个"观察"物与己的工夫，自然不能与闻见分割开来，事实上它本身就是由闻见而来。不过，在朱子已基本被消解的德性之知不萌于闻见的设定，到王阳明又重新被强化，并对闻见多加限制。那么，阳明轻视闻见之知又是基于何种理由？

阳明在给顾东桥的书信中，通过别解经典语句，阐明德性不能来源于闻

① 参看程颐：问："观物察己，还因见物，反求诸身否？"曰："不必如此说。物我一理，才明彼即晓此，合内外之道也。语其大，至天地之高厚；语其小，至一物之所以然，学者皆当理会。"又曰："观物理以察己，既能烛理，则无往而不识。"［(宋) 程颢、程颐：《二程集》，中华书局 1981 年版，第 193 页。］
② 牟宗三认为朱子的格物穷理义无关于知识："盖朱子之格物穷理义，虽可以顺而至于含有知识义，而其本意实不在言知识。其所谓格物穷理，意在当机立察，乃含于动察之中：察之于念虑之微，求之于文字之中，验之于事物之著，索之于讲论之际，皆是格物，亦皆是穷理。而此格物穷理却是去病存体，旨在求得普遍而超越之一贯之理，所以仍是一套道德工夫，不在成知识也。"（牟宗三：《从陆象山到刘蕺山》，吉林出版集团有限公司 2010 年版，第 164—165 页。）

见，而且对人们历来肯定的多闻多见作了颠覆性的解释，使其变成为学者需要克服的"务外好高"的弊病。他说：

> 夫子尝曰"盖有不知而作之者，我无是也"，是犹孟子"是非之心，人皆有之"之义也。此言正所以明德性之良知，非由于闻见耳。若曰"多闻择其善者而从之，多见而识之"，则是专求诸见闻之末，而已落在第二义矣，故曰"知之次也"。夫以见闻之知为次，则所谓知之上者果安所指乎？是可以窥圣门致知用力之地矣。①

夫子陈述自己不是"不知而作"，被阳明解释为孔子认为自己都是知而作，知与作（行）是合一的；孟子则肯定是非之心人皆有之，这都被阳明用作证明德性之知不由于闻见的论据。闻见之知作为后天的经验知识，逊色于人先天本有的"知之上"的德性良知，只能是次等的作为知识之知，圣门致知用力也就不能落在此种闻见知识上。

不过，阳明虽轻视闻见，却并不否认知识本身的价值，事实上他对自然物理有相当的认识。譬如他有《观稼》诗称：

> 下田既宜稌，高田亦宜稷。种蔬须土疏，种蓣须土湿。寒多不实秀，暑多有螟螣。去草不厌频，耘禾不厌密。物理既可玩，化机还默识；即是参赞功，毋为轻稼穑！②

从诗里不难发现，体现于阳明之"观"（闻见）中的农学知识已相当丰富，在他眼中：地势低的田易蓄水而适宜种稻，地势高的田需耐旱故适宜种粟。种蔬菜需要土疏松，种薯蓣需要土湿润。气温低作物多开花不结实，气温高作物害虫多滋生。而不论旱地还是水田，都要勤除草松泥匀肥。这些娴熟于胸且可玩味的"物理""化机"，大多是符合今天的农作规律的，说明阳明对

---

① （明）王阳明：《王阳明全集》，吴光等编校，上海古籍出版社1992年版，第51页。
② （明）王阳明：《王阳明全集》，吴光等编校，上海古籍出版社1992年版，第695—696页。

此已从现象的感知上升到理性的把握。阳明并道，古人常言参赞天地之化育，而重视稼穑农作正是基础性的内容。

显然，如此的"物理"作为源于闻见的自然知识，并无可能从良知开出，说明阳明也并非一般地贬斥闻见和知识。只是知识的求取，满足的是人生存的物质层面的需要，无关乎人的道德品位和境界提升，而后者才是阳明接引学生的主要目的。所以，对于学生求知识方面的请教，他需要引向德性的培养。譬如有学生提问"知识不长进如何"，阳明对此的回答，是要抓住根本，即"须从本原上用力，渐渐盈科而进"。只要"本原"上用力，自然会有知识的丰富。他将婴儿由不知到知而终致事无不能，类比于圣人从喜怒哀乐未发之中走向位天地、育万物的场景，以为这就如同种树，自己只管栽培灌溉而最终能收获枝叶花实一样。[①] 他因此批评宋儒不明白人之明觉是"精气"日足日开的结果，初下手格物便要求尽究物理。

阳明的批评自有他自己的道理，但从上面《观稼》的农学知识可知，它不可能是只管栽培灌溉而自动到来，的的确确需要专门的格物致知实践。当然，求知本身在宋明诸儒都不是目的，目的仍在明善诚身，由"希贤"而"希圣"，而道路便是"自明诚"，所谓"先明乎善，而后能实其善者，贤人之学，由教而入者也，人道也"[②]。这种先明善而后实善的工夫，具体便表现为朱子的格物致知，人之明善是在就学而穷理的过程中实现的，所谓"经礼三百，曲礼三千，无非使人明此理"，即是在学礼行礼的闻见酬酢中实现对理的明觉的。这既包括在知识意义层面对经礼、曲礼等"物"理的明察，也包括通过这一格物活动对本心德性的觉醒，合起来便是"明此性而求实然之理"交相互发的过程[③]。而在阳明，他虽然也有圣与贤之分说，但在实质上，"致良知"的"致吾心之良知于事事物物"明显属于"自诚明"的圣人路数，这也是他"决然以圣人为人人可到"而"自有担当"的真实写照。

---

① （明）王阳明：《王阳明全集》，吴光等编校，上海古籍出版社1992年版，第14页。

② （宋）朱熹：《四书章句集注》，中华书局1983年版，第32页。

③ 参见（宋）黎靖德编：《朱子语类》，王星贤点校，中华书局1986年版，第1567页。

三、格物之功只在心上做的"做圣人"路径

在阳明留下来的全部语录中，其"天下之物本无可格者，其格物之功，只在身心上做"一句，最能体现他思想的特色。作为阳明觉醒标志的只在心上做工夫，基本理由就是心外无理、心外无物。德性之知（内）不萌于闻见（外）的观点，说到底是建立在这一基础上的。

就阳明通常所举之例来看，是心之所发是意，意之所在为物，如意在事亲即事亲为一物；而既无心外之物，也就谈不上需要外来的闻见知识。但是，阳明这种"见父自然知孝，见兄自然知弟"的"不假外求"的良知，无疑存在逻辑上的论证困难，正如学生当年所提问的"如何而为温凊之节，如何而为奉养之宜，须求个是当，方是至善"。因为从良知开出来的，可以有心的诚孝，但行孝如温凊定省在何种程度上适当，即具体"节目"方面的知识，却并不包含在其中，如根据不同气候适宜地增减衣物，只能由闻见经验概括而来①。阳明对此的反驳，是反问"若只是那些仪节求得是当，便谓至善，即如今扮戏子，扮得许多温凊奉养的仪节是当，亦可谓之至善矣"②。阳明之言固然有理，即不能仅从"扮温凊奉养的仪节是当"这一形式便推断其内容为至善；但是，问题还有另一方面，形式既然成立，它必然会反作用于内容，不能排除由形式的善导向内容的善这一现实的可能。

孔子当年有"礼云礼云，玉帛云乎哉？乐云乐云，钟鼓云乎哉"③之言，意味礼乐的实质在内容，而不能仅仅着眼于玉帛钟鼓的华美形式。孔子对内容的强调，有他所处时代的现实理由，但并不能由此推出形式无关

---

① 牟宗三云："吾甚至且可说：即在成就'事亲'这件行为中，同时亦必有致良知而决定去成就'知事亲'这件知识行为。即'事亲'固为一行为物，而同时亦为一'知识物'，既为一'知识物'，吾良知天心在决定事亲中亦须决定坎陷其自己而了解此知识物。此即知什么是事亲，如何去事亲也。"（牟宗三：《从陆象山到刘蕺山》，吉林出版集团有限公司2010年版，第 161 页。）

② （明）王阳明：《王阳明全集》卷一，吴光等编校，上海古籍出版社 1992 年版，第 3 页。

③ 杨伯峻译注：《论语译注》，中华书局 1980 年版，第 185 页。

紧要。到宋儒，对形式的重要意义有了进一步的认识。张栻从"道与器非异体也"① 出发，强调"礼虽非玉帛，而礼不可以虚拘；乐虽非钟鼓，而乐不可以徒作，刑本遏恶也"②。礼乐之形（刑）本生于调节行为以实现遏恶兴善之目的，否则它不可产生，也无存在的必要。在自觉遵守形式约束的氛围下，心性受其陶冶而培养出善的健全人格和境界，可说是常人走向善的一条可行道路。

孔子之语阳明亦引，但阳明强调的，仍是"本"即内容的层面，"制礼作乐必具中和之德"，乐律器数只是末节；③"世儒之支离，外索于刑名器数之末，以求明其所谓物理者。而不知吾心即物理，初无假于外也"④。然而，本末关系的架构不一定支持阳明的推论，即便刑名器数只是末节。因为末之意义正在于发明本，本末一致、由末推本亦或下学上达，不止是宋儒的格物致知之方，它也是儒家一贯的求知路径。按照张栻"道与器非异体也"的规定，格物而求明其理乃十分自然之事。当然，问题的关键，仍在物理与心理如何打通，阳明的物理本缘于心理——良知天理的推致所就。良知天理既不萌于闻见，也就不可能于刑名器数中体贴出来。

从心外无物无理出发，阳明强调吾心良知自足，良知之外无知："良知之外，更无知；致知之外，更无学。外良知以求知者，邪妄之知矣；外致知以为学者，异端之学矣。"⑤ 阳明针对的对象仍是于外物中求理，而良知即是天理，本来自足，不可能外良知求得天理，所以说良知之外更无知；而所谓"学"者，体认良知实有诸己也，非为假于穷索以增益之，故不可能外致良知而取来。但是，由此也可看出，阳明实际上也承认了存在穷索增益的外在知识——闻见之知，后者意味致良知之外另有其学。虽然在道德评价和道统论上，阳明将其归入了邪妄之知和异端之学一类。

至于"无知"自身，可以有两层蕴含：一是知就是良知，体现为德性修

---

①　（宋）张栻：《论语解》，《张栻集》，杨世文点校，中华书局 2015 年版，第 181 页。

②　（宋）张栻：《南轩易说》，《张栻集》，杨世文点校，中华书局 2015 年版，第 25 页。

③　参见王阳明《语录二·答顾东桥书》（《王阳明全集》卷二，第 52—53 页）相关部分。

④　（明）王阳明：《王阳明全集》，吴光等编校，上海古籍出版社 1992 年版，第 245 页。

⑤　（明）王阳明：《王阳明全集》，吴光等编校，上海古籍出版社 1992 年版，第 218 页。

养水准的知善知恶正依于"良"知，而"无知"即是否定再有其他"良"的知；二是良知外即便有知——闻见之知，也是不必去知，故同样可叫作"无知"。他又说：

> 天下事物，如名物度数、草木鸟兽之类，不胜其烦。圣人须是本体明了，亦何缘能尽知得？但不必知的，圣人自不消求知；其所当知的，圣人自能问人。如'子入太庙，每事问'之类，先儒谓'虽知亦问，敬谨之至'。此说不可通。圣人于礼乐名物，不必尽知。然他知得一个天理，便自有许多节文度数出来。不知能问，亦即是天理节文所在。①

自然事物的知识虽然存在，但这不属于圣人之知的范畴。圣人所知，只在于本体即良知天理，在此之外关于草木鸟兽、礼乐器具的大量知识，圣人往往就是"无知"。但这不是什么缺陷，而是不必去知；倘若治国理政的确有什么需要，自然会从良知天理中呈现出来，并表现为相应的节文度数——其中包括当问就问的名物知识的获得。所以，对源于闻见的自然知识，也就不需要专门去寻求。可以说，这是从效用的角度为其"格物之功只在身心上做"所作的辩护。当然，阳明这里实际有点诡辩，即将"只在心上做"而不当求之闻见的特定心学立场，替换为"不必尽知'的一般知识论设定。

在此情形下，由于术业有专攻和社会及人体器官的分工，譬如稷勤其稼，而不耻其不知教；夔司其乐，而不耻于不明礼；目不耻其无聪，足不耻其无执，等等，包括圣人在内的任何人都不可能也不必一切尽知。那么，又当如何应对日用百行呢？这在阳明的解决，是因其精神流贯、志气通达和血脉条畅，从而不会有人己、物我之分，故他之善即我之善，足目虽分工却又共济一身之用。显然，"万物一体之仁"的博爱情怀和境界，成为了阳明论证闻见之知不必要和不需求的重要理论手段②。

可以说，人本是有限的生命体，其器官的互补与感觉的统合作为人不必

① （明）王阳明：《王阳明全集》，吴光等编校，上海古籍出版社1992年版，第97页。
② 参见王阳明《语录二·答顾东桥书》（《王阳明全集》卷二，第54—55页）相关部分。

尽知的论据，是有其自身的理论效力的，但是这与排斥闻见和经验知识不是同一个概念。阳明所以要坚持良知天理不萌于闻见，理论的需要是一方面，针砭和矫正不良社会风气则是他更为现实的理由，即出于他"拔本塞源"的救弊的目的。在这里，与闻见相伴随的，不止有经学上的繁杂支离，更有习染霸术的利欲追求。他说：

> 圣学既远，霸术之传积渍已深，虽在贤知，皆不免于习染，其所以讲明修饰，以求宣畅光复于世者，仅足以增霸者之藩篱，而圣学之门墙遂不复可观。于是乎有训诂之学，而传之以为名；有记诵之学，而言之以为博；有词章之学，而侈之以为丽。若是者纷纷籍籍，群起角立于天下，又不知其几家，万径千蹊，莫知所适。……相矜以知，相轧以势，相争以利，相高以技能，相取以声誉。……记诵之广，适以长其敖也；知识之多，适以行其恶也；闻见之博，适以肆其辨也；辞章之富，适以饰其伪也。是以皋、夔、稷、契所不能兼之事，而今之初学小生皆欲通其说，究其术。其称名僭号，未尝不曰吾欲以共成天下之务；而其诚心实意之所在，以为不如是，则无以济其私而满其欲也。①

放眼天下，一切皆为利来。在此氛围下，不论是儒生的记诵词章，还是贤智的声誉标榜，亦或初学者的称名僭号，都是基于私欲的知识求取路向，知识的广博非但不能促进德性的修养和天理的体认，而且简直就是欲望泛滥的帮手，所以阳明要予以坚决的反击和批驳。

阳明将闻见与习染关联，意味着从道德论出发对闻见之知罪状的宣判。在这里，德性之知被闻见习染所遮蔽，除了利欲的追逐和记诵词章的标榜以致不能彰明良知天理外，还存在认"识神为性体"、故障道日深的理论本身的迷误。阳明曾感叹良知真面目数百年来不被人识，学生九川解作"亦为宋儒从知解上入，认识神为性体，故闻见日益，障道日深耳"，得到阳明首肯。② 就

---

① （明）王阳明：《王阳明全集》，吴光等编校，上海古籍出版社1992年版，第55—56页。

② （明）王阳明：《王阳明全集》，吴光等编校，上海古籍出版社1992年版，第1179页。

此而言，老子先前便有"为学日益，为道日损"①之说，"识神"亦源于佛老，大体谓心灵、意识，指识神为性体，就是认心为性。宋儒从张载、二程始，有"合性与知觉，有心之名"和"心即性也"等说②，有可能为阳明师徒所指。其谓"从知解上入"而"障道日深"，可能是指其逐物而格，在对事物的闻见中去体贴内在的性理，结果闻见愈多，则愈被闻见所迷，终究寻不得性体。但不论是张载还是程颐，都突出了心作为主体与本体的关联，张载强调"大心"正在于突破闻见的束缚，程颐主张"其实都是一个道"而强调心以性体为内容，均与九川所言不甚合拍，亦可能是另有所指。

从正面的道理讲，人生活于社会，与周围事物密切关联，实不可能屏除闻见。而且，宋儒虽注重格物穷理，但涵养用敬亦落脚在"主一无适"，强调变化气质，说明他们对于闻见习染的弊病也有清醒的认识。在理本论的视域下，天下事物莫不有理，人要生存，就必须要格致事物之理，并通过对物理的探究，触发对内在性理（或德性）的体贴。如此的进学道路，就是借助闻见（观天察地知人）的工夫而明觉德性，闻见在格物致知的整体中就不是无足轻重，而是必需的手段。阳明自然明白宋儒的意图，但他却力证这是一条走不通之路，以求矫正宋儒以来的外心求理之弊。不过，阳明虽因此而轻视闻见，却也认为不必强制屏除。故当九川感觉"用功收心时，有声有色在前，如常闻见，恐不是专一"时，阳明的回答是："如何欲不闻见？除是槁木死灰，耳聋目盲则可。只是虽闻见而不流去，便是。"③只要是身体健全的人，便不可能隔绝闻见，做修养工夫，关键要达到"虽闻见而不流去"，这与宋儒"主一无适"的主敬涵养，实际存在着一致性。问题的关键，其实不在闻见有无，而在本心的状态。

从心外无物无理的立场出发，闻见就不可能是良知凭借的手段，但它也有自己的作用，就是良知发用流行的经验证明。阳明称：

① 《老子道德经河上公章句》，王卡点校，中华书局 1993 年版，第 188 页。
② 前者见《张载集》第 9 页，后者见《二程集》第 204 页。
③ （明）王阳明：《王阳明全集》，吴光等编校，上海古籍出版社 1992 年版，第 91 页。

良知不由见闻而有，而见闻莫非良知之用，故良知不滞于见闻，而亦不离于见闻。孔子云："吾有知乎哉？无知也。"良知之外，别无知矣。……大抵学问功夫只要主意头脑是当，若主意头脑专以致良知为事，则凡多闻多见，莫非致良知之功。盖日用之间，见闻酬酢，虽千头万绪，莫非良知之发用流行，除却见闻酬酢，亦无良知可致矣。故只是一事。若曰致其良知而求之见闻，则语意之间未免为二，此与专求之见闻之末者虽稍不同，其为未得精一之旨，则一而已。①

将良知与闻见比作为头脑与发用的关系，仍可归属于本末的范畴，但不是正常的本决定末又由末及本的关系，而是本在末中表现且离末无所谓本。如此一种良知之外"无知"的原则，阳明要始终坚守，但与前述"无知"立足于德性自足和屏弃异端有别，这里的特点在强调本末"一事"而良知与闻见合一。这在不经意间肯定了闻见之知的价值，因为任何个体的良知发用，都是在既有知识的笼罩或参与下实现的，所以不可能于致良知之外另求闻见，良知之外自然就"别无知"了。

如果说，朱学的问题在如何从闻见走向德性，王学的问题则在良知如何发用于闻见酬酢，去弊求真而处其当。在这方面，的确需要"专求之见闻之末"以获取知识。阳明对此予以批评，说明求真还不是他亟须考虑的选项。他想要"说与诸公知道"的，是"决然以圣人为人人可到"从而"便自有担当了"的圣人进路。

自孟子提出"人皆可以为尧舜"和荀子讲"涂之人皆可以为禹"以来，儒家倡导做圣人而培养完善人格的工夫，就从来没有间断。尽管自孔子之后无人真正成为圣人，但"可以"为圣人却始终在根本上推动着儒者的道德进步，并以为经由下学上达而最终能实现这一理想。可是，自张载、二程分离闻见与德性且规定德性不萌于闻见之后，如此进学之路便发生了重大变化，因为知识已无关乎德性，不再为人的境界提升提供资源。朱子显然意识到这一问题而想要进行补救，强调知识的兼容性，但其格物穷理的路径

---

① （明）王阳明：《王阳明全集》，吴光等编校，上海古籍出版社 1992 年版，第 71 页。

被阳明的"致良知"所否定，后者倡导的，是自本之末的良知本体的彰显流行。

阳明对此应当说是比较执着的。他强调："若传习书史，考正古今，以广吾见闻则可；若欲以是求得入圣门路，譬之采摘枝叶，以缀本根，而欲通其血脉，盖亦难矣。"① 无论是他前面所称的头脑还是这里言及的本根、血脉，都表明通过抓枝叶末节的办法绝无可能求得入圣之门路。唯有涵养德性，自信良知天理的自足，才能从根本上消解圣人与常人的位格差异，使"做圣人"的终极目标具有现实的可能。所以，对于自宋儒以来颇为玄妙的体贴圣人气象的说法，阳明彻底地予以颠覆。他以为这完全是没头脑的话，"圣人气象自是圣人的，我从何处识认"？我需要的，是就自己良知上真切体认，因为"自己良知原与圣人一般，若体认得自己良知明白，即圣人气象不在圣人而在我矣"②。阳明的"我"当然不是仅指阳明个人，而是任一个体，但人有聪慧愚钝，老少贵贱，是否都能通向圣人？阳明对此给予了肯定的回答，因为"圣人的心忧不得人人都做圣人"③。当然在施教上要考虑到资质愚钝之人和孩童的接受能力，需要慢慢引导开发，而不能骤然以天道性命灌输之。但从原则上说，童子洒扫应对、恭敬先生、致敬师长都是致良知，卖柴人与公卿大夫各有所事也都是格物，圣人与童子、卖柴人的区别，不过是"更熟得些子"而已④。

最终，从心外无物无理的本体论前提，到格物之功只在心上做的内省体贴工夫，阳明从根本上改变了穷究物理以使心明觉的"做圣人"的知识进路。"圣人之道，吾性自足，不假外求"既是前提，也是结果，目的在为彰显自身的"致知格物之训"⑤。但在同时，闻见之知虽不承担为德性之知提供材料或内容的职责，但作为现象存在和经验活动，是良知流行的现实证明，是对内在德性的蓄养和烘托，"则凡多识前言往行者，孰非畜德之事？此正

---

① （明）王阳明：《王阳明全集》，吴光等编校，上海古籍出版社 1992 年版，第 1280 页。

② （明）王阳明：《王阳明全集》，吴光等编校，上海古籍出版社 1992 年版，第 59 页。

③ （明）王阳明：《王阳明全集》，吴光等编校，上海古籍出版社 1992 年版，第 103 页。

④ 参见（明）王阳明：《王阳明全集》，吴光等编校，上海古籍出版社 1992 年版，第 120 页。

⑤ （清）黄宗羲：《明儒学案》，沈芝盈点校，中华书局 2008 年第 2 版，第 180、181 页。

知行合一之功矣"①。在此氛围下，内在德性彰显于闻见酬酢之中，人情、物理与良知融合为一，至善人格的养成和圣人境界的实现不再是遥不可及，它们一并落实于"致良知"而合内外之道的日用常行之中。

（原载于《复旦学报》2019 年第 1 期）

① （明）王阳明：《王阳明全集》，吴光等编校，上海古籍出版社 1992 年版，第 51 页。

湛甘泉道统观辨析

儒家的道统，自宋儒大肆倡导以来，在明代已成为学者们回避不了的问题，而不论其是否认同或进一步的选边站队，就后者来说，它是与不同学者各自的理论主旨和学术倾向密切相关的。

一

道统的内涵及其传承，可以《宋史·道学传》的元代官方论断为定准。其言曰：

> 大抵以格物致知为先，明善诚身为要，凡《诗》、《书》，六艺之文，与夫孔、孟之遗言，颠错于秦火，支离于汉儒，幽沉于魏、晋六朝者，至是皆焕然而大明，秩然而各得其所。此宋儒之学所以度越诸子，而上接孟氏者欤。其于世代之污隆，气化之荣悴，有所关系也甚大。道学盛于宋，宋弗究于用，甚至有厉禁焉。后之时君世主，欲复天德王道之治，必来此取法矣。

"宋儒"的概念，在这里是以程朱为中心的濂、洛、关、闽，而朱子之"闽"学则是集其大成。所以，《道学传》在陈述朱学时，概括出了"以格物致知为先，明善诚身为要"的为学"大抵"，将格致论与修身说作为了朱学亦即宋儒之学的中心。以此为据，宋儒跨越了秦汉魏晋南北朝隋唐的上千年昏暗，终于接续起先秦孟子之学，儒家道统于是得以发扬光大。

元人是信奉朱学的，所以他们的"复天德王道之治"，其本身便意味着对朱学道统的自觉承接。在此之后，所有有志于传承道统的学人，都必须要回答对宋儒道统的是否认同，并以此来彰明自身的学术谱系与正统地位。相形之下，不认同濂、洛、关、闽而以为直承孟子的陆九渊之学，尽管可以关联"明善诚身为要"，并同样关注朱子阐释道统的人心道心问题，但由于非"以格物致知为先"，故被元人排斥在道统之外。

然而，由朱学造就的理学道统论，到明代中叶的湛甘泉这里却产生了质疑。在他与学生之间，就此专有一番讨论。学生问：

> 近科圣制策问，有道统之传尽归臣下之旨。然道统二字自宋儒始，前此未之闻也。夫道岂人所得私耶？宋儒乃有《道学传》，近又有《理学名臣录》，恶同喜异者乐有是名，遂互相标榜，而道统之名立。大道为公，似不如此。愚谓吾人道学之实不可亡，道统之名不可有也。何如？①

既然是科考的圣制策问，说明统治者对"道统之传"高度认同。但是，作为学生提问基点的"前此未闻"和"宋儒始发"，并不是新的问题，《道学传》自己就对此进行了说明，即道统本来就是先王"既没"和孔孟之后才出现的问题。因此，在此之前的"大公"并不能否定在此之后的"得私"。不过，学生的后一问有些意义，即认为道统是"恶同喜异"而互相标榜的门户之见的产物。倘然若此，它就根本违背了"大道为公"的原则，所以是不妥当的。

事实上，《道学传》的逻辑，是利用道学的价值来宣扬道统，道统是随着道学的创立才最终在历史舞台上挺立起来。但在学生这里，却要求将"道学"与"道统"进行区分，肯定求道之"学"有必要，传道之"统"不可有。

---

① （明）湛若水：《问疑续录》，《四库全书存目丛书》，齐鲁书社1997年版，《集》部第56册，第630页。

甘泉认可了学生之说，答之曰：

> 大道为公，不为尧存，不为桀亡，流行宇宙，何尝论统？只为立
> 《道学传》后，遂有道统之说。其指斥至人者，则以此二字加之而摈弃
> 之，而斯道亦未尝不流行于天地间也。①

既然肯定了"大道为公"是一般的原则，并不以人或宋儒的意志为转移，那
么，所谓传道的专门之"统"就是站不住脚的。但是，由《道学传》带来的
道统论说，却以自定的"道统"为依凭去指斥他人，将不属于其"统"的摈
弃在外，就完全是门户之见。其实，道流行于天地之间，人人都可以体道修
道，凭什么要为程朱的专门之统——"道统"所统呢？如果坚守这一逻辑，
即求道之"学"并不受道统有无的影响，甘泉就不应该再谈论道统的传承，
可在不少时候，他事实上又是认可和维护道统的传承的。只是他所言说的道
统要推重白沙，并再上溯到程颢，以标示出甘泉自己有别于他人的道统旨趣。

二

自明初开始，朱学成为了统治思想，但心学亦逐渐孕育成势。按黄宗羲
所说，"有明之学，至白沙始入精微"②。作为白沙的嫡传弟子，甘泉在明代
追溯学术谱系，自然就把白沙放在了宋儒的继承者地位上。甘泉在为庐陵
黄氏宗族谱作序时，肯定其受同郡欧阳修的影响，但其成就又超越欧阳氏，
因为他们能够"惓惓然思以大振白沙先生之学，追濂、洛、关、闽之轨，以
入孔孟禹汤文武尧舜之大道"③。这里虽然是评价他人，但仍可看出甘泉自己
的道统思想，即他是认可濂洛关闽的宋代理学正统的。而其师白沙，则是最

---

① （明）湛若水：《问疑续录》，《四库全书存目丛书》，齐鲁书社1997年版，《集》部第56册，
　第630页。
② （清）黄宗羲：《明儒学案》，沈之盈点校，中华书局1985年版，第78页。
③ （明）湛若水：《庐陵黄氏总谱序》，《四库全书存目丛书》，齐鲁书社1997年版，《集》部
　第56册，第730页。

恰当的传承尧、舜、禹、汤、文、武、孔、孟的"大道"之人。

他说：

> 先生之道即周、程之道，周程之道即孟子之道，孟子之道即孔子之道，孔子之道即文、武、禹、汤之道，文、武、禹、汤之道即尧、舜之道。①

尧、舜、禹、汤、文、武直至孔孟之道，作为道统论的基石和发端，宋明诸儒都是予以认可和维护的。关键的分道是在宋以后。尽管濂洛关闽是官方认定的理学正统，甘泉对此也不回避，但他更多的时候则是舍去了关、闽而只讲濂、洛，濂、洛往下，便直接跳到了白沙。而他本人，则是白沙之学的继承者。故又说道：

> 孟子之道在周、程，周、程没，默识之道在白沙，故语予："日用间随处体认天理，何患不到圣贤佳处。"阳明王公扣予曰："天理何如？"应之曰："天理何应？廓然大公。"阳明曰："唯唯！"初无不同也，后门人互失其传。②

甘泉所谓默识之道，作为"孔门之本教"，体现的是道的真传。"默识"之所以必要，在性与天道不可得而闻也。而随处体认天理，则是对默识之道的进一步发扬。甘泉这里，不论是称赞文王的"维天之命，於穆不已"还是孔子的"天何言哉！四时行焉，百物生焉"，以及到《中庸》称引的"上天之载，无声无臭"或者孟子要求的"勿忘勿助长"，都是默识之道的现身说法。孟子之后，直到周敦颐、程颢出来，此道才得以发掘和弘扬。③周、程之后，

---

① （明）湛若水：《白沙书院记》，《泉翁大全集》，钟彩钧、游腾达点校，（台北）"中央研究院"中国文哲研究所 2017 年版，第 740 页。

② （明）湛若水：《默识堂记》，《四库全书存目丛书》，齐鲁书社 1997 年版，《集》部第 57 册，第 10—11 页。

③ （明）湛若水：《默识堂记》，《四库全书存目丛书》，齐鲁书社 1997 年版，《集》部第 57 册，第 10 页。

正是白沙、当然也包括他自己担当起了传承道统的重任。

可以说，在道统成为既定的情形下，学者要想成为圣贤，"默识"性与天道或随处体认天理，就成为必须。阳明询问甘泉的"天理何如"，话语比较简便，从甘泉的回答来看，可能是问既然主张默识和随处体认，天理在其中是如何因应呢——或许它只是一种被体贴的外在对象？这多半与阳明批评甘泉之说是求理于外相关。甘泉以"天理何应？廓然大公"做答，意味天理流行，无处不在，日用间随处体认，就是我心与天理相互应和。他并以为阳明认同了自己所说，湛、王两家学问本来一致，其差别对立乃是后人的门户之见。

尽管如此，阳明对甘泉的质疑和批评并不能忽视。甘泉也需要作出辩解。他说：

> 或疑随处体认恐求之于外者，殊未见此意。盖心与事应，然后天理见焉。天理非在外也，特因事之来，随感而应耳。故事物之来，体之者心也，心得中正，则天理矣。所云"看来宇宙内，无一事一物合是儒者少得底"，此言最当。更不若云"宇宙内无一事一物合是人少得底"，犹见亲切。盖人与天地万物一体，宇宙内即与人不是二物，故少不得也。①

天理本体的显现需要心之主体"默而识之"，此种主客或心物（事）相应的工夫，是甘泉工夫论的一个重要特色。故对阳明批评他的"随处体认"说走的仍是朱学格物穷理的路径即所谓"求外"，并不以为然。在甘泉，由于人与天地万物一体的前提，人与事物相互应和。心与事应，事来而心感，心感应事正是体贴天理的工夫。但是，天理不是确定的物则或客观的本体，而是心在与事的相应中达到的中正不偏的心境和状态。从此去看人与天地万物一体的蕴含，即是人与任何来事的相互应和。因为所谓"宇宙内"，正是人心

① （明）湛若水：《答聂文蔚侍御》，《四库全书存目丛书》，齐鲁书社 1997 年版，《集》部第56 册，第 573 页。

体贴的结果，不然无所谓内外。故宇宙与人，不得有任何一方有缺。

就是说，人与天地万物一体的本相，就是心与事、理的相应。但这相应的发生，是主体自觉参与亦即体认天理的结果。这是甘泉所认为的由周、程经白沙再到他自己的道统传承的真实内涵。甘泉在向白沙请教的信函中说：

> 自初拜门下，亲领尊训至言，勿忘勿助之旨，而发之以无在无不在之要。归而求之，以是持循，久未有着落处。一旦忽然若有开悟，感程子之言："吾学虽有所受，天理二字，却是自家体认出来。"李延平云："默坐澄心，体认天理。"愚谓"天理"二字，千圣千贤大头脑处。尧舜以来，至于孔孟，说中，说极，说仁义礼智，千言万语都已概括在内。若能随处体认真见得，则日用间参前倚衡，无非此体，在人涵养以有之于己耳云云。①

甘泉从白沙那里承接下来的"勿忘勿助之旨"，既是无时无处持续地做工夫，又是无忘无助长而循守中道的精神。但是，他接下来按此去实践，却始终未落到实处，没能有所得。直至他豁然开悟而体贴到天理。

"天理"二字，程颢说是自家体贴出来，它作为宋儒的理论结晶，实际上整合了尧舜周孔以来的儒家智慧。甘泉也因之将天理视作了道统传承的精神内核："呜呼！天理二字，乃千圣传心之要法，修身格物之大端。周公发之于此，真圣学大头脑处也。"② 这个圣学的"大头脑"，已把仁、义、礼、智、中、太极等概念集中进来。随处体认天理，也就意味着接续了这个道统谱系。当然，要"真见得"天理，不可能坐等其成，人需要提高自己的涵养境界，延平的"默坐澄心"也因之成为了体认天理的条件。甘泉此信，获得了白沙的高度认同，并最终使白沙将江门衣钵授予甘泉③。

---

① （明）湛若水：《上白沙先生启略（拾遗）》，《泉翁大全集》，钟彩钧、游腾达点校，（台北）"中央研究院"中国文哲研究所 2017 年版，第 215 页。

② （明）湛若水：《圣学格物通》，广西师范大学出版社 2015 年版，第 1076 页。

③ 参见（明）陈白沙：《江门钓濑与湛民泽收管（三首）》对甘泉的嘱托。见《陈献章集》，孙通海点校，中华书局 1987 年版，第 644 页。

"默坐澄心"能够"体认天理",天理必然不离于心,"天理者,即吾心本体之自然者也"①。以心体自然来描述的天理,在宋儒的范畴里属于未发之性,与已发之情相对应,甘泉亦谓它"未发即性,已发即情,即道即事之得其中正者也"②。即道即事都是人之活动,天理便是心在此活动中得知的中正不偏之则。这虽是后天的行为,但所得者也关联着先天未发。联系到宋儒的未发已发之辨,延平追求未发境界的默坐澄心体认天理之功,与明道看喜怒哀乐未发前作何气象,都属于体认未发的工夫。甘泉称:

> 明道看喜怒哀乐未发前作何气象,延平默坐澄心体认天理,象山在人情事变上用工夫,三先生之言,各有所为而发,合而观之,合一用功乃尽也。吾所谓体认者,非分未发已发,非分动静。所谓随处体认天理者,随未发已发,随动随静。盖动静皆吾心之本体,体用一原故也。③

甘泉将明道、延平和象山放在一起讨论颇有些意味。从明道经延平到朱子,正是标准的宋儒道统。朱子便曾说:"李先生教人,大抵令于静中体认大本未发时气象分明,即处事应物自然中节,此乃龟山门下相传指诀。"④一句"龟山门下相传指诀",体现了程学一系体认先天未发的心法传承。但再加上象山,情况则产生了变化。象山所谓在人情事变上用工夫,显然进入了后天已发的范畴。不过,甘泉的目的可能正在于此,即要求合先天后天、未发已发为一。由此,他体认天理的"随处",就既包括了物理性的时空过程,也指心灵的不同存在状态。天理既无处不在,未发已发,或动或静,自然都不会成为体贴的障碍。这可以说是从工夫论的角度维护了"体用一原"的原则。

---

① (明) 湛若水:《圣学格物通》,广西师范大学出版社 2015 年版,第 1075 页。
② (明) 湛若水:《圣学格物通》,广西师范大学出版社 2015 年版,第 1075—1076 页。
③ (明) 湛若水:《答孟生津》,《四库全书存目丛书》,齐鲁书社 1997 年版,《集》部第 56 册,第 574 页。
④ (宋) 李侗:《李延平文集》,《丛书集成初编》本,中华书局 1985 年版,第 51 页。

三

象山是宋代心学的代表性人物，甘泉接续白沙，传承的同样是心学。但讲求和弘扬心学的甘泉，却并不愿意延续象山的学脉，实际上又影响到心学道统论的成立。当然，这不是说甘泉不尊敬象山，事实上，他与象山还有着颇深的渊源。他后来回顾青年时的情景说：

> 象山书，三十时常手抄本读之，见其一段，深得大意。近日学者，虽多谈之，每每忽此。象山可信决知其非禅者，此耳。答稿二通录奉览之，可知矣。然以比之明道内外体用一贯，参之孟子知性养性，考之孔、颜博文约礼，若合符节。乃所愿则学明道也。近于《庸》、《学》二书愈见"易简"之学，并录一览。其来劄中间节目难以尽答，敬疏于别纸，[惟] 聪明裁之。①

甘泉对象山学的尊崇，从其"三十时常手抄本读之"便可见，而且他自认为能"深得大意"。可从其叙述知道，在象山与明道之间，他承接的学脉是明道而非象山。这又是为何呢？除了"答稿二通"不详而无法评说外，可能有两个方面的原因：一方面，甘泉是能明白象山书的"大意"的，不同于那些被象山词句所吸引而不能明白其究竟者。正是凭借对象山学的了解，所以他坚信象山学绝非禅学。另一方面，象山与明道相比，则当学明道而非象山。明道学术的特点在内外体用一贯，而体用一贯正是甘泉判定道统承接的根本标准，这与孟子的既知性又养性、孔颜既博文又约礼是完全相合的。易简之学虽由象山倡导，却也需要从《中庸》、《大学》的研读中得来，即它是通过读书而悟出的，所以又有别于象山"先立乎其大"和"欲先发明人之本心，而后使之博览"②的心学进路。当然，这并不妨碍他大量使用象山心学的类

---

① （明）湛若水：《答太常博士陈惟浚（六条）》，《泉翁大全集》，钟彩钧、游腾达点校，（台北）"中央研究院"中国文哲研究所 2017 年版，第 229 页。

② 参见《陆九渊集》所载《语录上》和《年谱》。

似语言，只是他也认为这一问题不是简单几句就能说明白的。

事实上，明道确是主张内外体用一贯的，如他言"须是合内外之道，一天人，齐上下，下学而上达，极高明而道中庸"①便是如此。内外体用不能够分割开来，因为"道"本身就是一个统一整体："盖上下、本末、内外，都是一理也，方是道。"②然而，道是一个涵盖面极广的概念，中国哲学家无论谁都不否认道处于最高的逻辑位阶，关键要看它在不同时代和不同人的体系中具体所指。这在甘泉哲学，主要有两方面的蕴涵：

其一，道从存在的状态看，指天理的浑沦一体。"天理，一而已矣。自其天理浑沦而言，谓之道"③。从浑沦合一或整体的层面看，道就是天理。所以是浑沦为一，在于它将儒学的价值理想和精神境界整合为一体。如称："道也者，天地之理也。天地之理非他，即吾心之中正而纯粹精焉者也。是故曰'中'，曰'极'，曰'一贯'，曰'仁'，曰'仁义礼智'，曰'孔颜乐处'，曰'浑然与天地万物为一体'，皆天理也，尽之矣。"④道与天理同一，而天理不离吾心，儒学尽管内容宏大，资源丰富，但都可以概括到道或天理的范畴中来。换句话说，人浑然与天地万物为一体，正是道之存在状态的现实发明。

其二，道从流通的作用看，意味着传道之统。但甘泉言道统的传承，是建立在"心学"的基础上的。学生曾听他教导说：

> 周公思兼三王，思道也。道也者，群圣同然之统也，求在我者也。禹之恶好，汤之执立，文之视望，武之不泄不忘，与周公之思兼，皆心学也。不合者，心未一也，思而得之，则其心一矣。⑤

---

① （宋）程颢、程颐：《二程集》，王孝鱼点校，中华书局1981年版，第59页。
② （宋）程颢、程颐：《二程集》，王孝鱼点校，中华书局1981年版，第3页。
③ （明）湛若水：《圣学格物通》，广西师范大学出版社2015年版，第227—228页。
④ （明）湛若水：《白沙书院记》，《泉翁大全集》，钟彩钧、游腾达点校，（台北）"中央研究院"中国文哲研究所2017年版，第740页。
⑤ （明）湛若水：《雍语》，《四库全书存目丛书》，齐鲁书社1997年版，《集》部第56册，第538页。

甘泉所说，是对孟子当年追溯前代圣王事迹的概括①。圣王所做虽是事，但相应者却都在心，所以谓之"心学"。而"道"本指前圣后圣同然之统，只是这个"统"是需要我心去求的，在我有所得方能与圣王心合，故道一实质在心一。

甘泉以"心一"和"求在我者"接孟子，实际延续了象山的学脉，象山谓自己的学术乃"因读《孟子》而自得之"②，本身传承和弘扬的正是孟子学。而按朱子的归纳，象山的学术可以经由张九成上溯到二程大弟子谢良佐③。全祖望后来进一步明晰了此"心学"的道统："程门自谢上蔡（良佐）以后，王信伯（蘋）、林竹轩（季仲）、张无垢（九成）至于林艾轩（光朝），皆其前茅，及象山而大成，而其宗传亦最广。"④如果按照思想的发展而非严格意义的师承次第看，全氏的说法是有参考价值的。但是，甘泉既不愿意接续象山，象山往上的学脉对他便没有意义。

从当时学界的大势看，甘泉不认同由象山而下的心法传承，其实颇有些不合时宜。可以说，自元代朱陆和会到白沙倡言心学（暂不谈阳明），到甘泉讲学之时，象山之学已有相当多的追随者。他说：

> 仆昔年读书西樵山时，曾闻海内士夫群然崇尚象山。仆时以为观象山宇宙性分等语，皆灼见道体之言。以象山为禅，则吾不敢；以学象山而不至于禅，则吾亦不敢。盖象山之学虽非禅，而独立高处。夫道，中而已矣，高则其流之弊不得不至于禅，故一传而有慈湖，慈湖真禅者也，后人乃以为远过于象山。仆以为象山过高矣，慈湖又远过之，是何学也？伯夷、柳下惠皆称圣人，岂有隘与不恭者？但其稍有所偏，便不得不至于隘与不恭也。仆因言学者欲学象山，不若学明道，故于时有

---

① 孟子语见《孟子·离娄下》："孟子曰：'禹恶旨酒而好善言。汤执中，立贤无方。文王视民如伤，望道而未之见。武王不泄迩，不忘远。周公思兼三王，以施四事；其有不合者，仰而思之，夜以继日；幸而得之，坐以待旦。'"

② （宋）陆九渊：《陆九渊集》，钟哲点校，中华书局1980年版，第471页。

③ 参见（宋）黎靖德编：《朱子语类》，王星贤点校，中华书局1986年版，第478页。

④ （清）黄宗羲著，全祖望补修：《宋元学案》，陈金生、梁运华点校，中华书局1986年版，第1884页。

《遵道录》之编，乃中正不易之的也。若于象山，则敬之而不敢非之，亦不敢学之。①

按照甘泉的说法，他开初在西樵山建书院聚徒讲学时，"海内士夫多宗象山"，可见象山心学一脉在当时的影响。然而，甘泉追溯心学的源流，却不愿接续在象山的名下，原因不外是象山之学的禅学色彩，即甘泉所指称的其"独立高处"的流弊。所谓"独立高处"，甘泉也叫作"主内太过"，从而违背了程氏内外合一的中道②。此弊发展到慈湖，便由"假禅"变成了"真禅"。既如此，甘泉就不愿学宗象山，而是心仪明道传下的中正不易之学。

不过，从甘泉的具体论述来看，他称赞象山的"宇宙性分"等语是灼见道体之言，说明他仍是肯定象山心学的理论内核的。不论象山还是甘泉，他们事实上都坚守以心为本这一心学的共有立场。甘泉曾明确断言："夫圣人之学，心学也，如何谓心学？万事万物莫非心也。"③甘泉在给其学友、阳明弟子方西樵的信中，正是将"性分"与"本心"界定为同一的概念。其曰：

愚意吾所举象山"宇宙性分"之语，所谓性分者，即吾弟所举本心之说耳。得本心则自有以见此矣。本心，宇宙，恐未可二之也。④

结合象山的"宇宙便是吾心，吾心即是宇宙"和"宇宙内事，是己分内事，己分内事，是宇宙内事"等语来看，宇宙、性（己）分、本心正是相互发明，可以说典型地揭示了心本论的宇宙观和直抒胸臆的精神气象。其中的关

① （明）湛若水：《寄崔后渠司成》，《四库全书存目丛书》，齐鲁书社1997年版，《集》部第56册，第581页。
② 参见（明）湛若水：《寄陈惟浚》，《泉翁大全集》，钟彩钧、游腾达点校，（台北）"中央研究院"中国文哲研究所2017年版，第252页。
③ （明）湛若水：《泗州两学讲章》，《四库全书存目丛书》，齐鲁书社1997年版，《集》部第57册，第57页。
④ （明）湛若水：《答方西樵》，《四库全书存目丛书》，齐鲁书社1997年版，《集》部第56册，第565页。

键，在自己能否有真实的体验，故而又有"先发明人之本心"之说。① 这在甘泉，实际都是能"见得头脑"的见教。故又不乏维护象山之学的意味。

当然，象山学在甘泉因过高而有偏，可敬而不可学，所以要从道统传承的选项中排出。至于对慈湖的批评，甘泉显然要严于象山，但下手处也留有余地，即他虽以慈湖为"真禅"，却又未直接摈斥其为异端，而只是责其远过于中道。其实，甘泉以为象山灼见道体的宇宙性分以及诸如东西南北海同心同理等语，有可能正赖于慈湖在《象山先生行状》中的记载而得以传承。②

回到象山，由于诋象山学为禅学者首先是朱子，朱子学在当时又有官方的地位，甘泉不以象山学为禅学，对此就必须有所交待，所谓"抑亦以文公一时以为禅，后人因以为禅，遂以为禅乎"③？甘泉的交待或反驳，利用了象山学与朱学的交集，他实际是从朱学的角度去反证象山学不为禅学的。其曰：

> 且以象山为禅，于何以为禅？以为禅也，则《陆集》所云于人情物理上锻炼，又每教人学问思辨笃行求之，似未出于孔门之规矩，恐无以伏其罪。惟其客气之未除，气质之未变化，则虽以面质于象山，必无辞矣。④

> 象山亦见个大头脑处，不可谓无见。然于体认天理之功未深，故客

---

① 参见（宋）《陆九渊集》中《杂著·杂说》和《年谱》等的记载。

② 慈湖云："（象山）他日读古书，至'宇宙'二字，解者曰：'四方上下曰宇，往古今来曰宙'，忽大省曰：'宇宙内事乃己分内事，己分内事乃宇宙内事。'又尝曰：'东海有圣人出焉，此心同也，此理同也。西海有圣人出焉，此心同也，此理同也。南海、北海有圣人出焉，此心同也，此理同也。千百世之上有圣人出焉，此心同也，此理同也。千百世之下有圣人出焉，此心同也，此理同也。'"[（宋）陆九渊：《象山先生行状》，《陆九渊集》，第388页。] 在这里，慈湖所言与《陆九渊集·杂说》的记载完全一致且有背景，或许《杂说》是取自《行状》亦未可知。

③ （明）湛若水：《寄崔后渠司成》，《四库全书存目丛书》，齐鲁书社1997年版，《集》部第56册，第581页。

④ （明）湛若水：《寄崔后渠司成》，《四库全书存目丛书》，齐鲁书社1997年版，《集》部第56册，第581页。

气时时发作，盖天理客气相为消长也。象山客气非特见于与文公往反之书，至以客气加于其兄，又有甚义理了？今之学者多尊崇之，至以出于明道之上，此吾《遵道录》所以作也。①

从这两段辩解来看，所谓"于人情物理上锻炼，又每教人学问思辨笃行求之"的"孔门之规矩"，实际也可看作是朱门之规矩。甘泉明确象山是能见"大头脑"即前圣后圣相传的天理的。其问题只在于功夫未深而时有客气发作耳。"客气"本也是朱学的概念，系指一时之意气，乃气血所使的产物，与变化气质是密切关联的。气质未变化，则客气未除，所以象山与朱子论辩多意气用事。正是因为如此，"遵道"就不应相随象山，而当直承于明道。就此而论，甘泉论道统不接象山，要害其实不在于象山自身，而在不能把象山置于明道之上。这或许也表明了对其时尊崇象山的学术风气的某种调和。

（原载于《现代哲学》2017 年第 2 期）

---

① （明）湛若水：《问疑录》，《四库全书存目丛书》，齐鲁书社 1997 年版，《集》部第 56 册，第 626 页。

石峻先生《略论中国人性学说之演变》研究

《略论中国人性学说之演变》是石峻先生多年前发表的一篇长文[1]，它体现了先生对从先秦孔老到宋明儒学绵亘两千余年的中国人性论发展史的思考。

石先生以为，中国哲学的人性问题，从思想史入手进行研究，会遇到很多的困难。譬如，同一时代的思想家，会有不同的理论水准、认识方法、思想情感和政治立场；前后时代思想家的某种讨论"面目相似"，然形似而实未必是，有延续更有变化。"尤其时代越晚，牵涉过去越多，困难更是增加"[2]。积累的资源越多，分析的负担也就越重。要能穿透如此厚重的历史积淀而把握住中国人性理论的实质和精髓，并不那么容易。

前辈先贤，从王夫之、章太炎到王国维都有"知性"、"原性"之说，都试图对人性问题做出自己的说明，但又都未能阐释清楚。根本的原因，就在于他们对中国人性学说的演变没有给予足够的重视。所以，石先生认为，要想真正"知性"，不得不从梳理中国人性学说的发展史着手。

一、从善恶、动静说人性的两派

石先生关于中国人性论发展史的阶段划分，是以历史朝代为参照。至于秦汉之际单列，体现了那一个时代将《礼记》、《易传》诸篇收入其中的学术

---

[1]　石峻：《略论中国人性学说之演变》，原刊于 1944 年 9 月《哲学评论》第九卷第三期。

[2]　石峻：《略论中国人性学说之演变·附记》，《石峻文存》，华夏出版社 2006 年版，第380—381 页。

遗产。

先秦作为中国人性学说的起步阶段，其思想主要以儒家之孔孟和道家之老庄为代表。就儒家来说，孔子在直接意义上只有"性相近也，习相远也"①之语，但这在石先生，可以参照其他文献转引的孔子言论作出分析。例如从《孟子·告子上》载孔子读《诗》到"天生蒸民，有物有则，民之秉彝，好是懿德"而感叹其"知道"中，能看出孔子是将宇宙的法则与人世的常规联系在一起的，而民有同样的秉持爱好正是"性相近也"的一个基本注脚。所以石先生说孔子的人生学说是"伦理的"意义特别深刻。

"伦理的"按其本意，也就是（适宜的）类别之分。石先生以为："凡是'伦理的'问题，要更进一步地研究，从形式上的差别转到内容（意义）的区分，构成今日所谓'道德命题'，那便是善恶的判断。"②父子（有亲）、夫妇（有别）是形式差别，然这形式差别中包含的内容，就是人性善和爱有差等。当然，如此思想由提出到完善，是一个逐步推进的过程。就先秦儒家的两大派说，孟子注重先天和内在性的方面，肯定"人皆有不忍人之心"和"心之所同然"，所以圣人人格虽最为理想，却不妨说"圣人与我同类者"③。人性的生来平等是性善论的一个基本的预设，当然是差异的而非绝对的平等。

与孟子有别，荀子"特别注重事实的结果，或外在的'分'与'辨'"④。因为仁爱在荀子主要是以礼义的形式表现出来的，而礼义的基本规定就是讲"辨"讲"分"。至于说"涂之人可以为禹"，则是从"积善而全尽"的意义上讲的，圣人便是积善的结果；所谓"其善者伪也"，正在于说明善是靠人为不断积累而造就。⑤孟子与荀子两人，虽然形式上一道"性善"，一称"性恶"，完全冲突，但"其实不过于统一问题——道德行为根本的追求，彼此着重方面不同，遂成相反的结论罢了。至于他们注意人生伦理

---

① 杨伯峻译注：《论语译注》，中华书局 1980 年版，第 181 页。

② 石峻：《先秦》，《石峻文存》，华夏出版社 2006 年版，第 358 页。

③ 杨伯峻译注：《孟子译注》，中华书局 1980 年版，第 79、第 261 页。

④ 石峻：《先秦》，《石峻文存》，华夏出版社 2006 年版，第 358 页。

⑤ （清）王先谦：《荀子集解》，中华书局 1988 年版，第 442、144、434 页。

的意义则是一贯的，就是皆用相对的'善'或'恶'的判断去解答人性问题，这或者可以说是先秦儒家人生论的特点"①。是不是儒家人性论，石先生的划线标准十分简便，那就是看它是不是从善恶、从"伦理"论人性。

由此，儒家孟、荀两家的冲突就不具有实质性的意义，因为二者的共性在以同一的伦理价值去解答人性。从功用或效果看，如此的共性突出表现在解答人性的善恶判断的相对性上。即：孟子的人性善并不能阻止人走向恶；荀子的人性恶反而是鼓励人走向善。以此由善到恶或由恶向善的对立机制来解释人性，说明无论性善还是性恶都有待于进一步推敲。

与儒家不同，道家一方重在从动静的角度观察宇宙和人生。老子云"归根曰静"②，"静"既是万物之"根"，也就是人性（命）之本。石先生尤为注意万物之"本"与人性之"本"这二"本"的相互协调，万物本静而人性亦静。老子之后，庄子同样讲静。《庄子·庚桑楚》称"正则静，静则明，明则虚，虚则无为而无不为也"，"不是很明白在用'静'去摹拟人的本真（性），或修养可能到的境界？《庄子》书中又讲'心斋'、'坐忘'等方法，我想与此也不无关系"③。只有立足于静、虚的角度才能去心之累而使人安适。老庄人性论的一大特点，就是反对以外在的秩序规范、仁义教化来束缚人性，要求抛开这诸多的心理牵累。

据此，石先生将先秦人性学说便分为多以"善""恶"说明而"伦理的"意义比数深刻的儒家和多以"静""动"说明而"心理的"意味比较丰富的道家两大阵营。其中，儒家强调外在的类别秩序，体现了其人性学说重在服务于社会的目的；道家注重对社会的批判，要求虚静无为则成为了心灵的最好慰藉。

当然，如前所述，这里尚未包含《礼记》和《易传》这两部表述了"通乎儒道两家的人性学说"的著作。例如《礼记·乐记》讲"人生而静，天之性也。感于物而动，性之欲也。……夫物之感人无穷，而人之好恶无节，则是物至而人化物也。人化物也者，灭天理而穷人欲者也"一段，前半段用

---

① 石峻：《先秦》，《石峻文存》，华夏出版社 2006 年版，第 359 页。

② 《老子道德经河上公章句》，王卡点校，中华书局 1993 年版，第 63 页。

③ 石峻：《先秦》，《石峻文存》，华夏出版社 2006 年版，第 360 页。

"静"、"动"分别"性"、"欲"可以通于道家；后半段主张"不化于物"以存"天理"，特别注重好恶的节制，"伦理的"意义颇深，又吻合于儒家。

但是，如果按传统观点将《乐记》判归儒家，再以"静"、"动"作为道家思想的标志，在逻辑上便会出现问题。一种可能的解释是，战国初中期虽有《老子》、《乐记》诸篇不同的著作，但并没形成儒道两家壁垒分明的态势，学兼两家或者数家的学者能够方便地将自己所好汇编在一起。从而，如果按思想内容分类，即形成后来道家、儒家等派的典籍；如果按篇章结构汇总，便有石先生所认为的《乐记》、《易传》等儒道共奉的著作出现。

就《易传》而言，其实已不止是讲动静，而且揭示了"寂然不动"与"感而遂通"相对应的由静到动的具体心理过程。如此"用感应的道理说明宇宙人生"，跟《乐记》的思想可以说是大同小异。因为二者都是以由静到动、由本性到现实的机制解释人性的善恶。这在石先生的逻辑中，它们都是通乎儒道两家，并将最后的根据指向了天道性命的本体。天性静而人由感而动，于是产生了善恶。性善的根据就存在于天命自身。相对来说，《中庸》讲"天命之谓性，率性之谓道，修道之谓教……"，却"既未用'善''恶'的分别，也不会用'静''动'去说明"。如此天道性命的模糊性，却正好使其"跟儒道两家的思想皆不冲突"①。那么，上述《乐记》引文的儒道各取一部与这里《中庸》的两家均不相似，或许可说明《礼记》诸篇在先秦，与《易传》的情况类似，即都具有某种公共资源的性质，并非是儒家学者的专著。

《易传》中有"故神无方而易无体，一阴一阳之谓道。继之者善也，成之者性也。仁者见之谓之仁，知者见之谓之知，百姓日用而不知，故君子之道鲜矣"之说。就此"见仁见智"的现象看，人们通常是以认识主体的才智或立场去解释。石先生却将眼光放到了背后的原因上，推论"作者在思想上，毫无疑义地假定有不限于'仁'与'知'的'本体'"②。就是说，正是由于"本体"超越于仁、智之上，人们无论从仁从智都只能把握到它的片

---

① 石峻：《秦汉之际》，《石峻文存》，华夏出版社2006年版，第361页。

② 石峻：《秦汉之际》，《石峻文存》，华夏出版社2006年版，第361页。

面，所以谁也不握有完全的真理。至于前半段的《易传》中所说"继善成性"，则突出了性自身的"成就"问题，在后来尤其是宋明时期影响很大。宋明理学的人性论本是儒、道加上释教和合的产物，这本身就不妨看作为理解秦汉时期儒道调和的一条途径。当然，对于分别从善恶和动静出发的儒道两家来说，此时"两方面似乎只能说在形式上求得一种暂时的'混合'，前提未经合理的批判，实际不曾解决这个问题"①。后来程颢重提"生之谓性"并从天道生生的角度解释《易传》这段话；王夫之则讲"性日生日成"，善先而性后，在这里都可以找到一定的渊源。至于近年来一度流行的关于《易传》与道家关系的讨论，虽亦有所创新，但大都限于宇宙论的领域，从人性论的层面发其蕴奥，在石先生之后尚有待于进一步推进。

（二）性情二元、体用不二与"反本"

秦到两汉，由阴阳家而来的重在构成的宇宙观普遍流行。人性论的发展以此为基础，天道之阴阳遂成为人世之性情的最好底本。所谓"身之有性情也，若天之有阴阳也。言人之质而无其情，犹言天之阳而无其阴也"②，人生而有的性情虽统一为一人之性，但性提供的是善质，情则是这先天质地在后天的实现。由于善质本身不能归于恶，情就因此承担了恶的罪名。如此的性、情为二元虽以阴阳结构为基础，但"以善归之于性，以恶归之于情"的善恶判断，仍然是站在儒家立场上规划人性的。到西汉后期，刘向等人讲性情相应，则已从内外一体着手分析，重在未发已发的呼应而不在善恶之本身了。

刘向观点的意义，在于将《中庸》的未发已发导入《乐记》而改造了由静到动的理论架构，再连接上《易传》的阴阳套路，遂成内阴外阳相互发明而具有本体论思辨色彩的义理取向。这是与董仲舒为代表的性阳情阴说相背离而符合道家立足阴柔、不作善恶判断的精神的。③随后，出现了扬雄不脱

---

① 石峻：《秦汉之际》，《石峻文存》，华夏出版社 2006 年版，第 361 页。
② （清）苏舆撰，钟哲点校：《春秋繁露》，中华书局 1992 年版，第 299 页。
③ 参见《两汉》，第 363—364 页。

离"象数"而讲"玄道"的"杂牌"人性论及人性论史上颇有影响的"性善恶混"说。"性善恶混"的基础是气,但扬雄讲气并不十分明确,王充则提出了明确的气禀善恶说。"根本上已经用道家的一种'自然主义',代替了阴阳家的'天人感应'说,以宇宙是'一气所化'的见解,代替了过去的'阴阳二元论'"①。

然而,从董仲舒以阴阳、性情论善恶到王充的元气自然论,尽管有所谓二元(阴阳)一元(气)的问题,但汉代学者"多把'人性'解作'质料'"这一点却没有根本性的变化。石先生以为这"可算是一种唯物的说明"②。以唯物论的观点来解释汉代的人性学说,在 20 世纪 40 年代属于新潮的思想。之所以如此,是因为唯物论是建立在物质第一性基础上的,否认善恶观念的先天性。人先天只有"质料",人的善恶意识和道德评价生成于后天的社会实践,是受一定的社会关系所决定的。

在这里,王充的气禀善恶说虽可从唯物论的角度去解释,但若归类,总体上只能属于庸俗唯物论,因为王充否认意识的特殊性和相对独立性,把善恶观念完全归结于气禀的自然过程③。同时,人一旦禀气(善恶)则不可移易,一切都是先天命定。结果,"从一方面讲来,便是一种"个性论",而且属于一种'命定论',换句话说,只有这人的性跟那人的性,没有所谓'一般的人性'论了。"④ 人性之个别与一般的关系,在石先生这里显然已有高度的自觉。当然,这不是说王充不承认后天人为与环境的影响。但这一影响之起作用,实际上只针对中人,王充说到底是要为他的性三品说作论证的。石先生因故评价其低。因为王充将孔子的"中人"说与"上智下愚"说糅合在一起去弥合与孔子"性相近也"观点的差异,这样的折中只是"一种方便说法,并不能算是孔子人性论的根据"。事实上就是王充"自己也觉得这个从权的说法是不十分圆满的,所以接着便说:'若反经合道,则可以为教;尽

---

① 石峻:《两汉》,《石峻文存》,华夏出版社 2006 年版,第 364 页。
② 石峻:《两汉》,《石峻文存》,华夏出版社 2006 年版,第 366 页。
③ 王充认识到人心可以决定人的善恶行为。但是王充所述的"心善"或"观心",都是指后天人性而言,人心并无矫正先天气禀的作用。参见《论衡·定贤》。
④ 石峻:《两汉》,《石峻文存》,华夏出版社 2006 年版,第 365 页。

性之理，则未也'"①。

按石先生的归结，汉代人性论的主要任务是要设法解决先秦性善或性恶论带来的理论困难："追问到善恶起源的问题：假如人性是善的，恶从哪里来呢？如果人性是恶的，善又从哪地来呢？因此他们主张的'性'、'情'二元论或人性三品说，都避免了这个困难。"②但这样的"避免"实际上也是有问题的：譬如由性情二元走出的性善而情恶，倘性情一致，则性善则情亦善，如何会有恶？倘性发为情却导向恶，则性善的意义又何在？而且，如果说后天的污染导致了性善本性的改变，如何才能回到本性的问题就必须被提出和思考。然这尚未成为当时学者的自觉。至于性三品说，如果上下品人善恶均有定，只有中人因善恶混而可有上下，那中人凭什么能以内在的善克服内在之恶，或者以外来教化湮灭本有之恶呢？

魏晋玄学兴起，人性问题在本体论层面予以展开。石先生特别提举王弼的"不性其情，何能久行其正"作为代表。认为"这里所谓'性其情'，论理应该是说情不能离性，性不可无情。若果以性属内而情发于外，即是'合内外之道'"③。要想使情之发永远不离正道，就必须以性去制约其情。实现性情的统一。性内而情外，体内而用外，内外、性情合一，就是"体用不二"。玄学的另一位代表郭象，强调性体与形迹的区分，性是所以迹，是内在原因；仁义、礼乐都统属于迹，属于外表。这与王弼的"贵无"、"崇本"在现象上有别，但石先生却从中看到了一致的方面：郭象主张人性不可"系于一方"，不可泥于形迹而失其本真，要求内在真性与外在形迹相呼应，亦即本末、体用不二。这一性迹不离说与后来才彰显的佛教般若宗的空有、性相不二学说，在相当层面可以协调起来。

石先生从性情、本末入手，将佛教有关空有、真俗或性相的论辩与玄学人性论结合进行讨论，人性的问题因而扩大。④当然，佛教除了一般的性相架构之外，还有自己特殊的佛性本有、始有的问题。石先生说：

① 石峻：《两汉》，《石峻文存》，华夏出版社 2006 年版，第 365 页。
② 石峻：《两汉》，《石峻文存》，华夏出版社 2006 年版，第 366 页。
③ 石峻：《魏晋》，《石峻文存》，华夏出版社 2006 年版，第 367 页。
④ 参见石峻：《魏晋》，《石峻文存》，华夏出版社 2006 年版，第 368 页。

更浅明地说：若果人人本有佛性，依理则人人当下是佛；若果人人
不即是佛，则可说明，人们必须成佛后方有佛性。但若谓佛性要成佛
后方有（始有），佛性则是后天的，经验所得，有生灭的，照印度思想，
但凡有生灭的即不能说是佛性。这样，就有所谓佛性"本有"、"始有"
之争，或"当常"、"现常"之辨，因为"常"者佛性之别称。这个问
题，若用中国过去性善性恶等说来譬比，即是：若说性善，应不须教；
若谓性恶，则虽教不成，两方面问题的性质，大略相似。……但是佛性
本有或始有的问题，特别是在中国涅槃家成为一大公案，作者疑心还是
因为我国原有人性善恶等问题的讨论作背景，一旦与不同性质的印度思
想接触，对于相近的问题，容易启发所致。①

佛性本有、始有的问题在中国社会能得到特别的关注，是因为中国有性善、
性恶说的思想基础。即善为人性本有，则人皆可以为尧舜；善为后天始有
（教化），则人的后天努力、亦即如何把握情的问题就成为关键。但是，由于
中国传统的性善、性恶说都不具有绝对的意义，孟子只是讲人皆"可以"为
尧舜，荀子的重心亦在强调"化性起伪"，理论上都留有一定的余地，所以
不会出现善不须教和恶教不成的理论窘境。

可以说，不论从玄佛交际的性情、性相还是佛学自身的因果关联去推论
人性，在理论上都意味着本体论的思辨形式的普遍流行。由于此种性情学说
的通达实际上都是在心上做，所以宇宙论的阴阳气化说，到隋唐都转向了本
体论的心性、性情说。佛家宗密也就能够杂糅诸家之说而成就他的"本觉真
心"，并最后归结到他的"一乘显性"教上②。

然而，尽管唐代学术通常以佛学作为理论水平的代表，但总的发展趋势
还是儒佛沟通并逐步向儒家倾斜。这一方面是佛教在唐武宗毁法以后大加改
革，以求适应中国伦理社会的需要；另一方面则是儒家自己开始统合三教而
力求变通。韩愈作《原道》、《原性》各篇，"一方面排斥佛老，一方面奢谈

---

① 石峻：《魏晋》，《石峻文存》，华夏出版社 2006 年版，第 369 页。

② 参见石峻：《隋唐》，《石峻文存》，华夏出版社 2006 年版，第 370—371 页。

性道，我们便看出儒家人性学说即将变通的象征"①。如此变通的标志性成果就是李翱的《复性书》。

石先生高度评价《复性书》是中国哲学史上划时代的作品。因为李翱"以心通"《中庸》而"调和各家"，阐发了融合三教的性情学说。李翱将历来从内外、善恶、动静去解释的性与情之别，按照佛教的思辨理路，统一为明与不明（昏）的差别。性本无过，而情则有昏，所以根本的问题是去昏而就明，灭情而复性。《中庸》而外，《乐记》的"人生而静"之说，《易传》的"不动感通"之说，也都是三教理论融合的基础。道家自身，《淮南子》便讲性善和人性本来清净，动而不正则"失性"，所以需要"反本"。在石先生，《中庸》、《乐记》与《易传》这些先秦文献在李翱这里完成了一个初步的综合，加上从梁武帝、梁肃到慧能、柳宗元等唐代诸家人士的共识，三教人性论的和合已成为历史的大势。

可以说，汉人虽已开始关注性情问题，但重心却在气禀的"质料"上。到隋唐，性情的二分已不再是气禀的构成，而是利用佛教的思维，立足心性主体的明与不明作出区分。结合善恶观看，以相对的善恶解释人性，自身存在着理论的困难。所以才有"相对的'善'、'恶'不能说，乃至相对的'静'、'动'也不能说，表示一切伦理学说，或人生哲学最后的根据，须从'绝对'出发，方可不致陷于矛盾"②。就此而论，以李翱为代表讲性善的"绝对"成立，将恶归之于情的混浊，对后来的影响确实非常之大。但是，如果只是依靠这个先天性善而不可变异的"绝对"去解释主体意识为何会有明与不明的问题，在理由上仍是不充足的。气禀的方面也就仍有存在的价值。

关键的问题其实在能否"反本"：荀子由于主张性恶，不能适应返本复性的理论需要，在后来被排斥也就是十分自然的。"反本"之"本"既是道德论上的至善，又是本体论中的绝对，它并不会因为人的情欲昏聩而消灭，所以反本复性的要求既有根据又是可能的。

---

① 石峻：《隋唐》，《石峻文存》，华夏出版社 2006 年版，第 371 页。
② 石峻：《隋唐》，《石峻文存》，华夏出版社 2006 年版，第 373 页。

三、性气之际与"理性"和心体

宋明理学的兴起是中国哲学史上的重大事件，"在中国哲学史上可以划一新的时代"①。这一新时代从人性学说来说，首先给人以新印象的就是王安石的性本情用论。

王安石就本（体）与用之分合言性情的统一，本来是继承前人又有所创新，是有积极意义的。而且，讲性无善恶并将善恶系之于情，也能够解释本性与善恶之情的差异，"确有承先启后的思想，在宋明哲学史上实有特殊的意义。可惜他只明白'性''情'之不二，却未了然'性''情'之非一，因此难免成就一种'无定性论'"②。如王安石所说：

> 盖君子养性之善，故情亦善；小人养性之恶，故情亦恶。故君子之所以为君子，莫非情也；小人之所以为小人，莫非情也。③

按石先生的推论，王安石的"伦理行为既无内在的根据，势必流于一种'情的一元论'"；"自然不能不另求善恶的标准于外，这样，何能'反本'或'复性'，叫他在理学史上不能居正统的地位，我想也不是偶然的了。"④

就是说，将人的一切行为都归之于情，完全由后天因素决定，也就根本消解了绝对和至善的道德基础，不但道德理想无从谈起，就是人为何要向善亦成了问题。当然，这应当不是王安石的主观意图。他之所以如此，在于强调道德主体的价值选择和后天道德教化的意义，以服从他"一道德"而整肃社会风气的改革大局。但理论的价值总是有它相对的独立性，其在思想史上的定位，并不能都从政治需要层面去解释。如此"情的一元论"只知"一"而不知"二"，实际上拖累了他的"性本情用"说得不到彰显，不能成为

① 石峻：《宋元明》，《石峻文存》，华夏出版社 2006 年版，第 373 页。
② 石峻：《宋元明》，《石峻文存》，华夏出版社 2006 年版，第 374 页。
③ （宋）王安石：《临川先生文集》，中华书局 1959 年版，第 715 页。
④ 石峻：《宋元明》，《石峻文存》，华夏出版社 2006 年版，第 374 页。

主流。

当然，就算是正统的理学家，其人性论的研究亦有深浅层次之不同。石先生认为，周敦颐、邵雍等的人性论便是一种过渡，直到张载、二程诸人，分别天地之性与气质之性，才创造了新的理论结构。不过，张载分天地、气质为二性只是一个方面，另一方面，他实际上又主张不能执著于二性。这即是他以性为万物之"一"源的思想。① 而太虚则是性之渊源，性既"一"源于太虚，也就不可能分性为二，人于是当以直接体现太虚本来面目的天地之性为性。这一对张载性论的分析，颇显石先生之睿智。

程颢与张载稍有不同，因他是从"生之谓性"出发，讲气性的一致。性善既成为相对，于是善恶皆是人性。在如此背景下的性善都是后天的相对的性善，它本身并没有必然如此（为善）的理由；"但是不说'性善'，则何以圣人'可学而至'，亦即宋明理学的根本立场，如何建立？因此不得不分'性'与'气'为二"②。从气上讲善恶而性则属于理，即程颐所谓"性即理"也。

张、程分性为天命、气质之二，既有先天根据（太虚或理），又能解释后天善恶。故石先生认同朱熹对张、程"气质之说"的评价，肯定"这是理学史上一大贡献"。但是，朱熹的评价是由气质之性而来，立足点在解释现实的善恶；而"性即理"却维护的是本性善的主张。这样一来，"把先秦到两汉一切比较注重伦理意义的人性学说，如或善或恶，乃至善恶对立等，在伦理上似乎皆可以多一种解释，同时给传统儒家思想一个新的面目"③。这个新的面目就是在强调"理性"善的同时，反对将气质与"理性"割裂开来。石先生强调，程子之讲"论性不论气，不备；论气不论性，不明。二之则不是"，正是说明他注意到了这一点。要不然，"理性"本身便失去了作用。但是，从程颐到朱熹，由于过分注重"性即理"的原则，所以在石先生眼中，其二元论的嫌疑是始终存在的。譬如朱熹虽注意到"理"、"气"相依的关系，却又不能不说"理在气先"，因为从逻辑上讲，"理性"本有在先的意味。如果过分强调天地或本然之性与气质之性的差别，就必然会走向二元论

---

① 张载云："性者，万物之一源，非有我之得私也。"见《张载集》第 21 页。

② 石峻：《宋元明》，《石峻文存》，华夏出版社 2006 年版，第 377 页。

③ 石峻：《宋元明》，《石峻文存》，华夏出版社 2006 年版，第 377 页。

一边。

按照石先生的分析，程朱由性（理）、气双方构成人性的架构，"可能是表示现实道德的一种限制，'全'与'偏'的关系，'形上'与'形下'的区分"①。在这样的区分中，"全"意味着普遍无限，"偏"则意味着特殊有限，理性是普遍无限的本体，是无任何缺失的圆满、至善；气质则是特殊有限的形迹，而在形迹之中者永远不可能圆满。如此一种架构，石先生认为：

> 这个"理性"，一则有丰富的"伦理"意味，可以象征一种"外在的秩序"，再则又能恍惚行为者纯真的动机，那种大公无私的心境。同时这种"理性"又不受个人的限制，人人本于一性，"圣人可学而至"也有理论的根据。因此可以说：政治的极则源出于心性，一而非二，理学的系统实际就算完成了。②

从人性论的角度阐明儒家内圣（外王）之学何以能成就，迄今仍不多见。石先生的推导仍有现实的意义。"理性"在这里意味着"至善"的秩序规范，它是外在的必然；但由于"天命（理）之谓性"的前提，人生而有此内在的道德性并成为一切行为之当然动机。由此，"性善"可以说是内外交相合的。而且，既然是天命之性，则为人人所共享，常人学为圣人便不存在理论的障碍。那么，理学家所仰慕的"天理流行"的王道政治，便是由内在心性、亦即内在道德性而开出，这也就是儒家学者理想的内圣外王之道。

进一步，"但凡一切事物的'本性'，即某事某物之所以为某事某物的'理'，似乎决不能不包含它自身的'存在'，因为不包含'存在'的理必定是空的，恐怕只能当作行为的一种'法规'，或见闻之知的一种'名相'，何能做万有的根源"③？理学家之批佛，立足点之一就是以儒家之实理去批驳佛家之性空。这种对理为实理的当然信念，实际上已预设了作为某事某物之所以然的理，其自身的"存在"是不容置疑的。道理很简单，如果自身的存

---

① 石峻：《宋元明》，《石峻文存》，华夏出版社 2006 年版，第 378 页。
② 石峻：《宋元明》，《石峻文存》，华夏出版社 2006 年版，第 378—379 页。
③ 石峻：《宋元明》，《石峻文存》，华夏出版社 2006 年版，第 379 页。

在都不能确定，又"何能做万有的根源"呢？当然，这里有"一物"之存在和宇宙全体的关系问题，人不能脱离开宇宙全体去单独论说自身的"存在"，即陆九渊所谓"宇宙不曾限隔人，人自限隔宇宙"①也。既然人与宇宙不能自间隔，所谓天理与人欲、静与动的人性二分就是全然不能接受的②。

到明代，王守仁讲"无善无恶是心之体"③，肯定"心之体"作为天命之性或他的哲学本体的绝对性。在这一层面是不能言善恶的。善恶在王守仁是相对的范畴，到底是善是恶实际上取决于人的特定需要。比方"去花间草"事，花并不比草为善："天地生意，花草一般，何曾有善恶之分？子欲观花，则以花为善，以草为恶；如欲用草时，复以草为善矣。此等善恶，皆由汝心好恶所生，故知是错。"④就是说，由于"人的需要不能一定，则这时认为'善'的在另一时又成为'恶'了"⑤。石先生并据王守仁《谕泰和杨茂》引申说，"经验世界虽是善恶对立，但是那个'恶'并不能算是'宇宙的缺陷'"。经验世界虽然像是无处不有善恶，然对一人为恶转到另一人，或许正为善：如聋哑人不能言听，这应是恶；但由于刚好省去了言听是非烦恼，可能还更为快活！因而这"恶"并非天生就置于被否定的地位。"因此'本然之性'与'气质之性'的分别，在伦理思想方面虽不失为一种颇有意义的学说，但在'本体论'上实在并没有充分的根据"⑥。石先生这一论断的意义在于，本然与气质的人性二分，在伦理学中有坚持以（向）善为本、并能解释现实的善恶等优长所在；但是这一人性论的二分法并不能直接代入到本体论中。善恶作为经验世界的现象存在具有相对的性质，是无法直接用来规定本体的。实际上，宋代性本论派的"善（恶）不足以言性"⑦说，便是石先生这一观点的很好的注脚。

结合人之情欲来说，"七情顺其自然之流行，皆是良知之用，不可分别

① （宋）陆九渊：《陆九渊集》，钟哲点校，中华书局1980年版，第483页。
② （宋）陆九渊：《陆九渊集》，钟哲点校，中华书局1980年版，第395—396页。
③ （明）王阳明：《王阳明全集》，吴光等编校，上海古籍出版社1992年版，第117页。
④ （明）王阳明：《王阳明全集》，吴光等编校，上海古籍出版社1992年版，第29页。
⑤ 石峻：《宋元明》，《石峻文存》，华夏出版社2006年版，第379页。
⑥ 石峻：《宋元明》，《石峻文存》，华夏出版社2006年版，第380页。
⑦ 参见《胡子知言疑义》，《胡宏集》，吴仁华点校，中华书局1987年版，第333页。

善恶"。顺其自然意味不能执著于情，执著于情便是有蔽。但良知既谓之良知，就有"自觉"的性能，它能够即刻觉察而去蔽，"觉即蔽去，复其体矣"①。石先生评价说："他（阳明）以良知为本体，不意着于善恶，与程朱一系不忘气质为性的学说，思想面目又是不同。"② 良知为本而不分善恶，气质为性则坚守善恶，王学和朱学"思想面目"的不同，其实是各自的本体论基础不同，所以得出了不同的结论。这说明分析历史上的人性学说，不仅要看到表面上的观点差异，而且要考虑到深层次的理论立场。人性理论的发展，往往是与本体论架构亦即"思想方面"的创新相联系的。事实上，由于入清以后学术重心的转移，思想的研究陷入沉闷，"未敢'前无古人'"，也就不再有人性理论的发展。石先生倡导的这一思路，对于恰当审视先秦以来中国人性学说的发展，或许会有一种新的启迪。

（原载于《中国哲学史》2007 年第 1 期）

---

① （明）王阳明：《王阳明全集》，吴光等编校，上海古籍出版社 1992 年版，第 111 页。
② 石峻：《宋元明》，《石峻文存》，华夏出版社 2006 年版，第 380 页。

修身治世篇

◆ "三知"为先与君子人格的塑造

◆ 刍议汉儒到宋儒的"正君心"说

◆ 理想之治的社会调节——以礼乐和合为中心

修身在儒家是做人的根本，《大学》称"自天子以至于庶人，壹是皆以修身为本"。循《大学》的本末之辨，修身之本是落实于家齐、国治、天下平的"末"业之中的。由于本乱而末治的不可能，所以首先的任务在于"知本"，知为先的特色突出了起来。知又需要落实于行中，儒家对于立足心性修养治国历来抱有很高的期待，它体现于塑造君子人格和正君心的实践，先正君心才能正万民，移风易俗，礼乐和合，希冀由君德正、人心变而导向国家的和谐统一。

"三知"为先与君子人格的塑造

儒家的修身处世，突出的是人生修养的实践，重心是放在"行"上。但对清初朱学来说，"行"固然重要，却须有先后次序之分，首先关注的应是知的方面。信守程朱的康熙明言："每念厚风俗必先正人心，正人心必先明学术。"而康熙眼中的学术，核心就是《四书》，为此，特敕臣下编撰《日讲四书解义》（以下简称《四书解义》）以彰其学，其中又尤为突出《论语》的地位，称"天德王道之全，修己治人之要，具在《论语》一书"①。在这里，"修己治人"也就是修身处世，其精要都浓缩于《论语》之中。然而，《论语》涵盖范围很大，如何下手才不至走偏呢？《四书解义》以为，全部《论语》的最后一章给出了答案：

> "子曰：'不知命，无以为君子也；不知礼，无以立也；不知言，无以知人也。'"此一章书，是孔子言圣学之始事也。孔子曰：修身处世之道固自多端，然其要有三：知命、知礼、知言而已。……《论语》以是终篇，诚示人以修己处世之要道，必自知入矣。盖惟精之功先于惟一，格致之学先于诚正，故朱子曰：论轻重，行为重；论先后，知为先。譬如行路，目先见而后足履之，庶无冥行倾跌之患。否则伥伥其何之矣。奈何后之儒者，混知行为一途，而不以讲学明理为急务哉。②

---

① （清）康熙：《御制日讲四书解义序》，文渊阁《四库全书》，（台北）商务印书馆1986年版，第208册，第1—2页。

② （清）喇沙里、陈廷敬等编：《日讲四书解义》，文渊阁《四库全书》，（台北）商务印书馆1986年版，第208册，第326—327页。

以知命、知礼、知言的"三知"为修身处世的要道，真实反映了康熙帝"孳孳求治，留心问学"的以程朱知先行后观为指导的治学思想。其所批评的混知行为一途的后儒之言，显然是明末流行的王守仁的知行合一说。王学既倡知行合一，其"不以讲学明理为急务"便属自然，从而招致站在朱学立场的康熙帝的深为不满和严厉批驳。

一、修身处世为何以"三知"为先

《四书解义》批驳知行合一而倡知先行后之语，如果不谈社会层面的因素，大致反映了清初朱学对知行合一实际取消了知对行的指导作用这一关键性问题的某种自觉。《大学》云："物有本末，事有终始。知所先后，则近道矣。"本末先后在任何事物和活动都是客观的存在，而知道这一先后并用以指导自己的修身实践，是接近和把握道的根本途径，所以必须给予足够的重视。如果不然，不问方向道路而盲目修身，结果只能带来人心迷惘、冥行倾跌的祸患。所以，清初朱学要求重新回到程朱先知后行的理路，强调修身必须以知为先。那么，这一认识是如何展开的呢？

首先，从总体看，《四书解义》以《论语》终篇之"三知"为纲领，强调"知"为圣学之始事。既是"始事"，固然不涵盖修身处世的全过程，它主要是针对其"入端"，即解决儒者修身自何处而入的问题。就此而言，《论语》以"三知"终篇，是真实反映了孔门师徒治学意向、旨趣的某种必然，还只是不同弟子汇编孔子言语的一种偶然结果，在不同学者存在意见的分歧。但就目前的资料，汉学的考据无法恰当解释为何有这样碰巧的偶然，那就不妨借助于宋学的义理分析，假设它反映了《论语》编者的"深意"，即揭示孔子始终强调的对君子人格塑造的要求。

朱熹在《论语集注》的最后，引尹氏（焞）之言终篇，尹氏曰："知斯三者，则君子之事备矣。弟子记此以终篇，得无意乎？学者少而读之，老而不知一言为可用，不几于侮圣言者乎？夫子之罪人也！可不念哉？"① 显

---

① （宋）朱熹：《四书章句集注》，中华书局 1983 年版，第 195 页。

然，朱熹是认同尹焞所说的。孔子一生，叙说君子之事不少，其提出的要求也不尽相同，但从程朱的角度，根本的问题是"三知"，"知斯三者，则君子之事备矣"。弟子所以记"三知"以终篇，就在于如果不能知命、知礼、知言，则根本阻断了进入圣学的门径，儒者修身以成为君子自然变得不可能。

《论语》一书，儒者固然从小熟读，但是，《论语》揭示的修身之要即塑造君子人格，却不是人人都能明白的。"三知"中只有第一"知"——"知命"直接联系着君子，但后面的"知礼"和"知言"，实际上同样属于君子应有的品格，目的都在突出君子的人格塑造。在朱熹之后，朱学的后裔对此都有自觉的体会，并继续朱熹的理路，将《论语》末章与首章论君子结合起来①。如蔡沉长子蔡模称："《论语》首章，末以君子言；末章，首以君子言。圣人教人，期至于君子而已。详味两章语意，实相表里。学者其合而观之。"② 明胡广等编《四书集注大全》，于注文下凡训释一二字或二三句者，多取新安陈氏（栎）说。陈氏曰："《论语》一书，夫子以君子教人者多矣。首末两章皆以君子言之，记者之深意。夫子尝自谓不怨天、不尤人；人不知而不愠，不尤人也；知命，则不怨天，且乐天矣。学者其深玩潜心焉。"③

《论语》首章末句为"人不知而不愠，不亦君子乎"？首章末句与末章首句均论君子，塑造君子的心愿可谓贯穿孔子的一生。弟子强调两章前后相表里的"深意"，被归结为天与人双方的知行关系：在人一方，是人不知我而我不怨人；在天一方，则是我知命则乐天。双方的共性，一是知在行先，二是我皆不怨；而个性或特殊的方面，是首章的君子已是"成德之名"（朱熹语），修身臻于完善，属于现实的存在，是以德备来见证其知尽；而末章则

---

① 事实上，不只是朱熹，理学的其他大家如张栻等，同样也是将首末两章论君子联系起来考虑的。

② （宋）蔡模：《蔡觉轩集》，《潭阳蔡氏九儒书》，年福建省建阳市蔡氏九儒学术研究会、福建省蔡襄学术研究会济阳柯蔡委员会联合出版（2000 年版），第 350 页。

③ （明）胡广等编：《论语集注大全》，《四书大全》，文渊阁《四库全书》，（台北）商务印书馆 1986 年版，第 205 册，第 528 页。

在强调修为君子的必要条件，君子的人格还只是可能，这就必然要求以知为先导。但双方又不是截然分割的，首末章必须合而观之，这就需既讲以知为先，又应将知行贯通起来。

其次，以知为先的修身处世之道，无疑包含有多方面的内容，但关键的问题在找准进入的端口。"三知"所指是大的方向，人的修身活动应当以此为开端而进一步落实。故对理学至关紧要的惟精惟一之功、格致诚正之学，其实都有先后之别。精察先于专一，格致先于诚正，不精察则专一无根，不格致则诚正盲目。明末王学的失败，不是不讲修身，而是没有方向指导，结果荡佚礼法，后果不堪回首。

在朱熹，人心道心杂于方寸之间，要治之必须要先知道从何下手，所以君子的修身，首先是精察何为道心、何为人心，何为天理、何为人欲，明确将双方区分开来而不混杂。接下来，才能坚守本心之正而始终不离，所以精察要先于专一①。而格物致知先于诚意正心，在《大学》已是明文，先有物格知至，再有意诚心正。所谓"欲诚其意，先致其知"；"知至而后意诚"。所以是如此，"盖心体之明有所未尽，则其所发必有不能实用其力，而苟焉以自欺者"②。人只有通过格物致知的活动充分明理，才能恰当分辨天理人欲，心之所发便能专一于天理，本心充实而不自欺。朱熹强调："此章之指，必承上章而通考之，然后有以见其用力之始终，其序不可乱而功不可阙如此云。"③诚意正心的践行必承格物致知而来，这一用力之始终必须要认清，前后次序是不可颠倒的。当然，对于已明之理则需要体验扩充，存养不懈，使正心修身之功臻于圆满。

但以致知为进德之基的君子修身之方，在后来却受到王守仁知行合一说的严重冲击。王守仁以知行合一批驳朱熹的知先行后无疑有自身的价值，但也带来了不少的问题。明末清初，王夫之对朱熹的知先行后和王守仁的知行合一进行总结，认为："盖云知行者，致知、力行之谓也。唯其为致知、力行，故功可得而分。功可得而分，则可立先后之序。可立先后之序，而先后

---

① 参见朱熹：《中庸章句序》，《四书章句集注》，中华书局 1983 年版，第 14—15 页。

② （宋）朱熹：《四书章句集注》，中华书局 1983 年版，第 8 页。

③ （宋）朱熹：《四书章句集注》，中华书局 1983 年版，第 8 页。

又互相为成。则繇知而知所行，繇行而行则知之，亦可云并进而有功。"① 王夫之显然是折中了朱王双方，肯定知与行有先后之序；但既然知与行是相互为成，先与后又不能截然对待，所以王学的知行并进（合一）而有功也有自己的意义。这就既有别于朱熹的知先行后，也不同于王守仁的知行合一。当然，王夫之面临的是明末王学泛滥、学术空疏的流弊，所以他的主要矛头还是针对王守仁的知行合一的。在王夫之眼中，知行合一所以不对，原因就在它实际上是"销行归知"、"以知为行"："以知为行，则以不行为行，而人之伦、物之理，若或见之，不以身心尝试焉。"② 因为知行合一，在逻辑上就不存在知外之行，对外于人之人伦物理，如以见之即行，身心投入的具体实践也就从根本上被取消了，结果造成以不行为行的恶果。

王夫之的批评对否暂且不论，但他的批评重在针对以不行为行、销行以归知的弊病却是无疑的，即认为王学于人伦物理是有见而不行。然而，与王夫之处于同一时代的清初朱学，却得出了完全不同的结论，即王学的混知行为一途，问题不是在取消行，而是在不知理，不以讲学明理为急务，即属无见而冥行。之所以如此，在于双方面临和要解决的问题不同：为明亡痛惜的王夫之面临的，是知行合一造成对知与行双方各自的角色、特点、功用不分，结果导致以知为行而取消行，儒者的修身治世也就从根本上被瓦解；而清初朱学是站在道统传承者的立场上看待前朝学术的利弊，目的在"阐发义理，裨益政治"，突出的是"万世道统之传，即万世治统之所系也"③。清王朝统治的正统需要利用朱学的道统来阐明其合法性。所以，认识朱学阐扬的天德王道并为君子的修己治人提供依循的指南，自然就成为优先的任务。

当然，强调知为先并非不重视行，事实是，强调知为先本来也是因为重视行。倘目不先见，则或者无所适从而不知从何下脚，或者盲目行动而最终

---

① （清）王夫之：《读四书大全说·论语》，《船山全书》，岳麓书社 1996 年版，第 6 册，第597—598 页。

② （清）王夫之：《尚书引义》，中华书局 1962 年版，第 66 页。

③ （清）康熙：《御制日讲四书解义序》，文渊阁《四库全书》，（台北）商务印书馆1986年版，第 208 册，第 1 页。

招致祸患，也就根本断送了塑造君子的可能。同时，在朱熹，知先行后并不是一绝对原则，它需要与"行重知轻"相互补充。所谓"论先后，知为先；论轻重，行为重"①，在这方面朱熹有不少的论述。可以说，知行并重是朱熹知行关系论的总原则，他的全部知行思想，都是这一原则的具体阐发和运用。然而，清初朱学虽然总体上继承了朱熹的思想，却在继承中又显示出自己的特点，即将朱熹的"先讲先后、后说轻重"的重点落在轻重上，改成了"先讲轻重、后说先后"而将重点落在先后上，从而将讲学明理、克服冥行倾跌之患放在了问题的首位。

二、"三知"为先如何能塑造君子

"三知"均为君子人格塑造所必需，但"三知"之间又各有自己的特点和要求，故需要予以具体的分析。

首先，先知命方可能为君子。

"三知"之中，"知命"于君子最为紧要，因而位于"三知"的首位。《四书解义》对于《论语》"不知命，无以为君子也"的解释，突出的是尽人事以听天，并以理学的义利之辨划分君子与小人。其言曰：

> 盖人之有生，吉凶祸福皆有定命。必知命而信之，尽人事以听天，乃能为君子。若不知命，则不顾义理，而见害必避，见利必趋，徒丧其守，而陷于小人之归矣，何以为君子。此命之不可不知也。②

如此论说的根据，源于朱熹《集注》中所引程子之言。程子称："知命者，知有命而信之也。人不知命，则见害必避，见利必趋，何以为君子？"③ 以"知有命而信之"解"知命"，突出了理性自觉的价值。君子信奉命，是因为

---

① （宋）黎靖德编：《朱子语类》，王星贤点校，中华书局 1986 年版，第 148 页。
② （清）喇沙里、陈廷敬等编：《日讲四书解义》，文渊阁《四库全书》，（台北）商务印书馆 1986 年版，第 208 册，第 327 页。
③ （宋）朱熹：《四书章句集注》，中华书局 1983 年版，第 195 页。

他首先认识到"有命"，进而悟得命之必然在根本上成就了君子的人格。相形之下，小人因达不到这一理性的高度，所以他们既不知命也不信奉。

那么，何为"命"呢？朱熹以为："此只是气禀之命。富贵、死生、祸福、贵贱，皆禀之气而不可移易者"①。又说："盖学者所以学为君子者，不知命则做君子不成。死生自有定命，若合死于水火，须在水火里死；合死于刀兵，须在刀兵里死，看如何逃不得。此说虽甚粗，然所谓知命者，不过如此。若这里信不及，才见利便趋，见害便避，如何得成君子！"②"命"既然源于气禀，便与人体同在，人不可能"移易"自己的身体，也就不可能移易命。形象地说，死于水火的就不会死于刀兵，所以叫作"定命"。君子面对定命不会逃避，而是认知其为何逃不得的道理，从而自觉顺命。朱熹强调，此解虽不够精细，但道理并不错，君子价值实现的关键就在这里。而小人之所以是小人，就在于趋利避害，唯利是图。显然，知命的内涵打上了理学义利之辨的烙印，"知命"需要明辨义利，义以为上。

朱熹以气禀之命解"命"，可以回溯到子夏所闻知的"死生有命"之命。在孔子师徒，"死生有命"是联系着"富贵在天"的③，所以二者又有关联："命禀于有生之初，非今所能移"；"天莫之为而为，非我所能必，但当顺受而已"④。"非今所能移"与"非我所能必"在客观必然的层面可以相通，但人对此必然，又不是完全被动。例如对于无兄弟的担忧，他可以"修其在己者"即内在仁德，"持己以敬而不间断，接人以恭而有节文，则天下之人皆爱敬之如兄弟矣"⑤。"兄弟"从无到有，必然在这里已转化为自由。朱熹此解，实际上已融入了"知礼"、"知言"的成分。在整体上便是五百年后的清初朱学所陈述的尽人事而听天命。君子的修身处世，只有了解其所面临的命运，才能安下心来践履人事而等待天命的降临。从孔子到朱熹都认为，认识自己的命运并充满信心地迎接即将到来的吉凶祸福，是成就君子必须的

① （宋）黎靖德编：《朱子语类》，王星贤点校，中华书局1986年版，第79页。
② （宋）黎靖德编：《朱子语类》，王星贤点校，中华书局1986年版，第1216—1217页。
③ 杨伯峻译注：《论语译注》，中华书局1980年版，第124—125页。
④ （宋）朱熹：《四书章句集注》，中华书局1983年版，第134页。
⑤ （宋）朱熹：《四书章句集注》，中华书局1983年版，第134页。

要件。

在这里，与人事对应的天命，并不等同于命，但二者毕竟又有关联。朱熹分析"死生有命"与"天命谓性"二"命"的不同时说："'死生有命'之'命'是带气言之，气便有禀得多少厚薄之不同。'天命谓性'之'命'，是纯乎理言之。然天之所命，毕竟皆不离乎气。"①气禀之命构成人的生命基础，天命之命奠定了人的价值根源。但天命所命不能脱离开气禀生命，"纯乎理"者内在于人"命"之中，成为人生而所具的仁义礼智。由于仁总四德，包义礼智，所以可说：人者，仁也。君子既以仁德为质，故"君子去仁，恶乎成名？君子无终食之间违仁，造次必于是，颠沛必于是"②，念兹在兹，怀仁不二也。不过，如果严格按"无终食之间违仁"的要求来衡量，又似乎过于严厉，因为即便颜回也只能"其心三月不违仁"③。倘若此，则圣人门下无一人可谓君子也。

到宋明，理学家对这一过分严厉的标准进行了重新解释。周敦颐首先提出了"圣希天，贤希圣，士希贤"的阶梯性渐进的模板，肯定颜渊的"不迁怒，不贰过"和"三月不违仁"乃是"大贤"。希望学者能够"志伊尹之所志，学颜子之所学"。"志伊尹之志"，就要辅君惠民行仁德善政；"学颜渊之学"，则需克己复礼而心志于仁。二者形式上虽然有别，目的却完全一致，中心都是同一个仁德。若真能如此，其结果将是十分令人欣慰的，所谓"过则圣，及则贤，不及则亦不失于令名"④。超过"大贤"便进于圣，不及于贤也是在进达贤的过程中。对此，孟子曾以"立命"的境界来加以概括，所谓"夭寿不贰，修身以俟之，所以立命也"⑤。君子修身由知天而事天，将知觉所体验的仁义本性落实于实际的践履，不敢有丝毫的懈怠。换句话说，知命是在立命的践履中得以落实的。

孟子论"知命"突出了主体的选择，并将正与非正的价值内涵添加进

---

①　（宋）黎靖德编：《朱子语类》，王星贤点校，中华书局 1986 年版，第 77 页。

②　杨伯峻译注：《论语译注》，中华书局 1980 年版，第 36 页。

③　杨伯峻译注：《论语译注》，中华书局 1980 年版，第 57 页。

④　（宋）周敦颐：《周敦颐集》，陈克明点校，中华书局 2009 年第二版，第 22—23 页。

⑤　杨伯峻译注：《孟子译注》，中华书局 1980 年版，第 301 页。

"命"的概念中。"正命"是君子追求的目的，故"知命者不立乎岩墙之下"。朱熹发挥说："人物之生，吉凶祸福，皆天所命，然惟莫之致而至者，乃为正命，故君子修身以俟之，所以顺受乎此也。"①朱熹在这里仍然是将天与命结合而论的，"命"既然是由"天"赋予，人就不可能干预；那么，不是由人的行为招致，而是自然到来的吉凶祸福之命便是正命。君子的知命，实在于知此正命，从而引导自己的修身。因而，知命不仅应知道"命"是什么，更在于知道如何对待"命"。所谓顺命，也就不是逆来顺受，而是在知觉所命的前提下谨守正命，君子人格就此而得以树立。

其次，必知礼方能规劝人生。

人生活于社会之中，而社会是由一定的规范即礼来维系的。孔子所以说"不知礼，无以立"，从朱熹到《四书解义》的解释是：

> 至于礼者，可以消非僻之心，振惰慢之气，知之则德性坚定，威仪检摄而有以自立。若不知礼，则耳目手足惶惑失措，无以持身而自立矣。此礼之不可不知也。②

君子的修身成人，礼是最根本的保障。礼对于"成人"的功用，主要表现有二：一在于有德性，二在于有礼仪，而这两方面都是由知礼来提供的。知礼则德性坚定，而不会生放荡邪僻之心；以礼仪来整肃己身，则不会有懒惰散漫之举。人的举手投足、持身践履，实际上都不可能离开礼而行。所以，《礼记·礼器》说："礼也者，犹体也。体不备，君子谓之不成人。"③礼可以与人的身体相比：身体发肤、骨肉、筋脉不备，则不成其为人；人不备礼，同样也不能成人。显然，所谓不备礼的不成人，不是自然人，而是社会人，"成人"乃是指成就君子人格。

礼既然维系着人的日常生活践履，所以圣人教化尽管多方，然无不以礼

① （宋）朱熹：《四书章句集注》，中华书局1983年版，第349—350页。
② （清）喇沙里、陈廷敬等编：《日讲四书解义》，文渊阁《四库全书》，（台北）商务印书馆1986年版，第208册，第327页。
③ （元）陈澔：《礼记集说》，上海古籍出版社1987年版，第136页。

为准绳:"六经其教虽异,总以礼为本。"① 那么,知礼就是人立足社会所必需,只有知礼,才能安定和规范人生。为规范社会成员的行为而操劳一生的孔子,因而要求"克己复礼",希望通过不同个体对自己行为的自觉约束来回复到周礼的规范,这刚好表现了修身与处世的统一:"复礼"的内涵在"正名","君君,臣臣,父父,子子",各色人等都需要合乎等级名分的规范;而在己身的修养,便是"非礼勿视,非礼勿听,非礼勿言,非礼勿动"的以礼自律。在此基础上,如果人人都能够约束己身并以践行礼为己任,天下便会是一个仁爱和睦的社会,所谓"一日克己复礼,天下归仁焉"。在此意义上,"克己复礼为仁"表达的是儒家修身处世的理想。反之,人若"不知礼,则耳目无所加,手足无所措"②。人不知礼,则既不能端正自身,更不能矫正社会,完全失去了在社会立足的资格。

落实到每一个体,人之循礼,有自内而外的仁德的扩充推广即立足性善的适宜,用理学的话语,就是发而中节,行为自然符合礼;也有从外而内的以圣人教诲和国家礼法来规劝即立足性恶的教化,己身在意志作用下遵守礼。但不论哪一条道路,目的都在使己身能够立足于社会。可以说,自大道既隐、天下为家以来,儒家圣王前后相传,未有不谨于礼者。所以,知礼不但是君子所必须,而且是非常急迫的任务。孔子在答子游"如此乎礼之急也"之问时强调说:"夫礼,先王以承天之道,以治人之情,故失之者死,得之者生。《诗》曰:'相鼠有体,人而无礼。人而无礼,胡不遄死!'"③礼本于天道,礼对于人之重要和急迫,就如同老鼠有自己的身体一样,是得之则生、失之则死的,具有与生命同在的价值。所以要学为君子,必须要先知礼。

当然,由于礼本身的复杂性,所谓"礼有大,有小,有显,有微,大者不可损,小者不可益,显者不可掩,微者不可大也"④。所以,对于学礼的君

① (唐)孔颖达:《礼记正义》,(清)阮元校刻:《十三经注疏》,中华书局1980年版,第1609页。
② (宋)朱熹:《四书章句集注》,中华书局1983年版,第195页。
③ (元)陈澔:《礼记集说》,上海古籍出版社1987年版,第121页。
④ (元)陈澔:《礼记集说》,上海古籍出版社1987年版,第136页。

子来说，是否已经知礼，并不容易简单给出答案。在《礼记》中，孔子曾说自己不知礼，这固然是谦逊之辞，但从随后的陈述来看，更主要是为突出礼之极端重要性和涵盖的广泛性，无处不有礼也。至于何人才能被许为知礼，可以参看孔子对他人的评价：鲁国大夫穆伯死了，他的妻子敬姜治丧时白日哭；可是到给他们的儿子文伯治丧时，敬姜却是白日和夜晚都哭；同时，敬姜还能够注意避嫌和分别上下，能够公正地议论其子与媳的德行，所以获得了孔子"（敬姜）知礼矣"的评价。鲁国执政者季氏主持祭祀，因耗时太长弄得参加者倦怠不堪，行为不敬；后来再有祭祀，子路参与组织，时间和程序都安排得当，祭礼顺利完结，孔子给予了充分的肯定："谁谓由也而不知礼乎！"① 子路是知礼的。那么，知礼是既不易也易的，关键在顺天道，适人情，行为中节也。

再次，须知言才能明白事理。

与知命、知礼立足于生命和礼法相比，知言显得不是那么要紧。然而，知言为何又能与知命、知礼并立呢？道理很简单，因为命、礼的重要性是借助于言才得以彰显的。同时，知命、知礼的突出"知"，是落实于"为"、"立"的践履的，相互间的关系，可以用朱熹的"论先后，知为先；论轻重，行为重"来概括；只有知言的"不知言，无以知人"是双重的重知，故又显示了与知命、知礼不同的特色。

为何"不知言，无以知人"？因为"言之得失，可以知人之邪正"②。言从心生，人之邪正一定会从言语中表现出来，故可以通过言去了解其实。孟子对"知言"的阐释是："诐辞知其所蔽，淫辞知其所陷，邪辞知其所离，遁辞知其所穷。——生于其心，害于其政；发于其政，害于其事。圣人复起，必从吾言矣。"③ 如果说知命、知礼是知道其是什么和怎么做的话，知言则不是知道言是什么和怎么做，而是在知晓言本身的问题在哪里并针对性地予以纠正。如果不纠正，偏邪不正之言必然会损害政治，危害日常事务活动。孟子的叙说本身就是言，相信后来的圣人一定能知晓孟子这里的自我期许

---

① 参见《礼记》之《哀公问》、《檀弓下》、《礼器》的相关部分。
② （宋）朱熹：《四书章句集注》，中华书局 1983 年版，第 195 页。
③ 杨伯峻译注：《孟子译注》，中华书局 1980 年版，第 62 页。

之言。

不过，从孔子到孟子，知言都是限定在言本身而论。朱熹阐释孟子的知言，却联系到了他所着意的天理。所谓"人之有言，皆本于心"；"知言者，尽心知性，于凡天下之言，无不有以究极其理，而识其是非得失之所以然也"①。知言实质上是要知心性，对天下之言要能够深入其内，穷究其理，从而找出人之是非得失的原因以便于纠正。清儒强调说：

> 至于人之邪正，己之取舍系焉，不可不知，而其要在知言。盖人心之动，因言以宣，即其言语之当否，可以知其心术之邪正。若不知言，则邪正何由而辨，无以知人而定取舍也。此言之不可不知也。②

己之取舍既系于人之邪正，也就必然需要清楚的了解。如不知言，则不辨邪正，从而无法恰当地了解人而给予正确的取舍，所以言不可不知也。

知言的重要性无可置疑，如何恰当知言则体现了自己的修养水准。要提高自己的修养水准并修成君子人格，最好的途径就是学《诗》，"不学《诗》，无以言"③也。孔子对于培养自己的下一代，有所谓过庭之训，但内容不过就是学《诗》以言，学《礼》以立。孔子曾云："诵《诗》三百，授之以政，不达；使于四方，不能专对：虽多，亦奚以为？"④这里固然对诵《诗》三百而不能从容行政和出使四方提出了批评，但之所以将双方联系在一起，正是表明在孔子心中，双方是应当理想地融合为一的。不论在国内还是国外，受命者要圆满完成交办的任务，适时地诵引诗篇是必备的才能。朱熹发挥说："《诗》本人情，该物理，可以验风俗之盛衰，见政治之得失。其言温厚和平，长于风谕。故诵之者，必达于政而能言也。"⑤《诗》作为人情物理的恰

---

① （宋）朱熹：《四书章句集注》，中华书局1983年版，第233、231页。

② （清）喇沙里、陈廷敬等编：《日讲四书解义》，文渊阁《四库全书》，（台北）商务印书馆1986年版，第208册，第327页。

③ 杨伯峻译注：《论语译注》，中华书局1980年版，第178页。

④ 杨伯峻译注：《论语译注》，中华书局1980年版，第135页。

⑤ （宋）朱熹：《四书章句集注》，中华书局1983年版，第143页。

当概括，为从政者提供了最充分的资源和最活泼的形式，所以能诵《诗》者理当善于言辞并从容行政也。否则，根本不具备君子的品格。

诵诗与践礼，在孔子的生活中是经常涉及的问题。《礼记·礼器》记述孔子之言曰："诵《诗》三百，不足以一献；一献之礼，不足以大飨；大飨之礼，不足以大旅；大旅具矣，不足以飨帝。毋轻议礼！"① 礼（祭祀）有小有大，孔子这里不是说祭各路小神的一献之礼都比知诗重要，而是说，即便能诵《诗》三百即已知诗能言，但如果不知礼，则不足以承担一献之礼的职责。所以，如果不学礼，就不能轻率地去议论礼。在这里，无疑表明了行重知轻的关系，但行重不等于是知礼重、知言轻，因为礼与言都各有其知与行的问题，知礼、知言都需要落实于行上。诵《诗》三百而通达行政，知晓礼仪而酬酢适宜，是学为君子互不可缺的要求。

三、"三知"相互促发以塑造君子

知礼与知言相衔接，而与知命同样不可分。"三知"作为修身处世的要道，共同作用于君子人格的塑造，相互发明，缺一不可。其间的关系，朱熹高徒黄榦认为：

> 知命知其在天者，知礼知其在己者，知言知其在人者。知天则利害不能动乎外，而后可以修诸己；知礼则义理有以养乎内，而后可以察诸人；知天而不知己，未必能安乎天；知己而不知人未必能益乎己。②

中国哲学通常被概括为天人之学，但这一概括也有不足，那就是天与人都是他者，"我"或"己"的主体处于什么位置呢？其实天与人之间应当有一中介，那就是"己"，己是天命（性）与人性（命）的统一体。朱学弟子对此已有充分的自觉，所以以"己"来联系和贯通天人。在黄榦，君子既知在天

① （元）陈澔：《礼记集说》，上海古籍出版社 1987 年版，第 141 页。
② （明）胡广等编：《论语集注大全》，《四书大全》，文渊阁《四库全书》，（台北）商务印书馆 1986 年版，第 205 册，第 527 页。

者为命，故利害得失不能扰动我心，而能专心于自我的修养；而礼虽表现为外在的行为规范，根子却在内在仁义的发而中节。同时，行为的合礼源于内心存养的切实，以内在义理为基准，才能通过言语去考察他人。所以，"三知"实际上是相互依赖的：不能知己，内在义理不能得以体验扩充，人就必然为利害得失所动而不能安乎天；不能知人，意味己之内在仁德、义理存养有失，故而无法判定是非正邪。

那么，要成为君子，就不仅是内在的仁德存养，君子之事，是将独善其身与兼善天下联系在一起的。朱熹另一高弟辅广说："知命则在我者有定见，知礼则在我者有定守，知言则在人者无遁情。知斯三者，则内足成己之德，外足尽人之情，故君子之事备。"[1] 命虽然属于客观必然，但知命意味着主体能够把握自身的命运，不会为任何事物变化所迷惑；知礼则我心有确定的志向和操守，应事接物无不适当；知言则能正确地辨别人情世故，知善知恶，尽己尽人，成己成物，君子之事因而完备。那么，人之行为既不能逃过我之明鉴，世间善恶褒贬得当，正义得以弘扬，天下太平也就在不言之中了。用元代朱熹后学胡炳文的话来说，就是"学始于致知，终于治国平天下"也。[2]

当然，就宋代理学来看，重视"三知"对君子人格塑造的意义，并不仅限于朱熹一派。事实上，其他诸家对此也是非常看重的。例如湖湘学派代表张栻便认为：

> 此所论命，谓穷达得丧之有定也。不知命则将徼幸而苟求，何以为君子乎？知命则志定，然后其所当为者可得而为矣。礼者，所以检身也。不知礼，则视听言动无所持守，其将何以立乎？知礼则有践履之实矣。知言，如吉人之辞寡，躁人之辞多之类。不知言，则无以知其情实之所存，其将何以知人乎？故知言则取友不差矣。此三者，学者之所宜

---

[1] （明）胡广等编：《论语集注大全》，《四书大全》，文渊阁《四库全书》，（台北）商务印书馆1986年版，第205册，第527页。

[2] （明）胡广等编：《论语集注大全》，《四书大全》，文渊阁《四库全书》，（台北）商务印书馆1986年版，第205册，第527页。

先，切要之务，必以是为本，而后学可进。不然，虽务于穷高极远，而终无所益。门人以此终《论语》之书，岂无旨哉？①

张栻综论"三知"的意义及其相互关系，可以与朱学一系相互发明：知命则心志有定，不作非份之举，君子事业可以期待；知礼则行为举止中节，人能实在地立足于社会；知言则能通达人之真情本性，择人取友识见不差。学者学为君子，"三知"实乃其根基，只有此基础奠定实在了，探求天命性理的"高远"才不致有蹈空堕虚之嫌。② 由此，"三知"所知与理学家着意的理气性心之辨并不相同，它是侧重于形下的日常生活实践的。联系儒门后来的空谈心性之弊，《论语》编纂以"三知"终篇，或许的确有其深意所在。

（原载于《江南大学学报》2012 年第 2 期）

---

① （宋）张栻：《论语解》，《张栻集》，杨世文点校，中华书局 2015 年版，第 303—304 页。
② 朱熹于此实际上也有警觉。他曾称："盖此章所谓理，止指礼文而言耳。若推本言之，以为理在其中则可，今乃厌其所谓礼文之为浅近，而慕乎高远之理，遂至于以理易礼，而不复征于履践之实，则亦使人何所据而能立耶？[（宋）朱熹：《论语或问·尧曰》，《四书或问》，上海古籍出版社、安徽教育出版社 2001 年版，第 414 页。]

刍议汉儒到宋儒的"正君心"说

儒家对于社会治理的思考可以从多层面多角度去考察，但以从汉到宋的历史实践看，最核心的问题，还是"正君心"的社会政治实践。正君心的问题在先秦便已提出，孟子的"格君心之非"可谓这一问题的滥觞，但它真正落实到社会层面并发生作用，尊崇儒术的前提是不可缺少的。君要尊儒，儒才可能去正君。"罢黜百家，独尊儒术"意味着正君心成为了儒家士大夫们的专利。同时，正君心本来与重民心关联，但历史的发展，是治国的重点逐渐向君心一方偏移。汉儒与宋儒在治国理念上无疑存在着差别，但正君心而一天下却是他们共同认可和坚守的理想为政之道。

一、大一统与正君心

秦亡汉兴，儒家的地位由微而显。董仲舒认真总结了秦专任法家而亡的历史教训和汉初黄老无为政治流行所带来的弊病，从"春秋公羊学"的"微言大义"入手，推重阴阳五行学说以复兴儒学。不过，《春秋公羊传》提出的"大一统"的观念，原本没有太多的政治蕴含，董仲舒却将这一观念进行了充分的扩充，并将其落实归结到了儒术的独尊上来，认为国家的统一最终依赖于思想的专一。所以，他对答汉武帝的策问便有：

> 《春秋》大一统者，天地之常经，古今之通谊也。今师异道，人异论，百家殊方，指意不同，是以上亡以持一统；法制数变，下不知所守。臣愚以为诸不在六艺之科、孔子之术者，皆绝其道，勿使并进。邪

辟之说灭息，然后统纪可一，而法度可明，民知所从矣。①

国家政治制度的"大一统"实有赖于思想观念上的"大一统"，而阻碍一统最根本的问题就是"师异道，人异论，百家殊方，指意不同"。董氏所谓异道、异论，都是相对于儒道、孔论而言，促进先秦学术繁荣的百家之学在董仲舒已经成了异道邪说，违背了天地的常经，古今的通义，所以必须要予以禁绝。

但是，董仲舒的对"策"如果仅仅停留于建言献策，为君主提供持以治国的原则性主张，即绝灭旁道邪说而独尊孔子之术，并在六艺之学的指导下讲明法度而统一纲纪，明显是不够的，因为这还达不到汉武帝"欲闻大道之要、至论之极"而"尽心"的要求。董仲舒需要做的，是进入到"大一统"王道的内在性层面，以便把问题集中到君王自身上来。在这里，作为"大一统"前提的《春秋》"春王正月"的"正"字，正好为他提供了这样的方便：

> 臣谨案《春秋》之文，求王道之端，得之于正。正次王，王次春。春者，天之所为也；正者，王之所为也。其意曰，上承天之所为，而下以正其所为，正王道之端云尔。②

王道政治历来是儒家治国的理想，而这又深切地体现在了孔子见之行事的《春秋》之中。《春秋》寻求王道的根本，其实就集中在"正"字上。一方面，"春"与"王"的贯通将天与君连接在了一起，明白地表达了尊君之意；但另一方面或更重要的，是要通过尊君（天）而引向"正王"。君主需要承天而正其所为，这是奠定王道而保证"一统"的实质性要求。具体来说：

首先，相对于秦王朝的严刑峻法，汉王朝正君之所为需要任德不任刑，所谓："王者承天意以从事，故任德教而不任刑。……今废先王德教之官，而独任执法之吏治民，毋乃任刑之意与！孔子曰：'不教而诛谓之虐。'虐政

---

① （汉）班固：《董仲舒传》，《汉书》卷五十六，中华书局1962年版，第2523页。
② （汉）班固：《董仲舒传》，《汉书》卷五十六，中华书局1962年版，第2501—2502页。

用于下，而欲德教之被四海，故难成也。"① 天意既在任德，国家政治如果独任法以治民便是违天，德教之官也就当任而不当废。倘若能奉行德教，取得孔子"草上之风必偃"的效果，国家才能真正走向上下一心的"大一统"。那么，董仲舒倡导的"大一统"，重心就不在外在刚性的中央集权国家制度，而是"欲德教之被四海"的德行光辉的普照天下。大一统在社会层面的实现，靠的是德政而不是刑政，需要的是心服而不是口服。

其次，要想德教被四海，最根本的要求是君王的正心。他说：

> 《春秋》深探其本，而反自贵者始。故为人君者，正心以正朝廷，正朝廷以正百官，正百官以正万民，正万民以正四方。四方正，远近莫敢不壹于正，而亡有邪气奸其间者。……四海之内闻盛德而皆徕臣，诸福之物，可致之祥，莫不毕至，而王道终矣。②

董仲舒"探本反始"的结果，是从《春秋》"一元之意"中引出了"正（君）心"之说。本者，始者，君王之心也，所以正君心是推行"一统"王道的先决条件。这种由正君心推广到正百官、正万民、正四方而实现"一统"的模式，可以在《大学》和《中庸》中看到类似的思考，体现了儒家在此问题上的集体智慧，即都醉心于一种理想化的治国平天下的政治蓝图。在这里，"平天下"的蓝图是在儒（我）与君合一的前提下，以君主为中心而实现"一统"，重心落在了统治者本人的德行垂范上，这是儒家立足德行而论"大一统"的最根本的精神内涵。

可以说，从《论语·颜渊》的"政者正也，子帅以正，孰敢不正"，可以推出董仲舒的君心正而天下四方正，因为"孰敢不正"可以容易地代换为天下无不正、无不一（于德行）。那么，在独尊儒术的前提下，儒者可以在匡正君心和改良国家政治方面贡献出自己的智慧和才干，从而为德行至上的天下一统铺平道路。

---

① （汉）班固：《董仲舒传》，《汉书》卷五十六，中华书局 1962 年版，第 2502 页。
② （汉）班固：《董仲舒传》，《汉书》卷五十六，中华书局 1962 年版，第 2502—2503 页。

当然，这一问题还需要作进一步分析。通常作为儒家德政理想的范本，可以以《尚书·君陈》的"明德惟馨"和《论语·为政》的"为政以德，譬如北辰，居其所而众星拱之"为代表，即君主若能通过"正心"的自我道德磨炼，便会达致董仲舒所述"四海之内闻盛德而皆徕臣，诸福之物，可致之祥，莫不毕至"的效果。

不过，从思想演进的过程说，自孔子的"政者正（君）也"到董仲舒的正君以正百官万民，中间还有一个孟子正君说的阶段。孟子曰："人不足与适也，政不足间也；唯大人为能格君心之非。君仁，莫不仁；君义，莫不义；君正，莫不正。一正君而国定矣。"①孟子承接孔子，首先提出了"格君心之非"说。"大人"为何，孟子没有明言，按后人的注疏是指辅君之贤臣，即通过贤臣进谏的方式匡正君主的非正之心，使其回归到仁义之心上来。君心一旦得正，则天下国家安定无虞矣。但是，孟子的君心正则天下国家无不正的正君心说，是与他的民本说相互协调的。他所提出的"民为贵，社稷次之，君为轻"②的主张，实际上将正君心的内涵，放在了君主实行仁义、仁政上，最后在"与民同乐"和"得民心"的意义上实现天下的一统。

从而，以仁德、仁政为内涵的正君心说既然可以实现天下一统，它们表达的又都是儒家的精神内涵，"百家"自然就没有了存在的必要，独尊儒术就是理所当然的。如此的思考深深地影响着汉代政治的格局。曾从董仲舒问学的司马迁说："及仲舒对册，推明孔氏，抑黜百家。立学校之官，州郡举茂材孝廉，皆自仲舒发之。"③汉武帝采纳了董仲舒的建言，定儒术为一尊，孔子和儒家的至尊地位最终确立。"自天子王侯，中国言'六艺'者折中于夫子，可谓至圣矣！"④然而，从整个社会的大模样说，儒学的盛行往往是浮华的表面现象。因为治学者的真心并不在乎学问和德行，而在于从国家的优厚俸禄中获得好处。与董仲舒大致同时的公孙弘，以治《春秋》而官拜丞相

① 杨伯峻译注：《孟子译注》，中华书局1980年版，第180页。
② 杨伯峻译注：《孟子译注》，中华书局1980年版，第328页。
③ （汉）班固：《董仲舒传》，《汉书》卷五十六，中华书局1962年版，第2525页。
④ （汉）司马迁：《孔子世家》，《史记》卷四十七，中华书局1959年版，第1947页。

并封侯，"天下学士靡然乡（向）风矣"①。后来，班固概括说："自武帝立五经博士，开弟子员，设科射策，劝以官禄，讫于元始，百有余年，传业者浸盛，支叶蕃滋，一经说至百余万言，大师众至千余人，盖利禄之路然也。"②国家以官禄相劝，师弟子欣然而往，导致了两汉经学的繁盛。但如此盛大的经学场面既然由利禄支撑，儒生们对由道德理想来维系的儒家的精神世界就很难有真正的领会。

二、正心儒术的衰微与回归

由正君心正万民引出的"盛德"政治，在德性的层面是以董仲舒的"正其谊（义）不谋其利，明其道不计其功"③的惟义导向为内核的，正君心正万民都是正在"义"上。但是，汉唐社会的政治实践却刚好走向了它的反面，即社会通行的都是惟利的导向。独尊的儒术并没有高扬儒家的精神价值，反而在相当程度上堕落为士人沽名钓誉的工具。即便是一些真正的儒家清流，在恶劣的政治环境下，得到的也往往只能是悲惨的结局。譬如，东汉后期反对宦官专权、重视名节并以天下名教是非为己任的"党人"范滂，他在临刑前对子辈说："吾欲使汝为恶，则恶不可为；使汝为善，则我不为恶。"④范滂以自己的生命为代价所得出的教训就是：我想让你做恶事，但恶事不可做；我想让你做善事，则我就是榜样——因做善事而被杀。其言之悲切可见。其时"行路闻之，莫不流涕"。可以说，品行正直的清流名士，大都落到了同样的下场。这说明儒家的善德正义虽然给清流们以力量，但却无力挽救当时的社会，甚至连自身的性命也无法保全，正君心而正天下的道路在他们已不可能走通。

统治者不能正心，清流名士必然寒心，儒家经术的失败，其教训是深刻的。它不但导致了儒学的沉沦和于事无补，而且由于人的心灵的扭曲而造成

---

① （汉）班固：《儒林传》，《汉书》卷八十八，中华书局 1962 年版，第 3593 页。

② （汉）班固：《儒林传·赞》，《汉书》卷八十八，中华书局 1962 年版，第 3593 页。

③ （汉）班固：《董仲舒传》，《汉书》卷五十六，中华书局 1962 年版，第 2524 页。

④ （南朝）范晔：《范滂传》，《后汉书》卷六十七，中华书局 1965 年版，第 2207 页。

了对于学术发展的动力的窒息。从社会批判的角度说，既然气节凛然的党人、清流无法挽救社会，作为全部社会苦难的最终承受者的下层农民，起来杀宦官、烧官署就成为了必然的选择；而对此进行镇压的士族豪强的起兵割据，也成为了当然的补充。这两种社会力量虽然目的不同，但选择却完全一样，即都不再理会实际难以救世的儒家政治理念。

可以说，儒家学术天生就不善于在动乱争斗的社会中生存，社会秩序的动荡是"儒道"衰微、难以为继的最根本的原因，紧迫的战事制约着人们对学术的选择："昔汉末陵迟，礼崩乐坏，雄战虎争，以战陈为务，遂使儒林之群，幽隐而不显。"① "以战陈为务"不仅是在汉魏之际，整个魏晋南北朝时期，大体都是如此。正君心以正天下的治国蓝图，自然就被抛在了一边。虽然儒家经学自身，历魏晋南北朝至隋唐，仍在继续和发展，并实现了经学的统一，但相较于外部或整个社会的思想文化氛围来说，儒家实际处于边缘的地位，魏晋玄学和隋唐佛学先后主导了学术的发展。

当然，在这一时期，统治者并非不了解儒术在国家政治中的作用。唐初，魏徵等撰《隋书》，在《儒林传序》中总结说："儒之为教大矣，其利物博矣。笃父子，正君臣，尚忠节，重仁义，贵廉让，贱贪鄙，开政化之本源，凿生民之耳目，百王损益，一以贯之。虽世或污隆，而斯文不坠，经邦致治，非一时也。"② 对儒术的认识尽管受科举和仕途需要的影响，但就其正父子君臣和崇尚仁义以"经邦致治"来说，对精神和道德的要求，又重新被纳入到统治者的思量之中。开元二十七年（739年），唐玄宗下制诏说：

> 弘我王化，在乎儒术。孰能发挥此道，启迪含灵，则生人已来，未有如夫子者也。所谓自天攸纵，将圣多能，德配乾坤，身揭日月。故能

① （晋）陈寿：《魏书·高柔传》，《三国志》卷二十四，中华书局1982年第2版，第685页。
② 魏徵的这一段话，与李延寿所编《北史》的《儒林传序》中的文字，除多出的几句外，几乎完全相同，后者云："儒者，其为教也大矣，其利物也博矣！以笃父子，以正君臣。开政化之本原，凿生灵之耳目，百王损益，一以贯之。虽世或污隆，而斯文不坠。"二者谁先谁后无关紧要，关键在统治集团对儒术治国的价值已经形成了共识。（李延寿编：《北史》卷八十一，中华书局1974年版，第2703页。）

> 立天下之大本，成天下之大经，美政教，移风俗，君君臣臣，父父子
> 子，人到于今受其赐，不其猗欤！①

以儒术来启迪生灵，赞美政教，弘扬王化，成为唐玄宗重要的思想考量。他希望利用孔子立大本、成大经的盛德来帮助他规范君臣父子的社会秩序，并因此追谥孔子为文宣王，在中国历史上影响深远。

应当说，唐玄宗对于儒术立足心性的治国功能是有很高的期待的，他注《孝经》的"移风易俗莫善于乐"，便有"风俗移易，先入乐声，变随人心，正由君德"②的感慨。那么，从君德正、人心变而引向国家的和谐统一，可以发现董仲舒倡导的正君心而正万民的治国理念，在唐玄宗这里得到了继续，尽管这一方针在玄宗本人并未真正得到执行且在后来完全背离。

安史之乱之后，尊儒术而正风教成为了国家政治的迫切要求。永泰二年（766 年），国子祭酒萧昕上书，申明"崇儒尚学，以正风教，乃王化之本也"，唐代宗敕答曰：

> 朕志求理体，尤重儒术，先王大教，敢不底行。顷以戎狄多难，急
> 于经略，太学空设，诸生盖寡。弦诵之地，寂寥无声，函丈之间，殆将
> 不扫。上庠及此，甚用悯焉。今宇县攸宁，文武兼备，方投戈而讲艺，
> 俾释菜而行礼。四科咸进，六艺复兴，神人以和，风化浸美。日用此
> 道，将无间然。③

战乱对于儒学传承的影响不可谓不大，只有进四科、复六艺才能从根本上挽救这一颓势。"神人以和，风化浸美"的理想社会依赖于"日用儒道"，此乃治国的纲要和王化的根本也。

然而，唐代儒术面临的不仅是分裂战乱的破坏，还有儒学被佛老压抑的

---

① （五代）刘昫等：《礼仪志·四》，《旧唐书》卷二十四，中华书局 1975 年版，第 920 页。
② （唐）唐玄宗：《孝经注疏》，（清）阮元校刻：《十三经注疏》，中华书局 1980 年版，第 2556 页。
③ （五代）刘昫等：《礼仪志·四》，《旧唐书》卷二十四，中华书局 1975 年版，第 922 页。

问题："自晋汔隋，老佛显行，圣道不断如带。诸儒倚天下正议，助为怪神。愈独喟然引圣，争四海之惑，虽蒙讪笑，跲而复奋，始若未之信，卒大显于时。"① 韩愈能够被后来者"仰之如泰山北斗"，在于他之卫护儒道，要求社会回到正心诚意而有为的先王之教上。韩愈眼中的先王之教，可以为己为人，可以修心治国，功莫大焉，所以韩愈需要"原"此道，并由此出发，构筑了在后来影响巨大的儒家道统说。

有赖于韩愈等儒家学者的集体努力和儒学的复兴，到宋初，社会的文化风俗已逐渐向儒术一方倾斜。宋景德二年（1005 年）夏，真宗视察国子监，问邢昺刻印经籍的雕版有多少，邢昺回答道：宋建国时不到四千，现在已有十余万了，而且是《经》、《传》、《正义》全都完备。并感慨说："臣少从师业儒时，经具有疏者百无一二，盖力不能传写。今板本大备，士庶家皆有之，斯乃儒者逢辰之幸也。"② 由起初国穷民贫，经典注疏很少有流传，到现在普通人家都能具备，实在是儒者之幸也。从经籍的流传和普及度，可以感受到此时儒学的确已开始复兴。故真宗喜曰："国家虽尚儒术，非四方无事，何以及此！"③ "何以及此"的儒术流传盛况，说明国家"尚儒术"的国策已经收到实际的效果。而且，邢昺作为宋初的大儒，所考虑的并不局限于经文，而是已要求"大义"。他在真宗为他返乡送行的宴会上，看到壁间有《尚书》、《礼记图》，便指《中庸篇》曰："凡为天下国家有九经，因陈其大义。"真宗欣然嘉纳。④ 这个由修身开始的治天下国家九经的大义，与董仲舒当年由"正心"开头而"正百官万民以徕臣"的建言根本上是一致的，说明正心修身之学开始重新回到儒术的中心。

---

① （宋）欧阳修、宋祁：《新唐书》卷一百七十六《韩愈传·赞》，中华书局 1975 年版，第 5269 页。

② （元）脱脱等：《邢昺传》，《宋史》卷四百三十一，中华书局 1985 年版，第 12798 页。

③ （元）脱脱等：《邢昺传》，《宋史》卷四百三十一，中华书局 1985 年版，第 12798 页。

④ （元）脱脱等：《邢昺传》，《宋史》卷四百三十一，中华书局 1985 年版，第 12799 页。

三、一道德而正君心

讲究正心的儒术虽然开始回归，但由于其内容的广博和长期以来的利禄导向，官场盛行的仍是致力于刑名，董仲舒当年倡导的任德不任刑并未能遵守。宋真宗咸平（998—1003 年）年中，河阳节度判官张知白上疏，要求改变这一局面，认为重德教、轻刑罚才能走向善治。并对比古今取士对策之优劣说："圣人居守文之运者，将欲清化源，在乎正儒术。古之学者简而有限，其道粹而有益，今之学者，其书无涯，其道非一，是故学弥多性弥乱。"① 张知白重新提出了遵守先王法度而"正儒术"的要求，他的"正儒术"已经以专一于道、性为内容，要"责治道之大体"，而不再将目光放在文献学识的多少上。为学如果不去探讨"五常六艺之意"，结果只能是"其所习泛滥而无着，非徒不得专一，又使害生"②。从而，科举取士必须以典籍为主，诸子之书"必须辅于经、合于道者取之，过此并斥而不用"。在一定意义上，张知白的"正儒术"是在新的历史时期重申了"独尊儒术"的主张。他以为如能顺利推行，"则进士所习之书简，所学之文正，而成化之治兴矣"③。

以专一道德来正儒术，在要求"讲求天下正理"的王安石这里，得到了进一步的强化。王安石总结当时的弊病是"今人材乏少，且其学术不一，异论纷然，不能一道德故也"④。王安石同样面对"学术不一，异论纷然"的问题，但他已不再一般地要求正儒术，而是直接深入到内容层面而要求"一道德"。在儒家的上层人士眼中，"道德一于上，习俗成于下"⑤，德行风教便能

---

① （清）徐乾学：《真宗》，《资治通鉴后编》卷二十二，文渊阁《四库全书》，（台北）商务印书馆 1986 年版，第 342 册，第 291 页。

② （清）徐乾学：《真宗》，《资治通鉴后编》卷二十二，文渊阁《四库全书》，（台北）商务印书馆 1986 年版，第 342 册，第 291 页。

③ （清）徐乾学：《真宗》，《资治通鉴后编》卷二十二，文渊阁《四库全书》，（台北）商务印书馆 1986 年版，第 342 册，第 291 页。

④ （元）脱脱等：《选举志一·科目上》，《宋史》卷一五五，中华书局 1985 版，第 3617 页。

⑤ （元）脱脱等：《选举志一·科目上》，《宋史》卷一五五，中华书局 1985 版，第 3617 页。

得以落实。①

但是，王安石学术由于歧出于董仲舒倡导的"探本反始"，所以无法回答"一于上"的"上"（君主）本身如果不能"一于"道德，儒者当如何应对的问题。从而，"一道德"的历史任务最终落在了号称遥接孟子的北宋理学家身上。可以说，从"格君心之非"出发来端正君心和安定国家，是刚刚走上学术舞台的理学家们最急切的政治课题。程颐云：

> 治道亦有从本而言，亦有从事而言。从本而言，惟从格君心之非、正心以正朝廷，正朝廷以正百官。若从事而言，不救则已，若须救之，必须变。大变则大益，小变则小益。②

程颐是身体力行地以正君心而正天下的"格君心之非"作为自己的第一要务的。在思想资源上，程颐经董仲舒而联系到孟子，他把孟子的"格君心之非"与董仲舒的正心以正朝廷百官统一了起来，并依据本末一致的思辨阐明治道的实施。具体而言则有两条道路：从本而言便是正君心，君心正则往下层层自然得正，这是儒家一贯的理想治国之路；从用而言则是从具体事务做起，变革旧俗以救天下。

在程颐，虽然本、事双方都为儒者从政所必需，但治本无疑是重心所在，所谓"政事之失，用人之非，知者能更之，直者能谏之。然非心存焉，则一事之失，救而正之，后之失者，将不胜救矣。格其非心，使无不正，非大人其孰能之"③？就是说，从具体事务上对国家社会进行补正纠偏，无疑也是有益的，而且大变大救则有大益。然而，日常事务万万千千，譬如前面的选才用人之失，时时都在矫正，但纰漏防不胜防，必然是救不胜救，所以必须从本着手，格君心之非，君心正，则天下国家自

---

① ［日］土田健次郎先生认为："一道德就是统一经书的解释，为此必须达成对文字的共同理解，而且那也并不单纯停留于文字解释或经学的领域，作为其结果的伦理性的情操培养也被期待。"（［日］土田健次郎：《道学之形成》，上海古籍出版社 2010 年版，第 344 页。）

② （宋）程颢、程颐：《二程集》，王孝鱼点校，中华书局 1981 年版，第 165 页。

③ （宋）程颢、程颐：《二程集》，王孝鱼点校，中华书局 1981 年版，第 390 页。

然正，即程颐所述孟子的"我先攻其邪心，心既正，然后天下之事可从而理也"①。

可以说，董仲舒当年要求"探本反始"以正君心时，他并不会预见到后来反本正心成为了理学家政治主张最一般的原则。胡宏在给朝廷派来湘中考察政事、民情的明应仲的信中阐明，朝廷要想纠正欺诞之风的习俗，"亦盍反其本矣。夫所谓本者何？正天子之心也。阁下职居言责，出观外政，倘不能察小以知大，观微以知著，原天下之本，必归诸天子之心而正之，窃恐是于此而非于彼，得于东而失于西，不可得而治也"②。"反本"要反到正天子之心上，国家政治必须返回到这一根本，天下才可能得以治理，"夫上之化下，疾于影响"也。所以，不但不应只着眼于具体事务，更要积极地从小知大，见微知著，才能立于不败之地。头疼医头、脚疼医脚，只能始终处于被动的地位。期望正天子之心来端正国政，一道德，肃风化，是理学家深深地植根于心的善良愿望。

又如，在朱熹，他便强调："天下事有大根本，有小根本。正君心是大本。其余万事各有一根本，如理财以养民为本，治兵以择将为本。"③抓根本是朱熹治学的方法论原则，但具体事务活动的根本无论多么重要都是小根本，只有正君心才是大根本。朱熹在他给孝宗的封事中，直接引用了董仲舒之言作为根据。即"董子所谓'正心以正朝廷，正朝廷以正百官，正百官以正万民，正万民以正四方'，盖为此也"④。

理学家在学统上号称遥接孟子，在政治思想上的表现，便是要求将正君心与恤民的考量结合起来，其中又突出了根本"大务"的问题。朱熹云：

> 臣尝谓天下国家之大务，莫大于恤民，而恤民之实在省赋，省赋之实在治军，若夫治军省赋以为恤民之本，则又在夫人君正其心术以立纲

---

① （宋）程颢、程颐：《二程集》，王孝鱼点校，中华书局1981年版，第390页。

② （宋）胡宏：《胡宏集》，吴仁华点校，中华书局1987年版，第111页。

③ （宋）黎靖德编：《朱子语类》，王星贤点校，中华书局1986年版，第2678页。

④ （宋）朱熹：《庚子应诏封事》，朱杰人等主编：《朱子全书》第20册，上海古籍出版社、安徽教育出版社2002年版，第581页。

纪而已矣。①

相对于传统儒家正君心以正天下的主张，朱熹采用了反推的方式来阐发，即在规定省赋、治军以为恤民之本的前提下，最后将诸大务、大本都立在了君主的正心术上。这固然符合理学家以心性为本的学术立场，也体现了君心正则天下正的儒家传统的善良愿望，但在政治实践上，却又存在将孟子的民众、国政、君主的轻重次序颠倒过来的问题。就是说，换从孟子的格式，便成为君心重，国政次之，民众轻。如此的颠倒，实际上偏离了以民心向背为国家政治之最先务的民本说的核心内涵，从而在一定程度上注定了朱熹希望以"一理"来"一天下"的重建国家政治秩序的空想性和失败的前途。②

事实上，作为理学的批评者的叶适，在当时已经注意到这一问题并明确予以指出。他说："古者民与君为一，后世民与君为二，古者君既养民，又教民，然后治民，而其力常有余。后世不养不教，专治民而其力犹不足。"③叶适在心性论上批评孟子，但在养民教民上却显然是经由孟子而远绍往古的。《尚书·大禹谟》说："於！帝念哉，德惟善政，政在养民。"提出帝王当念念不忘的善政，是"政在养民"。严格地说，"政在养民"与"政者正（君）也"的君主中心论在形式上存在着一定的紧张关系，二者之间需要通过发掘正君心的内涵来予以疏通。孟子本人大约便是如此来实践的，所以他并不以"善政"为满足。如称："仁言不如仁声之入人深也，善政不如善教之得民也。善政，民畏之；善教，民爱之。善政得民财，善教得民心。"④善政的得民财固然需要，但善教的得民心更为要紧，因为后者更为直接地决定着国家的兴盛和天下一统。

回到叶适，他认为古者民与君为一，即君民互以对方之需要为本，而如

① （宋）朱熹：《庚子应诏封事》，《朱子全书》，朱杰人等主编，上海古籍出版社、安徽教育出版社 2002 年版，第 20 册，第 581 页。

② 关于宋儒在"得君行道"的秩序重建方面的失败，余英时先生在《朱熹的历史世界》中已有详尽的论述；李存山先生的《程朱的"格君心之非"思想》对此也有具体的阐发，读者可以参考。本文限于篇幅，暂不讨论这一方面的问题。

③ （宋）叶适：《水心别集》，《叶适集》，中华书局 1961 年版，第 651 页。

④ 杨伯峻译注：《孟子译注》，中华书局 1980 年版，第 306 页。

今朝廷是朝廷，民众是民众，"君民二本，古今异治"①，又怎能期待唐、虞、三代的理想政治呢？所以，"为国之要，在于得民"②。至于朱熹，自然也要求得民心，但仍然是将民心归结到善德和君王身上。这体现出朱学在治国理念上区别于事功学的一个重要特点。例如，在《庚子应诏封事》后九年，朱熹又上了那封著名的《戊申封事》，提出了当时国政的六大"急务"：辅翼太子，选任大臣，振举纲维，变化风俗，爱养民力，修明军政。然而，这六大急务其实又并不急，因为它们都属于事，属于末节而不是本，本者为何？君主之心也。故称："天下之事千变万化，其端无穷，而无一不本于人主之心者，此自然之理也。故人主之心正，则天下之事无一不出于正；人主之心不正，则天下之事无一得由于正。"③ 他以为，孝宗如能听进他的忠言而正心诚意，"虽以天下之大，而无一人不归吾之仁者"④。本来，养民在六大急务中尽管只占有六分之一的位置，但仍是值得关注的。但一旦被笼统归属于末节，则就完全不必考虑了，只要君主正心，则一切事务都自然妥当，天下一统也指日可待，无一人不来归也。⑤

换句话说，尽管朱熹在他的地方主政生涯中，养民是一个基本的考量，但在治国的大纲上，他并不以此为急务，因为在"明德惟馨"或"为政以德"的北辰效应下，民心的归顺是自然而然的事情。孔子曾说："无为而治者，其舜也与？夫何为哉？恭己正南面而已矣。"⑥ 这即是儒家的"无为"说。学生故有"圣人岂是全无所为邪"的疑问，朱熹回答说：

---

① （宋）叶适：《水心别集》，《叶适集》，中华书局 1961 年版，第 652 页。

② （宋）叶适：《水心别集》，《叶适集》，中华书局 1961 年版，第 653 页。

③ （宋）朱熹：《戊申封事》，朱杰人等主编：《朱子全书》第 20 册，上海古籍出版社、安徽教育出版社 2002 年版，第 590—591 页。

④ （宋）朱熹：《戊申封事》，朱杰人等主编：《朱子全书》第 20 册，上海古籍出版社、安徽教育出版社 2002 年版，第 590—591 页。

⑤ 张立文先生概括朱熹的思想说，要使人主的"心术"得正，需要在三个方面做工作：一是需理会心术正与不正的标准——是否合乎天理；二是必须以庄严恭敬和戒惧为务，以声色货利为戒；三是人主之心不能自正时，则需要贤臣、师傅的帮助。张先生归结道，古代圣王所以立师傅、置谏官，就是恐怕一旦人主之心不正而能扶正。（张立文：《朱熹评传》，南京大学出版社 1998 年版，第 504—505 页。）

⑥ 杨伯峻译注：《论语译注》，中华书局 1980 年版，第 162 页。

圣人不是全无一事。如舜做许多事，岂是无事。但民心归向处，只在德上，却不在事上。许多事都从德上出。若无德而徒去事上理会，劳其心志，只是不服。"为政以德"，一似灯相似，油多，便灯自明。[①]

事从德出还是德从事出，可以说是朱熹与事功学派相区别的一个重要标志。朱熹强调，即便圣人做了许多事，那也只不过是德之体现，从天下归仁到民心归德，都展示了以"为政以德"的北辰效应为内核的儒家政治蓝图。

在朱熹，坚守正君心而能一天下的儒家治国理念，不仅仅是承袭了儒家的传统，更重要的是这些理念乃是天经地义的自然之理的体现。然而，从政治实践的层面看，早在东汉范滂，就以自己的生命为代价而宣告了儒家北辰效应的非当然性和空想性。用朱熹之例，"油多便灯自明"仍然属于一种善良愿望，灯之明受若干内外条件的限制，不但油多的前提是被决定的，而且即便油多也不能保证灯的大放光明，不明或不太明的结果也是可能的。换句话说，正君心的治国理念是有缺陷的，它本身并不能保证君主一定能听从儒者的劝谏，而且历史往往给予的是否定的答案。不过，尽管朱熹对孝宗的劝谏是以失败告终，但在理学家这里，正君心的设计毕竟关联着王道政治和国家和睦的蓝图，包括叶适在内的儒者都没有可能由重民心而走出一条依靠民众力量直接管理国家的道路。所以，尽管这一蓝图存在诸多的非现实性，但却是前后儒家的思想代表在执著而无奈的焦虑中不得不作出的选择。

（原载于《社会科学战线》2011 年第 3 期）

---

① （宋）黎靖德编：《朱子语类》卷二十三，王星贤点校，中华书局 1986 年版，第 537 页。

理想之治的社会调节——以礼乐和合为中心

"治"之一字，本有社会的安定与秩序之意，与"乱"是相对应的语词。《周易·系辞下》之"存而不忘亡，治而不忘乱"和《庄子·人间世》之"以礼饮酒者，始乎治，常卒乎乱"等，便是在此意义上运用。至于理想之治，按照《礼记·礼运》的说法，在"天下为公"的"大道"隐退之后，即便是圣人治世，达到的也只能是礼制完善的小康。后来，东汉班固在作《汉书·礼乐志》时，对礼制创设及维护的必要性有一个解释，那就是：

> 人性有男女之情，妒忌之别，为制婚姻之礼；有交接长幼之序，为制乡饮之礼；有哀死思远之情，为制丧祭之礼；有尊尊敬上之心，为制朝觐之礼。哀有哭踊之节，乐有歌舞之容，正人足以副其诚，邪人足以防其失。故婚姻之礼废，则夫妇之道苦，而淫辟之罪多；乡饮之礼废，则长幼之序乱，而争斗之狱蕃；丧祭之礼废，则骨肉之恩薄，而背死忘先者众；朝聘之礼废，则君臣之位失，而侵陵之渐起。①

人类社会是在人与人的恰当关系中生存的，要维持这些关系，个人的情感表达和需求的满足就必须符合一定的规制，不然，社会便会陷于混乱，那么，礼之兴起就有它的历史必然性与合理性。在班固，礼与社会的维持也就是一个问题的两面，礼制的毁坏自然就意味着社会的堕落。

然而，班固这段话也可以从另一面来分析，即从历史经验的总结来说，

---

① （汉）班固：《礼乐志》，《汉书》卷二十二，中华书局 1962 年版，第 1027—1028 页。

礼既然可以被人们所破坏，那说明它与社会的存在并非就是直接同一的关系，而是可分可合的。按老子的说法，"夫礼者，忠信之薄，而乱之首"①。礼是道、德、仁、义衰败之后才出现的，而且，其出现意味着作为正面价值的仁义忠信理念已无足轻重，面临的是社会的动乱争斗已经发生的历史场景。

就此而言，儒道两家其实都看到了礼的针对面是社会的无序化，但老子立足于负的方面，认为礼既是道、德、仁、义衰败之后的产物，故很难谈得上多少合理性，突出的是礼出现的消极的社会背景；孔子则显然从正面看问题，认为礼是治理社会国家的必需，强调了礼带来的积极的社会效用，这即以别异为特色的社会规范和理想秩序。所谓"礼至则不争，揖让而治天下"；"礼义立，则贵贱等矣"②。的确，"异"是建立国家和稳定社会所必须的，君臣父子夫妇不能混同，"丧、祭、射、御、冠、昏、朝、聘"本来有分，"异则相敬"也。即通过别异和恭敬来达致国家的稳定。礼重异而不言同，后者是由乐来承担和实现的。故与《礼运》紧扣"礼的运行"不同，《乐记》则在兼顾礼乐的基础上阐明了乐的重要地位。

按《乐记》所说，乐的肇始要早于礼，它可以远溯到舜作五弦之琴以歌《南风》、夔始制乐以赏诸侯的时节③。那么，乐实际上跨越了大同和小康两个时代。所以如此，在于乐的目的不是明等分，而是和人心，而这"和"乃是人类社会从古至今共有的追求。但乐又不是独立发生作用，它与礼互为补充，合力维护并调节着社会的运行。

一

礼乐是人类文明的结晶并回馈和服务于所在的社会，但《乐记》论礼乐

---

① 《老子道德经河上公章句》，王卡点校，中华书局1993年版，第149—150页。

② （元）陈澔：《礼记集说》，上海古籍出版社1987年版，第207页。

③ 古乐兴起的年代，不同典籍中说法不一。譬如《吕氏春秋》，则将其上推到了炎帝朱襄氏的时候，并认为是朱襄氏之臣士达作五弦琴。（参见《吕氏春秋·仲夏纪·古乐》，岳麓书社2015年版，第29页。）

的起点，却是将人类社会的礼制和乐声，放在了天地动静的宇宙论基础之上，人类的社会秩序和文化现象，上升为天地的结构和阴阳气化的有序运行。其称：

> 天尊地卑，君臣定矣。卑高已陈，贵贱位矣。动静有常，小大殊矣。方以类聚，物以群分，则性命不同矣。在天成象，在地成形。如此，则礼者，天地之别也。地气上齐，天气下降，阴阳相摩，天地相荡，鼓之以雷霆，奋之以风雨，动之以四时，暖之以日月，而百化兴焉。如此，则乐者天地之和也。化不时则不生，男女无辨则乱升，天地之情也。及夫礼乐之极乎天而蟠乎地，行乎阴阳而通乎鬼神，穷高极远而测深厚。
>
> 乐著大始，而礼居成物，著不息者天也，著不动者地也。一动一静者，天地之间也。故圣人曰礼乐云。①

《乐记》这一长段话，明显是从《周易·系辞传》截取和改写而来的，说明《乐记》的作者并不安心于在社会和文化的架构内考量社会国家的治理，而是需要铺垫一个宇宙论的根据。换句话说，儒家虽不认同道家对礼乐文明的抵触态度，但是立足天地自然而不是囿于人伦社会自身议论礼乐，却又与道家的思维方式保持了某种一致性。

从《乐记》讲述的内容看，基本的理路是从天地定位走向贵贱确立，其依据是万事万物各从天地禀得自身的性命。在宇宙论的层面，既然天象地形的成立是世间动静、大小和不同物类生成的根据，那人类社会的君臣上下之分就是理所当然的。因而，从天地定位进入到社会秩序，"分"就是第一位的，它是任一物类生成的自然基础，与生命同在而不可变更。

然而，如果只有分而没有和，则不构成为现实的天地和社会，而且它也不可能延续。地气上升、天气下降，阴阳交感而相互作用，才有现实世界的生生不息。那么，从万物分化到人类社会，分别的一方强调的是天地间任一

---

① （元）陈澔：《礼记集说》，上海古籍出版社1987年版，第209页。

物体和生命个体存在的价值和规范秩序的意义，和谐的一方则是保证天地间整体生命的继续和多样化世界的繁荣。如此的礼乐反映的，就不仅是人间的秩序和交感，而是整个宇宙创生和不息运动的写照和结晶。[①]

在此意义上，《系辞传》的"乾知大始，坤作成物"变成了"乐著大始，而礼居成物"，乐为乾而礼乃坤，重新塑造了支撑天地生成和变化的动力。在现实性上，从《礼运》而来，礼制已经是小康社会的规范秩序，以天地卑高已陈为模板的君臣贵贱之位，就必须首先要确定和维护，所以坤（地）所承担的"成物"原则因其不动的特点，就与礼关联起来；相应地，原由"乾"（天）来承担的和谐生物的创始和交感不息的"动"的原则，留给了"乐"去落实。所谓"乐由天作，礼以地制。过制则乱，过作则暴。明于天地，然后能兴礼乐也"[②]。明于天地而兴礼乐，礼乐是不同源的，但又通过相互间的一动一静、分合互动而联系为一个整体。万物人世各自确定的身份在不息的动作和生生中得以延续。

礼乐的分与合可以是客观彰显的效果，分的目的在突出相异即区别性的方面，合的目的则在达到同即上下一致的亲和性。在这里，哪一方过头都是有害的。《乐记》说：

> 乐者为同，礼者为异。同则相亲，异则相敬。乐胜则流，礼胜则离。合情饰貌者，礼乐之事也。礼义立，则贵贱等矣，乐文同，则上下和矣。……仁以爱之，义以正之，如此则民治行矣。[③]

同与异在社会管理活动中都是必须的，但又都不能过头，不然会导致或者怠慢亵渎尊卑恭敬，或者亲属离析情爱不再。人有内在情感和外在举止，内在

---

① 唐君毅说："《易传》以乾坤为天地之道，而《乐记》则以天地之道即礼乐之道。盖即谓此天地所表现之序别而分，即天地之大礼，其所表现之合同而化，即天地之大乐也。此就自然之天地，而视为人伦之礼乐之所弥沦，实为一儒家之礼乐思想之一最高之发展。"（唐君毅：《中国哲学原论》，中国社会科学出版社 2005 年版，第 57 页。）

② （元）陈澔：《礼记集说》，上海古籍出版社 1987 年版，第 208 页。

③ （元）陈澔：《礼记集说》，上海古籍出版社 1987 年版，第 207 页。

的方面，礼是无法作用和施加影响的，疏通合情就成为乐的特长；而乐的动态则不适宜规范人的外在举止，礼制秩序就成为社会的必须。那么，行礼适宜，就能够维护保持社会稳定的贵贱等级秩序；乐声文采谐同，就能够沟通君臣上下和民心而走向和谐。由此，儒家仁德的疏通心灵、关爱百姓，就主要体现为乐的功用；而端正名分、维护秩序就是礼义的职责。双方合力互动，便是理想的治民之道。①

那么，礼乐与仁义这两对范畴，就是既有区分又密切关联的。按《乐记》所说：

> 天高地下，万物散殊，而礼制行矣。流而不息，合同而化，而乐兴焉。春作夏长，仁也。秋敛冬藏，义也。仁近于乐，义近于礼。乐者敦和，率神而从天；礼者别宜，居鬼而从地。故圣人作乐以应天，制礼以配地。礼乐明备，天地官矣。②

礼讲秩序，天高地下就是最大的秩序，故适应于确定已分散为殊别不同的人伦社会的尊卑，便有礼制的通行；但万物人类又毕竟是在交感流通的自然和社会中生存的，和气会同而变化繁荣，故德行化育而有乐的肇兴。礼乐与仁义的交通，可以解释为都从天道退化而来，故在根源上具有同一的意义，那么，生长养育万物之仁便与和谐齐同物类之乐德性相近，收割敛藏之义则与节制定位之礼德性相近，仁与乐、义与礼之间，道德与秩序都是互相发明。乐者敦睦和谐，调和其气，循（圣人）魂气而从天；礼者别物异处，裁制形体，循（贤人）魄体而从地，从此出发，乐感天地和礼定社会都属于必须，礼乐都显明完备，合力互动，天地人世就能各得其利了。

在这里，礼乐的合力互动，揭示了人类文明发展的一般进程是由混沌不

---

① 徐复观说："孔子把艺术的尽美，和道德的尽善（仁），融合在一起，这又如何可能呢？这是因为乐的正常的本质，与仁的本质，本有其自然相通之处。乐的正常的本质，可以用一个'和'字作总结。"（徐复观：《中国艺术精神》，华东师范大学出版社2001年版，第9页。）

② （元）陈澔：《礼记集说》，上海古籍出版社1987年版，第209页。

分到（贵贱）秩序井然的，也正因为如此，乐在礼先的乐为治天下之开端，便是《乐记》刻画双方特色的一大特点。由于这一特点，乐动而礼静的规定就不是无条件的。因为就动静、内外关系论，动又是以静、外又是以内为基点的，从而又有乐静而礼动之说，所谓"乐由中出，礼自外作。乐由中出，故静；礼自外作，故文（动）"。所以如此，按郑玄和孔颖达的说法，是因为乐主和而又从心起，心得抚慰而外无形迹，故乐为静；礼自外作是因为礼主敬，礼敬本是通过外貌的动作来实施的，故礼为动。① 由此，面临不同的对象和施行的场合，礼乐各自的动静关系是有所不同的，即在天地生成和治理民众的意义上是由乐动到礼静，但在心性修养和内在调节的意义上则是由乐静到礼动。圣人所以在一动一静中"曰礼乐云"，目的就在通过互为动静的礼乐和合，走向理想的社会治理。

二

在适宜的礼乐熏陶下，人心能够安静下来而不再随波逐流，如此的氛围最终引向的就是理想社会的图景："乐至则无怨，礼至则不争，揖让而治天下者，礼乐之谓也。暴民不作，诸侯宾服，兵革不试，五刑不用，百姓无患，天子不怒，如此则乐达矣。"② 人无怨则民不争，刑罚无用，天子垂拱无为而天下治，则是古代社会最为期盼的理想之治。如此的"礼乐之谓"，实际是把道家的社会理想融入到了儒家的礼乐文明之中，实乃儒道和合的理想社会。

理想的社会状态一定是安定和谐的，亦即上文所说的无怨与不争。不争可以以国家强制力而达到，这包括刑政与礼法。孔子所谓"道之以政，齐之以刑，民免而无耻。道之以德，齐之以礼，有耻且格"③ 便是如此。在这里，刑政属于强制性的手段，与礼之规范虽有程度之差，但都属于外在秩序的硬

---

① （唐）孔颖达：《礼记正义》，（清）阮元校刻：《十三经注疏》，中华书局 1980 年版，第 1529 页。

② （元）陈澔：《礼记集说》，上海古籍出版社 1987 年版，第 207 页。

③ 杨伯峻译注：《论语译注》，中华书局 1980 年版，第 12 页。

性要求。而与"齐之以礼"并列的"道之以德",则可以理解为乐的感化。《乐记》之"乐也者,圣人所乐也,而可以善民心。其感人深,其移风易俗,故先王著其教焉"是为其注解,即德行的引导是需要乐来承担的。礼乐在治理民众和社会管理中的分工,一方面是与礼主别异而乐重和同的一般性所适应的;另一方面则是礼乐本身便兴起于社会管理的不同需要,即必须有限制与引导的两种手段。故《乐记》又说:

> 乐者,所以象德也;礼者,所以缀淫也。是故先王有大事,必有礼以哀之;有大福,必有礼以乐之。哀乐之分,皆以礼终。①

圣人作乐教民,意在使民众为乐声所感而效法其德。这说明,从《尚书》到孔子,其所推崇的"明德惟馨"或"北辰效应"并不是无条件的,它需要添加圣人作乐和以乐感人的中介。乐因为"善民心"而感人以深,民在情感上有依归而自愿随于圣人,这就造就了比自觉循规蹈矩更好的效果。故就移风易俗来讲,乐教要优于礼教,这也就是《孝经·广要道章》所讲的"移风易俗莫善于乐"。但是,礼与乐的感化熏陶作用不同,它是以明确的规制去调节社会行为和民之举动,重在缀止淫邪,以礼限定人的悲喜哀乐。所以,《孝经》还有接下来的话,即"安上治民莫善于礼"②。没有君臣父子的上下尊卑定位,君主地位的稳定和使民众安心于各自的名分并从而达致社会的和谐便是一句空话③。那么,要治理国家,礼乐双方又必须结合起来,"故观其礼乐,而治乱可知也"④。

在后来的中国社会,人们有一种见解是儒家专于治世而佛教才讲治心,

---

① (元)陈澔:《礼记集说》,上海古籍出版社 1987 年版,第 211 页。

② 胡平生:《孝经译注》,中华书局 2009 年第 2 版,第 28 页。

③ 参考《礼记·礼运》:"是故礼者,君之大柄也,所以别嫌明微,傩鬼神,考制度,别仁义,所以治政安君也。"又:《礼记·曲礼上》:"夫礼者,所以定亲疏,决嫌疑,别同异,明是非也。……道德仁义,非礼不成。教训正俗,非礼不备。分争辨讼,非礼不决。君臣、上下、父子、兄弟,非礼不定。"[(元)陈澔:《礼记集说》,上海古籍出版社 1987 年版,第 124、2 页。]

④ (元)陈澔:《礼记集说》,上海古籍出版社 1987 年版,第 139 页。

其实治世与治心在儒家本是统一的，礼乐之必要，本来也在通过治心去治世。譬如：

> 君子曰：礼乐不可斯须去身。致乐以治心，则易直子谅之心油然生矣，易直子谅之心生则乐，乐则安，安则久，久则天，天则神，天则不言而信，神则不怒而威，致乐以治心者也。①

前述之善民心而感人深的移风易俗，就不能说只是治世而不是治心，当然那是大心、民心而非重在个体之心。但对个体之心的修治，《礼记》这里也有明确的言说。认为人能够通过深刻省察和体验乐的精神实质的方式去治心，在此前提下，和易、正直、慈爱、诚信的情感会自然从心内油然生起。故在传统儒家，治心的方式不是约束性的而是开放性的，它所导致的是和乐、安适和性命的久长，以至上升到与天、神相合的境地。

可以说，正是因为心得其治，无怨而不争的社会景象才可以期待。立足礼乐来治理国家，中心考量的是民心的归顺。圣人内外（和顺）兼备而以身示范，德行光辉彰显，民众察色观容便会受到熏陶，从而改良自己的品行：

> 故乐也者，动于内者也；礼也者，动于外者也。乐极和，礼极顺，内和而外顺，则民瞻其颜色而弗与争也，望其容貌而民不生易慢焉。故德辉也于内，而民莫不承听；理发诸外，而民莫不承顺。故曰："致礼乐之道，举而错之天下，无难矣。"②

"明德惟馨"的理想示范在这里已具体化了，但径直说民"莫不承听"、"莫不承顺"，无疑失之简单，名义上充足的效力其实存在问题。圣人或许可以把礼乐之道推致于天下，但民众愿否追随和遵循，则受诸多条件的制约，并不容易取得预想的效果。事实上，公都子当年所引述的人性善恶主张——

---

① （元）陈澔：《礼记集说》，上海古籍出版社 1987 年版，第 219 页。
② （元）陈澔：《礼记集说》，上海古籍出版社 1987 年版，第 220 页。

"有性善，有性不善；是故以尧为君而有象，以瞽瞍为父而有舜；以纣为兄之子，且以为君，而有微子启、王子比干"①，就已经从根基上动摇了"明德惟馨"的理想。

不过，在《乐记》作者来说，坚持这样的理想是必须的，并相信这样的礼乐之道可以放之于天下。在他们的心中，五帝三王治世的实践就已经证明了它的功用，所以制定十分完备又随时损益的礼乐，理当为后世君主治国所效法。当然，这不否认礼乐本身是历史发展的过程。故称：

> 王者功成作乐，治定制礼。其功大者其乐备，其治辩者其礼具。干戚之舞，非备乐也；孰亨而祀，非达礼也。五帝殊时，不相沿乐；三王异世，不相袭礼。乐极则忧，礼粗则偏矣。及夫敦乐而无忧，礼备而不偏者，其唯大圣乎？②

从"功成作乐，治定制礼"来说，儒家乐论的创设，开始于舜、夔作歌制乐以赏诸侯的时代。乐与礼双方都不是王业初创或天下动乱时期的产物，"革命"的时代是不需要礼乐的，礼乐的作用在安定谐和天下而不是取得政权。那么，先秦儒家感慨的"礼坏乐崩"，不但说明了前代王朝统治秩序的崩坏，而且为后一新兴王朝的制礼作乐提供了理论的支撑。前后圣王德行虽然相同，但毕竟前后朝代形迹有异，所以五帝三王各自需要制定适合于自身朝代的礼乐制度，而这样的礼乐制度所彰显的，正是圣王治平天下的业绩。③

《礼记》如此的论说，体现了作者对于礼乐的变革，给予了真诚的认可，抱持的是一种发展进化的观念。武王"革命"后的情形，是其治功尚未及天下，所以礼乐尚不完备；到周公则功成治显，于是能制作完备的礼乐。而在周以后，历代礼乐虽然在形式上继承了前人，但却逐步抽空了前代礼乐的精

① 杨伯峻译注：《孟子译注》，中华书局 1980 年版，第 258—259 页。
② （元）陈澔：《礼记集说》，上海古籍出版社 1987 年版，第 208 页。
③ 参见《礼记·明堂位》："周公践天子之位，以治天下。六年，朝诸侯于明堂，制礼作乐，颁度量，而天下大服。七年，致政于成王。"[（元）陈澔：《礼记集说》，上海古籍出版社 1987 年版，第 177 页。]

神实质，所以不能称为"备乐"，也难以真正"达礼"，以致乐流于淫夸，礼粗于倦怠。实现敦乐而无忧、礼备而不偏的理想，就只能寄托在未来的"大圣"身上。

同时，从作者告诫的乐极则忧、礼粗则偏来说，礼乐虽然重要，但"极"却过了头。关键在不能违背推致礼乐的内在目的：

> 是故乐之隆，非极音也；食飨之礼，非致味也；《清庙》之瑟，朱弦而疏越，壹倡而三叹，有遗音者矣；大飨之礼，尚玄酒而俎腥鱼，大羹不和，有遗味者矣。是故先王之制礼乐也，非以极口腹耳目之欲也，将以教民平好恶而反人道之正也。①

礼乐之隆盛确然需要，但其实质在移风易俗、倡导孝敬，而不能走向追求"极音"、"致味"，沉溺于形式，这里实际上是讲形式与内容的契合问题。玄酒、腥鱼、大羹之味，朱弦、疏越之音，体现的都是质朴的情性，而不是追求形式的夸张和口腹耳目欲望的满足。因而，一定的礼乐形式都是内在情性的适当抒发。不能溢于言表的畏敬欢心，通过礼乐的外在形式，便能够很好地彰显出来："畏敬之意难见，则著之于享献辞受、登降跪拜；和亲之说难形，则发之于诗歌咏言、钟石管弦。盖嘉其敬意而不及其财贿，美其欢心而不流其声音。故孔子曰：'礼云礼云，玉帛云乎哉？乐云乐云，钟鼓云乎哉？'此礼乐之本也。"②圣人制礼作乐的目的，乃是调节民之好恶，以引导他们归向人道之正途。礼乐皆得其所，便是所谓"有德"，德是儒家评论人的基本标准，"所以名为德者，得礼乐之称也"③，这即是经学家给出的答案。正因为如此，其时之"德"远比后儒仅在仁义层面理解的德性要更为宽泛。同时，由于注重和谐宽容的乐融入"德"中，又拉近了儒道两家之德的距离。

---

① （元）陈澔：《礼记集说》，上海古籍出版社1987年版，第205—206页。

② （汉）班固：《礼乐志》，《汉书》卷二十二，中华书局1962年版，第1028—1029页。

③ 孔颖达疏解"礼乐皆得，谓之有德，德者得也"之意为："言王者能使礼乐皆得其所，谓之有德之君。所以名为德者，得礼乐之称也。"（清）阮元校刻：《十三经注疏》，中华书局1980年版，第1528页。

三

礼乐有形式与内容的问题，也有根本与末节的问题，本末先后在倡导以礼乐治国的儒家先王，是区分得十分清楚的。《乐记》说：

> 乐者，非谓黄钟、大吕、弦歌、干扬也，乐之末节也，故童者舞之。铺筵席，陈尊俎，列笾豆，以升降为礼者，礼之末节也，故有司掌之。乐师辨乎声诗，故北面而弦。宗祝辨乎宗庙之礼，故后尸，商祝辨乎丧礼，故后主人。是故德成而上，艺成而下，行成而先，事成而后。是故先王有上有下，有先有后，然后可以有制于天下也。①

各种乐器及其演奏是乐，各种礼器和礼仪是礼，但这都是礼乐的形式和末节，礼乐的根本在人君的德行，先须有内在的德行之成，才有外在的事艺之就。所谓德行，按《周礼》的说法，包含以事父母的孝行，以尊贤良的友行和以事师长的顺行这三德或三行②。礼乐的形式是体现这德行的根本的，所以本末先后一定要辨析清楚，才能恰当地制定礼法并施行于天下。

在这里，君主固然是礼乐的制定者和实行者，但制定和施行礼乐的目的仍在于治民平天下，所以民情、人心的问题就必须要考虑。乐是因于音声而生的，而音声又因物之感动而起。但在音声所感之前，人心在天性上是静而未发的。那么，圣人制礼作乐，对于民心或人情就有两面的考量，一是顺和而不阻遏，二是节制而不放纵。由于在礼乐的制定者看来，人的无节制的欲望是大乱之道的源头，所以必须要合力来处理。正是在这里，提出了对后来影响深远的天理人欲之辨。其曰：

> 人生而静，天之性也。感于物而动，性之欲也。物至知知，然后好

---

① （元）陈澔：《礼记集说》，上海古籍出版社1987年版，第215页。

② 参见《周礼·地官·师氏》的相关论述。（清）阮元校刻：《十三经注疏》，中华书局1980年版，第730页。

恶形焉。好恶无节于内，知诱于外，不能反躬，天理灭矣。夫物之感人无穷，而人之好恶无节，则是物至而人化物也。人化物也者，灭天理而穷人欲者也。①

人天性本静，为物所感而动，从而有不同的音声之发和欲望追求，并出现不同的善恶取向，这是基于人性自身的贪欲的缘故。荀子的"若夫目好色，耳好声，口好味，心好利，骨体肤理好愉佚，是皆生于人之情性者也"②可谓其真实的写照。在此贪欲支使下，由知觉引起的好恶情感进一步发酵，以至不能自反止步，清静的天性也就彻底灭绝了。

可以说，"夫物之感人无穷"是一种客观存在，"而人之好恶无节"则与主体的资质相关，如果听凭主观情感的生发，则善恶完全取决于外在环境，物善则人善，物恶则人恶，所谓"人化物也"。由于环境的恶劣已成为既定的现实，那么人化物就只能是朝向恶的方向堕落，清静的天性灭绝，一切受恶的贪婪之性所主宰，"于是有悖逆诈伪之心，有淫佚作乱之事，是故强者胁弱，众者暴寡，知者诈愚，勇者苦怯，疾病不养，老幼孤独不得其所，此大乱之道也"③。

"大乱之道"是一种社会后果，它的起因是人的恶的情性。圣人在上，要挽狂澜于既倒，教化和矫正人之情性，制礼作乐就是必然的选择。故而在"大道既隐"之后，便有礼乐制度的兴起：

是故先王慎所以感之者，故礼以道其志，乐以和其声，政以一其行，刑以防其奸。礼乐刑政，其极一也，所以同民心而出治道也。④

礼乐刑政"四事"作为圣人治民的手段是一个整体，并有共同的目的。但刑政在大概念上可统属于礼的范畴，所以放之为礼乐刑政四事，合则为礼乐两

① （元）陈澔：《礼记集说》，上海古籍出版社1987年版，第206页。
② （清）王先谦：《荀子集解》，沈啸寰、王星贤点校，中华书局1988年版，第437—438页。
③ （元）陈澔：《礼记集说》，上海古籍出版社1987年版，第206页。
④ （元）陈澔：《礼记集说》，上海古籍出版社1987年版，第204页。

方。其中虽然也有强制的成分，但中心还是立足引导，故要切合民心的不同所感而针对性地出以治道。

礼乐制度针对的既然是贪欲的恶性，要矫正此恶性必须有软和硬的两手，软即乐的感化，硬便是礼的节制。乐的和顺人情、协调民心的功用与礼的节制欲望、规范行为的手段共同作用，王道政治才真正具有了实现的可能。故又曰：

> 是故先王之制礼乐，人为之节：衰麻哭泣，所以节丧纪也；钟鼓干戚，所以和安乐也；昏姻冠笄，所以别男女也；射乡食飨，所以正交接也。礼节民心，乐和民声，政以行之，刑以防之。礼乐刑政，四达而不悖，则王道备矣。[①]

人如果顺其心之发动，就会随其物感而流荡邪乱，所以礼乐的教化，说到底是节制和引导民之情性的。后来班固在总结汉代礼乐制度的实践时，将《乐记》这些告诫继承了下来，并以其中孔子所说"安上治民莫善于礼，移风易俗莫善于乐"作为其贯穿的纲领，[②] 应当说是抓住了问题的实质的。

今天，我们要建立的是和谐社会，体现仁爱、和谐精神的"和"可以说是一个中心的范畴。"和"在上面已说明是由乐导致，但与礼也有密切的关联。有子说过，"礼之用，和为贵"[③]，礼的作用在以"和"为贵，此"和"可以有两层解释：一是"和"既然是乐的功能，故"和为贵"可以理解为"乐为贵"[④]；二是"和为贵"虽是礼的作用，但"礼"本身的价值却不完全在"和"上，反而是要对和（乐）加以节制，不能"知和而和"，为和而不及其他。从而，中心仍是礼乐的相互协调，先王之道才能因此而美。如称：

---

① （元）陈澔：《礼记集说》，上海古籍出版社 1987 年版，第 206 页。

② （汉）班固：《礼乐志》，《汉书》卷二十二，中华书局 1962 年版，第 1028 页。

③ 杨伯峻译注：《论语译注》，中华书局 1980 年版，第 8 页。

④ 参见（宋）邢昺《论语注疏·学而》："'礼之用，和为贵'者，和，谓乐也。乐主和同，故谓乐为和。"（清）阮元校刻：《十三经注疏》，中华书局 1980 年版，第 2458 页。

> 乐在宗庙之中，君臣上下同听之，则莫不和敬；在族长乡里之中，长幼同听之，则莫不和顺；在闺门之内，父子兄弟同听之，则莫不知亲。故乐者，审一以定和，比物以饰节，节奏合以成文，所以合和父子君臣、附亲万民也。是先王立乐之方也。①

无疑，乐在"合和"父子君臣、上下乡里中的功用得到了充分的展示，然具体来看，需要乐来调节谐和的君臣上下、族长乡里、父子兄弟的关系，本身又是由礼来界定的。所以，从乐之和维护的是礼之序看，乐离不开礼；但从礼的刚性规范秩序又需要乐的抚慰感通才能顺利实现看，礼也离不开乐。在实践中，小事大事如果都以礼节之而不能和之以乐，或者每事求和而不能节之以礼，其行为都是不可持续的。儒家先贤之言，在两千多年后的当代社会，仍然具有现实的意义。

（原载于《探索与争鸣》2014 年第 2 期）

---

① （元）陈澔：《礼记集说》，上海古籍出版社 1987 年版，第 221 页。

和合变通篇

"和合"是中国文化的优秀资源，它既包括对立互补，也融摄变化通达，与一般辩证法讲的对立统一亦具有相当的亲和性。中国哲学讲究变化日新，不承认静止孤立的世界，变常互补，一两呼应，由变化而有"和"，"和"又促生了新的变化。"仇必和而解"具有阶段性，聚散出入不息的矛盾运动才是永恒。

"和合"义解

"和合"作为一个传统词语，能在当代社会发生影响并具有相当的号召力，不能不与张立文先生创立的"和合学"密切关联。① 张先生跨越传统的"六经"和"四书"文本，从古籍分类被归于《史部·杂史类》的《国语》中摘来"和合"这一"古董"并使其重新焕发青春，由此实现了诠释文本的转换和观念的创新。

一、"和合"与"和同"

"和合"，既有"和"也有"合"，"和"者，习惯上解释为和谐、调和，故而今天有建构和谐社会一说；"合"者，通常则以融合、合作为解，故古来便有"天人合一"、"知行合一"等以"合"为特色的观念。对于"和"，张先生多强调作为源头的"和生"——"和实生物"，因为今天的宇宙都是在不断的"和"中生成并继继不已，即以"和"解决宇宙生生流行的动力问题；而"合"则更强调多样性的统一与合作共赢，后者特别是在处理国际关系的背景下，人类命运共同体也可以放在此一框架下来思考。

既如此，"和"与"合"本身也需要"和合起来"，此即和合学为解决当今国内外各类矛盾和冲突提供的基本方案。人们日常生活中对于"和合"的

---

① 1996年张立文先生"自己讲"、"讲自己"的代表作《和合学概论》发表，随后又不断推出和合学的新作。但"和合"概念的最初发掘，可以张先生1989年在职工教育出版社出版的《新人学导论——中国传统人学的省察》为标志，书中专有《和合型和完美型——合一的氛围》一节。

理解，大多也是从这一角度，即从方法上取用，孔子所说的"和而不同"便是持守的原则。如此的理解无疑有它的价值，也适合于一定的社会和文化需要，但并不应因此而将"和"与"同"对立起来。以为讲"和"就必然是排斥"同"，明显又有简单化之嫌。

固然，孔子的"君子和而不同，小人同而不和"① 之语，可以简单解释为和与同是互相对立的关系，但参何晏《论语集解》"君子心和，然其所见各异，故曰不同；小人所嗜好者同，然各争利，故曰不和"② 的解释来看，孔子此语实谓君子心"和"而包容"不同"，小人心"同"而表现"不和"。那么，从逻辑上说，君子之包容不同，并不能推出"和"一定就排斥"同"。事实上，孔子之语的更一般的意义，是无论同与不同，君子都可以在心平德和的前提下予以融通。

为了更好地说明问题，我们需要回到提供"和合"的《国语》文本以及后来的发展，看看古人文献中记述的"和合"观念，究竟表述了什么样的思想。

《国语·郑语》通过周太史伯之口，给郑桓公叙述了商契"和合五教"而能保养百姓的业绩，提出了在后来具有重要影响的"夫和实生物，同则不继"的思想，并批评周幽王"去和而取同"的倒行逆施。"同"在这里，无疑是否定的意义，即史伯所描述的"声一无听，物一无文，味一无果，物一不讲"的专擅之"同"③。可是，就在这段话的前面，史伯却阐发了合"和"与"同'为一的"和同"的思想。他称：

> 故王者居九畡之田，收经入以食兆民，周训而能用之，和乐如一。夫如是，和之至也。于是乎先王聘后于异姓，求财于有方，择臣取谏工而讲以多物，务和同也。④

① 杨伯峻译注：《论语译注》，中华书局 1980 年版，第 141 页。
② （魏）何晏：《论语集解》，阮元校刻：《十三经注疏》，中华书局 1980 年版，第 2508 页。
③ 《国语·郑语》，韦昭原注，上海古籍出版社 1983 年版，第 511—516 页。
④ 《国语·郑语》，韦昭原注，上海古籍出版社 1983 年版，第 516 页。

显然，"和同"在这里就是"和合"之意，先王的"务和同"就是在王者主导下实现异性婚配、财富汇聚、人才择用和众事参校，以务求全天下的和乐一同。简言之，"和同"就是通过"和"各方而实现"同"，"同"明显是从肯定层面去规定。诸不同都"同"求一个有生气的和睦的天下。

其实，"和同"概念的出现比这更早，先前周定王诫范武子一段话，便提出了肯定性的"和同"概念：

> 夫王公诸侯之有饮也，……饮食可飨，和同可观。财用可嘉，则顺而德建。
>
> 韦昭注："以可去否曰和，一心不二曰同。和同之道行，则德义可观也。"①

物质财富的丰富是前提，在此前提下，德义的构建便可以光大而为群臣所效法。按韦昭注解，"和"是"以可去否"，这可以理解为以同去不同；"同"则是"一心不二"，是对专心而不旁骛的肯定；二者结合的"和同之道"，自然就是同心协力之道，德义之所以"可观"，正在于"和同之道"的通行。

那么，"同"在传统社会，本来有正面的含义。之所以如此，在于我们虽然面对的是整个世界，但核心仍是中国本土，即古人所谓"天下"。在这样的天下，古人的治理方针，就不仅仅是君王治理天下要"和同"，而且更重要的，是要求各级官吏与君王"同心同德"，上下一心。可以说，国家民族的上下协同一心、同心同德，是国家统治者肩负的重要职责，因为它反映着几千年来中华民族的共同追求的最终目标——"天下为公"的"大同"。而要实现"大同"这一最终目标，基本的手段和方法就是"和合"。

今天流行的"人类命运共同体"概念，其实正是"大同"目标的投影：人类命运是"大"——再没有比人类命运更大之事；而共同体自然是"同"。当然，从阶段性来说，"人类命运共同体"可说是大同的一种初级形态，这也算是对"大同"的一种理解。在这最高的大同目标和境界层面，和与同的

---

① 《国语·周语中》，韦昭原注，上海古籍出版社1983年版，第66页。

区分已经没有了意义，因为"大同"本身就是"太和"——天地间最大的和谐。

当然，我们现今还处在小康社会，社会要正常运行，离不开礼制或法制的约束。但相较而言，道德在调节日常秩序中起着更重要的作用。《尚书·泰誓中》载有周武王所说"予有乱（治）臣十人，同心同德"之语，后来孔子曾专门引述过武王这一段话的前半句。"同心同德"虽然没有提及，但孔子称颂"周之德，其可谓至德也已矣"①，显然是肯定周武王君臣上下的同心同德的。这说明倡导"和而不同"与要求同心同德并不矛盾，以和兼同的"和同"之道，事实上是传统和合观的重要内容。

二、积极意义之和合

传统和合观的内容是十分丰富的，事实上它自身就是由不同的形态所构成。就价值导向说，不止有积极意义之和合，还有消极使用的和合，这就需要进行认真探讨。

积极意义之和合即价值肯定的和合，这也是和合最为通常的含义。它主要有两种构成形态，即多元素和合与互动型和合。

首先，多元素和合。

多元素和合最典型的代表，就是前面所述的"和合五教"与"和实生物"。"和合五教"的"五教"，按韦昭注，是指父义、母慈、兄友、弟恭、子孝，这与后来孟子所称的"契为司徒教以人伦"的"人伦"（或"五伦"）存在一定差别："五教"的尧舜时代还没有国家，故只有家庭内部的亲属关系，而且都是纵向的；孟子生活于战国时代，故把他想象中的君臣关系插入进来，同时也补上了横向的夫妇关系。但不论是哪一种情形，和合都是多元素、多成分的，其结果则是一个家庭或国家关系的"协和"，故可谓"和于一"。

"和实生物"之"和"同样是多元素构成的，"和"在这里是手段，生物

---

① 杨伯峻译注：《论语译注》，中华书局 1980 年版，第 84 页。

是目的，所谓"先王以土与金木水火杂，以成百物"。从而，它与"和合五教"而圆满一个既定的家庭不同，"五行"交杂合成的是天下万物的生成即所谓"和生"。"和生"的来源是多，生成的结果也是多，故可谓"和于多"。

同属多元素和合，但与"和合五教"、"和实生物"这两种和合形态有别的另一种和合形态，就是人与天地相参。人与天地相参，人们最熟悉的是《易传》与《中庸》的思想，毕竟经典在人们头脑中的印象要更为深刻。但受既有的德性优先思维定势的影响，《易传》与《中庸》的人与天地相参，往往被归结到人的德性或境界的意义上；就现实"人事'与天地的相互参合而论，最直接的表现者仍是《国语》。《国语·越语》中范蠡提出兴国灭吴大业的核心条件，就是"夫人事必将与天地相参，然后乃可以成功"；韦昭注曰："参，三也。天、地、人事三合，乃可以成大功。"[1] 如此参合之意，张立文先生是将其与《易传》（泰卦《象辞》）的人裁成天地之道、辅相天地之宜相结合的，认为它充分地表达了和合学的"和生"意蕴[2]。

其次，互动型和合。

互动型和合在日常生活中更为常见，其典型表现就是阴阳和合。阴阳和合在这里是泛指，包括天地、刚柔、男女、君臣等"两体"的和合。

在中国历史上，阴阳和合有悠久的传统。自伏羲氏观天察地、近取远取而创制八卦以降，阴阳刚柔的互动互补就一直存在于人们的头脑。伯阳父论地震成因，就是天地、阴阳和合的有序性被破坏。故从古到今，人们都特别重视阴阳合和，因为气化世界自身是如此。譬如，《礼记·月令》称一年开春时是"天气下降，地气上腾，天地和同，草木萌动"，此"和同"自是"和合"义。天子于此时呼应天地之气下降上腾的和合变化，命农官教民从事适宜的农作。与《月令》成书大致在同一时候的《韩诗外传》，也有类似的思想，其称："人事备乎下，天道应乎上。故天不变经，地不易形，日月昭明，列宿有常。天施地化，阴阳和合。"此种天施地化的"阴阳和合"，

---

① 《国语·越语下》，韦昭原注，上海古籍出版社1983年版，第650—651页。
② 参见张立文：《和合哲学论》，人民出版社2004年版，第41页。

在广义上既是天人、天地和合，也是父子、夫妇的和合，所谓"父子相成，夫妇相保"也。① 相较于《月令》，《韩诗外传》论"和合"在内容上要更为充实，因为它所描绘的，本来是对"天下和平"或"太平"的理想社会的憧憬。

互动型和合之所以在后来有更大的影响，在于传统思维的典型特征就是"一物两体"。"两体"可以从静态横摄的维度看，也可以从动态纵贯的角度说，后者实际就是气化生生义。孔颖达《周易正义》引庄氏云"天地绸缪，和合二气，共生万物"② 便是如此。从而，阴阳两体之互动和合就成为"和合"的基本考量，这尤其在宋明理学家是如此。

例如，作为程颐代表作的《周易程氏传》，"和合"一词就多次被使用，而含义基本都是阴阳和合：他释咸（感）卦《彖辞》，言"阴阳二气，相感相应而和合，是相与也"，这是以阴阳交感和合释"相与"；释夬卦九三爻辞，说九三"与众同而独行，则与上六阴阳和合，故云遇雨，易中言雨者，皆谓阴阳和也"，这是批评九三个人逞能，独自与上六（阴阳）和合，但最终无咎；释萃卦六二爻辞，称"五居尊位，有中正之德；二亦以中正之道往与之，萃乃君臣和合也"，这是九五与六二君臣萃聚，正应和合而共致其诚。③

不过，程颐也不是只论互动型和合，他也讲多元素和合，如他言：

> 凡天下至于一国一家，至于万事，所以不和合者，皆由有间也，无间则合矣。以至天地之生，万物之成，皆合而后能遂；凡未合者，皆有间也。若君臣父子亲戚朋友之间，有离贰怨隙者，盖谗邪间于其间也。除去之，则和合矣，故间隔者，天下之大害也。④

① 许维遹：《韩诗外传校释》，中华书局1980年版，第102页。
② （唐）孔颖达：《周易正义》，（清）阮元校刻：《十三经注疏》，中华书局1980年版，第16页。
③ 所引参见（宋）程颢、程颐：《二程集》，王孝鱼点校，中华书局1981年版，第855、921、932页。
④ （宋）程颢、程颐：《二程集》，王孝鱼点校，中华书局1981年版，第802页。

天地万物的生成长养，都是"合而后能遂"的，人事同样也是如此，和合可以说是天下万事成就的充要条件。人世间的矛盾冲突，原因可能有多种，但概括起来，其实就是间隔这一种。间隔破坏了各元素间的自由流动和相互协作，即离散了和合，破坏了"和处"，故只有将此阻碍因素去除，才能成就天下万事的和合。

再次，多元素型与互动型的相互"和合"。

在宇宙生命演化和人类历史发展的长河中，互动型和合与多元素型和合在自身的发展中并不是彼此分离的，它们往往又结合在一起——这本身也是和合。《易传·系辞下》言"天地絪缊，万物化醇；男女构精，万物化生"，刚好就是二者的完美融合："天地絪缊"、"男女构精"属于互动型；"万物化醇"、"万物化生"则都属于多元素型，双方被恰当地安排在一起，并构成为一幅不可分割的"和生"的典型图像。

前面《韩诗外传》紧接"阴阳和合"之后，是"动以雷电，润以风雨，节以山川，均其寒暑，万民育生，各得其所，而制国用"①。这里的雷电、风雨、山川、寒暑，各自分开看都是二，但总和去看又是多，其动、润、节、均等不同的功用，共同面向万民育生而国用充足的目的，各自则化身为"和生"大流中的不同环节条目。

仍以程颐为例，他之所以能两型和合都言，正在于双方本来不是彼此隔离，而是互相关联和发明即"和处"的。譬如，他释睽卦《彖辞》"天地睽而其事同也，男女睽而其志通也，万物睽而其事类也，睽之时用大矣哉"曰：

> 推物理之同，以明睽之时用，乃圣人合睽之道也。见同之为同者，世俗之知也；圣人则明物理之本同，所以能同天下而和合万类也。以天地男女万物明之，天高地下，其体睽也；然阳降阴升相合而成化育之事，则同也。男女异质，睽也，而相求之志则通也。生物万殊，睽也，然而得天地之和，禀阴阳之气，则相类也。物虽异而理本同，故天下之

---

① 许维遹：《韩诗外传校释》，中华书局 1980 年版，第 102 页。

大，群生之众，暌散万殊，而圣人为能同之，处暌之时，合暌之用，其
事至大，故云大矣哉！①

程颐推"物理"之同而要走向的"合暌"之道，就是"和同"、"和合"之
道。天地之间，理同而物异，故"同天下而和合万类"是立足理同而非物
同。放眼开来，天地、阴阳、男女、高下、升降以至群生万殊，无不暌违乖
异，世俗之人生存于此暌异背景之下，对于"同"的理解，就只知同之为同
（物象之同），不知异之为同（物理之同）。从而，"二女同居"之同，因所归
各异而终成暌义；而原本暌异之阴阳男女，反合暌而成化育之用，可谓相暌
相求而志通之同。

在这里，如果仅就阴阳男女两性"合暌"而言，可说是互动型和合；但
放开眼界，就圣人面对群生大众、万殊事物而"合暌"来说，显然又是多元
素和合，多元素和合与互动型和合已完全融合为一体，并最终走向"同天下
而和合万类"的人类命运共同体的"和处"，天下没有比这更大之事。

三、消极使用之和合

"和合"的一般意义，无疑是积极而正面的，它因此也才能在当代社会
发生巨大影响。不过，在古代社会，"和合"一词除了在积极意义上使用外，
它也在消极意义上被使用，对这后一点，在既往和合思想的研究中尚没有给
予应有的关注。今天要完善和合学的理论建构，需要全面完整地了解传统和
合思想，并对其中容易被忽略的成分，给予更恰当和确切的认识。

消极使用之"和合"，不是"和合"一词产生时便有的现象，它在历史
上出现较晚，大致到北宋时期才开始见诸于文字之中。如果仍借用前面多元
素和合、互动型和合的套路，消极使用之和合在表现形式上，可以叫作杂糅
型或混合型和合。北宋与苏轼相关的两位文人黄庭坚与唐庚，都使用过"和
合"一词，但在他们的文章中，"和合"并非积极的意义。先看黄庭坚。

---

① （宋）程颢、程颐：《二程集》，王孝鱼点校，中华书局1981年版，第889—890页。

黄庭坚写有《幽芳亭記》，颂扬兰花的幽香曰：

> 兰生深林，不以无人而不芳；道人住山，不以无人而不禅。兰虽有香，不遇清风不发；捧虽有眼，不是本色人不打。且道兰香从甚处来？若道香从兰出，无风时又却与萱草不殊；若道香从风生，何故风吹萱草无香可发？若道鼻根妄想，无兰无风又妄想不成。若是三和合生，俗气不除。若是非兰非风非鼻，惟心所现，未梦见祖师脚根有似恁么，如何得平稳安乐去？[①]

黄庭坚的文章可以说是以兰之幽芳而谈禅，这在宋代的读书人中是十分流行的场景。其发论大致是借用当年慧能遇僧争论之风动、幡动亦心动的故事，但黄庭坚站在后来者的立场，对此又有新的见解，即在慧能是风、幡、心之三选一，黄庭坚却是香、风、鼻之"三和合"，而将心放在了第四。他以为，如果否定三和合所生之象，将缘故归咎于心——像慧能当年一样，仍然有问题：因为按禅宗的传心说，若是心生兰香，当有祖师与我心心相印，然而即便在梦中亦未出现这一情景，这又如何能让我心平稳安乐呢？这里暂不论黄庭坚接下来的说辞，仅就其"三和合生，俗气不除"而言，香、风、鼻之"和合"或杂糅，是与尘世的"俗气"相关联，意义明显是消极的。

同样也与佛教相关。先是书法名家苏定武曾书写有柳宗元所撰《曹溪大鉴禅师碑》，由僧侣刻石，因能更有利于传扬佛法而深受佛教界喜爱。其道理在于："辨公以大鉴之道，柳州之文，定武之书，三法和合，以成此碑。使喜书者因字以求文，好文者因词以求道，其意以为更相发明"。然此讲法在诗人唐庚看来，却是"适足以相累"。因为"大鉴之道，不以文而重轻；柳州之文，不以字而隐显；……志于字者见字而不见文，志于文者见文而不

① (宋) 黄庭坚：《山谷别集·幽芳亭记》，文渊阁《四库全书》，(台北) 商务印书馆 1986 年版，第 1113 册，第 570—571 页。该篇后续文字为："涪翁不惜眉毛，为诸人点破：兰是山中香草，移来方广院中，方广老人作亭，要东行西去。涪翁名曰幽芳，与他著些光彩，此事彻底道尽也。诸人还信得及否？若也不得，更待弥勒下生。"

见道，安在其为更相发明？才去其一而二者皆病，此和合之患也"①。长老辨公本以为柳宗元之文和苏定武之书能有助于慧能之道的弘扬，但如此的"三法和合"其实正好背离了各自的原意：慧能弘法本不立文字，柳宗元作文重在明道，而今日喜字者遗落了文，喜文者又抛弃了道，忽略其一则整体无义，哪里会有所谓更相发明呢？结果是禅学精神无法得以弘扬，这正是"和合"留下的祸患。唐庚强调，"三法虽和合，体相各差别"，三者原本各有其性而不能相济为用，明确了这一点，才不能被这"和合""相累"。唐庚之言，说动了筹划重刻此碑的继任长老和公，后者请唐庚写下了这篇碑记而刻之碑阴。

显然，在唐庚这里的"和合"，就是混合杂糅，并不具有积极的意义。在宋时，不止文人有如此看法，理学人物如吕祖谦也有类似的观点。吕祖谦在给张栻的信中便称：

> 始欲和合彼此，而是非卒以不明；始欲容养将护，而其害反至滋长。屑屑小补，迄无大益。所谓州平、幼宰之徒，初岂大过人？孔明惓惓之意，乃至于是。故身后犹留数番人材，社稷不陨者数十年，其原盖在此也。②

张栻十分推崇诸葛亮的人品和业绩，写有著名的《汉丞相诸葛忠武侯传》，书成后曾送朱熹、吕祖谦等友人征求意见，吕祖谦此信应当是就此所发的议论。然信件过于简短，只能读取大意。历史上，诸葛亮深有感于崔钧、董和等对自己的"启诲"，能够"集众思，广忠益"，虚心听取意见，"不疑于直言"。但在吕祖谦看来，其实是诸葛亮交友和待人的恳切忠谨之心才真正影

---

① （宋）唐庚：《眉山文集·书大鉴碑阴记》，文渊阁《四库全书》，（台北）商务印书馆 1986 年版，第 1124 册，第 337 页。不过，尽管唐庚对辨公的做法提出批评，但佛教通过书法大家书写以保存和传扬佛经与佛教文献却是通行的做法。譬如苏东坡于《楞伽经》的书写和传扬便是如此。

② 黄灵庚、吴战垒主编：《吕祖谦全集》，杭州浙江古籍出版社 2008 年版，第一册，第 396 页。

响了蜀汉人才的后继和政权的稳固。他因而批评不分是非彼此而和稀泥的做
法。显然，"和合"用在这里，属于无原则的调和之意。

有意思的是，董和此人行事，史传有"先主定蜀，征和为掌军中郎将，
与军事将军诸葛亮并署左将军大司马府事，献可替否，共为欢交"① 之说。
这很容易让人联想到先秦晏婴"论和同"时对正常的君臣关系的描述，即：
"君所谓可而有否焉，臣献其否以成其可；君所谓否而有可焉，臣献其可以
去其否。"② 在这里，董和的"献可替否"，不但没有破坏、反而促进了君臣
关系的和谐，起到了积极的安邦定国的作用。所以，到后为丞相的诸葛亮这
里，董和的敢于进言启告，的确能够使他"少过"。

就是说，不止在君臣，在朋友同僚之间也能够"献可替否"，诸葛亮因
而十分欣慰他能与崔钧、董和、徐庶、胡济"此四子终始好合"③。张栻引史
传文于此，明显是取"和合"的正面意义④。张栻对诸葛亮"其学未至"、未
得游于洙泗之门也有批评（主要是惋惜），但在根本上却是维护和肯定，原
因就在诸葛亮坚守儒家义利之辨的立场，其"本心"和"平生大节"严格区
别于功利霸术，而这与主张统合王霸义利的吕祖谦便有了裂隙。从上面吕
祖谦书信中可以感觉到的他与张栻在评价诸葛亮交友中的分歧，也就不难
理解。

不过，吕祖谦表现于消极层面的"和合彼此"，也可以引出正面的价值。
即为人处事如果不明辨是非，将会导致祸害的发生，"和合"应当关注效果
和价值的要求。在此意义上，和合的消极使用，实际上在提醒人们和合作为
方法运用时的前提考量。到明代，罗钦顺著《困知记》，对儒佛关系有细致
的思考。"和合"在他，一方面是所引述的佛教典籍自身所论，如根、尘与
我"三事"的"和合"；另一方面则是批评学者不明儒佛之别而无原则混同。
他称：

---

① （晋）陈寿：《三国志》卷三十九《董和传》，中华书局 1982 年第 2 版，第 979 页。
② 杨伯峻编注：《春秋左传注》，中华书局 1981 年版，第 1419 页。
③ （晋）陈寿：《三国志》卷三十九《董和传》，中华书局 1982 年第 2 版，第 980 页。
④ （宋）张栻：《汉丞相诸葛忠武侯传》，《张栻集》，杨世文点校，中华书局 2015 年版，第
   1517 页。

> 盖佛氏以知觉为性，所以一悟便见得个虚空境界。……若吾儒之所谓性，乃"帝降之衷"，至精之理，细入于丝毫秒忽，无一非实，与彼虚空境界判然不同，所以决无顿悟之理。世有学禅而未至者，略见些光影便要将两家之说和合而为一。弥缝虽巧，败阙处不可胜言，弄得来儒不儒，佛不佛，心劳日拙，毕竟何益之有！
>
> ……
>
> 程子尝言："圣人本天，释氏本心。"直是见得透，断得明也。本既不同，所以其说虽有相似处，毕竟和合不得。①

罗钦顺强调，儒家之天性绝非佛教之心性，儒家之实理绝非佛教之虚空，这一点必须要辨别清楚，"毕竟和合不得"。理学家虽然吸收佛教的思辨，二者之间存在不少"相似处"，但在道统说、天理论和本性观上是绝不认同佛教的立场的。否则，不但儒不儒，甚至也佛不佛了。在根本上，儒佛是两家而不是一家。

如果说，"和合"的积极意义，包括多元素和合与互动型和合，是直接阐扬"和生"、"和处"等正面的价值；而它的消极使用，则是从反面来提醒人们，"和合"不能是无原则的混同，"献可替否"应当建立在明辨是非可否的基础之上。一句话，和合还是要讲原则的。

从宋明儒的时代到今天，历史已跨越了数个世纪的维度，但"和合"的观念及其所由形成的思维习惯——譬如"大团圆"的心理期待，却无时不在影响着中国人的思想。但或许正是因为这种习以为常，人们反倒忽略了对"和合"这一重要概念的自觉关注和对其意义的辨析阐扬。和合学的创立使传统的"和合"观焕发了新的活力，但"继继不已者，善也"（张载语），和合学本身在基础义理层面也需要不断完善和推进，这也是本文所以写作的目的。

（原载于《哲学动态》2019 年第 3 期）

---

① （明）罗钦顺：《续卷上》，《困知记》，阎韬点校，中华书局 1990 年版，第 61、64 页。

中国哲学"变"学论纲

一、"变"的哲学意义

在中国哲学的整个范畴体系中，"变"是一个既能充分体现中国哲学特色又具有最大适应性的范畴。中国传统哲学由于特殊的社会文化背景，没有出现像古希腊亚里士多德的范畴分类法那样明确界定的范畴分类学说。中国哲学的范畴，往往是一个开放和兼容的系统，整体性和模糊性是它的显著特点。故它不但能够吸收和整合中国本土不同历史时期哲学思想发展的成果，而且善于吸收外来文化之所长，从而不断地丰富和更新着范畴的内涵，推动着中华民族理论思维水平的发展。

亚里士多德从谓词的角度出发将范畴区分为十类。但十类中最重要的不过是实体、属性（性质）、关系、状态四类，"活动"则可以融入到属性和状态之中。借用这一分类，中国哲学的基本范畴如天、道、理、气、性、心、仁等大都可归入实体一类，而"变"则首先是作为属性和状态存在。但也正因为如此并植根于自身的规定性，它在不同实体和属性间周流不息，从而也使它具有了关系的意义并与实体范畴本身密切关联。变既反映现实宇宙和社会人事的存在和发展，也联系并促成着其他哲学范畴的实现。变是宇宙精神和人文精神的集中体现，是中国辩证思维哲学的最深厚的基础。

辩证思维是中国哲学的优秀传统。在中国不存在占主导地位的以孤立、静止、片面的观点去观察世界的思维方法和思想体系，而这之所以可能，从思维的层面说，"变"的思想深入人心是最重要的因素。"变"虽具有丰富的思想内涵，但首要的内容无疑是对立互反、物极则变，这也正是辩证思维哲学的核心内容。有了"变"的机制，天道、人事的任何一方面都不能常住不灭。"变"具有绝对的性质，迫使既有的存在不断转化，从而使不同的对立方最终又联系了起来。然而，"变"又非纯粹的绝对性，绝对和相对总是相比较而言的。变的绝对性和相对性统一于它们的条件性。只要条件具备，变就必然发生。"易，穷则变，变则通，通则久。"① 穷困为变提供了条件和可能，变则将可能转化为现实，由可能到现实具有绝对和必然的意义。但究竟如何变，变如何通，又有各种可能的选择。变的相对性转而成为矛盾的主要方面。同时，变的绝对性又受合理性的制约，在社会领域尤其如此。变是否合理，取决于它是否适度。变有"要"，"要在当可"，这是衡量变之合理性的最后标准。故不合理或不适宜之变，变则有复；而合理、适宜之变，变则如同江河趋海，一去不回。

与中国哲学比较，西方哲学无疑也有自己的变的思想。古希腊赫拉克利特就曾从一切皆流、万物常新的基点出发，提出了著名的"我们不能两次踏进同一条河"、"太阳每天都是新的，永远不断地更新"的观点。但是，西方哲学后来的发展，从原子论到机械论，变化的观念，尤其是变而"不断更新"的思想则不占主导地位。而中国哲学则不存在这种情况。变化日新、代故以新的变的思想是中国哲学的永恒的主题。

作为中国哲学的基本范畴，变不只是客观现实的反映，也是哲学逻辑结构的规律的概括。在其外部，变促成和催化不同哲学范畴的生成、展开、过渡和转换，从而使天、道、理、气、性、心等实体性范畴活动、联系并组织起来。而在变范畴自身，则主要表现为两条相互交错的发展曲线：一是通过与改、化、易、革、常等相关范畴的关联互补而不断揭示变范畴的独特理论价值；二是从对立互反、生成发现、体用贯通、天人和合、递变进化等哲学基本理论入手来深入发掘变的思想内涵。这两条曲线相互促进、互为补充，共同推动着变的哲学的发展。

"变"学的发展是历史和逻辑的统一。作为一个开放的系统，变的内涵的丰富和外延的扩大，始终是在与不同哲学范畴的相互联系和交流中实现

① （宋）朱熹：《周易本义》，苏勇校注，北京大学出版社1992年版，第153页。

的，故模糊性也就是变范畴的重要特点。变不仅仅是"变"，它同时也是改、化、易、革、常等，并又与其相互联结而形成改变、变化、变易、变革等概念。变的模糊性是与它的系统的整体性相衔接的。如此之变可以适用于任何现实的存在，反映了"变"学系统的确定性的一面。但这确定性又刚好是与不确定性互为条件的。事实上，并没有绝对模糊的不定变化，"变"都是相对于一定的时空关系和范畴结构而言的。它总是力图由粗入精、由模糊而清晰，并在抽象与具体的相互推荡中向前发展。

变的抽象与具体的关系，可以从变的形式特征和内容构成两个层面加以分析。在前者，如变与化的显微著渐的互动，变与常（不变）的普遍特殊、必然偶然的交织，变之体与用、一本与万殊的相互依存和转化，穷则变、变则通和体现在生成、进化意义上的变的一般发展规律等等。作为形式特征之变，所揭示的是变范畴的功能、作用及其理论价值，离开了变，一切实体范畴都成了死寂静止的孤立物。"变"使范畴生机勃勃，不是孤立、静止、停滞，而是联系、运动、发展。

黑格尔和唯物辩证法都认为范畴是人类认识之网的网上纽结，这在一定意义上有助于说明变和其他实体范畴的关系，即所谓"网"和"纽结"。纽结之所以能"结"，全赖于有网，通过"变"之网，将其他哲学范畴联结了起来，才能构成一个完整的哲学体系。当然，网离开了纽结也无法成网；网需要通过不同的纽结即其他哲学范畴的作用来展示出自己的存在价值。但网和纽结的比喻也有不足，即它给人以静止的印象，未能揭示出活的网络只能是动态的存在。对实体范畴而言，变之网实际上是一种"流"，一切范畴都在这一大流中生生转换。不论是引起孔子感叹的不息的江流，还是今日无处不在的气流、电流，尤其是作为时代特征的信息流，均是流则生，不流则死，变则存，不变则亡。变就是生生不息的宇宙过程本身，世界在流变中生存发展。

变的内容构成，则有气变、灾变、形变、物变、数变、识变、理变、性变、心变和器变与道变等多种多样的表现。灾变、形变均可归属于气变，但气变则不限于此，它既包括可感层面的气化世界的变化，也包括气的本体即太虚世界的氤氲动静，这是因气范畴兼有形象和本体的双重属性的特点所决定的。数变突出了变也有结构性和精确化的要求，对数的结构和变化的机制的探讨是中国哲学尤其是"变"学研究中的重要一环，并非只是西方哲学的专利。同时，数变又是物变的深化，从一般的物极则反到具体的数极而变，反映了模糊哲学中也潜藏着精确化的张力。"识"变产生于特定的宗教需要，但其要旨与宋明理学的"变生"说并无二致，所要解决的问题都是现实世界如何能生成发展。二者的对立表现在对世界性质的判定上，一则判断为假，一则认定为真。而理变、性变、心变等等则不直接是宇宙变化，而是宇宙"背后"的原因、根据即本体的变化。本体的变化有自己的特点，即它通常又具有不变的性质。但"不变"（常）并不离变，而是在变之中并决定着变。中国哲学没有与西方哲学相类似的上帝的观念，西方哲学中根深蒂固的不动的推动者的假设，在中国哲学只有作为不变而制变的性理或心体与此相近。但后者不但没有人格的特色，更重要的，是它绝不能离变而存，制变者依存于变动者，"变"自身也具有绝对的意义，这与西方的上帝是难以画上等号的。

器变与道变在中国"变"学的发展史上有特殊的意义。整个世界，人事和天道都可以分为器与道双方。二者虽然都是思维高度抽象的产物，具有典型的理论表现形态，但在中国历史上却往往体现出最为强烈的现实层面的意义。器与道的变与不变，直接反映着中国社会发展的现实需要。现实性原则在这里是第一性的，"变法"从来就不是纯理论的探讨。也正因为如此，传统的社会价值评价系统对于变之合理性的判定，其标准往往不取决于变之内容本身，而是取决于变"器"还是变"道"。变"器"虽可，变"道"则非，祖宗之法不可变，非不可变"器"，不可变道也。因而，近代社会由变"器"到变"道"，体现了历史的进步和时代发展的潮流。

在所有上述变化的具体构成中，气、形、物等的变化属于外部的现象层面；数变则开始进入了本质，故气、形、物的变化可以由数的机制来加以解释；而识变、理变、性变、心变等等则无疑都属于哲学本体的一方。无论是哪一层次的"变"，都与实体范畴密不可分，与确定的实体相互依存。一种实体与另一种实体之变，虽有区别又有联系，在整体上构成为一个差别统一的系统。

二、"变"的历史发展

对"变"的学说在形式和内容层面的研究，不能脱离开它在整个中国哲学范畴体系中的地位和作用来进行，这就需要考察"变"之形成和演变的历史。从先秦到近代，"变"是与哲学基本理论、主要是生成论和本体论的发展密切联系在一起的。变之可能，或曰变范畴自身存在发展的原因和根据，除了客观现实的缘由外，在很大程度上产生于建构生成论和本体论的理论目的的需要。事实上，纯粹的本原和本体是没有意义的，它们的意义在于为现实和现象层面的世界提供生成的根据和活动变化的所以然，而这便离不开"变"。对此问题的认识，可以结合目的和手段的讨论来进行。

早在先秦时期，中国哲学便提出了"知变化之道"的任务。道作为认识的目的，它是"体常而尽变"的，只有穷尽一切变化并付诸变革现实的实践，才能实现"体道"的目的。故不论是国家风气的齐变至鲁、鲁变至道，还是圣人境界的"与变随化"，变都是必须的手段，而穷则变通、变通则久长的变易思想更是鲜明地体现了变之手段和目的的相互促进的关系。秦汉思想家以"太一"或大道为生成万物的本原，变则是大道实现生成和支配万物的目的、并从而体现出自身的存在价值的基本手段。不论是道变、气变还是灾变，实体或本体范畴，都是通过变来实现自己的目的的。故变作为手段，也并非完全处于被动的地位。阴阳协调互变能使道的目的顺利实现，而阴阳紊乱凶变则不但不能顺利实现目的，反而会伤及道的存在本身。变之与道，可以说是一荣俱荣、一损俱损。

魏晋以后，中国哲学本体论进入成熟形态，变则进一步契入其中。"革"道是否完成，取决于"器"变的去故成新的手段。而"与变化为体"的观点，则使目的和手段合二为一。至于道教的人仙之变、炼丹之变，佛教论变即无相、变秽为净之变，变则是实现宗教目的的基本手段。到隋唐佛学，变在其理论构成中的地位和作用进一步强化。单有本体并不成论，本体"论"之成立，依赖于变。变由体达用而实现其建构理论的目的。不论是我法二相，还是见相二分，最终都由"识"变而成。真如本体依赖于变化生灭的手段，人身和整个宇宙都由真一灵心在无数的辗转变化中生成。而禅宗崇尚的顿变，更是成佛的根本手段。无变不成"论"，无变也不成佛。

宋元明清时期，变范畴仍是理学理论建构的最基本的手段。仅就气本论、理本论和心本论这三大本体理论而言，不论是哪一"论"，它们的构成都离不开"变"论。气变的概念并非只是言具体的气化，而是将道、理本体统一起来的基本的手段。变使气、道一体和气、理一物的本体论结构得以实现。气化是太虚或理本体的现实，"变"由"中涵"而外显，与本体由潜存而表现的过程是完全一致的，二者产生于同一的因果序列。理一分殊实际上是理一"变"殊，万殊既由一本所变，又变归于一本。而心体则既有活动义，又有发现义，二义协同作用而成为维系心本体存在和完成心本论结构的根本的手段。心之动而彰显与心发之理充塞天地是同一个心"变"的过程，其目的都在于通过心之动变建立起先验的道德本体。实体范畴之间，心、性、情范畴的过渡和协调为三大本体理论所共同关注，而这均由"变"之手段一线贯穿。变既是非常又是常。变常关系的讨论，实际上揭示了心、性、理、道的哲学本体通过何种手段表现出自身的存在和怎样发生作用的问题。

近代社会，变作为手段的作用表现得更为明显。不论是理论还是现实，变都是革故鼎新的唯一手段，从根本上推动着自然界的发展和人类社会的进化。因而，变的地位和作用在近代社会达到了顶点。整个中国哲学理论实际上都是在为变造舆论，为变作鼓吹，变对于哲学乃至整个中国学术的使命来讲，它显然又具有了目的的意义。目的和手段在改造社会和改造旧学的过程中走向统一。

三、"变"的理论特点

"变"学作为中国哲学理论体系的重要组成部分，它通过自身的展开和流行，使诸多差别的哲学范畴联系和贯穿了起来。"变"范畴的基本特点，可以简单地概括为以下三方面：

第一，变与生生和合。

自《易传》提出"天地之大德曰生"和"生生之谓易"以来，中国哲学便是以生生与变易的和合解释宇宙的生成发展和日新富有的。作为天地德行的根本，生生和变易集中体现着宇宙精神。现代宇宙学认为，我们生活的宇宙并非从来就有，它系由原始的基点或不均匀的"无"突然"暴胀"而在大爆炸中产生。而在中国哲学，这种作为宇宙本原之"无"就是道或太极。在这里，不论是道"生"万物，还是太极"生"阴阳，生生实质上都是"变"生，"生"是以"变"为其真实内容的。无生有，虚生实，所凭借的实际上都是"变"的机制。严格意义的"生"的概念只能说明同质的延续和种的保存，而宇宙作为诸多同质、异质要素或成分的和合整体，只有在"变"作为其内在机制的前提下才有可能。就此而言，可以说是先变而后有生。

庄子提出原始宇宙"杂乎芒芴之间"，只是一个混沌。初变而后有气，气变而后有形，形变而后有生。"生"在庄子位于混沌和气、形之后，还因为生生必须有生生的质料，故气、形之变遂成为生生的前提。在气、形生成万物之后，万物之间便是相互化生，变融入到生生的具体过程之中。不论是直观猜想意义上的青宁生程，程生马，马生人，还是科学进化意义上的菌藻生鱼，鱼生猿猴，猿猴生人，由于前后之形的不同，物之种系不同，异种之间的生生无疑都是"变"生，前一环节需要经过无数次的变异才能生成后一结果。正是有赖于变异，气化之生生不息才能真正落到实处。

但是，生依赖于变并不是生与变关系的全部，变同样依赖于生。变能"成"变，本生而有，生不只是形化，它更是一种具有无限潜能的内在张力，不断在准备和促成着变化。在此意义上，变则属于表现"生"的"象"的一方，"变化者，进退之象也"①。"象"是生生的实现和现实的证明。"生"在天成象，在地成形，使草木蕃长。通过变化之"象"，人们便可以认识生生。那么，变与生生双方就是交相互发的。变有生生，也就有了无限的张力；而生生有变，则展现出了无穷的样态。宇宙的生生不息，就是变与生生和合作用的现实过程。

第二，变与常互动。

"变"之必要，在别于"常"。常是宇宙的存在本身，没有常也就没有宇

---

① （宋）朱熹：《周易本义》，苏勇校注，北京大学出版社1992年版，第139页。

宙。而变者，"改常"之名也。宇宙的现存秩序所以需要改变，在于它本来就在不断地变化中生成。变否定着旧常，又为新常的产生准备着条件。故变比之常也就具有更大程度的普遍性和合理性。两千多年前，孔子从川流不息的现实悟感出了宇宙万物存在的非常住性的特色。因为"流"则不常，不常即变也。故后来庄子明确将变化与"流"联系在一起，流就是变。

以流释变，其与常的关系，首先是突出了变化的不可执留即非常住性。流变与时同在，具有绝对性的特点。中国哲学对于流变的绝对性的思考，是将它建立在时间不可复返的认识基础之上。天地万物的变化日新，是与"与时俱往"互相发明的。时既不暂停，变则不可复。故通常所谓往复循环、终而复始只具有相对的意义，因为所复者其实只是形式而非内容。"终不是已往之阳，重新将来复生。旧底已自过去了，这里自然生出来。"① 流变的非常住性与生生不息的宇宙精神合而为一。

其次，变与常之互动，还表现在宇宙万物生长发展的有序性上。有序是变或生生的规范化和规律化，它无疑是常，但此常只存在于流变过程之中。天地间春夏秋冬、生长收藏的顺序转换无不如此。有序是流变的有序，流变是有序的流变，变常的统一表现为事物发展的必然。

但有序流变的必然并不排斥"失序"而变的偶然，中国思想史上最早认识到天地变化乃有序联结的伯阳父，同时便肯定了"失序"的现实。地震灾害不论是天地之气阻塞的产物，还是因地壳构造活动的异常所致，古今的共性都在于确认存在"失常"即偶然性的一面。天有不测风云，人有旦夕祸福，既有平生之常，也有适遭之变。否定了偶然性的存在，也就不可能圆满地解释世界。但偶然又并非与必然绝对对立，一旦认识到偶然的原因，把握了变化的规律，偶然便又转化为必然。故从认识的最终结果和前景着眼，哲学家们大都坚守"物无妄然（偶然），必由其理"、"日月寒暑昼夜之变，莫不有常"的信念。道理很简单，"理"在这里就是事物变化的规律，而规律正是常之本质所在。换句话说，常是有序之变，而不等于绝对不变。

朱熹在解释孔子"逝者如斯夫"之意时曾说："天地之化，往者过，来

---

① （宋）黎靖德编：《朱子语类》，王星贤点校，中华书局 1986 年版，第 1411 页。

者续，无一息之停，乃道体之本然也。"① 道体的本然即常态就是流变不息。作为哲学本体的天、道、理、性等范畴，虽有"不变"的特点，但这"不变"只是说它们作为本体或物之本质规定的属性或地位不变，因为有此不变，才有某物之变，不然，"物"已不成其为物了。然而，不变之体没有离开变用而独立存在的价值，常住性必须通过变动性为自己开辟道路。

第三，"变"是矛盾的化解。

矛盾是宇宙间的普遍现象，世界万物的生存流变，无不是在矛盾的相互对立、冲突和消解中实现的。阴阳是中国哲学所概举的最为典型的矛盾现象，与此相关的刚柔、阖辟、聚散、存亡、虚实、动静等，都是矛盾的不同表现形式，而变就贯穿于其中。

在这里，阴阳刚柔作为对立面是"两"，而相推生变则使"两"融合为一。故单纯的一、两不是变，变之谓变，在于两是一中之两，一是有两之一，张载后来把这概括为"一物两体"，并提出"有象斯有对，对必反其为"的互反变化模式。即对立冲突以互反互变为结果。一阖一辟、一刚一柔的相推，实质上是相互克服和转化。因而王弼突出性质的"不合"为变化的前提，"凡不合而后变生"。"变生"即意味着一物对另一物的克服。而张载的"仇必和而解"的见解，则显然强调的是和解融合的变的又一方面的意义。但不论是克服还是和解，都是原有矛盾的解决，都是变的过程。变的价值在这里突出地表现在它是化解矛盾并导向新物的惟一选择。故朱熹以为自王弼以来作为矛盾化解代表的"水火相息"之"息"，既有"灭息"又有"生息"之义，"灭息而后生息也"②。灭息是既有冲突的化解，而由灭息到生息，其实并不存在时间的间隔，灭息的同时即开始了生息。"灭"旧与"生"新表现了密切相关的变化的两种基本形态。

从而，变不仅在化解过去，更表现在开辟未来。"易道若穷则须随时改变，所以须变者，变则开通得久长"③。故不论是古代社会以商鞅变法为代表

---

① （宋）朱熹：《四书章句集注》，中华书局 1983 年版，第 113 页。

② （宋）朱熹：《周易本义》，苏勇校注，北京大学出版社 1992 年版，第 104 页。

③ （唐）孔颖达：《周易正义》，（清）阮元校刻：《十三经注疏》，中华书局 1980 年版，第 86 页。

的克服奴隶制的变革，还是近代社会以资产阶级思想家为主导的否定君主专制的变革，中国的思想家们始终是在自觉地利用变易、变革的思想去化解复杂的社会矛盾的。化旧开新，不仅是变的基本特征，而且是变的最重要的功能。这表现在形质、道器关系上，则有质日代而形如一（形一质异）、器变道不变（形异质一）、器道皆变（形质皆异）三种基本的矛盾化解格局。前二种体现了变化的连续性的属性，后者则突出了变化的间断性的特色。但不论是哪一种变化格局，都是对特定矛盾状态的化解，都具有自身的历史合理性，从而调节和推动着社会的发展。

（原载于《中国人民大学学报》1998 年第 6 期）

张载的"仇必和而解"与两种辩证法

两种辩证法一般是指客观辩证法和主观辩证法。由于客观辩证法是指客观世界及其所涵盖的自然界、社会自身的辩证运动规律，所以从"人"的角度而言的辩证法实际上都属于主观辩证法。主观辩证法或辩证思维是客观辩证法的反映，作为客观辩证法根本规律的对立统一规律、或者说矛盾规律自然也是主观辩证法的根本规律。在传统的中国社会，儒家学者对于客观辩证法有相当程度的把握，他们能够从矛盾分析入手去看待周围世界和人类社会，坚持矛盾对立及其相互作用是推动世界发展变化的动因。

一、张载的"一两"之辨与冯友兰先生的"两种辩证法"

辩证思维是中国哲学的优良品性并具有悠久的传统。在中国社会，不论是先秦汉唐，还是宋元明清，均不存在占主导地位的以静止不变、片面孤立的观点去观察世界的僵化的思想体系。从先秦史墨的"物生有两"到北宋张载的"一物两体"，矛盾分析法或对立统一观深入人心，运动变化、全面联系的观点是中国哲学、也是儒家哲学的基本观点。正是因为如此，中国人百年前接受马克思主义的辩证法，不存在任何理论上的困难。

宋代理学兴起，将中国哲学的辩证思维推进到了一个新的阶段。理学家们不但提出了许多新颖的哲学命题，而且给予了较为全面系统的阐发，张载的"一物两体"便是其中典型的代表。当然，"一物两体"的命题不仅仅标示了方法，也同时是讲实体；既是讲辩证思维，也强调气的实存。本文只讨论其辩证思维的方面。

就张载所设置的"一"和"两"的存在本身说，他固然力求对双方给予同等程度的重视。所以在"一故神"后要注明"两在故不测"；在"两故化"后要注明"推行于一"。在他这里，"两"之间所以能够整合为一体，关键是因为有"感"的相互作用机制，所谓"感而后有通，不有两则无一。故圣人以刚柔立本，乾坤毁则无以见'易'"①。"两"之交感是对立面相合并走向通泰的必要条件，没有对立面就没有统一体，因而"两"比"一"更为重要。圣人模拟天地变化而确立起来的"本"，正在于刚柔、乾坤之"两"，"两"若毁弃，生生流行、阴阳交通的整个易道也就不存在了。

"感"有天地阴阳交感及其被人所"感"的不同含义，但不论是前者还是后者，最终的立足点都是在"两"上，所谓"天大无外，其为感者，絪缊二端而已焉"②。"天"尽管在外延上已是最大的概念，但仍然可以从阴阳对立交感的"二端"去予以理解。全部宇宙的生成变化，说到底都是二端的变化："天道不穷，寒暑也；众动不穷，屈伸也；鬼神之实，不越二端而已矣。"③宇宙间的一切存在与活动，都是建立在"两"的作用基础之上的。

作为"接着"宋明理学讲的现代新儒家代表之一的冯友兰先生，在他对于张载思想的评述中，提出了"两种辩证法"的新说。这即是以矛盾为主的"仇必仇到底"和以统一为主的"仇必和而解"两种辩证法。④ 相对于客观辩证法和主观辩证法的两种辩证法，冯先生的做法实际上是将主观辩证法再区分为二。冯先生的继承者蔡仲德先生在为冯氏撰写的《评传》中，进一步将这两种辩证法概括为中国传统的"仇必和而解"的调和哲学与毛泽东的"仇必仇到底"的斗争哲学的对立，并强调"仇必和而解"的调和哲学是中国哲学对世界哲学的贡献⑤。冯、蔡先生"仇必仇到底"的概括是否准确暂且不论，其概括的实质是将张载的辩证法与包括毛泽东在内的矛盾辩证法

① （宋）张载：《张载集》，中华书局 1978 年版，第 9 页。

② （宋）张载：《张载集》，中华书局 1978 年版，第 10 页。

③ （宋）张载：《张载集》，中华书局 1978 年版，第 9 页。

④ 参见冯友兰：《中国哲学史新编》下册，人民出版社 1999 年版，第 153 页。

⑤ 参见蔡仲德：《附录·冯友兰先生评传》，见冯友兰：《中国现代哲学史》，广东人民出版社 1999 年版，第 263 页。

对立起来，并以为正是前者体现了中国哲学（不仅仅是儒家哲学）的独特价值。由于如此的价值认定已经使中国传统哲学与马克思主义哲学完全对立起来，所以有必要对张载所说进行一番探讨，以便完整准确地理解张载辩证思维的实质。

在张载，"两"的重要性并不意味着它可以脱离开统一体。一两之间，除了空间过程的相互作用和转化之外，从时间的序列看，通常表现为一个由一到两，由两又合一的辩证统一过程。在这一过程中，张载为他的辩证法提出了颇为特别的"仇必和而解"的观点。他说：

> 气本之虚则湛一无形，感而生则聚而有象。有象斯有对，对必反其为；有反斯有仇，仇必和而解。故爱恶之情同出于太虚，而卒归于物欲，倏而生，忽而成，不容有毫发之间，其神矣夫！①

张载这段文字有七十字，但冯先生对张载思想的引述，是只就"有象斯有对，对必反其为；有反斯有仇，仇必和而解"这四句话而论，因为他以为，张载这四句话就是对他的辩证法的归结，② 所以"四句"后面的本来是作为语句归结（"故"）的部分便自然被删去。

为了阐明自己的观点，冯先生利用《易传》"一阴一阳之谓道"的说法作为根据，说明在事物发展的一个阶段内，或者是阴占优势，或者是阳占优势，但无论谁占优势，都不能完全消灭它的对立面，"这大概就是张载所说的'仇必和而解'"③。就是说，尽管在量上阴阳双方可以有不对称性，但从质上说，总是双方共存而不是只有一方。如果不谈张载的"仇必和而解"，而只是站在统一体保持其自身稳定性的前提下考虑问题，冯先生的这一解释是符合辩证法的矛盾同一性原则的。但在同时，也要考虑到矛盾统一体在一方占压倒优势而又能保持不破裂的情形并不是问题的全部，矛盾同一性的另一表现是占优势地位者必然要求按照自己的意愿改造对立方以克服矛盾，这

---

① （宋）张载：《张载集》，中华书局1978年版，第10页。
② 冯友兰：《中国哲学史新编》下册，人民出版社1999年版，第151页。
③ 冯友兰：《中国哲学史新编》下册，人民出版社1999年版，第152页。

最终会导致统一体的解体而开始新一轮的矛盾运动。后者在冯先生的视阈中，当属于"仇必仇到底"的一方。冯先生在分析的最后总结说：

> 客观的辩证法只有一个，但是人们对于它的认识和了解可以有很多，至少有两个。一个统一体的两个对立面是矛盾的统一，这是都承认的，但是一种认识可以以矛盾为主，另一种认识可以以统一为主。后者认为"仇必和而解"，前者认为"仇必仇到底"。这是两种辩证法思想的根本差别。①

客观辩证法的确只有一个。马克思主义的辩证法在冯先生属于"两个"主观辩证法之一，即以矛盾为主，主张"仇必仇到底"；张载的"仇必和而解"则属于与之对立的另一个，即以统一或调和为主。

二、前人对"仇必和而解"及相关思想的解释

冯先生两种辩证法的解释是否恰当，关键在对"仇必和而解"的理解是否合符张载思想的原意，以及"和而解"是否就是张载辩证法的最后归结。从历史上看，提出"仇必和而解"观点的张载《正蒙》一书，历来以为"艰深难懂"，但前人也有不少的研究成果可以参考。在比较重要的几种《正蒙》注解中，张岱年先生以为，"王夫之的注解比较深刻，王植的注解比较完备"②。那么，不妨引入这二王的见解以加深我们对此问题的认识。

王夫之在确认无形的太虚本体与万象的气化流行之后，解释"有象斯有对，对必反其为；有反斯有仇，仇必和而解"这"四句"意思说：

> 以气化言之，阴阳各成其象，则相为对，刚柔、寒温、生杀，必相反而相为仇；乃其究也，互以相成，无终相敌之理，而解散仍返于太

---

① 冯友兰：《中国哲学史新编》下册，人民出版社 1999 年版，第 152—153 页。
② 张岱年：《中国哲学史史料学》，三联书店 1982 年版，第 158 页。

虚。以在人之性情言之，已成形则与物为对，而利于物者损于己，利于己者损于物，必相反而仇；然终不能不取物以自益也，和而解矣。①

王夫之这里，是天与人分别讨论。在天道一方，从虚湛本体而来的气化，交感而生成物我万象，但万象间的关系，是以刚柔、寒温、生杀的互相敌对冲突的形式表现出来的。从发展趋势看，敌对冲突双方是相互促成而终使矛盾消解的关系，最终是返归于所由来的太虚。在人道一方，表现的是人与物的你争我斗关系，最后以物消融于我而结束。比如人损谷物禽畜以为己，二者的冲突以粮食和肉食成为我身体的一部分而结束。但可看出，此种"和而解"显然不是双方的"和解"，而是以一方对另一方、亦即我对物的克服吸纳为条件的。

　　同时，人的认识也不能停留在这一层面，仅仅抓住这"四句"就作出结论并不符合王夫之的思想，"四句"的前后文尤其是后面半段文字是必须要结合起来考虑的。王夫之说：

　　　　相反相仇则恶，和而解则爱。阴阳异用，恶不容已；阴得阳，阳得阴，乃遂其化，爱不容已；太虚一实之气所必有之几也，而感于物乃发为欲，情之所自生也。
　　　　爱恶之情无端而不暂息者，即太虚之气一动一静之几；物无不交，则情无不起，盖亦不疾而速，不行而至也。存神以合湛，则爱恶亦无非天理矣。②

按王夫之的解释，反仇与和解其实是对立的两方，即一为恶，一为爱，恶表现为阴阳的对立冲突，爱表现为将对方收归于己。这种或对立或归并的阴阳气化，乃太虚之气运动变化的必然动因和先兆。阴阳、动静的对立互动和交感是永不停息的过程，爱恶之情起并发而为物欲，就是随时都在进行而十分

---

① （清）王夫之：《张子正蒙注》，中华书局 1975 年版，第 25 页。
② （清）王夫之：《张子正蒙注》，中华书局 1975 年版，第 25 页。

自然的。人如果能做到使心神安宁，便能体验到湛一无形的太虚本体，这样不论是爱是恶都属于天道、天理本身的流行了。

如果说在解释"四句"时王夫之是天人分论的话，这里便是天人合讲。天道是人道的前提，人道反映天道。但无论从人道还是天道来看，"和而解"都不是最后的归结，他只是太虚气化运行的一个片断和阶段罢了。而且，当王夫之将"和而解"归之于爱之一方时，它就不但不是双方矛盾的最后解决，作为由反仇到和解的一个片面，它本身还需要由和解到反仇的另一片面亦即新的矛盾运动来支持。

王夫之没有把"和而解"当作为矛盾的最后解决，晚王夫之半个多世纪的清代学者王植同样也是如此。王植认为：

> 夫气之本体是为太虚，其初亦湛然至清，本无形象耳。及气之相感而生，则聚而有可见之象；既有象，斯有对，如寒与暑对也。有对必反其所为，如寒暑相反也；有反斯有仇，如寒暑之不相容。仇必有以和而解，如寒由温而暑至，暑由凉而寒至也。和解则爱，反仇则恶，是天道爱恶之情同出于太虚之一本，而其后卒归于物欲之万殊。故其二气纷扰，化育不穷，倏而生，忽而成，不容有毫发之间断，岂不神妙莫测矣乎！故曰：寒暑者，天之昼夜也。①

气化聚散的现象世界由湛然无形的本体太虚而来，如同寒暑一般对立互反，反则有仇，仇而不相容，从而走向和而解。以寒暑来解释的爱恶之情，重在说明寒暑、暑寒是一个互动不息的过程。借助"理一分殊"的框架，说明源于一本的爱恶之反仇，是以散归于万物的不同欲求而告终。在这一整个的气化流行过程中，变化流行的迅速使得没有任何的间隔。换句话说，即便有和解的终结，那也是倏生忽成之一片段而已，故只能以神妙不测来形容之。这就如同天之昼夜、年之寒暑一样，从来不可能有一个最后的解决。

---

① （清）王植：《正蒙初义》，文渊阁《四库全书》，（台北）商务印书馆 1986 年版，第 697 册，第 447 页。

王植解读《正蒙》的一大特点，是不但将"四句"节前后文字联系起来，而且是把今《张载集》论天之寒暑昼夜的上一节与"四句"节合为一个整体来解说的，并以为这样才能完整准确地把握张载思想的全貌。与王夫之相似，王植也是将和而解归属于爱之一方，但更明确地解释爱源于太虚一本又归于物欲万殊，其间不容毫发之间断，又怎么可能有最后的和解呢？王植继续分析说：

> 言其始，本太虚而无形也，一至聚而有象，则遂有反仇、和解、爱恶之情，纷纭参错，不可穷纪。同出于太虚之无形，而卒归于物欲之有迹。此数句，即见一气循环神速不测之妙，故接云倏生忽成，无毫发之间，其神矣夫！正应转天之昼夜句。反仇、和解、爱恶、物欲等字，皆以人事形容天道。爱者相生相合之意，恶者相制相克之意。物欲云者，天道之变化客形，如人之有感而动，随物而迁，千状万态，无复本一之体。即上象对、反仇、和解数句，意非私欲之谓也。倏生忽成，又即气化之生人生物而言，生生不息，成成相继，神速不测，何间之有？旧说皆以物欲属人言，故语气不能一贯。①

气聚有象而反仇和解的过程，也就是无形与有迹的相互转化过程。与王夫之的天人分合说不同，王植认为张载之意是以人事说天道，即爱（和解）是天的相生相合，恶（反仇）是天的相制相克。张载使用物欲的概念是为形容天道，因为天道变化的聚散消长，就像人的生存总是随外感而动、随欲求而迁，千象万态，不再回归清纯的本性一样。也正因为如此，物欲在这里就不是指人的私欲，它不过是形象地显示了反仇和解的倏生忽成之状，重心在变化的神妙不测和生生不息。那么，从前的旧说将物欲归属于人而与反仇和解的气化运动相分离，就根本就没有明白张载思想是一个不可分割的整体。其实，如果从"仇必和而解"截断而认定为张载思想的归结，就不可能解释太

---

① （清）王植：《正蒙初义》，文渊阁《四库全书》，（台北）商务印书馆1986年版，第697册，第447—448页。

虚气化的倏生忽成和毫发无间——因为这已经是有间而止息了。

从而，立足联系和发展的角度把握张载的思想，应当说更为合理。亦如张岱年先生所言，王植对张载言辞的注解是比较完备的。事实上，我们通读《太和》全篇以及《正蒙》的其他相关篇目，不难发现张载思想的重心不在统一的完成，而在矛盾的推进，这从他一旦要阐明天地变化的实质及原因根据时，总是不厌其烦地申明"二端而已"就可以得到答案。

三、"仇必和而解"的阶段性与内外观

冯先生揭示"两种辩证法"的"根本差别"，意图集中在张载的辩证法是以统一为主而又尤其以"仇必和而解"作为最后的归宿。从前面的叙述可知，把张载的思想限制在"仇必和而解"而声言两种辩证法思想的"根本差别"，是作者自己而非张载的思想。张载虽注重双方的相互发明，但又认为其间存在着主次之分，他更为重视的是"两"的对立作用的方面，所谓"不有两则无一"也。

联系到"仇必和而解"，它只是张载论述太虚气化流行的阶段和片断，绝不应扔掉"故"之后面的部分而孤立看待。全面考察张载所说及前后文的语境，这段七十字的文字便可以表述为：气的变化始于湛一无形的太虚，因交感而产生聚散变化的万象；现象的世界一经产生，对立和斗争也就不可避免；然对立和斗争必然会走向消解（重新回到太虚之本然，从而开始新一轮的变化）。所以，相交相感的爱与相反相仇的恶双方都源自于太虚，因被外物所感而引发如同追逐物欲般的千象万态的变化。这样的变化倏生忽成，无始无终，以至连毫发的间隔也没有，真是神妙不测啊！显然，在张载的论述中，"仇必和而解"并不具有终极矛盾消解的意义。只抓住"仇必和而解"一句的做法本身，就是违背客观辩证法的相互联系原则的。

张载的《正蒙》是从他的《易说》发展而来的，他吸取《易传》资源而来的"时措"、"时成"观和孟子讲始、终条理的重"时"的思想，对他考量宇宙的变化流行有很大的影响。在重"时"的前提下，由于始、终条理的相互呼应，"仇必和而解"要说明的，不过是由"始条理"走向"终条理"时

有形物消解而返回到太虚之本的情形。或者说，从太虚之气"感生"而"有反有仇"走向"仇必和而解"的变化过程，与他在《正蒙》前面谈"太虚不能无气，气不能不聚而为万物，万物不能不散而为太虚，循是出入，是皆不得已而然也"，讲述的是同一道理。正是这种"不容有毫发之间"又"不得已而然"的聚散出入不息的矛盾运动，才是张载所揭示的客观辩证法、或者说矛盾辩证法的本相。

可以说，以"仇必和而解"表述天道变化一个阶段的终结，在逻辑上并不比以"有象斯有对"来表述天道变化一个阶段的开端有更高的效力，二者其实是等值的，都是永无穷尽的气化聚散过程的阶段和片面。其实，不只是张载，在北宋理学可以说已经形成为共识。在他们这里，局部的聚散生息与整体的太和流行相辅相成，"循环不已"，绝无所谓最后的归宿。

例如，邵雍创立的元会运世学说，明确阐述了一个具体宇宙过程的生灭周期。一元有十二会，一会有三十运，一运有十二世，一世有三十年，一元共是十二万九千六百年。这个十二万九千六百年便是"一元之数"，亦即"天地始终之数"，在没有今天阿拉伯数字的前提下，它们的运算比较麻烦。不过，在古人那里，有一个很好的简约化的方法，那就是在易学的氛围中，在一切都是阴阳的对立运动的前提下，可以将一元还原为一年甚至一日来加以考查。因为整个宇宙的生成、一年或一日，都是同一个阴阳消长交替的循环运动。譬如一日之内，循子、丑、寅、卯、辰、巳、午、未、申、酉、戌、亥十二支的位次，从阳气始生，经日出正午、日落黄昏到中夜人定，正构成为一个以太阳升降为周期的阴阳消长运动；而"一元之数"运行完毕，在时间上就是天地的最后时光，一旦进入到第十二会（亥会）之末，万物人类一切毁灭，宇宙退回到混沌的时代。这时的宇宙，便是处于张载气散返归太虚的"仇必和而解"阶段，但这绝不意味着整体宇宙的最后终结。因为就在此时，贞下起元，亥会转向子会，一个新的宇宙已经在生成之中。一句话，"复其见天地之心"也。

邵雍元会运世的宇宙生成周期说，在后来影响巨大。至今脍炙人口的四大古典名著之一、明吴承恩的《西游记》开篇所说的天地之数，便是利用邵雍所创立的元会运世学说，去具体彰显天地万物生成演化的历史过程的。从理学宇宙生成论的角度说，与邵雍同时的程颐，其"动静无端，阴阳无始"的著名命题，则更是一个否定气化生生有终结的典型的概括。到南宋，胡宏从"一气大息，震荡无垠"出发，直接描述了具体宇宙毁灭的洪荒状态，朱熹对此曾有一个总结。他说：

> 康节以十二万九千六百年为一元，则是十二万九千六百年之前，又是一个大辟阖，更以上亦复如此，直是"动静无端，阴阳无始"，小者大之影，只昼夜便可见。五峰所谓"一气大息，震荡无垠，海宇变动，山勃川湮，人物消尽，旧迹大灭，是谓洪荒之世"。常见高山有螺蚌壳，或生石中，此石即旧日之土，螺蚌即水中之物。下者却变而为高，柔者变而为刚，此事思之至深，有可验者。①

朱熹能够对宇宙的生成变化"思之至深"，乃是建立在自己的实地考察基础上的。直至今日，地质考古仍然是认识远古时代地质变化的一个基本手段。朱熹从此推导说，要全面认识宇宙的生成，必须将具体宇宙的毁灭包括在内，双方其实是相互发明的。因有生就有死，故无法讳言死；但死不是绝对的无而是新的开始。程颐提出"动静无端，阴阳无始"的意义，就在于断定宇宙的生成并不是一次性的过程，而是始终循环、天地轮回的运动，因而无法从某处切断而以为有始有端。对于这一道理，从昼夜的轮回接替就可以得到证明。胡宏提出宇宙有"一气大息"的"洪荒之世"，则是从旧的"一元"终结的角度预告了新的一元的开始。简言之，端之前又有端，始之前又有始，始终轮回，永无止境，才能保证宇宙的生命常在。

此外，不能把"仇必和而解"理解为矛盾的最后归结，还有另一方面的原因，就是聚散屈伸不息的矛盾过程作为内在的性理而支持着事物外部形象的稳定。换句话说，即对"有象斯有对，对必反其为；有反斯有仇，仇必和而解"四句分别从内外的视角进行解释，看清内部的矛盾决定着外部现象的和解同一。张载说：

---

① （宋）黎靖德编：《朱子语类》，王星贤点校，中华书局1986年版，第2367页。

阴阳之精互藏其宅，则各得其所安，故日月之形，万古不变。若阴阳之气，则循环迭至，聚散相荡，升降相求，絪缊相揉，盖相兼相制，欲一之而不能，此其所以屈伸无方，运行不息，莫或使之，不曰性命之理，谓之何哉？①

日月之形万古不变，乃是由于作为其内容的阴阳精微之气互以对方为自己的存在场所，所谓阳中有阴、阴中有阳也。正是这样一种互不可离的矛盾的互相依赖，使"反仇"能够以"和解"的形式存在和延续。那么，在这样的情况下，"仇必和而解"不但不是指矛盾的消解，而且本身就是矛盾存在的外在表现，这就如像万古不变的日月之形一样。从此表现形式深入进去，可以看到阴阳对立双方始终处于相荡、相求、相揉、相制的过程之中，根本不可能强使其"一"之。阴阳气化运动是自己的运动，正是因为如此，它才可能永不止息，张载将此宇宙运动变化的最根本的原因叫作性命之理，说明他是从内在本性和规律的意义上来定义矛盾的动因的。

张载反对以"一"而主张以"二"即两端的矛盾对立作用去解释世界，所以与所谓"仇必仇到底"的斗争哲学相对立的"仇必和而解"的调和哲学，在他这里并不存在。仍不妨将张载与他的继承者王夫之作一对比。前述可见，王夫之是自觉继承张载哲学的，在宋明理学中也同属于气学一派，其《张子正蒙注》在哲学史上也颇为知名。但从辩证法说，王夫之的辩证法不完全同于张载，因为他对于矛盾是更为强调统一的一方。张载于《太和》篇中讲"不有两，则无一"，王夫之的注解，最后的落脚点却是"非有一，则无两也"②。就此，可以作为双方差异的一个简单归结。在张载，其注重"两"是重在强调内在的对立两性是推动宇宙气运动的根本动力；而王夫之的立足于"一"则既是为论述太和一气的统一，也是为突出他的"一元"逻辑并以太和乾元之气为本的理论意图的。就是说，王夫之更为重视"一"，立足点是在本体论而非辩证法上。在辩证法上，王夫之同样也没有终极矛盾

---

① （宋）张载：《张载集》，中华书局1978年版，第12页。

② （清）王夫之：《张子正蒙注》，中华书局1975年版，第20—21页。

消解的思想。可以说，不论是张载还是王夫之，他们的辩证法都注重矛盾的辩证统一，这与马克思主义的辩证法在根本上是一致的。一句话，事实上不存在冯氏意义上的"两种辩证法"的对立。

（原载于《江苏行政学院学报》2009 年第 4 期）

跋

　　呈献在读者面前的，是一部如今被统称为"中国哲学"研究的论文集，但内容和篇目仍基本上是按传统学术的方式选录，主要集中在经学和性理学的方面，也收入了几篇讨论修身治世及和合与易变方面的论文。

　　作为列入中国人民大学《孔子研究院文库》出版计划的中国哲学研究论文集，无疑与孔子之人、之学有莫大的关联。孔子认为自己是"哲人"，从其弟子开始则被誉为圣人，儒家的后继者们也因此将孔子所开创的学术叫做"圣学"。但是，倘若遵从孔子本人的意愿，则完全可以把"圣人之学"的"圣学"，还原为"哲人之学"的"哲学"。此中国本土的"哲学"主要围绕中国经典的诠释和研究展开，着重阐发的是中国传统文化本身的性命义理，其核心是经学哲学。

　　本文集定名为《明道问学集》，而从《易经》的研究入手。张载言"《易》所以明道"①，事实上，张载自己"明道"问学而建立起他的气学体系，正是从易学发端的。那么，本文集从《易经》的经典研究开始，也就有了基本的理由。在张载，尽管有"立标以明道"②的说法，但"明道"并不能一蹴而就，它最终只能经由问学而来。

　　一部《论语》，以"学"开篇，孟子则以"学孔子"作为自己的志愿，到《荀子》成书，更以"劝学"为称首，可见"学"之一字在孔门和儒家的极端重要性。孔子本人，十有五而志于学，三十而立，似乎已经功成名就。

---

① （宋）张载：《张载集》，中华书局1978年版，第218页。
② （宋）张载：《张载集》，中华书局1978年版，第336页。

所谓"仲尼自志学固已明道，其立固已成性"，但圣人为何还是孜孜不已呢？张载的解答是孔子自志学至老，不知老之将至，"学之进德可知矣"①。那么，张载立志"为去圣继绝学"，这个"学"显然是将人的道德境界提升包括在内的。

老子固然讲过"为学日益，为道日损"，但在儒家的系统中，明道与问学本来是统一的过程。"志于学"的孔子，乃是以"闻道"为最高境界和追求，故发有"朝闻道，夕死可矣"的心声。所以如此，按子贡"夫子之言性与天道，不可得而闻也"的感慨，既然"言"道又不可闻，所谓"闻道"就不是没有听闻，而是没有领悟，即没有"明"道。事实上，以发明"性与天道"为己任的理学家正是如此来看问题的。程颐说并非是孔子不言，而是子贡"初时未达"才发此叹辞，"其意义深奥如此，人岂易到"②？这可以理解为子贡其时学尚不精，"不得其门而入"，从子贡自己的"宫墙"之喻中可以推导出这一结论。张载亦认定子贡曾闻夫子言性与天道，"但子贡自不晓，故曰'不可得而闻也'"。在张载，"圣人语动皆示人以道，但人不求耳"③。因而，症结不在于孔子不言，而在于弟子不学不求，故最后的问题仍在于学道。

《周易·文言》讲"君子学以聚之，问以辩之，宽以居之，仁以行之"，这无疑包含有学问积累和是非明辨的智慧增长，但同时重要的是"以成德为行"，宽怀存心和仁爱行事，学业与德行互不可缺，整体上表现为一个明道问学的实践，这也是儒家始终坚持的原则。那么，问学之道当如何展开呢？周敦颐从孔子的"志于学"出发，以"志学"为篇名提出了"圣希天，贤希圣，士希贤"的著名的"三希"主张，并将"志学"具体化为"志伊尹之所志，学颜子之所学"，所明之道就存在于所志所学的内容之中。虽然明道之路可能会有"不得其门而入"的窘境，"得其门者或寡矣"应当也是事实，但这正好说明，明道问学不是悬空妄想，而是脚踏实地的功夫，用朱熹的比喻，"问学如登塔，逐一层登将去"④。问学本身就是在实践之中，是人一生

① （宋）张载：《张载集》，中华书局1978年版，第308页。
② （宋）程颢、程颐：《二程集》，王孝鱼点校，中华书局1981年版，第353页。
③ （宋）张载：《张载集》，中华书局1978年版，第307页。
④ （宋）黎靖德编：《朱子语类》，王星贤点校，中华书局1986年版，第223页。

的行为所在，所谓"切己思量体察，就日用常行中着衣吃饭，事亲从兄，尽是问学"①。"尊德性"本来落实于"道问学"之中。只要尽心用力去做，"涓流积至沧溟水，拳石崇成泰华岑"。从《中庸》到朱熹、陆九渊，在工夫需要积累上，其实并无二致。朱熹解释他的"道问学"工夫，引用西晋经学大家杜预的话说："优而柔之，使自求之，厌而饫之，使自趋之。若江海之浸，膏泽之润，涣然冰释，怡然理顺，然后为得也。"② 明道问学终究会收到成效。这也是余这些年来从事于中国传统学术研究的一点感受，并因此有了这本愿意"逐一层登将去"的论文选集。

本文集的内容，沿循经学哲学的研究思路，围绕经解和性理的层面展开疏解，侧重于具体问题的探讨，多不涉及较为铺张的宏观叙事。客观上囿于自己的经历与学识，对几千年统属于中国哲学领域的诸多问题，有必要筛选一部分相关的主题，集中在传统学术的某一方面或时段，以力求弄清先贤明道问学的经验和教益。

本文集共分为五篇，各篇的栏目只是一个大体的范围，相互间并不具有严格的排他性。如"经解篇"虽然立足于解经，但其中也不乏对性理的探讨。在内容上，从第一到第四篇，儒学的特色十分明显。毕竟儒学在过去的两千多年中是中国文化的主体，其他学术和思想总体上都是围绕儒学来展开和进行。而且，儒学也是我主要的研究方向，这包括传统经学和宋明理学。其中，以理论分析为主，也涉及正心修身与社会治理方面的探讨。

以儒学为中心不等于排斥其他学术，中国学术或中国哲学本来是各家学术合力造就而成，最终都是为满足中国人的精神追求和社会文化生活不同方面的需要。譬如，"性理篇"虽然以宋明理学为主体，但首末二文就已超出了理学的范围，这也说明性理学这一部分，从先秦到现代都是哲学研究的重要内容；"和合变通篇"，也属于明道问学的内在构成，但主要关联的是现当代的理论和实践，可以归为哲学而非儒学的领域。同时，即便是儒学本身，在汉魏晋以后也会涉及与佛道等各家的关系，只是考虑到篇幅的缘故，这部

---

① （宋）黎靖德编：《朱子语类》，王星贤点校，中华书局 1986 年版，第 140 页。
② （宋）黎靖德编：《朱子语类》，王星贤点校，中华书局 1986 年版，第 162 页。

分文章基本没有选入。

另外，关联到论文集编选的体例和避免重复的考虑，对于已作为经学哲学研究专著出版的内容以及即将出版的笔者近些年着重研究的儒家博爱与仁学的成果，都没有将其收入在内。

所选论文按照统一的出版要求，在编排体例上进行了必要的调整：一是删去了原文开篇的内容提要和关键词；二是原文中的引文出处按出版社要求统一作了调整；三是原文中文末附有的参考文献，因版面原因予以删除；四是为查阅方便，一些文献版本作了可能的调换，原文中个别引文与表述中的错误或遗漏也作了相应的订正。至于论文本身，因系在二十多年中分别写成，其中不少地方存在缺陷和不足，事实上在后来的研究中它们已不断被更定和充实。但就本论文集来说，除添补和更正个别确系错漏的文字外，其他均保持不动，因为它们毕竟体现了笔者在认识和研究的逐渐深入中一路走过来的足迹，同时，也期待读者的检验和批判。

同时，本文集提供的，依据的主要是论文发表时提交的 word 版本，而期刊正式发表时有个别文字编辑作了校改，虽然也有过对比并进行协调，但也难免存在不尽一致的情形，希望读者谅解。

人民出版社及方国根编审、夏青编辑为本书出版投入了巨大的精力，在此谨致真诚的谢意！

是为跋。

2020 年元月于四川南充老家

策划编辑:方国根

责任编辑:夏　青

图书在版编目(CIP)数据

明道问学集/向世陵 著. —北京:人民出版社,2020.9
(孔子研究院文库.第一辑)
ISBN 978－7－01－022278－3

Ⅰ.①明…　Ⅱ.①向…　Ⅲ.①哲学-中国-文集　Ⅳ.①B2-53

中国版本图书馆 CIP 数据核字(2020)第 115360 号

明道问学集

MINGDAO WEN XUEJI

向世陵　著

人民出版社 出版发行

(100706　北京市东城区隆福寺街 99 号)

中煤(北京)印务有限公司印刷　新华书店经销

2020 年 9 月第 1 版　2020 年 9 月北京第 1 次印刷
开本:710 毫米×1000 毫米 1/16　印张:26.25
字数:410 千字

ISBN 978－7－01－022278－3　定价:75.00 元

邮购地址 100706　北京市东城区隆福寺街 99 号
人民东方图书销售中心　电话 (010)65250042　65289539